KB123001

# 비극의 탄생 01

시민을 위한 예술을 말하다

## 아폴론적인, 디오니소스적인 예술

# 비극의 탄생 01  아폴론적인, 디오니소스적인 예술
시민을 위한 예술을 말하다

펴낸날 | 2023년 10월 25일

원저 | 프리드리히 니체
번역과 주해 | 이남석

편집 | 정미영, 이승희
디자인 | 랄랄라디자인, 김대진
마케팅 | 홍석근

펴낸곳 | 도서출판 평사리 Common Life Books
출판신고 | 제313-2004-172 (2004년 7월 1일)
주소 | 경기도 고양시 덕양구 중앙로558번길 16-16. 7층
전화 | 02-706-1970 팩스 | 02-706-1971
전자우편 | commonlifebooks@gmail.com

2023 ⓒ 이남석

ISBN 979-11-6023-337-7 (94160)
ISBN 979-11-6023-336-0 (세트)

잘못된 책은 바꾸어 드립니다.
책값은 뒤표지에 있습니다.

FRIEDRICH

NIETZSCHE DIE GEBURT

DIE

**비극의 탄생** 01 아폴론적인, 디오니소스적인 예술

시민을 위한 예술을 말하다

프리드리히 니체 원저 | 이남석 번역·주해

DER TRAGÖ

평사리
Common Life Books

### 만남

니체를 만난 건 순전히 소크라테스 덕분이다. 오래 전부터 소크라테스의 죽음에 관심이 있었다. 소크라테스의 죽음은 과정부터 죽는 순간까지 의문투성이다. 미출간 원고 『소크라테스의 죽음에 관한 한 연구』(가제)는 그 고민의 결과이다. 이 글을 쓰다 어려움에 부딪쳤고, 소크라테스를 정면 비판한 니체를 자연스럽게 만나게 되었다.

### 낯섦

이십 대 초반에 '니체는 절대 읽지 않을 것이다'라고 결심했다. 사십 대 중반이 되기 전까지 니체는 관심 밖이었다. 결국 사십 중반을 넘어 만났다. 니체는 여전히 불편하고 넘지 못할 벽이었다.

니체의 모든 게 낯설었다. 스물네 살에 고전문헌학 교수가 된 것도, 스물여덟 살에 인류정신사에 정면 도전한 『비극의 탄생』을 쓴 것도, 자신의 예술의 아버지 바그너와 자신의 정신의 아버지 쇼펜하우어를 조금도 망설임 없이 살해한 것도, 기존의 모든 철학과 사상의 흐름을 부정한 것도 낯설었다.

니체 사상의 출발점에 선연히 각인된 서정시와 민요(음악) 그리고 춤과 웃음은 우리의 상식으로나 기존 사상의 측면에서도 매우 낯선 것이었다.

### 전복

니체는 불편하다. 니체는 앞선 모든 사상과 대립한다. 그는 우리가 상식으로 알고 있고, 철학의 전부로 받아들이곤 하는 기존 형이상학을 전복한다. 그는 하늘로부터 내려오는, 이데아로 회귀하는 형이상학을 부정한다. 니체는 신도 죽였고, 모든 학문과 형이상학의 기원이라 할 수 있는 소크라테스 살해도 기도한다.

니체는 거북하다. 그는 기존의 모든 가치를 부정한다. 당대의 사회주의와 사회주의 운동, 민족주의와 민족주의 운동도 비판한다. 그는 평범한 중산층의 삶도 비판한다. 그는 우리가 금과옥조로 여기는 학문도 비판하고, 선과 악의 구분도 비판하고, 우리 삶의 기준점인 도덕과 윤리도 비판한다.

니체는 짜증난다. 그는 잠언식 글쓰기, 즉 아주 간단한 말로 자신의 생각을 펼쳐 놓고, 잘 읽어 보면 천금보다 귀한 가치를 얻을 수 있다고 말한다. 그는 서슬 퍼런 비수를 짧은 말로 사방팔방으로 휘두른다. 니체는 자신의 말과 글에 인간해방 사상이 있다고 말한다.

니체의 사상을 몸으로 만난 건 역설적으로 니체를 거부한 이십 대 초반으로 거슬러 올라간다. 풍물 소리가 울리고, 마당극이 벌어진 운동장 한복판에서 청년 니체를 만난 셈이다. 대운동장을 가득 메운 사람들이 막걸리를 마시고, 마당극을 보면서 다함께 웃고 울고 노래 부르고, 풍물 소리에 맞춰 춤을 추며 너나없이 하나가 되어 있었다.

술 한 잔과 풍물 소리에 모두 하나가 되는 이 기묘한 현상을 어떻게 설명할 수 있을 것인가? 막연한 질문이었고, 오랜 동안 잊어버렸다. 『비극의 탄생』은 이십 대 초반의 설익은 경험적 질문에 대해 오십 대 중반에 학문적으로 대답해 주었다. 니체는 디오니소스 예술인 음악과 춤이 인류를 하나로 만드는 힘이며, 음악과 춤 안에 바로 형이상학적 실체가 있고, 노래 부르고 춤추는 것이 형이상학의 실천이라고 천재적인 답변을 한다.

니체는 한 손에 음악과 춤의 '망치'를 들고 다른 한 손에 웃음의 '다이너마이트'를 들고서 언어로 이루어진 세계, 곧 철학, 사상, 종교, 학문, 형이상학, 교양, 교육 등의 세계를 전방위적으로 파괴한다. 그는 음악과 춤에 인간의 고통을 극복할 해방적 힘이 있다고 밝힌다.

마르크스가 혁명적 사상가라면, 니체는 전복적 사상가이다. 마르크스가 경제적 빈곤, 물질로부터의 해방을 꿈꿀 수 있는 기초를 마련했다면, 니체는 기존 모든 철학, 사상, 종교 등의 정신으로부터 해방을 꿈꿀 수 있는 단초를 제공했다. 인류 정신해방의 출발점에 『비극의 탄생』이 있다.

『비극의 탄생』은 단순한 이론적 저작이 아니다. 이 책은 처음부터 철저하게 현실과 나눈 대화의 산물이다. 니체는 독일과 프랑스의 전쟁인 보불 전쟁의 역사적 가치를 음악적 질문으로 대체한다. 니체는 강력해지는 고대 아테네와 당대의 프로이센에서 '음악은 무엇인가'라는 질문을 던지고, 그 질문에 대한 해답을 찾아간다.

이 질문을 일반화하면 '강력해지는 국가에서 예술은 무엇인가?' 이다. 이 질문은 K-pop 등으로 퍼지고 있는 한류의 철학적 기원을 묻는 것으로 바꿀 수 있다.

### 독자

이 책을 가장 먼저 읽어야 할 독자는 고통스러운 삶에 지친 우리들이다. 이 책은 고통을 겪고 있는 사람이 종교나 철학에 의지해서는 안 된다고 말한다. 그 대신 '음악과 춤이 인간을 해방케 할 것이다.'라고 말하고, '노래 부르고 춤춰라, 그러면 고통에서 벗어날 것이다.'라고 말한다. 이 책은 우리가 생각지도 못했던 아주 다양한 질문을 던지고, 그 답을 우리의 일상 속에서 상당히 집요하게 추적한다. 삶이 무료하고 지친다면, 새로운 창작의 원천과 아이디어를 얻고 싶다면 이 책을 꼼꼼히 읽어 보는 게 좋다.

두 번째 독자는 문학, 연극, 영화 등 일반 예술 전공자들이다. 니체는 폭탄선언을 한다. 그는 고대 그리스의 비극을 내용과 의미 파악을 중심으로 읽기보다는, 비극에 내재된 음악을 중심으로 느끼기를 권한다. 그는 비극의 음악 읽기에서 출발하여 철학과 형이상학의 문제점을 지적하고 '현실 도피, 사후 행복'을 꿈꾸는 낙타와 같은 현대인을 집중적으로 파헤친다.

세 번째 독자는 음악 관련자와 음악을 좋아하는 자이다. 누군가 음악을 연주하고 노래를 부르면, 우리는 듣는다. 우리는 때로는 노래방이나 술집에서, 때로는 혼자 조용히 노래를 부른다. 우리에게 음악은 듣고 부르는 행위에 지나지 않는다.

우리는 음악을 철학적으로 사유한 적이 거의 없다. 음악철학은 우리에게 아주 생소한 분야이다. 이 책은 음악이란 무엇인가, 음악이 어떤 힘을 가지고 있는가를 철학적으로 질문하고 답한다. 이 책은 음악이 가진 형이상학적 성격과 해방성을 철학적으로 고찰할 수 있는 기초를 마련해 준다. 나아가 이 책은 음악의 동반자인 춤을 철학적으로 사유할 수 있는 단초를 열어 준다. 춤추고 노래 부르는 자 라투스트라는 니체에게 가장 이상적인 인물이다.

마지막 독자는 철학, 사상, 종교 등의 전공자와 종사자들이다. 특히 기존 인간의 정신적 가치를 추구하는 학문에 한계를 느낀 적이 있다면, 이 책에 함몰되어 보는 것도 좋다. 이 책은 기존의 형이상학적 학문과 철학을 전도시킴으로서 전혀 다른 답을 구한다. 이 책은 형이상학적 존재가 하늘이 아닌 음악에서 느끼는 공통성에 있다는 뜻밖의 답을 구한다. 이 책은 언어로 이루어진 기존 학문과 철학이 결코 보편성에 이르지 못한다고 주장한다. 이 책은 보편성 대신 공통성에서 형이상학적 세계를 구축한다.

참고

청년 고전문헌학자이자 스물여덟 나이의 천재가 쓴 이 책을 읽기는 쉽지 않다. 이 책에는 다양한 신화와 비극, 문학, 음악, 철학, 역사적 사건, 니체 당대의 현실, 니체 자신만의 용어와 사상이 버무려져 있다. 후일 니체의 중요 사상으로 발전하게 될 맹아적 요소도 이 책 구석구석에 박혀 있다. 더구나 니체는 '음악정신', '염세주의', '삶의 철학'의 세 가지 관점에서 이 책을 읽는 방식을 제안한다. 내용 파악도 쉽지 않고, 숨겨진 의미 파악은 엄두조차 내지 못할 수도 있다. 니체가 제시한 세 가지 관점에 따른 독서는 넘기 힘든 장애물이다.

독서의 어려움을 피할 수 있는 한 가지 방법을 제시하고자 한다. 우선, 각 권의 맨 뒤에 있는 "비극에 대하여"를 통해 전체 흐름을 살펴본다. 둘째, 그 다음 각 권에 있는 일종의 들어가는 말로 세부 내용과 흐름을 파악한다. 마지막으로, 용어, 개념, 인명 등을 용어 색인과 인명 색인을 참조하면서 꼼꼼히 살펴본다. 이 방법을 따른다면 니체가 제안한 세 가지 관점의 읽기를 시도해 볼 수 있고, 나아가 나만의 니체 읽기도 가능할 수 있다.

## 감사

이 책을 쓰는 데 많은 분들이 도움을 주었다. 음악과 음악철학 부분은 너무도 생소했다. '낫 놓고 기역 자도 모른다.'는 말이 여기에 딱 맞는 비유이다. 음악 부분에서 벽에 부딪치면 매번 질문을 했고 이때마다 같이 찾아 준 전은주 선생님께 고마움을 표한다. 또한 글을 쓰다 막히고 부딪칠 때마다 이야기를 들어 주고 토론에 응해 주고 방향을 잡는 데 도움을 주신 이숙향 선생님께도 감사를 전한다. 『비극의 탄생』을 오랜 기간 같이 읽어 준 '토요 책읽기 모임' 분들에게도 고마움을 전하고 싶다. 마지막으로 어려운 조건에도 『비극의 탄생－시민을 위한 예술을 말하다』를 한 순간의 망설임도 없이 출판해 준 홍석근 사장님에게 고마움을 전한다.

2023년 10월

1권은 크게 「자기비판의 시도」, 「바그너에게 바치는 서문」과 네 개의 장으로 구성되어 있다.

「자기비판의 시도」는 니체가 『비극의 탄생』을 쓴 지 16년 후 다시 서문격으로 쓴 글이다. 이 글을 읽을 때 두 가지 관점에 주의를 기울여야 한다. 하나는 시대적 문제의식으로서, 『비극의 탄생』을 염세주의와의 대결이라는 관점에서 읽어야 한다. 다른 하나는 말 그대로 '자기비판'으로서, 16년 전 집필한 『비극의 탄생』의 장점과 단점을 스스로 찾아내고 비판한다는 관점에서 읽어야 한다.

염세주의와의 대결이라는 관점에서 읽기는 16년 전 '음악정신으로부터 비극의 탄생'이라는 관점을 넘어 니체 당대의 현실과 대화에서 시작한다. 니체는 고대 아테네의 비극과 프로이센의 바그너 악극이 발생한 시점을 주목한다. 그는 왜 한 나라가 가장 강력했을 때 비극이 발생하고, 시민들이 그 비극을 즐기는가라는 질문을 던지고 그 답을 진지하게 탐구한다.

자기비판의 관점에서 읽기는 제목 그대로 '자기비판'에서 시작한다. 니체는 16년이 지난 뒤 자기 글의 단점을 집요하게 추적하고, 그럼에도 불구하고 어떤 장점이 있는가를 집중 조명한다. 단점은 우리가 글을 읽을 때 조심스럽게 살펴야 하는 반면, 장점은 니체가 절대 버릴 수 없는 자기 사상의 고갱이이다. 우리는 니체가 지적한 단점을 본문에서 찾으면, 그 단점을 극복할 방법이 무엇인지 되묻는 게 좋다. 장점은 니체의 처음, 중간, 마지막까지 관통하는 핵심 사상이므로, 그 내용과 줄거리를 놓치지 않는 게 좋다.

이외에도 「자기비판의 시도」를 읽으면서 놓치면 안 되는 게 있다. 니체의 용어와 개념의 변화이다. 니체는 『비극의 탄생』을 집필한 청년기 무렵 타인의 용어와 개념을 차용하여 자신의 생각을 펼쳤고, 『선악의 저편』과 「자기비판의 시도」를 집필한 장년기에는 자신만의 용어와 개념으로 말했다. 『비극의 탄생』이 나온 지 16년 뒤에 집필한 「자기비판의 시도」는 니체 사상의 초창기에서 장년기까지 용어와 개념의 변화를 파노라마처럼 보여 준다. 「자기비판의 시도」는 다양한 용어와 개념들이 어떻게 변화하는지를 살펴볼 소중한 기회이므로 놓치지 말자.

나아가 「자기비판의 시도」를 읽으면서 또 놓쳐서는 안 되는 게 있다. 용어와 개념의 변화에서 기인한 사상의 변화이다. 니체가 『비극의 탄생』을 칸트, 쇼펜하우어, 실러, 바그너의 사상에 근거하여 집필했다면, 「자기비판의 시도」 등을 집필할 무렵에 니체는 온전히 자신만의 사상으로 말했다. 그는 「자기비판의 시도」에서 자신의 스승들이었던 칸트, 쇼펜하우어, 바그너 등을 전면 부정하고 살해한다. 타인의 사상에서 자신만의 사상으로의 전환을 보여 주는 「자기비판의 시도」는 니체의 사상이 어떤 궤적을 통해 발전했는지를 잘 보여 주므로, 흐름을 놓치지 않는 게 중요하다.

마지막으로 '자기비판'의 전형을 찾을 수 있다. 자화자찬의 자서전이나 잘못을 후회하는 참회록을 쓸 수는 있지만 자신을 객관화하여 바라보는 자기비판을 집필하기는 쉽지 않다. 수없이 많은 자서전과 뛰어난 위인들의 위대한 참회록은 있지만 자기비판이 거의 없는 건 이 때문이다. 「자기비판의 시도」는 자기비판의 전형을 보여주므로, 이를 참조하여 자기비판을 해 보는 것도 큰 도움이 된다.

「바그너에게 바치는 서문」은 니체가 『비극의 탄생』을 처음 집필할 때 쓴 글이다. 『비극의 탄생』의 원제목은 『음악정신으로부터 비극의 탄생』이다. 이 글을 읽을 때, 니체가 말한 '음악정신'이 무엇인지에 대해 집중해야 한다. '음악정신'은 하나는 디오니소스적인 음악이며, 다른 하나는 디오니소스적 음악을 현대적으로 구현한 바그너, 바그너의 음악, 바그너의 음악극이다.

우리는 『비극의 탄생』을 읽을 때, 각 장에서 '음악정신'의 내용과 구체적 적용을 찾아야 하고, 더 세부적으로는 '음악정신'이 바그너와 어떤 연관이 있는지 살펴야 한다. 특히 주의해야 할 것은 마지막 결론 부분, 이 책의 5권이다. 책의 말미에 이르면 주의력도 떨어지고, 저자가 했던 소리 또 한다는 느낌을 받아서 대충 읽곤 한다. 그러나 절대 대충 읽어서는 안 된다. 니체는 『비극의 탄생』의 마지막 부분인 21~25장에서 '음악정신'을 바그너의 음악극으로 증명하기 때문이다.

우리는 『비극의 탄생』을 읽을 때 처음부터 끝까지 '음악정신'과, 이를 뒷받침하는 디오니소스적인 것을 주의 깊게 살펴야 한다. 특히 '음악정신'과 디오니소스적인 것은 다양한 형태로 변형되지만 니체 사상의 고갱이를 다룬다는 점을 절대 잊어서는 안 된다.

마지막으로 니체는 자신의 사상을 심화시킬수록 청년 시절 그토록 찬양했던 바그너를 전면 부인하고 바그너와 완전 단절한다는 점역시 염두에 두어야 한다. 니체는 바그너를 자신의 음악과 사상의아버지로 받아들이지만, 그 아버지를 살해한다. '바그너'라는 아버지를 살해 후 니체는 비로소 독립적인 사상가가 된다. 니체에게 바그너는 자신의 사상을 완성시키기 위한 계단이자 도약대이지 목적그 자체는 아니다. 『비극의 탄생』에서 음악과 바그너의 연관성이나오면 바그너에 함몰되지 말고, 니체가 바그너를 통해 얻고자 한'음악정신'과 디오니소스적인 것이 무엇인지에 주의를 기울이는 게좋다.

본문의 네 개 장은 '아폴론적인 것'과 '디오니소스적인 것'이 결합된 예술을 다룬다.

1장은 주로 아폴론적 예술의 원리와 디오니소스적 예술의 원리를설명하는 동시에, 양자가 예술에서 어떻게 나타나는지 설명한다.

먼저 아폴론적인 것과 예술이다. 니체는 신화적 근거가 부족함에도 불구하고 아폴론을 꿈의 신으로 여기며, 아폴론적 예술가를 꿈을 현실에서 가상으로 드러내는 자로 보았다. 니체는 아폴론이 가상으로 드러날 때 개별화의 원리가 작동한다고 보았다.

다음은 디오니소스적인 것과 예술이다. 니체는 현실에서 근거율이 파괴될 때 전율이 나타나고, 이 전율이 디오니소스적 황홀을 야기한다고 보았다. 디오니소스적 축제가 발생하면 인간은 도취하고, 결과적으로 인간과 인간, 인간과 자연이 모두 하나가 되는 황홀의 상태가 나타난다.

우리는 1장을 읽을 때 주의해야 할 게 있다. 우선 다양한 용어와 개념이다. 1장에는 『비극의 탄생』에서 주로 사용할 대부분의 용어와 개념이 나온다. 아폴론적인 것, 꿈, 가상, 개별화의 원리가 한 축을 이루고, 디오니소스적인 것, 도취, 황홀, 근거율의 파괴, 개별화의 파괴, 융합화 현상(인간과 인간, 인간과 자연이 하나가 되는 현상)이 또 다른 축을 이룬다. 이 용어와 이에 담긴 개념을 숙지해 두면 뒷부분을 읽는 데 큰 도움이 된다.

또한 고대 그리스 비극, 아테네 비극, 아티카 비극, 더 정확하게 말하면 아이스킬로스와 소포클레스의 비극은 아폴론적인 것과 디오니소스적인 것의 결합이라는 사실에 주의를 기울여야 한다. 『비극의 탄생』은 처음부터 끝까지 아폴론적인 것과 디오니소스적인 것의 결합으로서 비극을 설명한다.

차이가 있다면 아폴론적인 것과 디오니소스적인 것, 양자 중 어느 것이 중심적인가만 다를 뿐이다. 니체의 평가와 구분을 적용하면 다음과 같다. 고대 아티카 비극 또는 아이스킬로스 비극은 디오니소스적인 것과 아폴론적인 것의 적절한 결합이다. 소포클레스의 비극은 아폴론적인 것이 조금 확대되었지만 디오니소스적인 것이 잘 살아 있다. 에우리피데스의 비극(소크라테스적인 비극)은 아폴론적인 것이 중심이 되고 디오니소스적인 것이 사라진, 즉 비극이 죽은 형태이다. 오페라는 아폴론적인 것이 중심이 된 예술인 반면, 바그너의 음악극은 아폴론적인 것과 디오니소스적인 것을 잘 결합한 아이스킬로스의 비극의 계승이자 발전이다.

2장은 아폴론적 예술을 주로 설명한 장이다. 2장은 예술과 모방의 관계를 아폴론적 예술의 관점에서 다루고, 왜 아테네에서만 디오니소스 축제가 방탕과 일탈로 치달리지 않았는가도 아폴론적 관점에서 답한다.

니체는 예술이란 모방이라고 주장한다. 니체는 모방의 예술로 아폴론적 예술을 들며, 인간의 꿈을 현실에서 모방한 조각과 서사시를 대표적인 아폴론적 예술이라고 주장한다.

니체는 2장에서 『비극의 탄생』의 이론적 한 축을 구성하는 아폴론적인 것이 왜 중요한가라는 상황적 질문을 던진다. 그리스 밖의 디오니소스 축제 대부분은 시대를 불문하고 극단적인 방탕과 일탈로 치달렸다. 하지만 그리스의 디오니소스 축제만은 이들 축제와 달리 상대적인 안정을 취했다. 그 이유가 무엇인가? 니체는 이 질문에 대해 아폴론적 원리와 음악이 방탕과 일탈로 치달리는 디오니소스 축제를 절제시키고 순화시켰다고 답한다.

니체는 아폴론적인 것의 기능과 반대로 디오니소스, 디오니소스 축제, 디오니소스 음악이 그리스에서 상당히 강력했다고 강조한다. 이에 놀란 아폴론은 무시무시한 메두사의 머리를 들고 그리스에 쇄도해 들어오는 강력한 디오니소스의 앞을 가로막았다. 하지만 아폴론은 엄청나게 강력한 디오니소스의 위력 앞에서 경악할 수밖에 없었다고 니체는 말한다. 키타라를 연주하는 아폴론과, 아울로스를 부는 디오니소스의 시종 마르시우스의 음악 대결은 디오니소스적 강력함과 아폴론의 경악을 상징적으로 보여 준다. 음악 대결에서 승리한 아폴론은 마르시우스에게 피부 껍질을 벗기는 형벌을 내린다. 니체는 12장에서 이와 정반대되는 사실을 다룬다.

3장은 『비극의 탄생』 전체를 가로지르는 두 가지 질문과 그 질문에 대한 아폴론적 해답을 담고 있다.

첫 번째 질문은 '인간의 삶이란 무엇인가?'이다. 니체는 디오니소스의 스승 실레노스를 통해 인간의 삶은 지극히 고통스럽다고 답한다. 두 번째 질문은 '예술의 역할이란 무엇인가?'이다. 니체는 이 질문에 아폴론적인 예술인 조각의 관능미과 서사시의 소박미로 답한다.

조각은 가장 전형적인 아폴론적 예술이다. 그리스 사람들은 헬레네의 관능미를 가장 전형적인 아름다움으로 보았다. 예술로서 조각은 인간의 유한한 삶보다 상대적으로 영원하고, 헬레네의 관능미는 인간에게 커다란 즐거움을 주었다. 그리스인들은 자신이 원하는 관능미를 신에게 부여하고 조각을 만들었다. 그들은 올림포스의 신들을 인간의 관능적 욕망에 따라 만들었다.

호메로스의 서사시는 아폴론적 예술의 또 다른 형태이다. 그리스인들은 호메로스 서사시의 소박성을 통해 티탄 왕국을 무너뜨리고 인간 중심적인 세계관을 세웠다. 그리스인들은 올림포스 신들을 거울에 비친 자신의 형상을 따라 만들었다. 니체는 실러의 용어를 수용하여 인간을 닮은 신들을 만들어 낸 호메로스의 서사시를 소박함, 소박미 또는 소박성이라 규정한다.

니체는 아폴론적인 미를 통해 고통을 극복하는 방법을 명확하게 제시한다. 우리는 그리스인들처럼 아폴론적 조각의 관능미를 통해 삶을 즐기고, 아폴론적 서사시의 소박성을 통해 엄청난 삶의 고통을 이겨 내야 한다고 니체는 강변한다.

니체의 이러한 주장을 받아들이기 위해서 우리는 사전 준비를 해야 한다. 아폴론이 올림포스 세계의 아버지라는 궤변 같은 단언을 논리적으로 이해해야 한다. 또한 신도 거부할 수 없는 운명의 신 모이라가 인간에게 부과하는 고통이 얼마나 다양하고 가혹한가를 우리의 삶과 비극 등을 통해 체감해야 한다. 3장은 이에 대한 구체적인 내용을 간단하게 설명한다. 우리는 빈 공간을 논리로 채우고 조사를 통해 보완해야 한다.


4장은 아폴론적 예술의 기본 원리를 다룬다. 아폴론적 예술의 기본 원리는 척도이며, 이 척도를 넘어서면 과도함이다. 디오니소스적 예술이란 아폴론적 척도를 넘어선 과도함을 전제로 한다. 니체는 아폴론과 척도 그리고 디오니소스와 과도함이 결합된 예술이 아티카 비극과 디티람보스라고 주장한다.

니체의 주장과 별개로 우리는 아폴론적 '척도'에 관심을 가져야 한다. 아폴론적 척도는 양날의 칼이다. 아폴론이 무시무시한 메두사의 얼굴을 들고 디오니소스 축제의 무절제와 방탕을 막았듯이, 아폴론적 척도는 디오니소스적 무절제와 방탕과 잘 타협하여 아티카 비극을 창조한다.

문제는 아폴론적 척도가 과도해질 경우이다. 니체는 3권 에우리피데스적이며 소크라테스적인 비극의 원인은 비만에 걸린 아폴론적 척도 때문이라고 주장한다. 3권은 아폴론적인 척도가 과도해지고, 디오니소스적인 것이 약화되어 결과적으로 죽음을 맞은 비극을 다룬다.

더 나아가 과도해진 척도를 확장 적용하면 니체의 현대 문명 비판이 된다. 니체가 비판한 염세주의 사회, 현대 우리 사회는 아폴론적 척도가 모든 것을 재단하는 무소불위의 칼이 되는 시대이다. 소크라테스는 아폴론적 척도인 앎, 지식, 이성, 오성, 도덕, 윤리 등으로 모든 걸 과도하게 재단하는 철학 전사가 된다. 소크라테스가 연금술로 주조한 과도한 아폴론적 척도가 지배하는 사회가 현대이다. 아폴론적 척도라는 칼을 거침없이 휘두르는 소크라테스는 무자비한 프로크루스테스의 침대이다.

# 차례

일러두기

* 이 책은 *Friedlich Nietzsche: Die Geburt der Tragödie Oder Griechenthum und Pessimismus*을 원본으로 삼았다.
* 원문의 굵은 글씨는 원서를 따랐다.

# 자기비판의 시도[1]

1. 니체는『비극의 탄생』을 1869년 5월 이후 집필하기 시작하여 1872년 1월 2일 출판했다.「자기비판의 시도」는『비극의 탄생』을 집필하기 시작한 지 16년만인 1886년에 출판되었다. 1872년 출간한 책의 원제목은『음악정신으로부터 비극의 탄생』이었으며「리하르트 바그너에게 바치는 서문」이 실려 있었다.「자기비판의 시도」를 추가하여 1886년 출간된 책의 제목은『비극의 탄생 또는 그리스 문명과 염세주의』였으며, 1872년 책의 서문 역할을 했던「리하르트 바그너에게 바치는 서문」은 삭제되었다.

두 책의 제목에 주의를 기울여 살펴봐야 한다. 제목에서 알 수 있듯 1872년 출간된 책은 비극이 '음악정신'으로부터 탄생되었음을 강조하는 반면, 1886년 출간된 책은 '그리스 문명과 염세주의'에 방점이 찍혀 있다. 1872년 책은 순수하게 학문적 또는 이론적 관점에서 '음악정신'에 주의를 기울이지만, 1886년 책은 시대적 문제의식인 '염세주의', '그리스 문명'을 니체 당대에 걸쳐서 찾아본다.

책 제목의 변화는 독자에게 글 읽는 방향을 제시한다. 따라서 우리는 한편으로는 이론적 관점에서 비극이 왜 음악에서 탄생했는지 살펴보고, 다른 한편으로는 현실적인 동시에 실천적 문제의식으로서 비극과 염세주의가 시대와 어떤 연관을 맺는지 살펴 읽는 게 좋다.

### 다시 보기

「자기비판의 시도」는 세 가지 관점에서 살펴볼 수 있다.

우선 「자기비판의 시도」는 중심선의 역할을 한다. 니체는 「자기비판의 시도」에서 16년 전에 쓴 자신의 글을 비판도 하지만 여전히 중요하게 남아 있는 문제의식을 강조한다. 니체는 청년 시절부터 간직했던 이 문제의식을 마지막 작품까지 끝까지 유지한다.

니체가 죽을 때까지 포기하지 않는 중심 문제의식은 니체 사상의 핵심이자 고갱이이다. 『음악정신으로부터 비극의 탄생』에서 비롯된 다양한 문제의식들, 예컨대 앎(학문, 이론), 명랑성, 그리스적인 것, 종교, 현대 문명사회 비판 등 모든 영역에 적용되는 여러 문제의식의 저 내면 깊은 곳에 있는 고갱이 중의 고갱이는 '디오니소스적인 것'이다. '디오니소스적인 것'은 니체 사상의 맹아이고, 여기에서 니체의 모든 꽃이 피어나고 발전한다. 니체는 '디오니소스적인 것'만은 잊지 말라고 여러 번 되풀이해 당부한다. 니체가 강조한 '디오니소스적인 것'은 니체 사상의 핵심이 무엇인가를 파악하는 데 중요하다.

둘째, 「자기비판의 시도」는 단절선으로서 역할한다. 「자기비판의 시도」는 준열한 '자기비판'이다. 니체는 가혹한 타인의 비판에 대해서 눈 하나 꿈쩍하지 않았다. 리츨은 『비극의 탄생』을 '지적인 방탕'으로, 빌라모비츠는 '바그너주의자들의 목적을 위해 문헌학을 경솔하게 왜곡한 책'이라고 비판했다. 그 결과 니체는 『비극의 탄생』 출판 이후 '저의 강의를 듣는 학생이 단 한 명도 없습니다.'라고 말할 정도로 수모를 당한다.[1]

니체는 이러한 비판에 아랑곳하지 않았고, 오히려 자신의 사상을 더 확고하게 발전시키는 계기로 삼는다.

니체는 가혹한 타인의 비판을 성장의 자양분으로 삼고, 『비극의 탄생』을 집필한 지 16년 만에 준열한 자기비판을 감행한다. 니체는 사소한 문체부터 중대한 사상의 핵심까지 낱낱이 지적하고 비판한다. 일반적으로 자기비판이 엄하고 무서울수록 자존감이 강한 사람이다. 니체는 준열한 자기비판을 통해 사상적으로 더 큰 발전을 하게 된다.

특히 니체가 「자기비판의 시도」에서 『비극의 탄생』을 스스로 비판하면서, 바그너에게 바쳤던 서문을 없애 버린다는 점에 유의해야 한다. 니체는 자신의 청년 시절 우상이자 사상의 출발점이었던 바그너를 가차없이 제거해 버리고, 육신의 아버지가 아닌 정신의 아버지를 살해해 버린다는 것은 니체 사상의 극단적 변화를 단적으로 보여 준다. 숭배 대상이자 우상이었던 바그너와의 단절은 니체 사상의 결정적 전환 지점에 해당한다. 니체는 바그너로 표현될 수 있는 바그너적인 모든 것, 즉 도덕과 윤리와 종교 그리고 쇼펜하우어와 칸트의 철학 등을 자신의 사상에서 제거하고 독자적인 사상가로 성장한다.

우리는 니체의 가장 첫 저작인 『비극의 탄생』을 읽으면서, 「자기비판의 시도」를 기준으로 삼는 게 좋다. 니체는 「자기비판의 시도」에서 독자들에게 『비극의 탄생』에서 취할 것과 버릴 것을 친절하게 알려 준다. 니체가 용도 폐기한 흔적을 지워 버리고 읽으면 니체의 사상의 근간, 변화 지점, 발전 방향성을 알아낼 수 있다.

마지막으로 「자기비판의 시도」는 니체 사상의 변화 발전의 연장선이다. 1872년 『비극의 탄생』은 니체의 첫 저작인 반면, 1886년 8월의 「자기비판의 시도」는 말년 작품에 속한다. 니체는 「자기비판의 시도」 2절에서 '16년이 지난 요즈음'이라 쓰고 있다. '16년'은 『비극의 탄생』의 출판이 아니라 집필한 1869년부터 따진 것이다.

니체는 이십 대 후반 무렵인 28살부터 사십 대 중반 무렵까지 약 20여 년간 불꽃처럼 글을 썼다. 1886년은 니체의 사상적인 측면에서 본다면 화려한 불꽃을 피웠던 시점이다. 니체는 「자기비판의 시도」에서 자신의 사상이 걸어왔던 흔적을 보여 줄 뿐만 아니라 앞으로 어떻게 발전해 나갈지를 간명하게 보여 준다.

니체는 청년기를 바그너주의자로 보냈다면, 중년기는 반바그너주의자, 혐바그너주의자로 변신한다. 니체는 1868년 바그너를 처음 만났다. 그는 1869년에 바그너에게 헌사를 바치는 『비극의 탄생』을 집필하기 시작해서 1872년에 출판하고 그 후 한참을 바그너와 보낸다.

하지만 바그너와의 밀월은 그리 오래 가지 않았다.

나는 이미 1876년 여름 첫 번째 축제(바이로이트) 때에 바그너와 결별했다.[2]

바그너의 작품에서 종교와 도덕성의 잔영은 그 이전 작품부터 조금씩 묻어났기 때문에 니체의 반바그너주의 역시 조금씩 나타났다고 볼 수 있다. 니체는 나이가 들수록, 사상이 심화될수록 바그너를 점점 더 혐오한다. 바그너가 1882년 말년 작품인 〈파르지팔〉에서 종교와 도덕으로 완전 귀의하자 니체의 반바그너주의는 폭발한다.

1886년 「자기비판의 시도」 이후 니체는 1887년 『도덕의 계보학』을 필두로, 1888년 『바그너의 경우』, 『우상의 황혼』, 『안티크리스트』, 『이 사람을 보라』, 『니체 대 바그너』 등을 집필한다. 니체는 자기비판을 시도한 이후, 반바그너적, 반종교적, 반기독교적, 반도덕적인 사상을 집중적으로 집필한다. 「자기비판의 시도」는 니체 사상의 맹아기부터 존재했던 반기독교적, 반도덕적인 내용을 반바그너주의와 연결시키면서 이후 강화하는 흐름에 있는 작품이다.

「자기비판의 시도」는 이런 점에서 『비극의 탄생』 이후 자신의 사상 전체를 용광로 안에 녹여 낸 자아비판이다. 「자기비판의 시도」는 '망치'로 사상의 모든 흔적을 각개 격파하고 '다이너마이트'로 세상의 모든 도덕과 종교, 교양과 학문 등을 철저하게 파괴한 철학자로 거듭남을 보여 주는 기념비적인 작품이다. 이 점에서 「자기비판의 시도」는 아주 짧기는 하지만 니체 사상의 변화와 정수를 보여 준다.

「자기비판의 시도」는 니체 사상의 중심선이자 단절선이고 연장선이다. 중심을 잃으면 좌충우돌하고, 단절해야 할 때 단절하지 못하면 발전하지 못한다. 발전해도 중심이 없으면 곧 무너진다. 중심선 위에 서 있을 때, 중심선을 놓치지 말자. 중심선을 놓는 순간 중심을 잃고 쓰러진다. 『비극의 탄생』을 읽으면서 니체 사상의 고갱이인 '디오니소스적인 것'을 놓치지 말아야 하는 까닭이다.

중심선의 끄트머리에 도달했을 때, 단절선의 첫머리에 도달했을 때 뒤돌아보지 말고 냉정하게 돌아서야 한다. 돌아서지 않거나 못하면 단절이 아니다.『비극의 탄생』에 몰입하면서 니체 사상의 토양인 '바그너적인 것', '쇼펜하우어적인 것'을 과감하게 폐기하자.

연장선을 길게 늘여야 할 때 출발선을 놓치지 말아야 한다. 출발선을 끝까지 붙들고 있지 못한다면 연장선은 있을 수 없다.『비극의 탄생』의 출발점인 '디오니소스적인 것'과 연장선의 마지막 지점인 니체의 '망치'의 철학과 '다이너마이트'의 철학을 연결시켜 사유하자.

# 1장[*3]
## 시대 배경과 염세주의

### 1.

논쟁할 만한 가치가 있는 이 책의 근저에 놓인 것은 무엇인가? 이것은 가장 중요하며 흥미 있는 문제일 뿐만 아니라 동시에 개인적으로 가장 관심 있는 문제였다. 그 증거는 1870/71년 보불전쟁[1]이 발생했음에도 **불구하고** 이 책이 시작되었다는 점이다.

뵈르트 전투[2]의 포성이 전 유럽을 뒤흔드는 동안, 이 책의 저자인 사색가이자 수수께끼 탐구자는 알프스 어느 골짜기에서 상당히 깊이 사색하며 수수께끼를 푸는 동시에 걱정 반 기대 반으로 지냈다. 그러면서 그는 **그리스인**에 관한 자신의 생각을 정리[3]했는데, 이때 늦은 서문(또는 후기)은 바쳐지게 될 놀라운 동시에 조악한 책의 핵심 내용이었다.

몇 주가 흘렀다. 그는 메츠Metz의 성벽 아래에[4] 머무르면서, 그 자신이 소위 그리스인과 그리스적 예술의 '명랑성'[5]이라고 규정한 의문점들에서 헤어나지 못했다.

'마침내' 그는 베르사유에서 평화에 관한 논의가 있었던 그 긴장된 시기[6]에 평안에 이르렀으며, 전쟁터에서 고향으로 되돌아와 병이 나았으며,[7] 『음악정신으로부터 비극의 탄생 Die Geburt der Tragödie aus dem Geiste der Musik』을 최종적으로 구성했다.

1. 보불 전쟁은 1870년 7월 19일에서 1871년 5월 10일까지 프랑스와 프로이센 간에 벌어진 전쟁이다. 프로이센은 보불 전쟁 이전에 오스트리아와 전쟁을 벌여 승리했고, 그 여세를 몰아 프랑스와 전쟁을 벌였다. 프로이센은 보불 전쟁의 승리를 바탕으로 독일을 통일하면서 유럽의 변방에서 주류 국가로 오른다.

2. 뵈르트 전투 Schlacht von Wörth는 보불 전쟁 중 1870년 8월 6일 벌어진 전투를 말한다. 보불 전쟁이 발발한 후 최초의 전투이다. 뵈르트 전투는 프랑스 혁명군이 1792년 12월 22일 프로이센으로 침략하던 전투 Wörth-Fröschweiler Schlacht와 반대 상황을 연출한다. 독일은 1792년 전투에 패배함으로써 알사스 전체를 빼앗기는 수모를 당했던 반면, 1870년 뵈르트 전투에서 일종의 승리를 거둠으로써 유럽의 중심 국가로 떠오르는 단초를 마련했다.

1870년 전투에서 프로이센은 처음에 크게 피해를 보았지만, 지속적인 공격과 우세한 병력 수를 바탕으로 프랑스를 퇴각시켰다. 뵈르트 전투는 독일 연합군이 최초로 연합해 참여한 전투인 동시에 프로이센이 전쟁의 승기를 장악한 전투이다. 이 전투의 여세로 독일은 프랑스의 베르사유 궁전에서 독일 황제 취임식을 치를 수 있었다.

니체는 1870년 8월 8일 위생병으로 군에 자원했다. 바젤대학은 니체가 전투에 참여하여 죽거나 다치는 것을 염려해 허락하지 않았으나, 위생병이란 조건에 11일 입대해도 좋다고 허락을 한다.

니체는 『이 사람을 보라』의 「나는 왜 이렇게 좋을 책을 쓰는가」에서 다음과 같이 기록했다.

> 이 저서가 뵈르트 전투 중에 처음 쓰여졌다는 사실을 어느 누구도 꿈꾸지 못했을 것이다.[4]

3. 니체는 1869년 5월 이후 『비극의 탄생』을 집필하기 시작했다. 그무렵 이 책과 관련된 다른 글들로는 1870년 1월 18일 「그리스 음악 드라마」가 있고, 1870년 2월 1일에 강연한 「소크라테스와 비극」이 있다.

4. '메츠Metz의 성벽 아래에서'는 메츠에서 벌어진 마르스라투르 전투와 그리블로트 전투를 말한다. 두 전투는 보불 전쟁 중 1870년 8월 16일에서 18일 사이에 벌어졌다. 이 전투는 프로이센과 프랑스 간의 대규모 기병전으로, 프로이센이 훨씬 더 많은 사상자와 부상자를 내었다. 하지만 프로이센은 프랑스의 퇴로를 차단하여 프랑스 병사 13만여 명을 메츠에서 고립시켰다. 프랑스의 나폴레옹 3세는 병사를 이끌고 고립된 병사를 구출하려고 했으나 실패하고, 결국 포로로 사로잡혔다.

니체가 뵈르트 전투 이후 몇 주가 흘렀다고 말한 것은 약 2주 정도를 말한다. 니체는 『이 사람을 보라』의 「나는 왜 이렇게 좋을 책을 쓰는가」에서 다음과 같이 회상한다.

메츠 성벽 앞에서 추운 9월 늦은 밤 부상병 치료에 정신이 없으면서도 나는 이러한 문제들을 생각했던 것이다.[5]

5. 명랑성Heiterkeit은 니체 사상의 핵심을 보여 주는 용어이다. 그리스적 예술의 명랑성은 1장 마지막에 나오는 후기 그리스 시대의 '그리스적 명랑성'과 반대 개념이다. 명랑성은 니체 사상에서 중요한 개념이므로, 본문 9장과 11장에서 후기 그리스적 명랑성을 다루도록 한다.

6. 1871년 1월 24일 프랑스 외무장관 파브레Favre가 베르사유에 가서 비스마르크와 평화협상을 한 것을 말한다.

이 협상 과정은 다음과 같다. 1870년 9월 이후 프로이센 군대가 파리에 들어갔다. 파리의 노동자들은 코뮌을 결성하고 프로이센 군대에 영웅적으로 항전했으나 결국 파리는 함락당한다. 1871년 1월 17일 프로이센의 빌헬름 1세는 프랑스의 베르사유 궁전 거울의 방에서 독일 황제 즉위식을 거행했다. 당시 파리는 기근에 시달렸고 각종 재난으로 최악의 상황에 처했으므로 프랑스는 프로이센의 비스마르크와 평화협상에 나서지 않을 수 없었다.

7. 니체는 1870년 8월 11일 군에 입대하여 의료병으로 활동했으나, 얼마 지나지 않아 1870년 9월 7일 이질과 디프테리아로 쓰러진다. 곧 니체는 병원으로 이송되었고, 10월 말쯤 바젤로 되돌아왔다. 니체가 전쟁 중 군에 복무한 기간은 한 달이 채 되지 않는다.

다시 보기

니체는 자기비판을 시도하면서 보불 전쟁에 참전해 느낀 이야기

독일제국 선포 빌헬름 1세 황제 즉위식. 거울은 있는 그대로의 모습을 반영한다. 거울이 많을수록 반영의 수는 기하급수적으로 늘어난다. 거울의 방에는 500여 개가 넘는 거울이 있다. 얼마나 많은 반영의 반영이 나타날 것인가!

유럽의 후진국이었던 독일이 유럽의 가장 강력한 국가와 전쟁에서 이겼다는 건 역사적 보복이다. 독일 황제 즉위식이 독일이 아닌 프랑스 베르사유 궁전, 그것도 거울의 방에서 거행되었다는 건 알레고리적 보복이다. 그 승전식을 거울의 방에서 행함으로써 독일은 수백 개의 거울을 통해 승리의 기쁨을 수천수만 배 즐겼고, 패전한 프랑스는 거울에 수없이 비춰지는 지독한 패전의 슬픔을 맛본다.

거울의 방이 만들어질 당시 거울은 부의 상징일 만큼 귀했다. 그런 거울로 장식된 방은 프랑스의 절대적 힘과 우월함을 상징했다. 절대 강자를 상징하는 방에서 독일 황제가 취임식을 거행한다는 건, 독일이 유럽에서 절대 국가가 되었음을 의미한다. 더구나 화려한 샹들리에 장식물에 비춰지는 독일 황제의 취임식은 프랑스 패배의 슬픔을 더 잔인하게 드러냈다.

『비극의 탄생』은 이 전쟁을 배경으로 탄생한다.

후일 제1차 세계 대전이 끝난 후 패전국 독일은 다시 이 거울의 방에서 베르사유 조약을 맺는다. 알레고리적 보복의 반복을 넘어 아이러니이다. (안톤 폰 베르너, 1877년, 비스마르크 박물관 소장)

를 왜 집필했는가? 단순하게 보면, 전쟁 참전 이야기는 『비극의 탄생』을 집필한 니체의 개인사이다. 하지만 이렇게 단순 평가하기는 석연찮다. 니체는 『비극의 탄생』을 설명할 때마다 보불 전쟁과 이 전투들을 언급하기 때문이다.

니체는 1872년 「리하르트 바그너에게 바치는 서문」에서 '막 발발한 전쟁의 공포와 흥분 속에서 이러한 생각에 집중했다'고 이 전쟁을 간단하게 언급한다. 위에서 살펴보았듯이 니체는 1886년 「자기비판의 시도」를 집필하면서도 보불 전쟁과 메츠 성벽 아래에서 벌어진 전투와 뵈르트 전투를 언급했다. 또한 니체는 1889년 『이 사람을 보라』의 「나는 왜 이렇게 좋은 책을 쓰는가」에서 『비극의 탄생』을 설명하면서도 보불 전쟁과 이 두 전투에 의미를 부여한다.

니체는 왜 보불 전쟁과 이 두 전투를 언급하는가? 겉으로 본다면 어디에서도 서술한 적이 없던 『비극의 탄생』의 역사적 집필 배경이자 개인적 배경이다. 이런 평가 역시 석연찮다. 16년 만에 준열한 자기비판을 하면서, 집필의 역사적 배경과 개인적 배경을 쓴다는 것은 너무 약한 느낌을 준다. 오히려 '나는 내 사유의 모태인 바그너주의를 왜 버릴 수밖에 없었는가', '나는 내 철학의 고향인 쇼펜하우어를 왜 등질 수밖에 없었는가', '나는 왜 음악정신을 포기하고 염세주의에 집중하게 되었는가' 등으로 선언한다면 훨씬 더 근사하고 멋져 보이지 않겠는가?

보불 전쟁과 두 전투는 역사적 집필 배경이자 개인적 집필 배경을 넘어 훨씬 더 중대한 의미가 있다. 다름 아닌 비극과 전쟁의 관계이다. 집필 배경처럼 보이는 전쟁과 전투를 '전쟁과 비극'이라는 주제로 바꿔 보자. 새로운 시각이 열린다. 한발 더 나가 보자. '거대한 전쟁과 비극의 탄생 조건에 대하여'라고 문제의식을 바꿔 보자. 그러면 비극 발생의 일반적인 조건과 전쟁의 상관성이라는 중대한 문제가 대두된다.

독일사를 중심으로 살펴보자. 1789년 프랑스 대혁명 이후 프랑스는 유럽의 절대 강국이 되었던 반면, 독일 민족은 수많은 군소국가로 삶을 영위하는 절대 약소국들이었다. 1792년 프랑스에 의한 독일 침략인 발미 전투는 허약한 독일 민족의 상징이다. 프랑스는 1806년 유럽의 정신적 지주를 자처하던 독일 중심의 신성로마제국을 해체했고, 독일은 그 후에도 통일 국가를 이루지 못하고 모욕을 당하고 살았다.

대반전이 일어난다. 프로이센이 오스트리아와 전쟁하여 승리하고, 1870년 유럽의 절대 강국 프랑스와 전쟁하여 승리한다. 뵈르트 전투가 그 시작이고, 메츠 전투는 그 완성이다. 전쟁에서 승리한 프로이센의 황제는 프랑스 베르사유 궁전에서 황제 취임식을 올린다. 프로이센은 독일제국을 선포하고 유럽의 절대 강국이 되었다.

청년 문헌학자이자 철학자인 니체는 이 숨 막힐 정도로 극심한 변동의 역사적 순간에 독일 민족적 애국심에 달아올랐다. 그는 대학의 만류를 뿌리치고 군에 자원하여 입대할 정도로 가슴이 벅찼다. 그는 직접 의료병으로 전투에 참가하기도 하고, 평화협약의 순간을 초조히 지켜보기도 했다.

애국적 열정으로 가득 찬 뜨거운 그의 가슴과 달리 차디차고 냉정한 그의 머리는 오히려 다른 문제에 집중하고 있었다. 니체는「리하르트 바그너에게 바치는 서문」에서 '애국적 열정과 미적 탐닉'의 '대립'을 보지 말라고 말한다. '대립'이 아니라면 무엇으로 이해해야

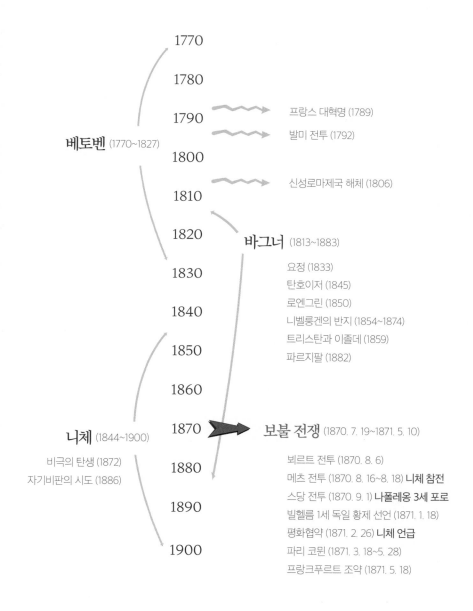

1770

1780

1790 프랑스 대혁명 (1789)

발미 전투 (1792)

1800

베토벤 (1770~1827)

신성로마제국 해체 (1806)

1810

1820

바그너 (1813~1883)

요정 (1833)
탄호이저 (1845)
1830
로엔그린 (1850)
니벨룽겐의 반지 (1854~1874)
1840
트리스탄과 이졸데 (1859)
파르지팔 (1882)
1850

1860

니체 (1844~1900)

1870 보불 전쟁 (1870. 7. 19~1871. 5. 10)

비극의 탄생 (1872)
자기비판의 시도 (1886)
1880
뵈르트 전투 (1870. 8. 6)
메츠 전투 (1870. 8. 16~8. 18) 니체 참전
스당 전투 (1870. 9. 1) 나폴레옹 3세 포로
1890
빌헬름 1세 독일 황제 선언 (1871. 1. 18)
평화협약 (1871. 2. 26) 니체 언급
1900
파리 코뮌 (1871. 3. 18~5. 28)
프랑크푸르트 조약 (1871. 5. 18)

하는가라는 문제가 발생한다. 대립이 아니라 '배경'이다. 그러면 그 문제는 간단히 해결된다.

니체는 보불 전쟁 발발 전인 1870년 1월 18일에 「그리스 음악 드라마」와 1870년 2월 1일에 「소크라테스와 비극」을 강연했다. 그는 페르시아 전쟁이라는 거대한 전쟁 전에 그리스에서 왜 비극이 탄생했는가를 고민했다. 이 문제는 현실적인 동시에 실천적인 문제로 바뀐다. 니체는 보불 전쟁 전 자신이 그토록 좋아하던 바그너의 비극이 발생한 문제를 고민한다. 바그너는 보불 전쟁이 발생하기 30여 년 전에 이미 독일 민족적인 비극을 창작하고, 독일 민족 구성원들의 관심과 집중을 받았다.

바그너의 비극이라는 예술적 창작과 보불 전쟁이라는 역사적 현장, 그리고 이를 냉정하게 바라보고 사유하는 니체. 니체는 여기서 한발 더 나간다. 한 국가의 운명이 달린 거대한 전쟁 전후에 어떤 역사적 현상이 발생했는가? 그는 자신이 한 강연을 바탕으로 더 깊숙이 사유의 밑바닥에 있는 현실로 내려간다.

니체는 자신의 강연을 바탕으로 고대 그리스 비극이 발생한 역사적 현실에 도달한다. 그는 역사적 유사성에 놀란다. 아시아의 절대 강국인 거대 제국 페르시아와 수많은 도시 국가로 분열된 고대 그리스 국가! 절대 강국 페르시아와 비교한다면 절대 약소국인 아테네는 최대 강국 페르시아와 전쟁을 했고 승리를 거뒀다. 아테네는 아시아와 유럽의 절대 강국이 되었고, 패전국 페르시아는 아테네에 배상금을 지불했다.

아테네는 거대 강국 페르시아에 어떻게 승리할 수 있었는가? 니체에 따르면 비극 덕분이다. 아테네에서 비극은 그 전쟁에 승리하기 4~50여 년 전에 이미 발생했다. 아테네 비극은 아테네 시민들의 관심을 끌어모았다. 승전국 아테네 비극은 시민들을 '약함의 염세주의'가 아닌 강력한 삶의 투쟁으로 이끌었다.

승리의 기쁨이 채 가시기도 전, 아테네에는 위대한(?) 철학자 소크라테스가 아테네 대중들을 향해 앎의 향연을 펼치고 있었다. 소크라테스는 조국 아테네를 위한 전투에 참전했다는 것을 국가를 위한 자랑거리로 삼고 있었다.

아테네인 여러분! 만약에, 제가 여러분께 저를 지휘하도록 선출하셨던 그 지휘관들이 포테이다이아에서 그리고 암피폴리스에서, 또한 델리온에서 제게 위치를 정해 주었을 때, 그때는 그들이 정해 준 그곳에, 다른 누구와도 똑같이 머물러 있으면서 죽을 각오로 모험을 했으면서도 ……[6]

니체는 소크라테스 영향을 받은 그리스의 절대 강국 아테네가 스파르타와 벌인 펠로폰네소스 전쟁에서 패배한 후 그리스의 삼류 국가로 전락했다고 판단한다.

국가의 명운을 건 페르시아 전쟁과 보불 전쟁, 두 전쟁 이전에 발생한 비극, 전쟁 승리 후 철학 활동을 하는 소크라테스와 니체는 다양한 비교 거리를 만든다. 절대 강국 프랑스와 페르시아, 절대 약소국 신성로마제국의 군소 국가들(독일)과 그리스 도시국가, 그리고 절대 강국과 투쟁하는 프로이센과 아테네, 거대한 국가를 물리치고 절대 강국의 지위에 오른 프로이센과 아테네, 거대한 전쟁 40~50여 년 전에 발생한 바그너적인 비극과 아테네의 비극, 전투에 직접 참전했던 니체와 소크라테스.

이런 비교를 근거로 우리는 "이것은 가장 중요하며 흥미 있는 문제일 뿐만 아니라 그와 동시에 개인적으로 가장 관심 있는 문제였다. 그 증거는 1870/71년 보불 전쟁이 발생했음에도 **불구하고** 이 책이 시작되었다는 점이다."의 비밀을 풀 수 있다. '개인적으로 가장 관심 있는 문제'와 '가장 중요하며 흥미 있는 문제'를 해명하는 것은 『비극의 탄생』의 숨은 의도를 파악할 수 있는 길이다.

전쟁과 비극의 관계를 중심으로 '가장 중요하며 흥미 있는 문제'이자 '개인적으로 가장 관심 있는 문제'를 찾아보자. 절대 강국의 몰락(페르시아와 프랑스)과 미약한 국가의 절대 강국으로 성장(아테네와 독일) 이전에 왜 비극은 발생하는가? 아테네가 강력한 국가가 되기 이전에 아이스킬로스가 있었고, 프로이센이 강력한 국가가 되기 이전에 바그너가 있었다.

전쟁 승리 후 절대 강국이 된 국가에서 왜 비극이 사라지는가? 에우리피데스는 비극의 멸망으로 이끌었고, 바그너는 마치 에우리피데스처럼 그 스스로 자신의 비극의 죽음을 초래했다. 니체에게 바그너는 비극의 가장 걸출한 작가인 아이스킬로스이자 비극을 죽음으로 몰고 간 에우리피데스였다.(11장과 12장에서 상술함.)

비극의 죽음을 초래하는 자는 누구인가? 비극의 죽음을 초래하는 자, 건강한 아테네를 나약한 아테네로 몰고 간 자는 앎과 절제의 철학자 소크라테스이다. 에우리피데스와 소크라테스 때문에 아테네는 몰락했다.(13장, 14장, 15장에서 상술함.)

하지만 프로이센이 중심이 된 독일은 다르다. 독일은 전쟁에서 승리했지만 몰락한 아테네와 달리 몰락하지 않을 것이다. 비극의 죽음을 막기 위한 철학자가 있다. 비극의 죽음을 막는 철학자, 건강

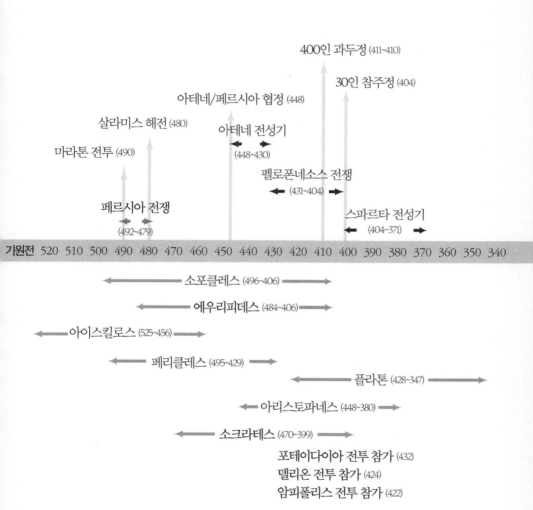

400인 과두정 (411~410)

30인 참주정 (404)

아테네/페르시아 협정 (448)

살라미스 해전 (480)

아테네 전성기

마라톤 전투 (490)

(448~430)

펠로폰네소스 전쟁

페르시아 전쟁

(431~404)

스파르타 전성기

(492~479)

(404~371)

기원전 520 510 500 490 480 470 460 450 440 430 420 410 400 390 380 370 360 350 340

소포클레스 (496~406)

에우리피데스 (484~406)

아이스킬로스 (525~456)

페리클레스 (495~429)

플라톤 (428~347)

아리스토파네스 (448~380)

소크라테스 (470~399)

포테이다이아 전투 참가 (432)
델리온 전투 참가 (424)
암피폴리스 전투 참가 (422)

한 국가를 더 건강하게 유지시키고자 하는 의지와 몸의 철학자 니체, 삶과 의지의 철학자 니체, 바로 그 자신이 있다.

니체는 '가장 중요하며 흥미 있는 문제'이자 '개인적으로 가장 관심 있는 문제'에 관심을 가짐으로써 자신을 단숨에 소크라테스와 대등한 지위로 격상시킨다. 페르시아와의 전쟁에서 승리한 아테네에 소크라테스가 있었듯이, 보불 전쟁에서 승리한 독일에는 니체 자신이 있다.

소크라테스가 조국 아테네를 위해 전투에 참여한 것을 평생의 자랑거리로 삼듯이, 니체 역시 청년의 들뜬 마음으로 전투에 참여한 것을 영광으로 삼는다. 니체가 교수로 있던 바젤대학은 니체가 군 복무 의무 때문에 교수직을 그만두는 일이 없도록 니체에게 스위스 시민권을 취득하라고 했다. 하지만 니체는 주저 없이 군 입대에 자원하고 의료병으로 국가에 몸과 마음을 바쳐 헌신한다.

니체는 국가와 민족을 위한다는 점에서 소크라테스와 동격이다. 하지만 그 둘은 전혀 다르다. 소크라테스는 도덕, 윤리, 종교 등의 정신세계의 건설자인 반면, 니체는 정신세계의 파괴자이다. 니체는 망치를 들고서 소크라테스의 머리를 내리치고, 다이너마이트에 불을 붙이고서 소크라테스와 그의 제자 플라톤, 플라톤의 주류와 아류가 만든 정신세계와 자연세계를 폭파시켜 버린다. 니체는 도덕, 윤리, 국가 중심주의적 구닥다리 철학과 종교를 단박에 박살 내고 의지, 욕망, 탈주의 새로운 철학을 건설한다.

「자기비판의 시도」 첫머리는 니체가 전투에 참여했다는 것을 기록한 단순한 글이 아니다. 「자기비판의 시도」에는 보불 전쟁과 두 전투, 그 한 모퉁이에서 의료병이자 사색가로 있는 니체의 역사적 문제의식과 철학적 문제의식이 모두 녹아들어 가 있다. 뿐만 아니라 소크라테스를 넘어서 인류에게 새로운 길을 제시하는 니체의 자부심이 숨어 있다. 니체는 망치를 들고 인간을 옥죄고 있는 소크라테스라는 바위를 깨부순다. 니체는 다이너마이트가 되어 건강한 시민을 병든 시민으로 만드는 플라톤적인 사유의 질서와 문명을 파괴한다. 「자기비판의 시도」에 나오는 보불 전쟁과 두 전투는 이런 관점에서 해석되어야 한다.

2.

음악으로부터? 음악과 비극? 그리스인과 비극적 음악? 그리스인과 염세주의Pessimismus[1]의 예술 작품? 지금까지 인류 중에서 가장 성공하였으며, 가장 아름다우며, 가장 부러움을 사고 있으며, 가장 매혹적으로 살아간 사람들인 그리스인들이, 도대체 어떻다고? 하필 그 그리스인들이 비극을 **필요로** 했다고? 더 나아가 예술을? 무엇 때문에 그리스적인 예술을?

1. 염세주의는 비관주의悲觀主義 또는 페시미즘이라고도 부른다. 일반적으로 염세주의는 세계를 불합리하며 비애로 가득 찬 것으로 이해하고, 인생에서 행복이나 희열을 찾을 수 없다고 생각한다. 흔히 염세주의의 예술적 표현을 비극이라고 부른다.

니체는 이와 다르게 생각했다. 니체는 염세주의를 '강함'의 염세주의와 '약함'의 염세주의로 구분한다. 그는 강함의 염세주의를 '그리스 예술의 명랑성'으로, 그리고 약함의 염세주의를 '후기 그리스 시대의 그리스적 명랑성'으로 설명한다.

이것을 더 확장하여 설명하면 후기 그리스 시대의 명랑성은 쇠퇴하고 쇠락하는 '저녁놀'을 말하며, 그리스적 예술의 명랑성은 새로운 시대를 여는 '아침놀'에 해당한다. 아침놀은 니체의 『아침놀』의 책 제목이기도 하다. 간단하게 정리하면 위와 같다.

염세주의라는 비관적인 단어 앞에 '강함'이라는 형용어가 붙는 것에 우리는 당혹감을 느낀다. 이에 대한 자세한 설명은 뒤에 하기로 한다. 니체의 사상을 한마디로 정리한다면, '강함의 염세주의'를 온몸으로 느끼고 실천하는 자라투스트라, 초인이 되는 것이다.

염세주의의 반대는 '낙관주의'이다. 낙관주의는 주로 앎과 철학에 의거하는 사상으로 그 시조는 소크라테스이다. 니체는 낙관주의를 부정적인 의미로 사용하여, 강력한 국가가 쇠퇴할 때 나타나는 현상으로 판단한다.

다시 보기

이 단락에 나오는 '음악으로부터? 음악과 비극? 그리스인과 비극적 음악?'은 『비극의 탄생』에 나타난 기본 문제의식이 무엇인지 보여 준다. 이 문제의식은 직접적으로는 본문의 5장에서 8장까지에 해당하지만, 『비극의 탄생』 전체에 깔려 있다.

니체는 우리의 상식을 전복한다. 니체는 고대 그리스 비극을 음악으로 이해하라고 강조한다. 이 단락은 1972년 『음악정신으로부터 비극의 탄생』의 '음악정신으로부터'라는 문제의식을 보여 준다.

비극을 음악으로 이해하라는 니체의 이러한 주장에 우리는 당황스럽다. 우리는 셰익스피어의 4대 비극, 햄릿, 맥베스, 오셀로, 리어왕처럼 '연극적' 비극에 익숙하다. 또한 우리는 비극을 보거나 읽으면서 욕망, 질투, 진실과 거짓, 아버지 살해와 어머니 살해 등 '주제 중심적'으로 접근한다. 니체는 비극을 읽는 우리의 가장 기본적 태도인 주제 중심적 접근법을 버리라고 강조한다.

그 대신 니체는 고대 그리스 비극을 제대로 이해하고 싶다면, 음악을 중심으로 이해하라고 강조한다. 『비극의 탄생』은 이 점에서 본다면 음악철학 입문서이다. 비극의 발생도 음악에서 기인하고, 비극의 몰락도 비극 내 음악의 죽음에서 비롯한다. 음악과 비극의 관계는 앞으로 계속 나오는 문제의식이므로, 주의를 기울이는 것이 좋다.

## 3.

이로써 사람들은 삶Dasein의 가치에 관한 커다란 질문이 어떤 위치에 있는지 풀 수 있게 되었다. 염세주의는 **필연적으로** 몰락, 쇠퇴, 실패, 피곤하고 지친 본능의 징후인가? 마치 인도인들, 추측컨대 우리들, '근대'인들과 유럽인들의 경우에서처럼. 강함의 염세주의Pessimismus der Stärke는 존재하는가? 행복, 넘쳐흐르는 건강, 삶의 **충만**에 근거하여 삶의 가혹함, 끔찍함, 불쾌함, 어려움을 설명하는 지적 경향은 있는가? 충만한 고통은 있는가?[1]

자신의 힘을 시험할 수 있는 적으로서, 존경할 만한 적으로서 두려움에 **도달**하려는 아주 날카로운 눈매를 시도할 용기가 있는가? 또한 '두려움'이 무엇인지 배우고자 하는 상당히 날카로운 눈매를 시도할 용기가 있는가?[2]

특히 가장 훌륭하며, 가장 강력하며, 가장 용기를 지녔던 시대의 그리스인들에게 비극적 신화란 무엇을 의미하는가? 그리고 디오니소스적인 저 무시무시한 현상은 무엇을 의미하는가? 디오니소스적인 것에서 탄생한 비극이란 도대체 무엇이란 말인가?[3]

1. 니체는 '강함의 염세주의'를 '행복, 넘쳐흐르는 건강, 삶Dasein의 **충만**에 근거하여 삶의 가혹함, 끔찍함, 불쾌함, 어려움을 설명하는 지적 경향'으로 정의한다. 니체는 '강함의 염세주의'가 나타난 시대를 고대 그리스 비극이 나타났던 때로 이해한다.

반면 니체는 '약함 또는 쇠퇴의 염세주의'를 '몰락, 쇠퇴, 실패, 피곤하고 지친 본능의 징후'로 정의하고, 그 시대를 에우리피데스와 소크라테스가 활동하던 시대와 니체 자신이 살고 있는 당대로 규정한다. 이에 대해서는 15장, 18장, 20장 등에서 찾아볼 수 있다.

2. 니체가 기본 문제의식을 심화하여 더 깊은 문제의식을 계속 던지는 내용이다. 이 문장은 니체가 니체 자신에게 그리고 이 글을 읽는 독자에게 이 문제의식을 계속 따라갈 용기가 있는지를 묻는다. 니체 스스로에게 용기를 가지라고 힘을 주는 문장이며, 독자에게 모든 가치를 전복하는 문제의식에 주눅 들지 말고 다부지게 드잡이해 보라고 권유하는 문장이다.

3. 아이러니 하나. 니체는 비극 시대의 아테네인들을 '가장 훌륭하며, 가장 강력하며, 가장 용기를 지녔던' 사람들이라고 간주한다. 니체는 독일이나 다른 모든 국가의 시민들이 이런 아테네인을 모방해

야 한다고 주장한다. 언뜻 보면 '가장 훌륭하며, 가장 강력하며, 가장 용기를 지녔던' 아테네인들이 '비극적 신화'를 사랑하고 좋아했다는 것은 역설적이다. 니체는『비극의 탄생』전체에 걸쳐서 이런 아이러니를 풀어 설명한다.

아이러니 둘. 또 다른 역설이 등장한다. 포도주, 술, 그리고 노래와 춤으로 구성되는 디오니소스 축제는 일반적으로 정적인 것과 정반대로 동적인 여흥, 흥분, 혼란과 광란을 초래한다. 그런데 아테네에서는 정반대 현상이 발생한다. 디오니소스적인 것에서 정적이며 침울하고 우울하며 멜랑콜리한 비극이 만들어진다. 아테네에서 왜 일반적 현상과 다른 특수한 현상이 만들어지는가? 이 문제 역시『비극의 탄생』전체에 걸쳐서 해명된다.

'디오니소스적인 저 무시무시한 현상'은 디오니소스를 받아들이고 디오니소스 축제가 벌어지는 나라나 지역 모두 광란의 축제로 빠져드는 것을 말한다. 1장 5절에 상세하게 설명되어 있다.

### 다시 보기

이 단락은 음악정신으로부터 비극의 탄생이라는 기본 문제의식을 깊이 파고든 심화 문제의식으로서, 비극의 탄생과 염세주의의 관계를 다룬다. 이 단락은「자기비판의 시도」를 넣은 책의 제목『비극의 탄생 또는 그리스 문명과 염세주의』에 들어맞는 서문에 해당한다.

'염세주의Pessimismus'라는 말은 본문에서 총 다섯 번 나오는데, 그중 15장에서 네 번 나온다. 하지만「자기비판의 시도」에서 아홉 번이나 나온다. 이 점에서 본다면 '염세주의'는 음악정신이란 관점에

서 분석한『비극의 탄생』의 주요한 문제의식이 아니다. '염세주의'
는 니체가 후일 현실과 계속 대화를 하다가 끄집어낸 문제의식이
다.『비극의 탄생』에서 '음악정신'은 발견하기 쉽지만 '염세주의'를
찾아내기 힘든 것은 이 때문이다.

이 책에서 염세주의를 읽어 내려면 각별한 노력이 필요하다. 그
노력이란 현실과의 대화이다. 비극 발생과 몰락할 당시 아테네 상
황과 니체 당대의 시대적 징후에서 염세주의적 경향을 찾아내고,
비극과 어떤 관계를 맺고 있는지 살펴봐야 한다. 이 관계를 '음악정
신'과 연결하여 사고하는 것 역시 중요하다. '음악정신'이 살아 있는
염세주의는 '강함'의 염세주의인 반면, '음악정신'이 쇠퇴하고 이론
과 학문의 정신이 맹위를 떨치면 '약함'의 염세주의이다.

비극과 염세주의의 공통분모적인 사고는 우리를 혼란스럽게 만
든다. 음악에서 탄생한 비극이 우리를 당혹스럽게 만들었듯이, 니
체는 이 단락에서 '강함의 염세주의'로 우리를 또 다시 곤혹스럽게
만든다.

니체는 염세주의를 데카당스로 이해하고, 세상을 부정적으로 이
해하는 우리의 상식을 파괴한다. 니체는 한발 더 나아가 우리를 더
곤란케 한다. 그는 '가장 훌륭하며, 가장 강력하며, 가장 용기를 지
녔던 시대의' 그리스인이 왜 염세주의적 비극을 필요로 했는가라는
질문을 던진다. 훌륭함, 강력, 용기를 지닌 그리스인이 염세주의를
필요로 한다는 것 자체가 아이러니이다. 하지만 니체는 주저하지
않고 비극이 '강함의 염세주의'의 표현이라고 강조한다.

니체는 한 번 더 우리를 구렁텅이로 몰아넣는다. 포도주와 술의
신 디오니소스, 술을 조금 마시면 즐거워지고 많이 마시면 흥분하

게 만드는 디오니소스적인 것이 아테네에서는 정반대로 비극을 탄생시켰다니? '비극이란 도대체 무엇이란 말인가?' 왜 아테네에서는 다른 지역이나 국가와 전혀 다른 현상이 발생하는가?

정리해 보자. 니체는 우리의 상식을 연속적으로 전복시킨다. 비극을 음악으로 이해하고, 강력한 자가 염세주의를 사랑하고, 디오니소스적인 것이 비극을 만들어 낸다는 것은 우리의 상식을 벗어난다. 그 전복적 사고를 추적해야 한다.

## 4.

그리고 다시 비극을 죽음으로 몰고 간 도덕의 소크라테스주의,[1] 대화법, 이론적 인간의 절제와 명랑성[2]이란 또 무엇이란 말인가? 도대체 무엇이란 말인가? 이러한 소크라테스주의야말로 쇠퇴, 피곤, 병듦, 무질서하게 스러져 가는 본능의 징후일 수 있지 않은가?

후기 그리스 시대의 '그리스적 명랑성'은 단지 저녁놀이지 않은가? 염세주의에 적대적인 에피쿠로스적인 의지야말로 고통받는 자의 조심성에 지나지 않는다면?[3]

그리고 학문 그 자체, 우리들의 학문, 삶의 징후로서 일반적으로 고찰되는 모든 학문은 도대체 무엇을 의미하는가? 무엇을 위한 것인가, 더 심하게 말해 **어디에서 출발했는가?** 도대체 어떻다고? 어쩌면 학문적인 것은 염세주의에 대한 공포이자 도피가 아닌가? 염세주의에 대한 세련된 방어인가, **진리**인가? 그리고 도덕적으로 말한다면 비겁함이나 거짓은 아닐까? 비도덕적으로 말한다면 교활함 아닌가?[4]

오 소크라테스, 소크라테스여, 이것이 **당신의** 비밀이 아닌가? 오 비밀스러운 냉소자여, 이것이 아마도 당신의 아이러니[5] 아닌가? ……

1. '소크라테스'와 '소크라테스주의'는 다르다. 소크라테스주의는 소크라테스의 행적과 사상 중 특정한 관점에서 교조화된 부분을 말한다. 이는 마르크스와 마르크스주의, 레닌과 레닌주의, 마오와 마오주의의 관계와 같다. 소크라테스와 소크라테스주의에 대해서는 12~15장에서 주로 다룬다.

2. '도덕의 소크라테스주의, 대화법, 이론적 인간의 절제, 명랑성'은 모두 소크라테스의 특징을 지적한 말이다. 이 네 가지는 니체의 소크라테스 비판의 핵심에 이르는 길이다. 니체는 소크라테스에 대해 13~15장에서 세밀하게 다룬다.

3. 니체는 에피쿠로스를 부정적으로 파악했다. 니체는 에피쿠로스를 '약함의 염세주의'의 전형으로 파악한다.

에피쿠로스Epicouros는 기원전 341년 사모스에서 태어나 기원전 270년 아테네에서 죽은 철학자이다. 그의 생몰연대를 바탕으로 보면 그는 '후기 그리스 시대'의 전형적인 인물이자 '그리스적 명랑성'을 대표하는 자이다.

에피쿠로스는 행복하고 평온한 삶을 얻는 것이 철학의 목적이라고 보았으며, 평정ataraxia, 평화, 공포로부터의 자유, 무통無痛, aponia을 행복하고 평온한 삶으로 보았다. 그의 철학은 한마디로 '쾌락추구·고통회피'로 정리될 수 있다. 그는 쾌락을 고통의 부재로, 작은 고통을 더 나은 쾌락을 위한 수단으로 보았다.

염세주의가 삶과 세계를 고통스럽게 받아들인다면, 쾌락과 행복을 추구하는 에피쿠로스주의는 염세주의에 '적대적'이다. 고통을 피하고 행복을 추구하는 '에피쿠로스적인 의지'는 현실에서 스스로 만들어 내는 작은 고통을 더 나은 쾌락을 위해 감수한다. 결론적으로 본다면 '에피쿠로스적인 의지'는 결국 현실의 고통을 회피하는 것이지 현실의 고통에 대한 적극적 대처는 아니다.

> 에피쿠로스는 전형적인 데카당이다. …… 고통에 대한 공포, 한없이 작은 고통에 대해서마저도 갖는 공포 ……'[7]

니체는 에피쿠로스를 데카당스의 전형으로 보았으며, 병든 토대에 근거한 쾌락주의라고 파악한다. 이 점에서 '에피쿠로스적인 의지'는 자잘하고 사소한 '고통받는 자'가 행복을 추구하기 위한 '조심성'이 된다.

4. '염세주의에 대한 공포'는 학문이 죽음의 공포를 이겨 내기 위한 것이라는 뜻이다. '염세주의에 대한 세련된 방어'는 학문 자체는 염세주의를 지향하는데, 이를 세련된 방식으로 설명한다는 뜻이다. 이에 대해서는 소크라테스의 삶과 죽음을 다룬 15장에서 자세히 설명한다.

이 단락은 학문의 의미, 목적, 기원, 역할을 다룬다. 우리의 일반적인 상식에 따르면 학문은 진리 또는 진리 탐구이다. 니체는 이를 부정한다. 니체는 '염세주의에 대한 공포나 도피'이거나 '염세주의에 대한 세련된 방어'가 학문의 기원이라고 주장한다.

학문이 '진리'라는 주장은 우리의 일반적 상식에 따르면 학문의 목적에 해당한다. '도덕적' 측면에서 학문이 '비겁함이나 거짓'이라는 것은 학문의 기능에 해당한다. 학문은 진리를 추구한다고 하지만, 따지고 보면 도덕을 정교하고 아름답게 치장하고 포장하는 기능을 한다.

'비도덕적 측면'에서 학문의 '교활함'은 학문이 도덕의 포장임에도 불구하고 진리를 추구한다고 가장하는 걸 뜻한다. 이에 대해서는 15장에서 자세하게 다룬다.

5. '당신의 아이러니'라는 표현은 앞의 문장을 받아 주는 말이다. 아이러니는 '예상 밖의 결과가 빚은 모순이나 부조화'를 말한다. 시민을 보호해야 할 경찰이 시민을 폭행한다면 이는 아이러니이다. 사실을 보도해야 할 기자가 사실을 왜곡한다면 역시 아이러니이다.

앞의 문장으로 설명해 보자. 소크라테스는 '염세주의에 대한 공포이자 도피'에서 학문을 시작했지만, 결과적으로 '염세주의에 대한 세련된 방어'의 역할을 했다. 소크라테스는 '도덕적으로 말한다면 비겁함이나 거짓'을 행했음에도 불구하고 '비도덕적으로 말한다면 교활함'을 자행한 셈이다. 니체의 입장에서 소크라테스는 아이러니 그 자체이다.

'당신의 아이러니'는 니체식으로 말하면 소크라테스의 삶 전체에도 적용된다. 소크라테스는 올바름(선, 도덕 등)을 위해 삶을 살아왔고 올바름을 위해 목숨을 바쳤지만, 결과적으로 올바름이 인간을 억압적으로 지배하게 만드는 결과를 가져왔음을 말해 준다.

다시 보기

이 단락은 『비극의 탄생』에 나타난 기본 문제의식에 바탕을 두고 심화 문제의식을 확대시켜 탐구한 확장 문제의식이다. 니체는 여기서 우리의 상식을 다시 한번 불태워 버린다. 너무 강력한 방화라 우리는 이 앞에서 눈을 제대로 뜨지 못하고 눈을 감아 버리곤 한다.

니체는 염세주의의 기원이 소크라테스에게 있다고 강조한다. 니체는 서구 정신문명과 우리 정신문명의 기초인 소크라테스를 완전히 폐기시켜 버린다. 니체는 우리의 모든 상식을 완전히 전복, 또 전복시키는 최후의 성전을 개시한다.

니체는 이미 우리가 '자연'으로 받아들였던 우리의 정신을 완전히 탈탈 털어 내고 새로운 정신을 심고자 한다. 여기서 말한 '자연'이란 너무 자연스러워 인공적이라고 느끼지 못하는 상태를 뜻한다. 즉, 소크라테스의 가르침은 우리에게 자연과 마찬가지로 너무 자연스럽다. 우리는 소크라테스 없는 이상과 사상, 현실을 생각하지 못한다.

니체는 비극의 죽음을 초래한 약함의 염세주의를 몰고 온 자가 소크라테스라고 지적한다. 니체는 소크라테스를 문명의 쇠퇴, 피곤, 병듦 등을 몰고 온 치명적인 악마적 바이러스라고 지적한다. 니체는 소크라테스를 현재 우리가 최상으로 여기는 진리 탐구인 학문의 출발점으로 간주한다. 그리고 바로 치명적인 악마적 소크라테스라는 바이러스 때문에 인간과 인간이 만든 건강한 문명은 병들게 되었다고 니체는 지적한다.

## 1장 다시 보기

위의 내용을 간단하게 표로 정리해 보자. 표의 장점은 명료성인 반면, 단점은 단순성이다. 단순성은 풍부한 내용을 감추고, 명료성

| | | 『비극의 탄생』의 시대적 조건인 전쟁, 그리고 저자 니체의 삶과의 교차 | | | | | | |
|---|---|---|---|---|---|---|---|---|
| 1절 | 문제의식 | 전복 | 비극 | 시대 | 염세주의 | 내용 | 명랑성 | 노을 |
| 2절 | 기본 | 비극을 연극이 아닌 음악으로 이해 | 탄생 | 그리스 | 강함 | 음악과 비극 결합 | 그리스적 예술의 명랑성 | 아침놀 (여명) |
| 3절 | 심화 | '강함의 염세주의'의 존재 | 내용 | | | 근대인/유럽인 vs 고대 그리스인 | | 디오니소스 |
| 4절 | 확장 | 소크라테스 죽이기 | 몰락 | 후기 그리스 니체 당대 | 약함 | 소크라테스 에피쿠로스 | 후기 그리스 시대의 그리스적 명랑성 | 저녁놀 (황혼) |

은 복잡한 내용을 쉽게 풀어 준다. 표의 단점에도 불구하고 니체 사상의 전체 윤곽을 보기 위해서 표로 표현했다.

「자기비판의 시도」 1장은 니체 사상의 전체 궤적을 큰 틀로 표현해 줄 뿐만 아니라 니체 사상에서 중요한 역할을 차지하는 용어도 보여 준다. 니체는 디오니소스적 배경을 가진 비극의 탄생에서 출발하여 학문, 교양인, 속물, 종교와 종교인 등의 가면을 쓰고 여러 다양한 형태로 나타나는 소크라테스 죽이기로 자신의 사상 여정을 끝낸다. 이런 점에서 1장은 니체의 사상이 어디에서 출발해서 어디로 향하는가를 아주 간단명료하게 보여 주는 궤적도이다.

1장은 니체가 자신의 철학의 주적을 분명하게 설정하는 장이기도 하다. 니체의 주적은 '강함'의 염세주의와 대비되는 '약함'의 염세주의이다. '강함'은 디오니소스로 대변되는 모든 걸 뜻하고, '약함'은 소크라테스로 대표되는 모든 걸 말한다. 니체는 소크라테스적인 모든 것을 주적으로 삼고 철저하게 파괴하고자 한다.

대척점에 서 있는 니체와 소크라테스의 중앙에는 삶을 둘러싼 대립, 현재의 삶이냐 사후의 삶이냐의 대립이 있다. 니체는 현재와 현실, 고통을 겪는 차안의 삶을 소중히 여기는 반면, 소크라테스는 현재와 현실에서 절제하고 살면서 최후에 가서, 죽어서, 피안에서 보상을 받는 삶을 소중히 여긴다. 삶을 소중히 여기는 태도는 '강함의 염세주의', '그리스적 예술의 명랑성', '아침놀'이고, 사후의 삶을 소중히 여기는 가치는 '약함의 염세주의', '후기 그리스 시대의 그리스적 명랑성', '저녁놀'이다.

  니체의 철학을 한마디로 정의한다면 '삶의 철학'이다. 현재와 현실의 삶을 소중히 여기는 니체는 '이로써 사람들은 삶의 가치에 관한 커다란 질문이 어떤 위치에 있는지'라고 말함으로써 자신의 철학이 서 있는 위치를 분명히 설정하고 있다. 니체의 철학 한평생은 '삶의 철학'을 드러내기이다. 삶을 소중히 여기는 자가 바로 자라투스트라이고, 삶을 업신여기는 자는 바로 소크라테스주의자이자 종교인이다. 자라투스트라는 예술을 만들고 향유하고 즐길 줄 아는 건강한 시민을 말하고, 소크라테스는 예술을 무시하고 경시하거나 예술을 즐길 줄 모르고 조정당하는 병든 시민이다.

  니체는 말한다. 자 이제 '날카로운 눈매'를 가지고 현재와 현실의 삶에 냉소 짓는 소크라테스와 그 무리와 아류를 죽이러 나설 용기가 있는가! 자 이제 나를 따라 현재와 현실의 '삶'을 존중하는 철학 여행을 떠나자.

## 2장

# 청년기의 한계

### 1.

그 당시 내가 파악하고자 했던 것은 두렵고도 무서운 문제, 반드시 황소라고는 할 수 없지만 뿔이 달린 문제, 어쨌든 **새로운 문제**였다.[1] 오늘날의 관점에서 보면, 나는 **앎의 문제** 그 자체라고 말할 것이다. 달리 말하면 나는 앎Wissenschaft을 우선 문제가 있는 것으로, 의문시할 만한 가치가 있는 것으로 파악했다.[2]

하지만 나의 청년 무렵 호기심과 의심 덕분에 그 당시 끝장을 보았던 그 책, 그 책은 그토록 젊은 시절에는 어울리지 않는 의무감에서 **불가능한** 책이 자라나지 않았던가! 그 책은 직접 경험하지 못했던, 청년 시절의 순수하지만 미숙한 자기경험을 바탕으로 집필되었으며, **예술**의 토대 위에 세워졌다. 왜냐하면 앎의 문제는 앎의 토대 위에서 파악될 수 없기 때문이다.[3]

1. 이 문장은 조금 까다롭다. 세 단계로 나눠 살펴보아야 한다. '새로운 문제'로서 '뿔이 달린 문제'와 '황소', 마지막으로 '뿔이 달린 황소'이다. 문맥대로 본다면 니체는 이 책을 통해서 '황소' 정도는 아니지만 '뿔이 달린' '새로운 문제'를 제기했다. 이는 '황소'가 더 중요한 문제이고 '뿔이 달린 문제'는 '황소'보다 상대적으로 덜 중요한 문제라는 것을 보여 준다. 나아가 황소는 일반적으로 뿔이 달려 있고 튼튼하므로, '뿔이 달린 황소'라는 문제가 자연스럽게 도출된다.

우선 '뿔이 달린 문제'를 살펴보자. '뿔이 달린 문제'는 일반적으로 딜레마, 진퇴양난을 말한다. '뿔이 달린 문제'이자 '새로운 문제'는 일반적으로 「자기비판의 시도」 2장의 마지막 문장인 **"앎을 예술가의 관점에서 보고 예술을 삶의 관점에서 본다"**를 의미한다. 지금까지 인류는 앎, 지식, 학문의 문제를 이론가나 연구자의 관점에서 보았고, 삶 역시 이론이나 학문 또는 종교의 관점에서 살펴보았다. 현재도 대부분 이런 관점에서 벗어나지를 못하고 있다.

니체는 과감하게 발상 전환을 시도한다. 니체는 앎과 삶의 문제를 예술가와 예술의 관점에서 바라본다. 이는 필연적으로 딜레마 상황에 처하게 만든다. 기존의 사유 방법이나 일반적인 사유에 따라 보자. 논리와 이성에 근거한 앎, 이론, 지식, 학문 등과, 감성과 감정에 근거한 예술가는 서로 대립할 수밖에 없다. 아름다움을 표현하는 예술과 고통과 고난으로 점철된 삶 역시 서로 이해할 수 없는 영역이다. 앎이나 학문을 주로 다루면 예술에 다가갈 수 없고, 예술에 종사하면 학문을 멀리한다. 아름다움을 추구하는 예술을 중시하다 보면 고통스러운 삶을 경시하고, 고통스러운 삶에 집중하다

보면 예술은 만끽할 수 없다.

니체는 서로 대립하고 이해할 수 없는 두 영역을 하나의 틀로 설명한다는 점에서 '새로운 문제'인 '뿔이 달린 문제', 일종의 딜레마를 제기한다. 니체는 이 문제의식이야말로 기존의 어떤 철학적 문제와도 전적으로 다른 '새로운 문제의식'이라고 주장한다. '뿔이 달린 문제'의 관점에서 『비극의 탄생』을 한마디로 요약하면, 예술가의 관점에서 앎, 이론, 학문 등을 극단으로 몰아붙여 비판하고, 예술은 고통스러운 삶을 위로하는 위대한 행위가 된다. 일종의 딜레마가 해결된다.

'뿔이 달린 문제'인 딜레마를 해결하면 더 큰 문제가 막아선다. 이른바 '황소'이다. 황소는 니체에게 어떤 의미가 있는가를 살펴보자. 이 황소를 해석할 수 있는 근거는 『비극의 탄생』의 사상적 기초를 대변하는 디오니소스와 관련되어 있다.

디오니소스의 전신이 자그레우스이고, 자그레우스는 황소로 변신하여 티탄들로부터 도망가려다 갈가리 찢긴다. 디오니소스는 곧 황소이다. 오비디우스는 『변신 이야기』에서 다음과 같이 말한다.

그대(디오니소스)가 뿔 없이 나타나면, 그대의 머리는 소녀처럼 보이오.[8]

오비디우스의 묘사에 따르면, 디오니소스는 뿔을 달고 나타나기도 하지만, 뿔을 달지 않고 나타나기도 한다. 에우리피데스도 『박코스의 여신도들』에서 디오니소스를 황소로 묘사하기도 한다.

디오니소스 : 그자는 나를 묶어 끌고 가려던 외양간 안에서

황소와 투우사. 강력한 뿔을 가진 황소와 싸우는 투우사의 모습이 마치 니체를 연상시킨다. 니체는 강력한 뿔을 가진 곤란한 문제와 사생결단으로 투쟁을 한다.

> 황소 한 마리를 발견하고는 그 황소의 무릎과 발굽에
>
> 쇠로 만든 족쇄를 던졌지.[9]

'황소'는 디오니소스이다. 디오니소스를 문제로 삼는다는 것은 니체 스스로 제기한 문제의 핵심에 디오니소스가 있다는 것을 의미한다. 디오니소스를 잘 받아들이면 '뿔이 달린 문제'이자 '새로운 문제'를 해결할 수 있는 단초가 된다. 니체는 이를 '자부심은 선두에 나선 황소의 문제다'[10]라고 표현한다.

한발 더 나아가 '뿔이 달린 문제'와 '황소'를 묶어 '뿔이 달린 황소'라는 '문제'를 가정해 보자. 디오니소스는 '뿔이 달린 황소'로 묘사되곤 했다. 에우리피데스는 디오니소스를 뿔이 달린 황소로 묘사한다.

> 제우스께서는 그분,

디오니소스의 전차 (기원전 380~370년, 루브르 박물관 소장)

황소 뿔이 달린 신을 낳았고[11]


펜테우스 : 자네도 여기서 나를 끌고 가는 황소를 닮은 것 같고,

자네의 머리 뿔이 달린 것 같으이.

자네는 예전부터 짐승이었는가?

확실히 지금 자네는 황소로 변한 것 같으이.[12]


'뿔이 달린 황소'라는 '문제'는 니체를 수없이 많은 진퇴양난에

처하게 만들지만, 인류 역사상 가장 중요한 문제가 된다. 결론적으로 말하면 '뿔이 달린 황소'라는 '문제'는 **"앎을 예술가의 관점에서 보고 예술을 삶의 관점에서 본다"**는 난제를 황소의 형상을 한 디오니소스 사상에 근거하여 해결하겠다고 강력하게 천명하는 니체의 선언이다.

2. 『비극의 탄생』의 문제의식은 무엇인가? 1872년 이 책을 집필했을 때의 문제의식은 음악과 비극의 관계, 음악의 토대로서 디오니소스적인 것, 비극의 살해자 소크라테스를 다루는 것이었다. 수많은 사유를 했고 그 결과를 많은 글과 책으로 남긴 16년 뒤, 이 책의 문제의식은 어떻게 바뀌는가? 소크라테스 죽이기에서 비롯된 앎과 예술, 그리고 삶의 관계로 바뀌게 된다.

3. 근대 이후 모든 가치의 절대적 기준인 앎, 학문, 지식, 이론, 인식, 합리성 등에 문제가 있다면, 어떻게 파헤쳐야 할 것인가? 앎이나 근대성, 합리성 그 안에서 살펴보면 그 답을 찾기가 쉽지 않다. 다람쥐 쳇바퀴 돌듯이 제자리를 맴돌 뿐이다.

내가 나의 문제를 보기는 쉽지 않다. 나는 나를 주관적으로 바라보고 객관적으로 보지 못한다. 반면 나 외부에 있는 타인은 나를 너무 명확하게 알고 있다. 우리의 문제 역시 우리 밖에서 볼 때 명확해지고, 우리나라의 문제 역시 외국에 나가 보면 너무 간명해진다.

앎의 문제를 해결하는 방법은 앎과 가장 적대적인 입장에서 보는 것이다. 이성을 바탕으로 하는 앎, 지식, 학문, 합리성 등에 가장 무시무시한 적은 바로 감각과 감성이다. 이 감각과 감성을 바탕으로 예술이 나타난다. 예술의 관점에서 앎, 근대성, 합리성을 보면 그 문제가 무엇인지 아주 명확해진다.

니체는 1장의 마지막에서 '비밀스러운 냉소자'인 소크라테스를 자신의 사상의 주적으로 삼는다고 밝혔다. 소크라테스는 알지 못하고 있음을 알고 있음으로 해서 아테네에서 가장 현명한 자라고 신탁을 받은 현자이다. 그는 '무지無知의 지知'란 무기를 들고, 앎이란 무엇인가를 철학적 문제로 제기했다. 서양 철학은 앎을 둘러싼 영역 다툼이다.

니체는 『비극의 탄생』을 집필할 무렵, 자신이 소크라테스적인 또는 소크라테스류類 앎의 문제에 정면 도전하고 있음을 정확하게 인식하지 못하고 어렴풋이 알고 있었다. 하지만 16년이 지난 사십 대 초반 무렵, 니체는 자신의 사유가 결국 소크라테스적인, 소크라테스류의 앎과 사유와 목숨을 건 투쟁을 지속적으로 수행해 왔다고 밝힌다. 염세주의와의 전쟁은 곧 소크라테스와 소크라테스주의와 부분 전투를 수행함을 말하고, 우리가 알고 있는 기존의 모든 가치와 전면 전쟁을 벌임을 뜻한다.


## 2.

아마도 이 책은 예술가 중에서 부수적으로 분석적이며 돌이켜 생각할 능력을 갖춘 사람을 위한 책(사람들이 찾아야 하지만 결코 찾을 수 없었던 예외적인 예술가를 위한 책)이며, 심리학상의 혁신[1]으로 가득 찬 책이며, 예술가의 형이상학[2]을 배경으로 하는 예술가의 비밀로 가득 찬 책이다.

이 책은 청년의 호기와 우울감으로 가득 찬 청년의 작품이며, 권위와 존경받을 만한 것처럼 보이는 것에서도 독립적이며 대담

하며 독자적인 책이다.[3]

말 그대로 엄청나게 노숙한 문제의식에도 불구하고 청년기의
실수로 범벅되어 있으며, 무엇보다 다른 측면에서 본다면 '지나
치게 사족이 많고', '질풍노도'로 가득 찬 책이다.[4]

1. 니체는 자신을 심리학자로 불러 주기를 원했다. 심지어 니체는
자신이야말로 심리학에서 최초의 길을 연 선구자라고 주장한다.

> 도대체 누가 나 이전에 철학자 중에서 심리학자가 있었던가? 오히려 그
> 반대로 '고상한 사기꾼', '이상주의자'이지 않았던가? 나 이전에는 심리학이
> 존재한 적이 없다.[13]

니체가 말하는 심리학이란 무엇인가를 해명하지 않으면 니체의
사상에 발을 담글 수 없다. 니체가 말한 심리학은 현재 우리가 일상
적으로 받아들이고 있는 심리학과 다르다. 니체가 말하는 심리학은
현재와 현실을 살아가는 삶의 고통을 어떻게 받아들이는가와 관련
되어 있다. 현재를 살아가는 삶의 고통을 보고서 공포와 동정이 아
니라 고통 그 자체를 받아들이고 즐길 줄 아는 삶의 태도가 니체가
말하는 심리학이다. 니체는 고통을 회피하지 말고 공포를 두려워하
지 말고, 대신 즐기라고 말한다. 어떻게? 디오니소스처럼 즐겨라!
그러면 새로운 탄생의 기쁨이 다가온다고 니체는 말한다.

> 삶의 가장 풀기 어렵고 가혹한 문제에 직면해서도 삶을 긍정한다는 것, 비
> 견할 바 없는 희생을 감수하면서 무한한 즐거움을 느끼는 삶의 의미—그것

이 이른바 디오니소스적인 것이다. 나는 이것을 디오니소스적인 것이라고 부르고, 나는 이것을 비극적 시인의 심리학이라고 부른다. 공포와 동정으로부터 해방되기 위한 것도 아니고, 맹렬한 폭발을 통해 하나의 위험한 흥분으로부터 자신을 보호하기 위한 것도 아니다. …… 그것은 공포와 동정을 넘어서 파괴의 기쁨을 포함하는 저 쾌감을 위한 것이다.'14

니체의 심리학은 삶의 긍정을 말한다. 이전의 심리학은 현재와 현실을 살아가는 삶의 고통을 회피하고 사후의 삶을 위해 현재의 고통을 인내하도록 가르쳤다. 종교와 철학이 이런 역할을 수행했는데, 니체는 이전의 종교인과 철학자를 심리학자로 보았다. 그들은 인간의 마음을 훈육시키고 길들이고 순치시키는 목자적 심리학자들이다.

이것은 내가 가장 오랫동안 몰두해 온 엄청나고 섬뜩한 문제, 인류를 '개선시키는 자'의 심리학이다.'15

개선시키는 자들은 인간을 사육하고 길들이는 자들이다. 그들이 말하는 철학은 일종의 도덕이며, 도덕은 '종교를 빙자한 성스러운 거짓말'이다.'16 소크라테스로 대표될 수 있는 '도덕'과 기독교로 대표되는 '종교'는 '전적으로 오류의 심리학'이며'17 '자유의지' 역시 인간이 처벌받기 위해 자유롭다고 생각하게 만든다는 점에서 '인류를 신학자들에게 의존하게 만드'는 심리학이다.'18

니체가 말한 '심리학상의 혁신'에서 혁신은 바로 이전에 도덕과 종교를 극복하는 심리학을 말한다. 혁신은 '사육의 도덕과 길들임의 도덕'과 '정반대로 무조건 나아가는 의지'를 말한다.

니체는 기존의 심리학자, 철학자들과 종교인들이 궤변을 늘어놓는다고 주장한다. 니체는 이전의 심리학자들이 인간을 잘 이해하는 사람이기는 하지만 인간을 탐구하는 목적이 잘못되었다고 비판한다. 니체에 따르면 기존 심리학자들은 자신들이 인간을 많이 능가하고 유리한 점을 차지하기 위한 자들이라고 말한다.[19] 니체는 이러한 속류 심리학[20]에 속지 말라고 강조한다.

결론적으로 니체가 말한 심리학이란 무엇인가? 심리학은 인간이 매일매일 당하고 있는 고통을 마음으로 어떻게 받아들이는가를 연구하고 방향을 제시해야 한다. 기존의 심리학인 종교와 철학은 고통스러운 삶으로부터 도피를 설교하고 실천했다. 니체는 우리에게 나날이 주어지는 고통스러운 삶 자체를 즐기고 향유할 수 있는 새로운 방향을 제시한다. 이것이 바로 니체가 말하는 '심리학상의 혁신'이다. 그 혁신은 『비극의 탄생』에서 처음 출발한다. 니체는 『이 사람을 보라』에서 『비극의 탄생』을 설명하면서 다음과 같이 선언한다.

> 이 책에는 결정적으로 두 가지 새로운 점이 있다. 그 하나는 그리스인들에게서의 디오니소스적 현상의 이해이다. 이 책은 그것에 대한 최초의 심리학이며, 그 현상을 전체 그리스 예술의 한 가지 뿌리로 본다.[21]

2. 니체는 자신이 형이상학을 예술적 관점에서 연구하는 철학자임을 분명히 밝힌다. 플라톤, 칸트 등 다른 철학자들이 철학적 관점에서 형이상학을 탐구했던 반면, 니체는 예술을 통해 형이상학을 탐

구한다. 이것에 관한 자세한 내용은 『비극의 탄생』 서문에서 살펴보도록 한다.

3. '호기'는 니체의 독자적인 문제의식을 말한다. '우울감'은 니체가 아주 좋은 문제의식을 던졌음에도 불구하고 제대로 다루지 못할까라는 염려와 중압감에 휩싸였음을 말한다. '권위와 존경받을 만한 것처럼 보이는 것에서도 독립적이며 대담하며 독자적인'은 니체가 기존의 모든 사상과 가치 등에서 벗어나 획기적인 주장을 하였음을 말한다.

4. 자신의 책에 대한 니체의 첫 번째 자기비판이다. '청년기의 실수'는 생각이나 사유가 미숙했음을 말한다. '지나치게 사족이 많고'는 니체의 글쓰기 변화에서 비롯한다. 초기의 『비극의 탄생』과 『반시대적 고찰』 이후 니체는 잠언식 글쓰기를 단행한다. 잠언식 글쓰기는 짧은 글 안에 모든 내용을 함축하여 담는 특징을 갖는다. 이러한 잠언체의 입장에서 본다면 『비극의 탄생』은 글이 아주 많이 긴 편이다.

'질풍노도로 가득 찬'은 청년으로서 주장하고 싶은 인간해방 사상(기존의 철학, 종교, 세계관에서 자유로운)을 많이 주장했다는 것을 뜻한다.

### 다시 보기

니체는 이 부분에서 『비극의 탄생』이 무엇에 관한 내용을 집필했는가를 밝힌다. 그 내용을 뒤집어 보면 누구를 위한 책인가를 나타낸다. 『비극의 탄생』은 바그너와 같은 극소수 예외적인 예술, 새로운 심리학, 예술의 관점에서 형이상학을 규명한다. 따라서 이 책은 예술가 중에서도 분석적이며 회고적인 능력을 갖춘 바그너와 같은 예외적인 예술가, 새로운 심리학자, 예술가적 형이상학자에게 필요하다고 니체는 밝힌다. 니체는 『비극의 탄생』이 지극히 고급 독자를 지향한 책이라는 사실을 주저하지 않고 밝힌다.

하지만 『비극의 탄생』이 그처럼 노숙한 문제의식과 고급 독자를 지향하기는 했지만, 실제 그 내용도 과연 그처럼 고급스러운가에 대해 자기비판을 주저하지 않는다. 『비극의 탄생』에는 대부분의 첫 저작이 지닌 한계를 지니고 있다고 니체는 고백한다. 그는 『비극의 탄생』에는 내용상 실수도 많고, 설명의 완급 조절에 실패했으며, 지나치게 격정으로 가득 차 있는 책이라고 고백한다.

독자는 『비극의 탄생』을 읽기 전, 자신이 고급 독자인가 아닌가, 니체의 문제의식을 알고, 이해하고, 수용할 정도의 능력은 있는가를 자문해 봐야 한다. 충분한 고급 독자라면, 독자는 『비극의 탄생』을 읽으면서 니체가 감추고 싶어 하는 청년기 저작의 한계를 품어 줄 정도의 아량이 있어야 한다. 그 전에, 고급 독자는 『비극의 탄생』을 읽으면서 니체의 청년기 저작에 있는 한계를 체계적으로 이해하고 비판할 수 있어야 한다. 이해와 비판이 없는 한 저작의 한계를 보듬어 줄 아량은 나오지 않는다.

충분한 고급 독자가 아니라면, 일반적인 우리와 같은 독자라면 이 글을 어떻게 읽어야 하는가? 『비극의 탄생』을 읽을 때 계속 던져지는 불편한 질문이다. 읽으면서 그 답을 찾아보자.

3.

성공이라는 다른 관점에서 본다면 이미 **증명이 끝난 책**(특히 이 책이 대화의 상대로 삼은 위대한 예술가인 리하르트 바그너)으로서[1], 나는 이미 '그 시대 최고의 인물'을 만족시켰다고 생각한다. 이런 점에서 본다면 이 책은 상당히 신중하게 동시에 사려 깊게 다뤄져야 한다.

그럼에도 불구하고 나는 이 책이 16년이 지난 요즈음 나에게 얼마나 혐오스럽게 보이며, 얼마나 이질적으로 보이는지를 완전히 감추지 않겠다.[2]

1. 바그너로부터 받은 칭찬에 해당하는 부분이다. 『비극의 탄생』의 출발점도 바그너이고, 종착점도 바그너이다. 니체는 서문을 바그너에게 바치는 헌정사로 시작하고, 책의 마지막 몇 장을 바그너 음악극의 분석으로 끝낸다. 니체는 "그것은 바그너와의 대화에서 출발한 아이디어를 발전시킨 저작이기도 했다. 이 책과 함께 보낸 편지에 니체는 '이 책의 모든 내용에서 당신이 제게 주신 모든 것에 대해 오로지 감사하고 있을 뿐이라는 것을 아실 것입니다'라고 썼다. 바그너는 이 책을 받고 기뻐했다. 바그너는 1872년 니체에게 보낸 편지에서 '정확하게 말한다면 당신은 내 아내를 제외하고는 내 삶이 내게 허락한 유일한 소득입니다'라고 쓴다."[22] 니체는 이 점에서 성공을 인정받은 책이라고 기술한다.

2. 1886년 「자기비판의 시도」를 집필할 때, 니체가 바그너에게 느끼는 감정이다. 니체는 1875년 『바이로이트의 바그너』를 집필하면서 형식적으로 바그너를 절대 이상화하지만, 이미 바그너에게서 벗어나기 시작했다.

나는 1876년 여름 첫 번째 바이로이트 축제 기간 중에 이미 바그너주의자들과 내적인 결별을 고했다. 나는 표리부동한 것을 참지 못한다.[23]

니체는 1876년『인간적인 너무나 인간적인』을 집필하면서 바그너의 실체를 파악하기 시작한다. 그는 '알면서도 고의적으로 쇼펜하우어의 맹목적인 도덕에의 의지에 추파를 던졌던' 것처럼 바그너의 낭만주의를 묵인했다고 말한다.

마찬가지로 나는 리하르트 바그너의 치유 불가능한 낭만주의가 마치 끝이 아니라 시작인 것처럼 나 자신을 기만했다.[24]

1882년 바그너가 〈파르지팔〉을 작곡하자 니체는 바그너를 완전히 적대한다. 니체는 1882년『즐거운 학문』에서 바그너를 혹독하게 비판한다. 1884년 니체는『자라투스트라는 이렇게 말했다』를 집필하면서 완전히 독립적인 사상을 구축한다. 니체는 1886년『선악의 저편』과「자기비판의 시도」를 집필할 무렵, 자신이 어렸을 적 바그너를 추종했던 것이 얼마나 낯부끄러운 일이었는가를 고백한다. 니체와 바그너의 관계는 상당히 중요하므로, 연관되는 곳이 나올 때마다 상술하도록 한다.

### 다시 보기

니체와 바그너의 관계를 설명하는 것은 너무 복잡하고 길지만, 간단하게 정리하면 다음과 같다. 니체는 바그너로 시작해서 바그너 비판으로 저작의 모든 여정이 끝난다고 해도 과언이 아니다. 니체

니체와 바그너. 청년 니체는 바그너의 추종자였지만, 사상이 익어 갈수록 니체로부터 멀어진다.

는 20대 초반 청년기에 바그너 절대 존경에서 32살인 1876년에는 바그너의 부정으로 바뀌고, 마지막 저작에 가면 바그너 극혐주의자로 바뀐다.

양자의 관계를 저술적인 측면에서 살펴보자. 이 자기비판은 니체의 삶과 철학 전체를 보여 준다. 니체의 평생은 바그너와 얽혀 있다. 니체의 사상은 바그너의 영감으로부터 출발해서 바그너에 대한 비판으로 나아간다. 니체는 바그너의 영향을 받아 가장 최초의 저작으로 『비극의 탄생』을 집필하였고, 바그너를 살해하는 『니체 대 바그너』를 마지막 작품으로 집필한다. 니체의 마지막 삶은 자신에게 묻어 있는 바그너로 오염된 얼룩 지우기이다.

이 절은 출판 당시의 성공과 16년 지난 뒤의 비판의 간극이 주 내용이다. 24살 니체는 55살의 아버지 같은 바그너를 만났고, 바그너와 그의 음악에서 철학적 영감을 얻었으며, 바그너의 부인으로부터 심리적 위안을 받았다. 니체는 『비극의 탄생』 특별 한정본을 바그너와 그의 부인에게 보냈고, 극단적인 찬사를 들었다.

책이 출판된 지 4년 만인 1876년 바그너의 〈니벨룽겐의 반지〉가 공연될 무렵, 니체는 아버지와 같은 바그너를 떠난다. 정신적 아버지 바그너를 철학적으로 그리고 음악적으로 죽이고서 니체는 홀로 우뚝 선다. 그토록 존경했던 영혼의 아버지 바그너는 1876년 〈니벨룽겐의 반지〉에서 니체가 그토록 싫어했던 도덕과 종교로 귀의하는 모습을 드러내기 시작했다. 니체는 극단적인 선언을 한다.

> 바그너의 예술은 병들었습니다.
> 바그너는 노이로제 환자입니다.
> 바그너는 음악에게 엄청난 불행입니다.[25]

니체는 마지막 저작에 해당하는 1889년 『니체와 바그너』에서 다음과 같은 직격탄을 날릴 정도로 바그너를 극도로 혐오한다.

> 나에게는 음악이 필요하다. 하지만 바그너는 병들게 한다.[26]

니체는 『비극의 탄생』을 읽을 때 바그너를 바탕으로 쓴 부분을 주의하여 읽으라고 당부한다. 니체는 바그너가 자신에게 철학적 영감을 준 덕분에 『비극의 탄생』을 집필할 수 있었지만, 『비극의 탄생』을 읽을 때는 바그너적인 것을 삭제하고 읽어야 한다고 말한다. 바그너가 자신에게 제공한 좋은 영향력은 강조하며 읽어야 하지만,

변질된 바그너, 바그너주의와 왜곡된 바그너류를 제거해서 읽어야 한다고 강조한다.

### 4.

나이가 들면서 수백 배 더 보고 싶은 대로 보지만 그럼에도 결코 차가워지지 않는 눈[1]으로 본다고 해도, 그 무모한 책이 감히 최초로 제기했던 과제—**삶을 예술가의 관점에서 보고 예술을 삶의 관점에서 본다.**[2]……—는 낯설지 않다.

1. '나이가 들면서'는 노인을 의미하는 '늙었다'는 표현으로 많이 번역된다. 그 번역은 지나치게 과하다. 니체가 이 글을 쓸 무렵은 42살 전후이기 때문이다. '수백 배 더 보고 싶은 대로 보지만'은 나이가 들면 사람들은 자신이 보고 싶은 것만 보고, 듣고 싶은 것만 듣는 경향을 뜻한다. 니체는 이 말을 통해 일반적인 인간의 습성을 표현했다.

'결코 차가워지지 않는 눈'은 나이 들어도 절대 포기하지 않는 기본적인 시선, 젊을 적 뜨겁고 열정적인 시선이자 문제의식을 말한다.

따라서 이 절은 다음과 같이 이해해야 한다. 니체가 나이가 들면서 자신을 비판하는 많은 것과 타협도 하고, 스스로 자신의 과거 글들과 생각을 비판하기도 했지만, 그럼에도 절대 놓치지 않는 기본적인 시선, 즉 문제의식이 있다. 이 절은 자신의 사상이 이 기본 문제의식에서 발전했다는 것을 선언한다.

2. '삶을 예술가의 관점에서 보고 예술을 삶의 관점에서 본다'는 『비극의 탄생』의 기본적인 관점이자 니체 평생 작업의 전체를 보여

주는 말이다. 니체가 『비극의 탄생』을 쓰고 난 뒤 16년 동안 많은 생각과 집필을 하고 난 후 자신의 학문의 출발점을 한마디로 정리한 위대한 테제이다.

다시 보기

'앎'의 기원은 소크라테스이다. '앎'의 변형태는 도덕과 종교, 에우리피데스의 비극과 오페라 등이며, 그 완성태는 학문이다. '앎'의 추종자들은 속물 교양인들과 그 당시 기준으로 신문을 읽는 자들이며, 현재로 말하면 학자와 연구자인 척하는 자들과 TV나 인터넷, SNS로 세상을 보는 자들이다.

'예술가'의 기원은 비극의 시원인 디오니소스이다. '예술가'의 변형태는 고대 그리스 비극과 바그너의 비극이며, 그 완성태는 예술적(예술가적) 형이상학이다. '예술가'의 인식자와 실천자는 자라투스트라와 니체이다.

'예술'은 예술가들에 의해 만들어진 작품이다. '삶'은 고대 그리스 시민과 니체 당대에 살고 있던 시민들, 그리고 현재 살아가고 있는 우리들, 즉 모든 인간과 시민들의 일상이다.

'삶'의 관점에서 예술을 바라봄은 일반적인 인간이나 시민의 삶 자체가 예술임을 말한다. '예술가'의 관점에서 '앎'을 살펴봄은 시민이 속물적인 시민의 '삶'에 대해 비판적 태도를 지님을 뜻한다. 이 점에서 『비극의 탄생』은 '삶의 찬양이자 앎의 부정', 다시 말하면 삶의 찬양이자 강건한 삶을 왜곡하고 비트는 앎의 부정이다. 니체 사상의 발전과 궤적은 '삶의 찬양이자 앎의 부정'을 확장해 온 역사이다.

전체적으로 장점과 단점으로 구성되어 있다. 장점은 주로 『비극의 탄생』의 문제의식, 주요 내용과 대상 독자, 성공의 측면이다. 단점은 청년 시절의 경험 부족과 청년기 글의 실수, 16년이 지난 뒤 자신의 글에 대한 혐오 등이다.

바그너에 대한 평가에 특히 주의를 기울여야 한다. 육체의 아버지가 니체에게 몸을 주었다면, 영혼의 아버지 바그너는 니체에게 음악정신을 부여했다. 실제의 아버지는 자연사했지만, 니체는 음악정신의 아버지인 바그너를 살해한다. 그리고 정신의 아버지 바그너를 교살한 니체는 새로운 대장정의 길을 떠난다.

여기에는 아주 짧게 묘사되어 있지만, 영혼의 아버지를 죽일 수밖에 없었던 니체의 심정을 헤아리면서 『비극의 탄생』을 읽어야 한다. 니체는 이 부분을 장황하게 말하지 않았다. 하지만 니체 사상의 출발점도 바그너였고, 사상의 비약적 발전도 음악정신의 아버지 바그너 죽이기에서 시작한다. 바그너의 속물적 도덕주의자로의 변신은 니체에게 자신이 살아온 삶의 모욕이었다.

니체의 삶은 스승과 사제의 올바른 관계가 무엇인지를 전형적으로 보여 준다. 우리는 스승 같지 않은 스승, 변절한 스승, 스승의 탈을 쓴 늑대와 여우를 부정하고 살해해야만 한다. 얼마나 많은 연구자와 학자들이 자신을 지도한 지도교수와 스승님, 선생님이라는 이유로 고개를 주억거리고 살아가는가! 교수 같지 않은 교수들 앞에서 여전히 무릎 꿇고 있으며, 환갑과 정년퇴임이라는 이유로 헌정 논문을 바치고, 스승의 날과 생일이라는 이유로 선물을 갖다 바치는가! 그뿐인가! 진정성이 없는 가식적 행동을 하면서 마치 영혼마저도 바치듯이 행동하고 있지 않는가! 영혼마저도 매춘하는 것이 우리 학문 현실이 아닌가! 학문의 발전을 위해서도 우리는 니체의 아버지 살해를 따라야 한다.

니체는 스승 같지 않은 스승, 자신의 정신과 영혼의 아버지를 철저하게 살해한다. 니체는 자신이 최고로, 진심으로 모든 걸 다 바쳐 존경했던 영혼의 아버지 바그너를 서서히 죽여 간다. 마침내 니체는 바그너의 마지막 작품에 대해 다음과 같이 선언한다.

〈파르지팔〉은 나쁜 작품이다.[27]

니체는 이 선언으로 바그너를 마음속에서 완전히 살해해 버린다. 『비극의 탄생』을 읽으면서 니체의 「자기비판의 시도」를 진지하게 받아들이자. 바그너가 니체에게 끼친 긍정적인 면을 받아들이되, 바그너에 대한 니체의 자기비판을 바탕으로 바그너가 제공한 염증을 버리면서 『비극의 탄생』을 읽도록 하자.

3장

# 논리적 부정확성

1.

다시 말하지만, 요즈음 내 입장에서 이 책은 거의 불가능한 책
이다. 그 책은 조악하게 쓰였으며, 서투를 뿐만 아니라 지나치게
세세하며, 지나치게 강렬하고 난삽하며 감상적이며, 여러 군데서
여성적으로 비칠 만큼 달착지근하면서도 글의 완급도 제멋대로
며, 논리적 정확성을 기할 의도도 없었을 뿐만 아니라 너무 확신
에 가득 차 있어서 적절한 논증 자체를 하지도 않았다.[1]

그 책은 정통한 자Eingeweihte[2]를 위한 책이며, 처음부터 공통적이
며 극히 드문 예술 경험과 연관된 음악 세례를 받은 '음악' 책이
며, **예술 속에서**in artbus 피로 맺어진 인식 징표의 책이다. 그 책은
'대중Volk'보다는 속물적인 '교양인' **집단**profane vulgus 'der Gebildeten'에
문을 닫아 놓은 교만과 도취로 가득 찬 책이다.[3]

하지만 그 책은 과거에도 입증했으며 현재에도 입증하고 있듯

이 그 책에 함께 열광하는 자들을 찾아내고, 그들을 새로운 샛길과 야외 춤추는 장소로 유혹하고 있다는 사실은 충분히 인정되어야만 한다.[4]

1. 이 문장은 독자가 이 책을 읽을 때 무엇에 주의해야 하는가를 미리 알려 준다. 독자가 글을 읽으면서 '조악'한 부분을 찾으면, 조금 세련되게 다듬어 좋은 문장으로 바꿔 읽어야 한다. 또한 '서투름'과 관련된 부분을 찾으면, 젊은 청년의 한계라 생각하고 어색하지 않게 바꾸고 세심하게 채워 읽어야 한다. '제멋대로인 글의 완급'을 찾으면, 급한 곳은 천천히, 느린 부분은 조금 급하게 조절하여 읽는 것도 필요하다.

독자의 입장에서 '논증의 부정확성'과 '적절한 논증 부재' 부분이 나오는 경우는 문제가 심각해진다. '논증의 부정확성'과 '적절한 논증 부재'는 니체가 머릿속으로 생각을 했지만 글 속에 미처 반영하지 않았거나, 이 정도는 상식이라 생각하고 과감하게 생략한 부분들이다. 부정확한 논증과 논증 부재의 상황은 오롯이 독자가 채워 읽어야 한다. 특히 니체의 입장에서 상식이라 생략하고 넘어간 부분들은 꼼꼼히 채워 읽는 습관이 필요하다. 니체의 수준에서 '상식'은 우리의 수준에서는 상당한 노력을 기울여야만 얻을 수 있는 기초 지식들인 경우가 많다.

독자의 입장에서 '지나치게 세세하며, 지나치게 강렬하고 난삽하며 감상적이며, 여러 군데서 여성적으로 비칠 만큼 달착지근'한 부분이 나오면 편하다. '지나치게 세세'한 설명은 독자의 입장에서는 니체의 독자에 대한 서비스 정신이다. '지나치게 강렬'한 부분은 독자가 내용과 유형을 명확히 하는 데 도움이 된다. '여러 군데서 여성적으로 비칠 만큼 달착지근'한 부분은 니체의 사상과 주장이 주는 낯선 부담감을 상당히 가볍게 만들어 준다.

중요한 것은 우리가 이 책을 읽으면서 문체에 대한 니체의 자기비판 부분을 찾아내고 인지할 수 있는가이다. 이를 찾아내는 독자라면 상당히 높은 수준의 독자일 것이다.

2. Eingeweihte는 「자기비판의 시도」 4장 1절과 본문 11장 7절에 사용된 단어로 정통한 자, 내막을 잘 아는 자, 전문가 등을 지칭한다. 비교에 입문한 자나 입교자라는 번역은 이 단어의 의미를 다 포함하지 못한다. Eingeweihte는 한 분야의 전문가나 정통한 자의 의미가 강하다.

이 문장의 뒷부분 내용도 상당히 결속력이 강할 뿐만 아니라 전문가적인 집단을 의미하기 때문이다. 니체는 이 글 4장에서 "자신의 신에 정통한 자이자 제자이며 '지知자'인 자가 그 질문에 답한다."라고 말하고, 『우상의 황혼』에서도 "나는 디오니소의 마지막 제자이자 정통한 자다."*28라고 말하기 때문이다. 마지막으로 디오니소스에 정통한 자가 아니라면 디오니소스적인 것에 대해 말한다 할지라도 우리는 믿지 않을 것이기 때문이다. 일반적으로 우리는 입문자 수준의 말을 듣고 고개를 끄덕거리지는 않는다.

3. 니체는 『비극의 탄생』을 읽어서 안 되는 자, 읽어도 이해할 수 없는 자, 읽으나 마나 한 자로 못 박는다. 니체는 소크라테스 사상에 발을 딛고 있는 속물적 교양인을 비판적으로 다룬다. 반대로 니체는 『비극의 탄생』을 일반 대중이 읽기를 원한다.

'교만'은 『비극의 탄생』을 읽을 수 없는 자들로 속물 교양인 집단을 못 박았던 니체 자신의 행위를 말한다.

'도취'는 실제 독자가 교양인일 수밖에 없지만 그들이 읽지 않아도 일반 대중이 디오니소스적인 내용을 충분히 알아주고 따라 줄 자가 있음을 확신한 니체의 자기확신을 뜻한다.

4. '새로운 샛길'은 기존의 앎이 중심이 된 이성 중심적 세계와 전혀 다른 길을 말한다. '야외 춤추는 장소'는 디오니소스 축제가 야외에서 춤으로 표현되었던 것을 비유적으로 표현한 것으로, 『비극의 탄생』을 제대로 읽으면 모든 인간이 넓은 들판에서 어우러져 춤을 추면서 하나가 된다는 것을 뜻한다.

### 다시 보기

2장에서 『비극의 탄생』이 누구에게 필요한 책인가를 전문 독자의 관점에서 해명했다면, 3장에서는 비전문 독자, 속물적인 '교양인' 집단이 아닌 일반 대중을 위한 책임을 밝힌다.

『비극의 탄생』이 일반 대중에게 열려 있음에 주의를 기울여야 한다. 니체는 『비극의 탄생』을 일반 대중이 읽기를 바란다. 니체가 일반 대중에게 거는 기대는 명확하다. 일반 대중이 삶을 예술처럼 받아들이고, 예술을 삶의 일부로 수용하기를 니체는 원한다. 니체는 대중들이 예술과 삶을 이해하지 못할 뿐만 아니라 향유하지 못하는 소크라테스의 제자들인 교양인과 담을 쌓고, 삶의 진정한 예술인 디오니소스적인 것에 심취하고 즐기기를 바란다.

2.

어찌되었건 간에 흔히들 호기심과 혐오감에서 인정하고 있듯이, 여전히 '미지의 신'의 제자, 한때 학자용 모자를 썼으며 독일인의 진중함과 변증법적 무기력함에 빠져 있었으며 바그너주의자들의 저속한 태도를 지녔던 그 제자의 **낯선 목소리**가 은폐되어 있다.[1]

여기에는 여전히 이름조차 붙일 수 없는 낯선 욕구를 지닌 하나의 정신Geist, 다시 말하면 디오니소스란 이름에 의문부호처럼 따라붙는 질문거리들, 체험 내용들, 비밀들로 충만한 사유Gedächtnis가 존재한다.[2] 여기에는 흔히들 의심하면서 말하듯이 신비스러우며 마이나데스적인 영혼Seele과 같은 어떤 것, 다시 말하면 그 영혼을 함께 나눌 것인지 감출 것인지를 결정하지 못하고, 말하자면 이질적인 언어로 중얼거리는 그 어떤 것이 울리고 있다.[3]


1. 니체가『비극의 탄생』을 집필할 당시의 상태를 말한다. '미지의 신'은 디오니소스를 말한다. '학자용 모자'는 니체가 이 책을 집필할 당시 교수였으며, 전통적인 학문적 방법으로 연구를 수행하고 있음을 말한다. '독일인의 진중함과 변증법적 무기력함'은 이 책의 사유 방식과 글의 방식이 독일인 특유의 진중함에 근거하고 변증법의 원리인 정반합으로 전개됨을 말한다. 따라서 독자는『비극의 탄생』을 읽을 때 정반합의 원리에 근거하여 읽으면 이해에 큰 도움이 된다. 이 글을 쓰면서 변증법적 방식을 예시로 몇 번 설명하므로 참조하면 좋다. '바그너주의자들의 저속한 태도'는 그 당시 바그너주의자들처럼 니체 역시 바그너주의자들의 저속한 사고와 행동을 따랐음을 말한다.
2.『비극의 탄생』의 책 전체 내용을 말한다. 이 책은 디오니소스에

서 시작하여 디오니소스로 끝이 난다. 이 책은 디오니소스적 정신, 체험, 디오니소스와 관련된 질문거리들, 디오니소스에 숨겨져 있는 비밀을 다룬다.

3. '마이나데스'는 그리스 신화에서 디오니소스를 따르던 여신도들을 말한다. '마이나데스적인 영혼'은 디오니소스의 추종자들이자 신자들인 마이나데스들이 향연을 벌이면서 디오니소스를 따르고 자연과 하나가 됨을 말한다.

글 전체 내용은 다음과 같다. 니체는 자신이 디오니소스의 마지막 제자라고 자처했지만 『비극의 탄생』을 집필할 무렵 마이나데스들처럼 디오니소스를 완전히 따를 것인지 결정하지 못했다. 그 결과 디오니소스에 정통한 자인 니체는 디오니소스를 따르는 자들인 마이나데스들처럼 디오니소스와 자연과 완전히 하나가 되지 못했으므로 '이질적인 언어'로 중얼거린다.

여기에는 약간의 부연 설명이 필요하다. 모든 종교에 참석하는 사람들이 그렇듯이 종교 집회에 참여한다고 해서 모두 그 종교를 완전히 믿는 것은 아니다. 우리는 마이나데스들이 디오니소스를 믿는 자기확신이 부족했다고 추론할 수 있다. 디오니소스를 따르는 여신도들인 많은 마이나데스들도 디오니소스 축제에 참석해 술 마시고 노래 부르고 춤췄지만, 진정으로 디오니소스를 따랐는지 자기확신을 하지 못했다.

니체 역시 마찬가지다. 마이나데스들처럼 니체 역시 디오니소스를 따른다고 했지만, 디오니소스가 대단히 중요하다고 생각했지만, 『비극의 탄생』을 집필할 당시 디오니소스를 완전히 따를 지를 결정하지 못했다. 이 글에 따른다면, 니체는 『비극의 탄생』을 집필할 당시 디오니소스에 대하여 확신에 그쳤을 뿐 온몸과 온맘으로 받아들이지는 못했다. 결론적으로 말하면 니체는 이 글을 통해 그 당시 차가운 머리로는 디오니소스식으로 사유했지만, 살아 있는 따뜻한 몸은 디오니소스를 잘 따르지 못했음을 고백한다.

### 다시 보기

니체가 『비극의 탄생』을 집필할 당시의 외적인 한계와 내적인 한계를 정리한 글이다. '학자용 모자' 구절은 니체의 외적인 한계를, '디오니소스적' 상황은 니체의 내적인 한계를 나타낸다. 내적인 한계는 다시 머리와 몸으로 구분된다. 니체의 머리는 디오니소스에 '정통한 자'였지만, 몸은 디오니소스를 믿고 따르는 신자가 아니라 디오니소스의 말을 분석하는 제자였을 뿐이다.

결론적으로 우리는 이 부분을 읽으면서, 니체 글의 한계에 집중해야 한다. 학자적인 글투, 독일인스러운 진중함, 변증법적인 글의 전개 방식, 천박한 바그너주의를 제거해야 한다.

반대로 니체가 말한 글쓰기의 한계는 독자 입장에서 해독하는 한 방식이다. 독자는 학자적인 글투, 독일인스러운 진중함, 변증법적인 글의 전개 방식, 바그너주의적인 것을 중심으로 니체 사유 패턴을 알아낼 수 있다. 니체가 말한 한계는 곧 니체가 그 당시 사용한 글쓰기 방식이자 사유 방식이기 때문이다.

여기서 한발 더 나아가는 글 읽기 방식이 존재한다. 니체가 독자에게 제안한 글 읽기 방식을 적극 수용하는 것이다. 우리는 디오니소스적으로 문제를 던지고, 디오니소스적인 체험을 하면서 읽고, 디오니소스적으로 사유하고, 디오니소스를 진심으로 믿고 따르는 마이나데스처럼 디오니소스와 자연과 하나가 되는 영혼을 키워 가며 책을 읽어야 한다. 머리로 하는 독서가 아니라 온몸으로 느끼는 독서! 니체가 요구하는 글 읽기이다.

3.

이러한 '새로운 영혼'은 말하는 것이 아니라 **노래로 불려져야** 했다. 내가 그 당시 말해야만 했던 바로 그것을 시인으로서 말하지 않았던 것은 얼마나 부끄러운 일인가. 어쩌면 나는 그렇게 할 수 있었을 텐데! 또는 최소한 문헌학자로서 그렇게 할 수 있었을 텐데.[1]

그럼에도 현재에도 문헌학자에게 이 분야는 거의 모든 것이 발견되어야만 하고 파헤쳐져야만 한다. 무엇보다 여기에 그 문제, 하나의 문제가, 다시 말하면 '무엇이 디오니소스적인 것인가?' …… 라는 질문이 놓여 있다. 이 문제는 우리가 오랫동안 어떤 답도 제시하지 못했던 문제이며, 이 문제가 해명되지 않는 한 그리스인들[2]을 여전히 완전하게 이해할 수도 생각할 수도 없을 것이다.

1. 『비극의 탄생』을 집필한 후, 니체의 주요 저작의 글쓰기는 마치 시인의 글처럼 간결하면서도 강렬한 인상을 주는 잠언체로 바뀐다.
2. '그리스인들' 앞에 1장의 '지금까지 인류 중에서 가장 성공하였으며, 가장 아름다우며, 가장 부러움을 사고 있으며, 가장 매혹적으로 살아간 사람들인'이란 구절과 '특히 가장 훌륭하며, 가장 강력하며, 가장 용기를 지녔던 시대의'라는 말을 넣고 읽어야 한다.

니체는 여기에서 자신의 문제의식이 갖는 중요성을 단언적으로 던진다.

첫째, '무엇이 디오니소스적인가'라는 문제의식을 던진다. 니체는 술 마시고 노래하고 춤추게 만드는 디오니소스신이 왜 중요한가를 자신 이전에 어느 누구도 질문을 던지지 않았다고 단언한다.

둘째, 어느 누구도 질문하지 않았기 때문에, 어느 누구도 그 질문에 답하지 않았다는 것이다. 다른 말로 하면 니체는 어느 누구도 질문해 본 적이 없는 질문을 던졌고, 그 질문에 해답을 제시했다는 점을 강조한다.

마지막으로 니체는 '무엇이 디오니소스적인가'에 대한 답을 던짐으로써 인류 역사상 가장 훌륭했던 그리스 시민들을 음악적으로, 철학적으로, 형이상학적으로 사유할 수 있다고 강조한다.

니체는 디오니소스라는 고급스러운 문제의식을 가졌음에도, 『비극의 탄생』을 집필할 당시에는 어떻게 말해야 하는가를 고민하지 못했다며 자기비판을 한다. 니체는 이를 여기에서 뼈저리게 후회한다.

니체가 디오니소스에 진정 정통한 자이자 그를 따르는 자였다면, 『비극의 탄생』을 산문식의 글이 아니라 운문식으로 집필했어야 한다. 마치 술을 마시고 취한 상태에서 이야기를 하면, 그 말이 취중 잔소리가 아니라고 한다면, 그 말은 진정 시로 드러날 것이기 때문이다. 디오니소스를 따르는 자는 산문이 아니라 운문, 즉 시로 말하기 때문이다.

새 술은 새 부대에 담아야 하듯이, 니체는 인류 역사상 전혀 고민해 보지 못했던 전대미문의 새로운 문제의식을 던졌기 때문에 새로운 글쓰기로 나아가야 했다. 니체는 산문식 글쓰기의 전형을 확립한 플라톤[29]과 정반대로 운문식 글쓰기, 시적인 글쓰기로 나아가야만 했다. 하지만 니체는 이 당시 이런 고민조차 하지 못했고 안 했다. 이러한 반성이 니체의 새로운 문제의식에 걸맞는 새로운 글쓰기인 잠언식 글쓰기라는 독특한 형태를 만들어 낸다.

### 3장 다시 보기

3장은 2장과 대비하여 읽어야 한다. 2장이 각 절을 장점과 단점의 형태로 구성했다면, 3장은 단점과 장점의 형태로 바꾸어 진행된다.

2장의 장점은 문제의식, 내용, 성공의 측면에서 구성되고, 단점은 청년 시절의 경험 부족과 글의 실수, 자신의 글에 대한 혐오가 주를 이룬다. 3장의 단점은 니체 자신의 조악한 글쓰기, 변증법 아류식의 글쓰기, 시가 아닌 산문식·논증식 글쓰기 등이며, 장점은 '속물적' 교양인 '집단'이 아닌 대중을 향한 글이었다는 점, 디오니소스적인 사유와 마이나데스적인 영혼을 탐구했다는 점, '무엇이 디오니소스적인가'라는 인류 역사상의 혁명적인 문제의식을 던졌다는 점이다.

2장의 자기비판이 주로 누구나 청년 시절에 범할 법한 글쓰기의 한계를 다루었다고 한다면, 3장의 자기비판은 니체 자신 글쓰기의 근본적인 비판에 해당한다. 2장의 자기비판이 자신이 추종했던 바그너적인 것에 대한 비판이라는 점에서 외면적 비판이라고 한다면, 3장의 자기비판은 자신이 '무엇이 디오니소스적인 것인가'라는 올바른 문제제기를 했음에도 불구하고 문체가 잘못되어 그 내용을 충분히 표현하지 못했다는 점에서 내면적 성찰이다.

# 4장

# 청년기 아테네와 비극의 발생

## 1.

그렇다면, 무엇이 디오니소스적인 것인가? 이 책에 그 답변이 있다. 자신의 신에 정통한 자Eingeweihte이자 제자이며 '지知자'인 자가 그 질문에 답한다. 아마도 지금이라면 나는 디오니소스적인 것이 그리스인들 사이에서 어떻게 해서 비극의 기원이 되는가[1]라는 지극히 곤란한 심리학적인 질문[2]에 대해 상당히 신중하면서도 거의 후회하지 않게 답변할 것이다.

1. '디오니소스적인 것이 그리스인들 사이에서 어떻게 해서 비극의 기원이 되는가'는 『비극의 탄생』의 주요 문제이다. 이 문제는 다양한 형태로 변형될 수 있다. '디오니소스적인 것이 독일인들 사이에서 어떻게 해서 비극의 기원이 되는가'로 변형되면, 니체 당대의 독일이 처한 문제의식이 된다. 이 문제는 현재의 우리에게도 유사하

게 적용될 수 있다. '디오니소스적인 것이 한국인들 사이에서 어떻게 발흥하여 전 세계 한류의 기원이 되는가'로 바뀌면, 현재 한류가 퍼져 가는 철학적 논의의 기초가 될 수 있다.

2. 「자기비판의 시도」 2장 2절 해설1 '심리학상의 혁신'의 주를 참고하면 좋다. 쟁점은 한 가지이다. 삶의 극심한 고통에 대한 인간의 종교적인 대응인가, 아니면 디오니소스적인 대응인가이다. 다른 말로 하면 사후의 행복을 위해 현재의 행복을 포기하느냐, 현재의 극심한 고통스러운 삶에도 불구하고 삶을 향유하느냐이다.

다시 보기

니체는 『비극의 탄생』을 집필하고 출판했을 때 '무엇이 디오니소스적인 것인가?'라는 질문의 답변에 성공했는가? 니체는 그 질문을 했지만 성공하지 못했다. '아마도 지금이라면', '거의 후회하지 않게 답변할 것이다'가 그 증거이다. 하지만 완전히 실패하지는 않았다. 니체는 '이 책에 그 답변이 있다'라고 말하기 때문이다.

『비극의 탄생』은 절반은 성공하고 절반은 실패했다. 문제제기를 하고, 답변을 시도했다는 점에서는 절반의 성공이고, '신중하면서도' 적절한 답변을 하지 못했다는 점에서는 절반의 실패이다. 우리는 『비극의 탄생』을 읽으면서 '무엇이 디오니소스적인 것인가?'라는 문제제기, 절반의 성공으로서의 답을 찾아야 하고, 『비극의 탄생』 이후 글들에서 실패한 정답의 보완을 찾아야 한다.

2.

한 가지 근본적인 질문은 고통과 그리스인들의 관계, 고통에 대한 그리스인들의 반응이다. 이 관계가 동일하게 남아 있는가, 아니면 반대로 방향을 전환한 것인가?[1]

실제로 **아름다움**, 축제, 오락, 새로운 숭배에 대한 그리스인들의 상당히 강렬한 **욕구**가 결핍, 궁핍, 우울, 고통에서 발생했는가 라는 질문이 남는다. 이 질문이 사실이라고 가정해 보자. 그리고 페리클레스(또는 투키디데스)는 위대한 추도 연설에서 우리에게 그 사실을 제공해 주었다.[2]

페리클레스의 연설 이전에 나타난 정반대의 욕구, **추악함에 대한 욕구**, 삶의 근저에 있는 염세주의, 비극적 신화, 모든 두려움, 악함, 수수께끼, 죽음, 불행에 대한 고대 그리스인들의 상당히 단호한 태도는 어디에서 유래하는가? 그 경우 비극은 어디에서 유래하는가? 아마 쾌락, 힘, 흘러넘치는 건강, 꽉 들어찬 충만함에서 오지 않았는가?[3]

그리고 비극과 희극이 성장한 저 광기Wahnsinn[4]는 생리학적으로 말하면 어떤 의미가 있는가? 어떻게 해서? 광기는 아마도 반드시 퇴화, 몰락, 쇠퇴한 문화의 징후는 아니지 않는가? 정신과 의사에게 물어보자. **건강함**에서, 청년기 민족과 젊은이다운 민족에서 발생하는 신경증은 없는가?[5] 사티로스에게서 신과 염소가 하나로 된 것이 이를 입증하지 않는가? 그리스인들은 어떤 자기경험과 어떤 충동으로부터 사티로스를 디오니소스적인 열광과 원형으로 생각하는가?[6]

1. '고통'과 '고통과 그리스인의 관계'를 어떻게 받아들이는가는 니체에게 중요한 문제의식이다. 인간의 삶에 천형처럼 주어져 있는

'고통'을 어떻게 받아들일 것인가? 니체는 고대 그리스인들에게서 그 답을 찾는다. 고대 그리스인들, 아이스킬로스 시대의 그리스인들은 고통을 담담하게 받아들였다고 한다면, 그 후 그리스인들은 고통을 회피하려고 했다.

'동일하게 남아 있는가'는 역사적으로 보면 페리클레스 이전의 비극의 발생이며, 니체식의 비극관, 즉 강함의 염세주의를 말한다. 즉, 삶 속에 주어진 고통을 담담하게 받아들인다는 뜻이다. '반대로 방향을 전환한 것인가?'는 페리클레스 시대의 비극, 비극에 대한 기존의 우리의 통념, 즉 약함의 염세주의를 말한다. 즉, 삶 속에 주어진 고통을 회피하고 사후 행복을 추구한다는 뜻이다. 이 다음의 글은 이 설명에 따라 진행된다.

2. 축제의 목적은 무엇인가? 삶에서 슬픔과 고통을 쫓아내기 위한 것인가? '약함의 염세주의' 방식대로라면 삶의 '결핍, 궁핍, 우울, 고통'을 쫓아내기 위해 축제를 한다. 페리클레스(기원전 495~429년)가 전몰자를 위한 장례식장에서 행한 다음과 같은 연설(기원전 431년)이 그 증거이다.

> 게다가 우리는 정신적 노고를 위한 휴식거리 또한 많이 제공해 왔습니다. 우리들은 일 년 내내 경연대회와 희생제전을 개최하고 있고, 사적 용도의 멋진 시설도 갖추어 그것을 즐기며 슬픔을 쫓아 버립니다.[30]

페리클레스의 말을 살펴보자. 전쟁으로 인해 장병들이 죽은 슬픔이 먼저 있고, 그 슬픔을 이겨 내기 위해 경연대회와 희생제전을 개최한다. 시민들은 경연대회와 희생제전을 즐기면서 전쟁터에서 죽

페리클레스의 추도 연설. 페리클레스 연설문은 투키디데스가 페리클레스의 연설을 기록한 것이다. 이 연설은 기원전 431년 전몰자 장례식 전에 했다고 한다. 전몰자 연설문으로는 페리클레스 연설문이 고전 중의 고전이다. 플라톤은 소크라테스의 입을 빌려 이 연설문을 패러디하여 『메넥세노스』를 짓는다. 소크라테스는 자신의 연설이 페리클레스의 애첩 아스파시아가 작성한 것이라고 너스레를 떤다. 페리클레스의 연설문과 『메넥세노스』를 대비하여 읽어 보는 재미도 쏠쏠하다. (필립 폴츠, 1877년, 개인 소장)

은 아버지와 형제, 그리고 선조들을 애도하는 슬픔과 현재의 고통
등을 이겨 낸다. 더 확장하여 해석해 보자. 인간의 삶은 고단하고
고통스럽고 힘들기 마련이며, 이를 이겨 내기 위해 다양한 축제와

경연대회를 벌인다. 즉, 슬픔과 고통이 시간상으로 먼저 있고, 이를 잊기 위한 축제가 뒤에 있다.

'페리클레스(또는 투키디데스)'라고 쓴 이유는, 연설은 페리클레스가 하였지만 그 내용은 투키디데스가 집필한『펠로폰네소스 전쟁사』에 나오기 때문이다. 따라서 페리클레스의 연설문이 페리클레스가 직접 연설한 것인지, 아니면 투키디데스가 어느 정도 가필과 윤필을 한 것인지는 정확하게 알 수 없다.

페리클레스의 위대한 추도 연설은 투키디데스의『펠로폰네소스 전쟁사』II권 35~46장에 나온다. 이 연설은 스파르타와의 전쟁인 펠로폰네소스 전쟁 초기인 기원전 431~430년 첫 전투에서 전사한 시민들을 매장할 때 행한 것이다. 이 연설문은 연설문으로는 고전 중 고전으로, 대다수 전몰장병 연설문이 이의 전개 방식과 내용을 따르고 있다.

3. '페리클레스의 연설 이전'이라고 못을 박은 이유는 아테네에서 비극이 나타난 시기와 연관된다. 현존 자료가 전하고 가장 오래된 비극 작가이자, 니체가 인정하는 최고의 비극 작가인 아이스킬로스는 기원전 525년에 태어났다. 그의 최초 작품 활동 시기를 30살 무렵이라고 가정한다면 기원전 495년이고, 40살 무렵이 전성기였다고 한다면 기원전 485년이다. 이 시기는 페리클레스 연설보다 50여 년이 앞선다.

아이스킬로스가 주로 활동했던 시기는 아테네가 페르시아 전쟁에서 승리한 뒤 최고의 전성기를 구가하던 때이다.

문제는 여기서 발생한다. 니체가 던지는 역사적 문제의식과 음악적 문제의식은 여기에서 빛난다. 왜 아테네는 그리스와 아시아에서 가장 강력했던 무렵 비극을 창조해 내고 향유했는가? 절대 강자인 아테네 시민들은 아름다움보다는 추악함을 사랑하고, 염세주의에 환호하고, 비극적인 신화를 즐겼는가?

니체는 비극이 몰락, 약함, 쇠퇴, 퇴락의 시대가 아니라 쾌락, 힘, 건강, 충만함의 시대에 발생했다는 사실에 주목한다. 페리클레스의 전몰장병 연설문이 아테네가 몰락하기 시작한 약함의 시대라고 한다면, 아이스킬로스의 비극의 시대는 아테네가 전성기를 구가하던 강함의 시대이다. 니체는 페리클레스 시대의 염세주의를 '약함의 염세주의'라고 부르고, 아이스킬로스 시대의 염세주의를 '강함의 염세주의'라고 부른다.

니체는 이 반전을 통해 비극에 대한 우리의 기존 시각을 단숨에 깨부수고, 정반대로 이해하라고 강변한다. '약함'이 아닌 '강함'의 염세주의, 그것이 바로 그리스 비극의 본질이라고 말한다.

4. 디티람보스를 말한다. 디오니소스를 찬양하고 노래한 디티람보스에서 비극과 희극이 자라났다고 한다. 아리스토텔레스는 『시학』 1449a 10~15에서 "아무튼 비극은 처음에 즉흥적인 것에서 발생했다. 희극도 마찬가지였다. 비극은 디티람보스 선창자로부터 유래했고, 희극은 아직도 많은 도시에 남아 있는 남근찬가의 선창자로부터 유래했다."라고 말한다. 이에 대해서는 뒤에 자세히 설명한다.

5. 니체는 '심리학적인 질문'을 던지고 '생리학적'인 답변을 정신과 의사에게서 구한다. 문맥대로라면 정신적인 측면에서 문제를 던진 후에 육체적인 측면에서 답변을 구한 셈이다. 심리학적인 질문에 대한 생리학적인 답변은 개별 인간과 도시국가 양 측면에서 살펴볼 수 있다.

인간은 청년일 때 더 비관적인가, 장년이 된 후 더 비관적인가? 젊었을 때가 장년보다 더 비관적이다. 우수에 젖은 청년이 비를 맞으며 걷는 모습과 우수에 젖은 장년이 비를 맞으며 걷는 모습을 상상해 보자. 청년의 우수는 운치이자 멋이고, 장년의 우수는 구질구질함과 처량함이다.

니체는 이 점을 국가에 적용한다. 청년기 국가와 장년기 또는 쇠퇴기 국가 중 어디가 더 비관적인가? 청년기 국가가 더 비관적이다. 일반적으로 청년기 국가, 한창 성장을 하고 강하고 진취적일 때 더 비관적이며 비극을 사랑한다고 니체는 단언한다. 장년기 또는 쇠퇴기 국가는 비극보다는 쾌활함, 명랑함을 더 사랑한다. 장년의 화려하고 밝은 옷차림과 단체 관광의 흥겨움을 생각해 보라.

니체는 이를 바탕으로 아테네가 청년기 국가였을 때 비극을 향유했고, 장년기 국가였을 때 비극의 몰락을 초래한다고 결론을 내린다. 아테네가 청년기 국가였을 때 아테네 시민들은 아이스킬로스와 같은 비극 작가와 그 작품을 사랑했다. 반면 아테네가 장년기 또는 쇠퇴기였을 때 아테네 시민들은 에우리피데스 같은 비극 작가와 그 작품에 환호했다. 이에 대해서는 11장과 15장에서 자세히 다룬다.

6. 디오니소스 곁에는 항상 사티로스와 마이나데스들이 따랐다. 마이나데스가 디오니소스의 여신도들이라고 한다면, 사티로스는 디오니소스의 시종이다. 사티로스는 니체에게 대단히 중요한 의미를 갖는다. 이에 대해서는 본문에서 다룬다.

니체가 던진 질문들은 우리의 일반적인 상식 뒤집기이다. 니체는 현상을 반대로 바라보고, 그 증거가 있는가를 찾아보고 제시한다. 발상의 전환! 청년보다 장년과 노년이 더 쾌활한 것을 좋아하고, 반대로 장년과 노년보다 청년이 더 비극적이고 우울한 것을 좋아한다는 것. 니체는 이를 청년기 국가와 장년기 국가에 그대로 적용한다. 니체적인 발상의 전환이다. 니체는 질문을 던진다. 왜 강력한 아테네, 청년기 아테네는 비극을 창조하고 사랑했고, 망해 가는 아테네, 노년기 아테네는 비극을 몰락시켰는가?

니체는 이 질문에 대한 증거를 아테네와 비극의 관계에서 찾아낸다. 니체는 아이스킬로스와 페르시아를 몰락시킨 아테네, 그리고 에우리피데스와 스파르타에게 패배한 아테네를 대비시켜 그 증거를 제시한다. 니체는 문학과 역사를 한 손에 움켜쥐고 쥐어짜 내면서 하나의 명제로 정립한다.

심리학적으로 표현하면 다음과 같다. '청년은 우울증의 향유이고, 노년은 조증의 발현이다. 단, 청년의 우울은 강함의 염세주의인 반면, 노년의 조증은 약함의 염세주의에 굴복한 결과이다.'

니체의 이 명제를 우리의 일상 현실에 적용시켜 보자. 의외의 현상이 눈에 들어온다. 일반화시켜 말해 보자. 노년기는 화려한 옷을 좋아하고, 놀기를 좋아한다. 관광버스 안의 화려한 옷을 입은 노인들, 술, 노래, 춤은 단적인 증거이다. 청년기는 칙칙한 옷을 좋아하고, 골똘히 생각하기를 좋아한다. 술집에 앉아 세상의 모든 고민을 다 하는 듯한 진지한 술자리를 보라. 니체는 우리의 일상적 현실을 뒤집어엎어 사고하고, 세계를 새롭게 볼 수 있는 길을 제시한다.

## 3.

그리고 비극 합창가무단의 기원과 관련해서 생각해 보자. 그리스인적인 육체가 만개하고 그리스인적인 삶의 영혼이 흘러넘치는 수 세기 동안 그들만의 황홀이 있지 않았을까? 그리스 전체 공동체와 제의 집회에 스며든 환영과 환각이 있지 않았을까? 어떻게 해서? 그리스인들이 자신들의 고유한 청년기 무렵에[1] 비극적인 것에 대한 의지를 가지고 있었다면? 그 그리스인들이 염세주의자였다면? 플라톤의 말을 빌린다면, 그리스에 **커다란** 축복을 가져왔던 광기가 존재한다면?[2]

그리고 다른 한편으로 그리고 그 반대로 그리스인들이 해체되고 약화되는 시기에[3] 훨씬 더 낙관적이며, 훨씬 더 피상적이며, 훨씬 더 연극적이며, 또한 동시에 '훨씬 더 명랑하고', '훨씬 더 과학적으로' 되었다면? 어떻게 해서?

아마도 모든 '근대적 이념'과 민주주의적 취향의 편견에도 불구하고, **낙관주의**의 승리, 전면화된 **합리성**, 실천적 **공리주의**와 이론적 **공리주의**,[4] 동시에 존재하는 민주주의 그 자체는 쇠퇴하는 힘, 다가오는 노쇠, 생리학적인 쇠퇴의 징후가 아닌가?[5]

그리고 그 반대가 염세주의 아닌가? 에피쿠로스는 **괴로워하는** 자로서 낙관주의자 아닌가?[6]

1. 앞의 단락에서 말한 페리클레스의 연설 이전 시대를 가리킨다. 이 시기에 아테네는 페르시아와 전쟁하면서 점점 더 강력해졌다.
2. 플라톤의 '광기'에 대한 평가는 주목할 만하다. 그는 한편으로는 올바름과 절제를 중시하지만 다른 한편으로는 광기를 찬양한다. 그

는 기본적으로 광기가 부끄러움이나 비난의 대상이 아니며, 광기가 인간이 아닌 신에게 오면 아름답다고 말한다. 플라톤은 『파이드로스』244a~245c에서 광기를 찬양하는데 정리하면 아래와 같다.

옛사람들 중에서 이름을 붙인 사람들 역시 광기를 부끄러운 것이거나 비난거리라 생각하지 않았다는 점 말이야. …… 그들은 신적인 섭리에 의해 생길 때는 광기가 아름답다는 생각에서 그렇게 믿고 이름을 붙였는데 …… 옛사람들은 제정신보다는 광기가, 그러니까 인간들 사이에서 생기는 것보다는 신에게 온 것이 더 아름답다고 증언하고 있는 것이지.

또한 플라톤은 유용론의 측면에서 좋은 것을 넘어 대단한 것들이 광기에서 생겨난다고 말한다.

사실은 좋은 것들 중에서도 가장 대단한 것들은 광기를 통해서, 단 그것이 신적인 선물로 주어질 때 우리에게 생기기 때문이지.

플라톤은 광기 유용론을 세 영역으로 나눠 광기가 인간에게 어떤 이로움을 주는가 살핀다.

첫째, 광기가 신적인 섭리에 의한 앞일을 예측하는 경우인 예언적 유용성이다. 플라톤은 광기에 들린 사제나 예언자들이 사적인 일과 공적인 일에서 신의 섭리를 알려 주고 앞일을 예측해 주었다고 말한다. 플라톤은 미래를 알 수 없는 인간이 광기에 들린 자들에 의해 큰 도움을 받았으므로, 신에게서 나온 광기가 아름답다고 말한다.

정말이지 델포이의 여예언자든 도도네의 여사제들이든, 광기가 들어서는 사적인 일에서나 광적인 일에서나 그리스에 정말 좋은 일들을 했지만 제정신을 차리고서는 거의, 아니 전혀 아무런 일도 하지 못했거든. 그리고 신들린 예언술을 써서 많은 이에게 미래의 일에 대해 정말 많은 것들을 미리 이야기해 주어 옳게 이끈 …….

둘째, 광기가 인간의 병을 치료하고 고난을 극복하는 데 도움을 주는 경우인 치료적 유용성이다. 플라톤이 살았던 시기에 의술로 치료할 수 없는 병이 날 경우, 또는 인간으로서는 도저히 극복할 수 없는 커다란 고난에 부딪칠 경우, 인간은 어떻게 벗어날 수 있는가? 현재에도 이런 문제에 부딪치면 어떻게 할 것인가? 플라톤은 광기에 걸린 사제들이 신의 도움을 받아 정화의식 등을 통해 병과 고난을 해결해 주는 역할을 한다고 보았다.

더 나아가 가장 큰 질병과 고난, 즉 어느 가문에서 어느 땐가의 조상의 악업에서 비롯된 질병과 고난의 경우, 광기가 생겨난 예언자가 되어 필요한 사람들에게 그 구제책을 찾아 주었지. 신들에 대한 기도와 경배에 귀의함으로써 말이지. 바로 이렇게 해서 광기는 정화의식과 입교의식을 만나 광기가 옳게 들었으며 옳게 사로잡힌 자에게 현재의 악들의 해소책을 찾아 줌으로써, 당시나 그 이후의 시간에나 자신에게 가담하는 자를 위태롭지 않게 만들었지.

마지막으로 플라톤은 광기가 디오니소스적인 열광과 예술적 창작의 원천으로 기여한다고 평가하는 예술적 창작의 유용성이다. 플라톤은 예술의 창작이란 기본적으로 정신이 말짱한 상태에서 일어나지 않는다고 보았다. 광기에 걸렸을 때 비로소 예술이 창작될 수 있다고 플라톤은 생각했다. 특히 제정신인 자의 시보다 광기에 걸린 자의 시가 한층 더 좋다고 판단한다.

> 세 번째 것으로 무사 여신들에 의한 사로잡힘의 광기는 여리고 때 묻지 않은 혼을 취하여 서정시를 향해, 그리고 그 밖의 시들을 향해 그것이 들뜨게 하고 바쿠스적인 열광에 빠지게 하여, 옛사람들이 숱한 위업들을 찬미함으로써 후세들을 교육하지. 하지만 무사 여신들이 광기 없이도 기술로써 어엿한 시인이 될 수 있으리라고 믿고서 시의 문에 다다르는 자는, 그 자신의 목적을 이루지 못할 뿐더러 그의 시, 즉 제정신인 자의 시는 광기가 든 사람들의 시에 의해 무색해지지.

광기에 걸린 자는 예나 지금이나 항상 존재하기 마련이고, 그들이 어떤 역할과 기능을 하는지에 대해서는 논쟁거리이다. 광기에 걸린 시인의 비극을 비난하고 절멸시켜야 한다고 주장하는 플라톤이지만 광기 그 자체가 갖는 중요성을 무시하지는 않았다. 플라톤은 지속적으로 디오니소스적 예술인 비극을 광기의 산물로 보고 비판적 태도를 취한다. 니체는 플라톤의 이런 태도에 비판적 태도를 취한다.

3. 페리클레스가 연설한 시대를 말한다. 아테네가 쇠퇴할 무렵, 즉 펠로폰네소스 전쟁에 접어든 시기를 말한다.

4. 소크라테스의 행각과 철학, 에우리피데스의 비극을 말한다. 주로 『비극의 탄생』 11~15장에서 그 내용이 풍부하게 설명되어 있다.

또한 11~15장에서 여기에 나오는 용어를 자세히 설명한다.

5. 니체는 아테네의 최고 민주주의 시대인 페리클레스 당대와 근대 이후 민주주의를 중첩시킨다. 니체는 자신이 살던 시대가 페리클레스 시대처럼 데카당스의 시대이자 쇠락하는 시대이며, 진정한 명랑성의 시대가 아닌 약함의 염세주의 시대라고 주장한다.

6. 1장의 "염세주의에 적대적인 에피쿠로스적인 의지야말로 고통받는 자의 조심성에 지나지 않는다면"과 비슷한 의미로 사용되었다. 차이가 있다면 '낙관주의자'라는 낙인이 에피쿠로스에게 찍힌다는 점이다. 따라서 에피쿠로스와 낙관주의를 연결하여 생각해야 한다.

낙관주의에는 두 가지 종류가 있을 수 있다. 하나는 현재 삶의 고통 자체를 긍정하고 즐기는 낭만주의라면, 다른 하나는 미래, 사후를 위해 현재의 삶을 긍정하는 낙관주의이다. 후자는 종교적 세계관을 말한다.

니체는 소크라테스를 비예술적인 낙관주의의 시작으로 본다. 니체에게 소크라테스는 목적론, 선한 신에 대한 믿음, 인식하는 선한 인간, 본능의 파괴를 시작한 철학자이다.[31] 소크라테스는 현재의 고통을 참아 내고 견뎌 낸다면 사후에 더 나은 행복을 보장받을 수 있다고 생각했다. 사형 선고를 받은 소크라테스가 결연히 그 죽음을 담담하게 수용한 이유이기도 하다. 이에 대해서는 본문에서 자세히 다루도록 한다.

여기서 '낙관주의자'는 에피쿠로스가 절대 평정 상태에의 도달을 철학의 목적으로 삼은 걸 말한다. '괴로워하는 자'는 에피쿠로스가 고통을 받지 않기 위해 노력하는 걸 말한다. 따라서 '에피쿠로스는 괴로워하는 자로서 낙관주의자'라는 말은 에피쿠로스가 고통을 받지 않기 위해 노력하여 절대 평정 상태에 도달하려는 쾌락주의자였음을 뜻한다.

이 문장을 풍자적으로 생각해 볼 수 있다. 에피쿠로스는 고통을 회피하기 위해 정치나 공적 생활로부터 도피하였으며, 삶의 고통도 피하고자 노력했다. 그는 어떤 고통이든지 간에 고통은 선과 정반대인 악으로 여겼기 때문에 피하고자 했다. 하지만 고통을 그토록 혐오한 에피쿠로스는 출산의 고통과 버금가는 요로결석을 앓으며 극도의 고통을 당하다 죽는다. 에피쿠로스는 고통을 피하고 싶었지만 피할 수 없었기 때문에 괴로워하는 자였으며, 그럼에도 불구하고 절대 평정을 추구한다는 점에서 낙관주의자이다.

### 다시 보기

앞의 단락이 페리클레스 당대와 그 이전으로 나누어 설명했다면, 이 단락은 페리클레스 이전과 페리클레스 당대로 바꾸어 논의를 전개시킨다. 앞의 단락이 고통과 비극의 관계를 다룬다면, 이 단락은 '비극의 합창가무단'의 기원을 살짝 다룬다. 이 단락은 '비극의 합창가무단'의 기원을 페리클레스 이전과 당대로 연결하여 설명하면서, 페리클레스 이전을 광기와 연결한 반면 이후를 명랑성, 과학 등과 연결하여 설명한다.

'비극의 합창가무단'의 기원 문제를 광기와 연결시킨다는 점에 주목하자. 비극의 합창가무단이 보여 주는 광기는 기본적으로 사티로스에게서 나오고, 그 광기가 '강함의 염세주의'의 표출이며, 삶의 고통을 이기는 강력한 뒷심이 되어 준다. 강함의 염세주의 시대에 광기가 커다란 역할을 했다면, 약함의 염세주의 시대에는 무엇이 광기의 역할을 대체하는가는 니체 당대와 현대 사회의 문제를 되짚어 보는 데 중요하다. 니체는 해체와 쇠퇴의 시대에 그 역할을 낙관주의와 명랑성이 담당한다고 지적한다.

이 글에서 갑자기 문제가 발생한다. 니체는 뜬금없이 근대적 이념, 민주주의, 공리주의 등을 설명하고, 민주주의를 쇠퇴의 징후와 연관시킨다. 뜬금없는 것이 아니다. 앞에서 '해체되고 약화되는' 시기가 페리클레스의 시대이고, 그 시대가 바로 고대 아테네 민주주의의 전성기 시대이기 때문이다. 니체는 페리클레스의 민주주의 시대를 플라톤이 말한 긍정적 의미의 광기가 사라지고, 건강성이 사라지는 퇴행 시기로 바라본다.

니체는 이 점에서 민주주의를 부정적인 것으로 바라보는 인상을 준다. 그렇지만 니체는 민주주의의 비판이 아닌 민주주의의 잘못된 작용을 지적한다. 니체는 민주주의가 시민을 건강한 시민이 아니라 병약한 시민으로 만드는 사태를 부정적으로 보았다.

페리클레스 이전에도 아테네는 민주주의가 지배했다. 그때에도 아테네는 민주주의적인 방법으로 모든 걸 결정했다. 플라톤이 말한 광기가 지배하고, 니체가 긍정적으로 평가한 비극이 만연했던 이 시대에도 민주주의는 잘 작동했다. 민주주의는 문제가 되지 않았다. 문제는 페리클레스 시대의 민주주의, 타락한 민주주의였다.

니체는 민주주의의 부정이 아니라 건강한 민주주의란 무엇인가에 대한 질문을 던졌다. 민주주의 시대를 살아가는 건강한 시민이란 무엇이고, 민주주의가 건강한 시민을 만들기 위해 어떻게 해야 하는가? 니체는 바로 이 질문을 던졌다. 이에 대한 자세한 내용은 본문을 다룰 때 설명하도록 한다.

## 4.

사람들은 이 책에 담겨 있는 지극히 어려운 문제 다발을 보게 된다. 우리는 여기에다 가장 곤란한 문제를 하나 더 덧붙이자. 삶의 시각Optik에서 본다면 도덕이란 무엇을 의미하는가? ……

### 다시보기

니체의 「자기비판의 시도」를 삶의 관점에서 정리해 보자. 니체는 1장에서 삶과 비극의 관계에 관한 질문을 던졌고, 2장에서 앎과 예술, 그리고 삶의 관계를 살펴봤고, 3장에서 삶의 관점에서 '무엇이 디오니소스적인 것인가'라는 질문을 던졌고, 4장에서 삶과 도덕의 관계를 제기한다.

이 점에서 유추해 본다면, 니체는 『비극의 탄생』에서 삶과 도덕의 관계를 집중적으로 다루었다. 물론 니체는 이후의 모든 작업에서 삶과 도덕의 관계를 다루었다. 니체의 삶은 삶에 적대적인 도덕, 본능을 파괴하는 도덕, 쾌락을 부정하는 도덕, 삶의 고단함을 사후의 행복으로 위장시키는 도덕과 그 종교를 파괴하는 거대한 철학적인 대장정이다. 니체는 『비극의 탄생』을 삶의 관점에서 보는 설명을 『이 사람을 보라』에서 집중적으로 수행한다.

### 4장 다시보기

4장은 전체적으로 1장과 같은 기능을 한다. 1장이 『비극의 탄생』의 표면적인 역사적 배경과 외면적인 기본 문제의식을 보여 주었다면, 4장은 『비극의 탄생』의 이면적인 역사적 배경과 숨겨진 근본 문제의식을 보여 준다. 1장의 표면은 보불 전쟁(이 안에 감춰진 페르시아 전쟁)이며, 4장의 이면은 인류 역사상 최고의 민주주의자 페리클레스이다.

이면적인 역사적 배경은 페리클레스 이전과 이후로 나뉜다. 니체는 페리클레스 이전을 강함의 염세주의 시대로, 이후를 약함의 염세주의 시대로 구분한다. 니체는 이 구분을 바탕으로 강함의 염세주의 시대를 도덕이 인간 정신을 지배하지 않는 시대로, 약함의 염세주의 시대를 도덕이 인류 정신을 지배하는 시대로 지적한다. 이 도덕은 근대와 현대에 이르면 민주주의, 낙관주의, 합리성, 공리주의 등의 가면을 쓰고 나타난다. 이 점에서 근대와 현대 역시 가식과 위선의 가면을 쓴 도덕이 지배하는 시대이다.

니체는 『비극의 탄생』을 집필하면서 겉으로는 음악에 관심을 가졌지만, 속으로는 소크라테스를 주적으로 정했다. 니체의 초기 소크라테스 죽이기는 음악정신, 비극정신 살리기로 나타난다. 니체는 『비극의 탄생』을 집필한 후 연구를 더하면서 자신의 주요 이론적 정적이 소크라테스적인 본질, 즉 도덕이라는 것을 깨닫는다. 니체는 도덕의 외피를 둘러쓴 근현대의 중요한 대부분의 가치(앎의 전문화인 학문, 앎의 보편적 강제인 종교 등)를 전면 공격한다. 니체는 제정신을 가진 산초 판자처럼 앎, 도덕, 종교의 가치를 정면에서 타격하는 동시에 광기에 찬 돈키호테처럼 기존의 모든 가치를 사방팔방에서 미친 듯이 포격한다.

니체의 철학을 한마디로 정의한다면, 삶의 본질과 대립된 도덕 살해이다. 4장은 이것을 선언한 장이다.

5장

# 반기독교의 이름으로서 디오니소스

1.

이미 「리하르트 바그너에게 바치는 서문」에서 도덕이 **아니라**[1] 예술이 인간의 고유한 **형이상학적** 행위라고 주장했다.[2] 책 속에서 세계의 존재가 미적 현상으로서만 **정당화된다**는 암시적인 문장이 여러 번 반복된다.[3]

실제로 이 책 전체는 모든 발생 배후에 존재하는 예술가의 의미와 예술가의 숨은 뜻, 즉 신을 인정한다. 이 신은 그리 위험하지도 않으며 부도덕하지 않은 예술가적인 신이다. 이 신은 건설과 마찬가지로 파괴에서도, 선에서와 마찬가지로 악에서도 자신의 동일한 쾌락과 독재권을 깨닫고 있는 자이다.

또한 그는 세계를 창조하면서 충만과 **과잉**의 고통Not으로부터, 그 자신에 압축된 대립의 **고통**Leiden에서 해방된 자이다.[4] 세계는 매 순간 신이 **완성한** 구원이다. 세계는 가상Schein 속에서만 자신을 구원하는 것을 알고 있는 가장 고통받는 자, 가장 모순된 자, 가장 대립된 자로서의 끝없는 변화이며 영원히 새로운 환영Vision이다.[5]

1. 니체는 인간이 최고 가치로 여기는 도덕의 파괴 전사이다. 앞에서 말한 대로 그는 도덕으로 구성된 세계를 파괴하는 다이너마이트이다. 그의 저작『아침놀』의 부제는 '도덕적 편견에 관한 사유들Gedanken die moralischen Vorurtheile', 다르게 번역하면 '편견으로서의 도덕에 관한 사유들'이다. 그는 도덕을 우리가 흔히 생각하듯이 하나의 정견이 아니라 '편견'으로 치부한다. 그는『이 사람을 보라』에서「아침놀」을 시작하면서 다음과 같이 말한다.

> 이 책으로 도덕에 대한 나의 전투가 시작된다. 화약 냄새가 전혀 나지 않는 전투가.[32]

2. 이 문장을 분석하면 인간만이 행할 수 있는 형이상학적 행위에는 두 가지가 있다. 하나는 도덕적 행위이고 또 다른 하나는 예술적 행위이다. 도덕에 근거한 형이상학적 행위는 우리에게 너무 익숙한 이론이자 사실처럼 여겨지고 있어 굳이 또 다른 논증이 필요 없다. 왜냐하면 인간의 모든 행동은 도덕적 규제를 따르고 있으며, 기존의 모든 철학과 종교 역시 도덕을 중심으로 이뤄지기 때문이다.

청빈, 근검, 절제하는 삶이 종교인의 목적인 것과 마찬가지로 소크라테스 이후 철학자들도 대부분 이런 삶을 살아간다. 약간의 차이가 있지만, 그 목적은 최고 가치의 실현이고 보상은 사후의 행복

이다. 니체는 이와 같은 도덕적 행위가 형이상학적 행위임을 밝힌
다. 니체는『아침놀』서문 3장에서 도덕에 근거한 철학의 죽음을 밝
힌다.

> 도덕은 …… 우리 철학자들과 연관하여 철학자들의 키르케였다. 왜 플라
> 톤 때부터 유럽의 모든 철학적 건축가들은 헛되이 건물을 지었는가? 왜 그
> 들 자신이 성실하게 그리고 진지하게 청동보다 영구하다고 여겼던 모든 것
> 이 붕괴할 위기에 처해 있거나 이미 폐허로 변했는가? …… 아마도 칸트를
> 포함한 모든 철학자들이 도덕의 유혹하에서 건축을 했다는 것이다. 겉으로
> 그들의 의도는 확실성과 '진리'를 지향했지만, '장엄한 인륜적 건축물'을 지
> 향했다.'33

키르케는 그리스 신화에서 마술과 저주를 사용하여 인간을 돼지
등으로 만들곤 했다. 오디세우스가 배를 타고 가다 전설의 섬 아이
에이Aiaie에 도달했을 때 키르케를 만났고, 키르케는 오디세우스의
부하들을 돼지 등으로 변신시켰다.

이를 바탕으로 추론해 보자. '도덕은 …… 철학자들의 키르케였
다'는 도덕이 철학자들을 돼지처럼 만들었다는 뜻이다. 철학자들은
도덕에 포섭되어 다른 어떤 사유를 하지 못하고 마치 돼지들처럼
도덕만을 게걸스럽게 먹어 치웠음을 말한다. 즉, 철학자는 고상한
사유와 형이상학적 진리를 생각하는 듯이 보이지만 결국은 도덕의
변종과 아종적 사유만을 했다는 뜻이다.

니체는 기존 철학이 형이상학을 규명하지 못하고 실패하였고, 도
덕 행위 역시 초월적 진리에 도달하는 형이상학적 행위가 아니었음

을 밝힌다. 니체는 도덕으로 이루어진 철학도, 도덕으로 행해진 그
어떤 행위도 형이상학적 행위가 아니라고 생각한다. 니체는 단언
한다.

내 철학은 전도된 플라톤주의이다.'³⁴

니체는 철학적 행위와 사유 대신 예술적 행위야말로 초월적 진리
에 다다를 수 있는 형이상학적 행위이며, 예술을 기초로 한 철학이
야말로 형이상학적 진리를 느낄 수 있는 진정한 방법이라고 선언한
다. 이에 대해 본문에 나오므로 그곳에서 자세히 다루도록 한다.
3. 본문 5장, 24장에서 동일한 표현이 나오고, 유사한 표현이 8장에
서도 나온다. 니체의 이 주장은 그의 '예술의 형이상학'을 한마디로
표현한 것이다. 인간과 세계를 창조한 신이 있다고 가정해 보자. 인
간의 삶은 고통스럽고 힘들고 자연세계는 척박하고 험난하다. 그런
데 이 인간과 자연세계를 창조한 것은 바로 그 신이다.

신은 인간이 고통스럽게 살고 자연이 척박하라고 인간과 자연을
창조한 것인가? 니체는 '그렇다'라고 말한다. 단, 고통스러운 인간
의 삶과 척박한 자연 자체도 아름답다. 뭔 귀신 씻나락 까먹는 소리
인가? 고통스러운 삶과 척박한 자연도 전체적으로 살펴보자. 모든
생명은 순리대로 제 명만큼 살며, 모두 다 아름답다. 삶은 고통만 연
속되는 게 아니다. 고난 끝에 행복이 오고, 행복 끝에 다시 고난이
온다. 척박한 환경 속에서도 꽃은 피고 생물은 제 삶을 살아간다.

이를 니체의 주장처럼 고대 그리스 비극과 비교해 보자. 고대 그
리스 비극 주인공의 삶은 말 그대로 인간이라면 견딜 수 없을 만큼

가혹하다. 이를 창조한 자는 예술가이다. 그는 비극 주인공의 일생 중 한 부분을 비극으로 만들어 낸다. 그 비극 주인공의 극 속에서 삶은 극히 고통스럽다. 하지만 어떻게 되는가? 고통스러운 삶을 담담히 받아들이고 순응하고 이를 담담히 이겨 나간다. 그는 마침내 아버지를 살해한 오이디푸스왕처럼 모든 사람이 받드는 대상으로 승화되고, 어머니를 살해한 오레스테스처럼 신에 의해 구원을 받는다. 운명과 숙명에 의해 고통스러운 삶을 살아간 모든 인간들 역시 오이디푸스와 오레스테스처럼 마침내 구원을 받는다(이에 대해서는 본문에서 자세히 다루도록 한다.).

니체는 이를 또 다른 형태로 비교한다. 음악 역시 마찬가지이다. 불쾌감과 긴장을 유발하는 불협화음, 이는 마치 고통스러운 인간의 삶과 같다. 하지만 불협이 화음이 되면, 또 다른 아름다움이 된다. 인간은 불협화음을 들으면서도 아름답다고 생각한다.

고통스러운 삶도, 척박한 자연도 창조자의 관점에서 보면 미적 현상이다. 인간이 현재 현실 속에서 고통스럽게 살아간다고 해서 도덕적으로 올바르고, 종교적으로 성스럽고, 철학적으로 절제하면서 살아가야 하는가? 니체는 반대한다. 인간이 태어난 이상, 형이상학적인 초월적 창조자는 인간의 삶을 아름답게 창조했다. 그렇기 때문에 종교적, 철학적, 도덕적 삶에 경도되어 살아가지 말라고 니체는 권한다. 오히려 현재의 고통스러운 삶 자체를 유희와 쾌락으로 바꾸어 담담하게 살아갈 수 있는 인간이 되어야 한다고 강조한다.

4. 니체의 형이상학적 신神 관념으로 헤라클레이토스 사상의 영향을 받은 내용이다. 비유적 표현은 어린아이가 바닷가에서 모래성을

쌓았다가 부수기이다. 신이 세상을 창조하고 부수는 것은 어린아이의 이 행위와 같다.

어린아이가 모래성을 쌓고 부수는 것은 건설과 파괴에 해당한다. 어린아이가 모래성을 쌓을 때 선한 마음을 먹는 것도 아니며 부술 때도 역시 악한 마음을 먹는 것은 아니다. 그는 천진무구하다. 어린아이는 모래성을 쌓을 때도 부술 때도 쾌락을 느낄 뿐이며, 자기 마음대로(독재권) 할 뿐이다.

어린아이는 일반적인 예술가들이 작품을 만들 때 느끼는 괴로워하는 마음속 충만과 과잉의 고통을 느끼지 않을 뿐만 아니라 자신 안에 어떤 대립된 기운이 있다고도 느끼지 않는다. 어린아이는 다만 유희를 위해서, 즐기기 위해서 모래성을 쌓고 부술 뿐이다. 바로 이 어린아이처럼 행동하는 자가 니체가 바라보는 신이다.[35] 니체는 17장 2절, 24장 6절 등에서 비극을 창조한 그리스인을 어린아이와 비교하여 설명한다.

5. 니체의 예술가적 형이상학의 표현이다. 1장에서 3장이 주로 심리학자로서의 니체를 다룬다고 한다면, 5장은 형이상학자로서의 니체를 다룬다.

'구원'은 두 가지 관점에서 해석할 수 있다. 예술가의 관점에서 본다면, '구원'은 예술가가 일정한 재료를 바탕으로 예술 작품을 창조한 것을 의미한다. 형이상학의 관점에서 본다면, '구원'은 신 또는 이데아가 세상에 어떤 모습을 띠고 나타난 상태를 지칭한다. 헤라클레이토스의 방식으로 설명한다면, '구원'은 어린아이(예술가 또는 신)가 바닷가에서 모래를 가지고 만든 모래성(세계)을 말한다.

앞 문장이 신의 관점에서 쓰여진 것이라고 한다면, 이 문장은 신에 의해 창조된 세계의 관점에서 기술되었다. 어린아이가 신이라고 한다면, 모래성은 세계이다. 세계, 즉 모래성은 신, 즉 어린아이에 의해 만들어진다. 어린아이에 의해 만들어진 모래성은 다만 초월적인 신이 아니라 가상에 지나지 않는다.

형이상학적 측면에서 살펴보자. 세계는 환영에 지나지 않는다. 세계를 창조한 신은 존재한다. 문제는 신이다. 니체는 신을 '가장 고통받는 자, 가장 모순된 자, 가장 대립된 자'로 보았다. 우리는 신을 완전무결한 유일자로 간주하지만, 니체는 신을 극히 불완전하고 유동하는 존재로 보았다. 이러한 신이 변화하여 새로운 모습을 나타낸 것이 바로 세계이고, 이 세계는 신 그 자신이 아니라는 점에서 본질이 아니라 하나의 환영에 지나지 않는다.

문제는 신이 환영에 지나지 않는 세계를 창조할 때 어떤 방법을 사용하는가이다. 니체는 신이 '가상'을 이용해서 세계를 만들어 낸다고 보았다. 가상과 환영에 대해서는 본문에서 더 자세하게 다루도록 한다.

## 다시 보기

니체의 예술가적 형이상학을 정리한 글이다. 그 근본 사상은 고대 헤라클레이토스의 사상에서 비롯한다. 어린아이와의 비유 역시 니체가 한 것이 아니라 헤라클레이토스에서 비롯한다.

신, 예술가, 어린아이는 비유적으로 창조자이며, 세계, 예술 작품, 모래성 역시 비유적으로 사용된 작품을 말한다. 신은 세계와 인간을 창조하고, 예술가는 예술 작품을 창조하고, 어린아이는 모래성을 만든다.

우리가 기존에 알고 있던 신과 예술가의 관점을 버려야 한다. 그 대신 바닷가에서 모래성을 쌓았다가 부수면서 유희 행위를 하는 어린아이를 신과 예술가로 대체시켜야 한다. 이것이 창조의 관점에서 본 니체의 형이상학이다.

신, 예술가, 어린아이가 무언가를 창조하는 것은 바로 구원이다. 신이 만들면 세계, 예술가가 창조하면 작품, 어린아이가 만들면 모래성이다. 세계, 작품, 모래성은 하나의 가상으로서 실체이며 환영으로서 하나의 현실이다. 이 내용은 자주 나올 뿐만 아니라 무척 중요하므로, 나올 때마다 반복해서 설명하도록 한다.

## 2.

사람들은 이런 예술가적 형이상학을 자의적이라거나, 헛소리라거나, 비현실적이라고 비판할 수도 있다. 하지만 이 예술가적 형이상학이 갖은 위험을 무릅쓰고 존재에 관한 도덕적 설명과 중요성에 극력 저항하려는 하나의 정신을 이미 드러내려 했다는 점이 중요하다.[1]

여기에는 아마도 처음으로 '선악의 저편'에 나오는 염세주의[2]가 나오며, 여기에는 쇼펜하우어가 지치지 않고 격렬한 저주와 벼락을 퍼부었던 '정신 도착'[3]이 표출되었다. 그 철학은 감히 도덕 그 자체를 현상Erscheinung의 세계에 위치시킬 뿐만 아니라 현상Erscheinung의 세계로 축출했으며, 도덕 그 자체를 '현상들Erscheinungen'(관념론적인 전문 용어terminus technicus로)뿐만이 아니라 가상, 망상, 오류, 해석, 치장, 예술로서의 '착각'으로 위치시키고 축출했다.[4]

1. 니체의 예술가적 형이상학에 대한 다양한 비난과 중요한 기여를 요약한 문장이다. '자의적', '헛소리', '비현실적'은 니체의 형이상학에 퍼부어진 비난들이고, '도덕'에 관한 재성찰은 니체의 업적이다.

'자의적', '헛소리', '비현실적'은 일반적으로 기존의 사유 체계와 전혀 다른 혁명적 사유가 나타날 때 일반적으로 하는 비난의 말들이다. '자의적'은 새로운 사상 등이 기존의 사유나 이론 체계에서 제멋대로 취사선택했다고 비난할 때 사용한다. '헛소리'는 새로운 이론 등이 내용 면에서 빈약하고 체계가 없다고 비난할 때 사용한다. '비현실적'은 새로운 사유 등이 일반적으로 현실에 적용 불가능하다는 것을 꼬집어 말할 때 사용한다.(반대로 말하면 '자의적', '헛소리', '비현실적'은 사상의 급전과 급변을 이룬 자들에게만 주어지는 최고의 칭찬이라고 볼 수 있다.)

또한 니체가 도덕과 그 아류들을 재성찰하도록 했다는 사실은 아무리 강조해도 지나치지 않다. 니체의 평생 과업은 도덕과의 전쟁이다.

2. "'선악의 저편'에 나오는 염세주의"는 니체의 저서 『선악의 저편』을 언급하는 것이 아닌 일반적인 설명이다. "'선악의 저편'에 나오는 염세주의"는 낙관주의는 선, 염세주의는 악이라는 일반 편견에 대한 니체의 부정이다.

니체는 염세주의를 세상과 현실을 부정하는 악이 아니라 '선악의 저편'에 위치하고 있다고 말함으로써, 염세주의에 중립적인 가치를 부여한다. 이는 낙관주의도 중립적인 위치에 놓일 수 있음을 의미한다. 따라서 인간이 염세주의와 낙관주의를 어떻게 사용하는가에 따라 긍정적 의미와 부정적 의미를 가질 수 있다.

니체는 다양한 용어에 중립적 가치를 부여함으로써, 선악의 저편에 위치시킴으로써 우리의 사유 혁명을 이끌고자 한다. 우리는 하나의 어휘나 용어에 선과 악을 결부시키는 경향이 있다. 예컨대 도덕은 선, 쾌락은 악이라는 식이다. 선과 악의 고정적 구분은 억지로 주입된 가치관과 교육 때문이다.

용어에 중립적인 가치를 부여하는 니체의 언어 사용법 때문에 우리는 혼란을 겪는다. 하지만 용어의 이중적 특성을 이해하고 적용하면, 오히려 니체의 글은 쉽고 편안해지고, 사유 혁명을 느낄 수 있다.

3. '도착倒錯'은 Perversität를 번역한 용어이다. 가끔 '착란錯亂'으로 번역하기도 하지만 오역이다. 도착이 더 정확하다. 착란은 외적 요인(급성중독이나 전염병 등)에 의한 일시적이며 간헐적인 어지럽고 어수선한 상태를 의미한다면, 도착은 스스로 확신에 의한 체계적이고 지속적인 반사회적, 반도덕적 행위를 의미한다. 착란은 시간이 지나면서 외적 요인이 사라지면 고쳐질 수도 있지만, 도착은 시간이 지날수록 공고해지고 강고해지며, 주변과 불화를 일으킨다. 가장 간단한 비교의 예는 성적 착란과 성적 도착이다. 우리는 성적 착란이란 말을 사용하지 않고 성적 도착이란 말을 사용한다.

니체는 도착이란 용어를 주로 철학적, 예술적, 도덕적, 종교적 사유와 행위를 연관시키면서, 일회성이 아니라 지속적일 때, 본능과 자연에 위배되는 행동을 할 때 적용한다.

니체는 바그너가 마지막 작품인 〈파르지팔〉을 만들었을 때 '지적 도착intellektur Perversität'이란 말을 했다.[36] 니체는 철학자들의 객관성을 설명하면서 철학자들이 자기중심적으로 사유하고 행동한다는 뜻에서 성격의 '도착' 증상으로 표현했다.[37] 또한 니체는 '소크라테스를 인간 역사에서 가장 심각한 도착의 한 계기다.'라고 표현하기도 했다.[38] 이런 점들에 비추어 본다면 Perversität는 착란보다는 도착이 더 정확한 번역어이다.

4. 니체의 예술가적 형이상학의 역할을 간단명료하게 정리한 내용이다. 전자의 '현상Erscheinung'과 후자의 '현상들Erscheinungen'은 다른 의미이다. 전자의 현상은 우리가 흔히 사용하는 현상으로서 눈으로 관찰되는 사실로서의 현상이고, 후자의 현상은 실재reality와 대비되는 철학적 의미로서 현상이다. 니체의 예술가적 형이상학은 한편으로(전자의 의미에서) 도덕을 우리 눈앞에 명백하게 드러나는 세계에 노정시키는 역할을 했으며, 다른 한편으로는(후자의 의미에서) 철학적 논쟁을 하여 도덕이 얼마나 기만적이고 허위적인가를 드러냈다.

### 다시 보기

'도덕'에 관한 재성찰을 받아들이는 자는 니체주의자의 길로 들어서는 자이고, 이를 부정하거나 유보하는 자는 니체 거부자이다. 니체의 예술가적 형이상학은 도덕 도착과 도덕 도착증과의 전쟁이다.

도착은 니체의 사상을 볼 수 있는 중요한 용어이다. 니체가 말한 도착은 도덕과 아주 밀접한 연관을 지니고 있다. 니체에게 도착 이전의 상태는 자연상태이고, 도착 이후의 상태는 도덕이나 종교 등에 물들거나 전염된 상태이다.

니체는 도덕적이거나 종교적인 또는 철학적인 사유나 행위를 도착 증세로 보았다. 이러한 사유나 행위는 인간의 본성이나 자연의 본래적 속성과 전혀 다르다. 막 태어난 아이는 자연상태에 있으며 도덕을 알지 못한다. 아이는 커 가면서 아주 다양한 교육을 통해 도덕을 주입받게 된다. 그러면 아이는 자연상태를 잃어버리고 도덕에 의한 행동을 하게 된다. 니체의 관점에서 이는 도착의 징후이다.

또한 도덕과 종교적인 사유나 행위를 하는 자에게는 논리적인 사유나 행동, 설득은 전혀 통하지 않는다. 종교를 열심히 믿는 꽉 막힌 자를 생각해 보라. 우리가 일반적으로 다양한 도착자를 신경증이나 정신증에 걸린 이유로 보는 것은 바로 이 때문이다.

니체의 도착에 근거한 도덕, 종교, 철학에 대한 공격은 설득력이 있으며, 이러한 설명을 들으면 낯설고 생소함을 만나는 데서 오는 기쁨을 느끼기도 한다. 하지만 한발 더 나아가 구체적인 사례에 관한 설명에 접하면 우리는 고개를 가로젓기 십상이다. 우리는 도덕의 영구적 포로이자 항구적 볼모이다.

니체의 설명이 주는 낯설음과 불편함을 순결의 예로 들어 보자. 순결은 미성년, 특히 소녀에게 중요한 덕목으로 생각하곤 한다. 니체에게 순결은 도덕적이며, 종교적이며, 철학적으로 승화된 사상이다. 순결은 인간의 본능과 자연의 섭리에 위배된다. 인간은 순결을 받아들이기 쉽지 않다.

순결을 인간에게 강요하기 위해서 종교, 도덕, 철학은 순결을 어긴 여성에게 수치심을 부과한다.(남성의 순결은 언급하지 않는다는 점에서 기존의 도덕관, 종교관, 철학관은 지극히 남성 중심적이다.) 수치심을 느끼고 싶지 않다면 순결을 지켜야 한다! 순결로 대표되는 순수함, 정절, 열녀 등! 이 얼마나 놀라운 인간적 발명인가! 자연적 발견이 절대 아니다!

순결의 여신으로 여겨지는 아르테미스 (오귀스트 도네의 작품으로 알려짐, 1897년, 대영 박물관 소장)

순결은 도착증이다. 순결은 자연과 위배되는 탈자연이며, 동물에게 적용될 수 없는 도덕적 승화이다. 모든 인간이 도덕, 종교, 철학적 가르침에 따라 순결을 지킨다면, 종족 멸망으로 귀결될 것이다.'[39] 그런데도 모든 인간이 순결의 여신 아르테미스를 따를 것인가?

어디 순결뿐이랴! 우리가 고귀하다고 생각하는 승화된 대부분의 가치는 도착 증상이다. 니체의 진단이다.

### 3.

아마도 이처럼 심오한 **반도덕적** 경향은 조심스러우면서도 적대적인 침묵, 기독교를 책 전체에서 취급하는 방식 속에서 가장 잘 드러난다. 이 책에서 기독교는 인류가 지금까지 귀 기울여 왔던 도덕적 주제에서 가장 철저하게 왜곡된 형상으로 다루어졌다.[1]

실제로 이 책에서 가르쳐 주었던 것처럼, 순수한 미학적 세계 해석과 세계정당화에 대해 기독교의 가르침만큼 커다란 적대자는 없다. 왜냐하면 기독교적 가르침은 도덕적일 **뿐**이며, 도덕적이고자 할 뿐이며, 자기만의 절대적 척도Maßen[2]로, 예를 들면 신의 진실성으로 예술, 모든 예술을 거짓의 영역으로 추방하기 때문이다. 기독교적 가르침은 모든 예술을 부정하고 저주하고 유죄 판결을 내리기 때문이다.[3]

1. 『비극의 탄생』에서 '기독교Christentum'란 단어가 나오는 곳은 여기와 11장 4절과 19장의 1절과 2절이다. 니체는 11장 4절에서 노예적 명랑성에 대한 초기 경건한 기독교인들의 반응을 다루고, 19장의 1절과 2절에서 기독교적 중세 시대의 팔레스트리나 음악 시대와 오

페라 음악의 공존의 기이성을 다룬다. 여기에서 나오는 '기독교'는 특정한 시대적 특성을 설명할 뿐이다. 이 점에서 『비극의 탄생』은 반기독교 사상을 전면적으로 다루지 않았다고 볼 수 있다.

'조심스러우면서도 적대적인 침묵'은 이러한 상황을 반영한 니체의 반기독교적 표현이다. '조심스러우면서도'는 니체가 『비극의 탄생』을 집필할 당시 반기독교적 사상을 제대로 정립하지 못해서 표현할 때 실수하지 않을까 하여 주의를 기울였다는 소리이다. '적대적인 침묵'이란 니체가 막연하지만 반기독교 사상으로 나아가고 있었다는 것, 하지만 사상적으로 완전히 확립시키지 못했다는 것, 이 때문에 기독교에 대해 적대적이지만 말문을 닫고 있었음을 말한다.

2. 척도는 니체의 사상에서 아주 중요한 용어이다. 이에 대해서는 본문에서 자세히 다룬다.

3. 니체는 이 책에서 기독교와 예술의 적대적 관계를 다뤘다고 주장한다. 그에 따르면 기독교는 도덕이다. 기독교적인 도덕은 신이라는 단 하나의 잣대로, 이 척도에서 벗어난 모든 가치를 거짓으로 간주한다. 기독교적인 도덕의 관점에서 예술은 거짓을 표현한다. 반대로 말하면 기독교는 신이라는 단 하나의 잣대를 만족시키는 예술이 있다면, 그 예술을 최고의 예술이라고 인정한다.

다시 보기

니체가 『비극의 탄생』의 전체 주제를 밝힌 절이다. 『비극의 탄생』의 전체 주제는 궁극적으로 일반적인 도덕에 적대하는 '반도덕'이며, '반도덕'의 주 공격 대상은 기독교이다. 니체는 기독교를 도덕의 교조화 중의 교조화이며, 인간의 삶과 가장 적대적이고, 예술과 가장 적대적인 것으로 설명한다. 기독교는 '신'이라는 절대적 척도를 가지고, 반기독교적인 모든 것을 부정하고 저주하고 유죄 판결을 내린다. 기독교는 자신을 진리로 설정하고, 그 밖의 모든 가치를 부정할 뿐만 아니라 기독교와 절대적 대척점에 있는 모든 예술을 거짓으로 몰아세운다.

여기서 문제가 생긴다. 『비극의 탄생』을 아무리 훑어보아도 기독교와 관련된 용어가 눈에 띄지 않는다. 11장과 19장에 '기독교'란 단어가 나오긴 해도, 그 의미는 니체의 설명과 거리가 멀다. 그렇다면 우리는 『비극의 탄생』의 반기독교적 사상을 어떻게 읽어야 하는가라는 문제가 발생한다. 니체가 거짓말을 한 것인지, 아니면 니체가 다른 뜻으로 말한 것인지 규명해야 한다.

니체의 의도는 무엇인가? 니체는 『비극의 탄생』을 집필할 당시 후기 저작에 나오는 것처럼 반기독교적이지 않았다. 니체는 이 책에서 반기독교의 새싹을 보이기는 했지만 기독교를 구체적으로 비판하지 않았다. 니체는 '자신이 『비극의 탄생』에서 직접 말하지 않았지만 반기독교적 성향과 내용이 맹아 상태로 있음을 알아야 한다.'라고 말한다. 즉, 『비극의 탄생』의 기본 정신은 반기독교적 사상의 시작이라는 점을 니체는 알아 달라고 말한 셈이다.

니체의 이러한 바람에 근거하여 우리는 『비극의 탄생』을 읽을 때 다음에 주의를 기울여야 한다. 첫째, 『비극의 탄생』에서 반기독교적 사상의 맹아를 찾아보고 둘째, 기독교와 예술의 일반적인 관계를 알아보고, 셋째, 기독교가 왜 예술에 적대적인지 이유를 찾아보고, 마지막으로 도덕적 기독교를 극복한 예술이란 무엇인지를 사색해야 한다.

4.

당연히 예술에 적대적인 그런 종류의 사유 방식과 평가 방식의 배후에서, 이런 것이 어쨌든 옳다고 한다면, 나는 예전부터 **삶에 적대적인 것**, 삶에 대해 원한을 품고서 적개심 불타는 혐오감 그 자체를 느낀다. 왜냐하면 모든 삶은 가상, 예술, 속임수, 시각Optik, 관점Perspectivische과 오류의 필연성[1]에 근거하기 때문이다.[2]

기독교는 애초부터 본질적으로 그리고 근본적으로 삶에 대한 구토와 혐오였다. 구토와 혐오는 '또 다른' 삶 또는 '더 나은' 삶에 대한 믿음으로 위장하고, 그 뒤에 숨고, 치장되어 있을 뿐이다.[3]

기독교는 '세계'에 대한 증오, 정열에 대한 저주, 아름다움과 육체적인 것에 대한 공포, 차안此岸을 헐뜯기 위해 만들어진 피안彼岸, 기본적으로 무, 종말, '안식일 중의 안식일'에 대한 갈망이다.[4]

내 입장에서 본다면 이러한 모든 것은 도덕적 가치만을 인정하려는 기독교적인 무조건적인 의지, 모든 가능한 형식의 몰락에의 '의지' 중에서도 가장 위험하고 불쾌한 형식이며, 가장 심각한 질병이자 피로감이자 불쾌감이며, 고갈이자 삶에 대한 빈곤이다. 왜냐하면 도덕 앞에서 삶은 지속적으로 불가피하게 부정한 것이 되기 때문이다. 삶과 같은 어떤 것은 본질적으로 비도덕적이기 때문이다. 그 결과 경멸과 영원한 부정이라는 저울추에 압살당한 삶은 **당연히** 살 만한 가치가 없는 것으로, 무가치한 것으로 나타난다.[5]

1. 니체는 한 문장 안에 유사한 것처럼 보이는 시각Optik과 관점 Perspektive 두 어휘를 집어넣었다. Optik은 대체로 시각, 시야로 번역되거나 '광학'이라는 사전적 고유 의미로 번역되곤 한다. 반면 Perspektive는 주로 관점이라는 말로 번역된다.

니체는 Optik을 주로 어떤 사물이나 사건 등을 바라볼 때 가치중립적 의미로 사용하는 경향이 있다. 예를 들어 살펴보자. 「자기비판의 시도」 2장 4절 마지막 문장에서 '앎을 예술가의 **시각**에서 보는'과, 4장 4절 마지막 문장에서 '삶의 **시각**에서 보는'이란 말이 나온다. 『바그너의 경우』의 「후기」에는 '이 두 형식은 가치라는 **시각**에서 대립하지만'과 "'참과 참이 아님'이라는 개념들은 그런 **시각**에서 아무런 의미도 갖지 않는 것 같다라는 말을 사용한다."는 말이 나온다. 『안티크리스트』 9장에는 "자기 자신의 **시각**을 '신', '구원', '영원' 이름으로 신성불가침으로 만든 다음, '다른 종교의 **시각**은 더 이상 어떤 가치도 가져서는 안 된다'고 요구한다."라는 말이 나온다. 여러 사용의 예에서 본다면, 니체는 Optik을 주로 '시각', 특정한 주의의 주장에 얽매이지 않고 일반적으로 바라보는 시선 정도의 의미로 사용한다. 이 점에서 Optik을 '광학'으로 번역하는 것은 문맥과 전혀 관계없이 생뚱맞아 보인다.

반면 니체는 Perspektive를 특정한 이념, 가치에 근거하여 사물이나 사건, 가치 등을 바라보는 것이라고 말한다. 예를 들어 살펴보자. 『인간적인 너무나 인간적인 1』의 서문 6장에서 "너는 모든 가치평가에서 **관점**을 터득해야만 했다.—지평의 이동, 왜곡, 그리고 표면상의 목적론과 …… 모든 찬성과 반대 속에 포함된 필연적인 불공평을 이해하는 것을 배우고 ……"라는 표현이 나온다. 『인간적인 너무나 인간적인 2』서문 7장에 "처음부터 나의 염세주의적 관점은 이것이었다."라는 문장이 나온다.『도덕의 계보학』두 번째 논문 8장에는 "눈은 이제 이러한 관점에 초점을 맞추게 되었다."라는 표현이 나온다.『도덕의 계보학』세 번째 논문 16장에는 "생리적 장애란 우리에게 더 이상 구속력을 갖지 않는 도덕적 종교적 관점에서 본 것일 뿐이다." 17장에는 "만일 우리가 성직자만이 알고 있고 가지고 있는 것과 같은 관점으로 들어가 본 적이 있다면 ……" 등과 같은 표현이 나온다. 니체가 사용한 여러 예로 본다면 Perspektive는 주로 특정한 주의와 주장에 얽매여서 바라보는 시선을 의미한다.

'관점의 필연성'이란 사람이 살다 보면 자기가 원하지 않더라고 특정한 관점을 가지고 사물, 사건, 가치를 평가함을 말하는 반면, '시각'이란 사람이 살면서 사물, 사건, 가치 등을 아무런 편견 없이 그냥 바라봄을 뜻한다.

덧붙여 '오류의 필연성'이란 사람은 살아가면서 어떤 가치를 갖게 마련이지만, 이것이 반드시 진리일 수 없으므로 누구나 오류를 범하고 살아감을 뜻한다.

2. 인간의 삶이란 무엇인가? 니체는 인간의 삶에 대해서 '올바름, 정의, 인류, 신에의 복종이나 순종, 아름다운 사랑의 실현' 등과 같은 거창한 말을 하지 않는다. 이런 말은 인간의 삶을 목적론에 맞춰 해석한 거창한 용어들이다. 니체는 솔직하게 말한다. 니체는 '모든 삶은 가상, 예술, 속임수, 시각, 관점과 오류의 필연성에 근거'한다고 고백한다.

인간의 삶이란 무엇인가? 삶을 목적이 아니라 그 자체로 보라. 인간의 삶은 하룻밤의 꿈보다 짧지만, 달리 보면 한 편의 예술이다.

인간은 누구나 자신의 삶을 기록하면 몇 편의 소설이 되고, 카메라를 들이대면 사진집이 되고, 대본으로 쓰면 몇 편의 영화가 된다. 인간의 모든 삶은 예술 작품 그 자체이다. 인간의 삶은 거창하게 위조하고 속이지만 실제로는 소박한 하루살이일 뿐이다. 게다가 인간 자신만의 관점을 가지고 세상의 모든 것을 다 아는 듯이 떠벌이지만, 결국 타자의 입장에서 본다면, 이해관계를 달리하는 사람의 입장에서 본다면 아집과 오류일 뿐이다.

삶이란 무엇인가? 손으로 물과 공기를 잡으려는 것과 마찬가지이다. 이 때문에 종교적인 삶을 통해 사후의 행복을 추구하는 사람들이 있다. 반대로 이 때문에 니체는 현재 현실의 삶을 더 잘 살아야 한다고 주장한다. 이에 대한 자세한 설명은 뒤의 실레노스 이야기에서 다룬다.

3. 기독교의 사후 세계관이 인간의 실제의 삶을 어떻게 바라보는가를 다룬 것이다. 기독교의 사후 세계관, 즉 죽은 뒤에 구원과 영생을 얻는다는 믿음은 현재의 삶을 부정할 수밖에 없다. 기독교는 이런 점에서 고통스러운 현재의 삶을 살아가는 게 너무 힘들어 구토할 수밖에 없고, 혐오할 수밖에 없다. 기독교는 사후의 삶을 위해 현재의 삶을 가볍게 여긴다.

4. 기독교적 세계관의 간단명료한 정리이다. 기독교적 세계관은 우선 현재의 고통스러운 삶을 부정한다는 점에서 세계를 '증오'한다. 기독교적 세계관은 인간의 욕망 실현을 부정한다는 점에서 정열을 '저주'하고, 세속적인 욕망을 부추기는 아름다움과 육체적인 것에 '공포'를 느낀다. 기독교적 세계관은 현재의 삶을 살아가는 이승을 부정하기 위해 사후의 '피안'을 찬양하며, 현재의 삶은 먼지처럼 아

무런 의미가 없으며(무), 언젠가 세계는 멸망한다는 '종말'론적인 사고에 빠진다. 기독교적 세계관은 구원을 위한 노동과 속죄 활동 뒤에 신의 은총을 위해 또 다시 몸과 마음을 바쳐 '안식일'을 기린다.

5. 기독교가 어떤 잘못을 범하는가를 보여 주는 절이다. 기독교적 세계관은 궁극적으로 삶을 부정한다. 이것이 니체가 내린 결론이다. 왜 그런가? 기독교는 도덕 중의 도덕, 최상의 도덕인 반면, 인간의 삶은 도덕과는 전혀 다른 비도덕적인 것으로 구성되기 때문이다.

### 다시 보기

니체가 삶의 관점에서 반기독교를 주장한 이유를 체계적으로 정리한 장이다. 니체의 반기독교적 태도는 다양한 형태로 나타나지만, 주요 이유는 아래와 같은 네 가지이다. 앞에서 한 이야기를 종합하면 다음과 같다.

첫째, 기독교가 잘못된 이유는 예술에 적대적인 사유와 평가 방식이라는 점이다. 둘째, 기독교는 처음부터 본질적으로 삶에 적대적이라는 점에서 잘못되었다. 기독교는 현재의 삶보다는 신에 의해 구원을 받는 사후의 삶을 더 중요시한다는 점에서 잘못되었다. 셋째, 기독교는 세계, 정열, 아름다움과 육체적인 것 등을 저주하고 사후세계를 찬양한다는 점에서 잘못되었다. 넷째, 기독교는 도덕 중의 도덕으로 인간의 삶에 심각한 질병을 야기한다는 점에서 잘못되었다.

니체는 도덕과 기독교를 인류의 불구대천의 원수이자 적으로 규정한다. 니체는 인류가 현재의 삶을 중시하고 영속성을 유지하려한다면, 도덕과 기독교는 반드시 스러져야 한다고 주장한다.

## 5.

도덕 그 자체가—어떤 방법으로? 도덕은 처음부터 끝까지 '삶의 부정의 의지', 즉 삶의 파괴의 비밀스러운 본능, 삶의 쇠퇴, 축소, 비방의 원리이지 않은가? 이와 같은 질문을 던지는 이 책에서 나의 본능은 삶을 변호하는 본능으로서 도덕에 **적대적**이며, 삶에 대한 반대 가르침과 반대 평가, 순수하고 예술적이며 **반기독교적**인 것으로 나타난다.

이것을 어떻게 이름 지어야 하는가? 문헌학자이자 언어를 연구한 사람으로서 맘대로 표현할 최소한의 자유—안티크리스트 Antichrist라는 적절한 이름을 도대체 누가 알겠는가?—를 누리는 나는 이것에 그리스 신의 이름을 붙였다. 나는 이것을 **디오니소스적**이라고 명명했다. ……

### 다시 보기

니체 사상의 전체적인 흐름을 정리한 절이다. 정리하면 아래와 같다.

마지막에 나오는 '디오니소스적'이란 말은 다시 5장의 맨 처음에 나오는 예술가적인 신과 일치하며, 그 신은 우리가 현실에서 본다면 바닷가에서 선과 악의 저편에서 모래성을 쌓고 부수는 어린아이와 같다. 어린아이는 신과 같은 존재로 기독교를 필요로 하지 않으

삶 ⟨ 도덕 = 삶의 부정의 의지 = 삶의 쇠퇴, 축소, 비방 = 기독교
(삶의 파괴의 비밀스러운 본능)

도덕에 적대적 = 예술적 = 반기독교적 = 안티크리스트 = 디오니소스적

며, 도덕에 얽매이지 않으며, 기본적으로 살아남기 위해서 삶을 갈구하는 존재이다.

## 5장 다시 보기

일종의 숨은그림찾기 장이다. 니체는『비극의 탄생』을 집필하면서 반기독교적 태도를 강하게 보이지 않았다. 또한 니체는『비극의 탄생』집필 이전 강연과 저술 활동에서도 반기독교적 태도를 강하게 보이지 않았다. 니체는『비극의 탄생』집필 이전에 주로 고대 그리스 철학자들을 연구했으며, 소크라테스, 그리스 비극 등을 주로 집중적으로 파헤쳤다. 니체의 반기독교적 태도는『비극의 탄생』이후 사색과 연구와 집필을 하면서 도달한 궁극적 귀결점이다.

그렇다면 의문이 발생한다. 니체는『비극의 탄생』을 집필하면서 반기독교적 태도를 보이지 않았음에도 불구하고「자기비판의 시도」에서는 왜 반기독교적 태도를 아주 중요한 것으로 언급하는가? 반기독교적 태도의 맹아 때문이다. 니체는『비극의 탄생』을 집필하면서 직접 반기독교적 사상을 언급하지 않았지만, 후일 돌아보니까『비극의 탄생』안에 반기독교적 사상의 맹아가 있었다는 것이다.

예술과 유희, 건설과 파괴에서 즐거움을 느끼고 선과 악의 저편에 있는 디오니소스를 도덕 중의 도덕인 기독교를 반대하는 전형적 인물로 니체는 강조하고 싶어 한다.

니체는 독자에게 5장을 설명하면서『비극의 탄생』을 어떻게 읽어야 하는가를 은연중에 제시한다. 마치 숨은 그림을 찾듯이 문장 구석구석에서 반기독교적 사상의 맹아를 찾아 읽어야 하며, 니체 본인이 직접 언급하지 않았지만 한 마디 한 마디를 반기독교 사상의 맹아로 생각하고 읽어야 한다고 넌지시 알려 준다. 니체가 「자기 비판의 시도」를 쓰면서 5장에서 길게 반기독교적 태도를 언급한 이 유는 바로 이 때문이다.

# 6장

## 철학의 부재와 독일 음악에 대한 오판

### 1.

내가 이 책에서 감히 어떤 과업을 다루려고 했는지 다들 알고 있다. …… 그 당시 나만의 관점과 모험을 고찰하면서 나만의 **언어**를 사용하려는 용기(또는 대담함)를 가지고 있지 않았다는 것이 오늘날 얼마나 한탄스러운지. 나는 비참하게도 칸트와 쇼펜하우어적인 취향, 그들의 정신과 정반대인 미지의 새로운 가치 평가를 칸트[1]와 쇼펜하우어의 형식을 따라 표현해야만 했다.[2]

쇼펜하우어는 비극에 대해 어떤 의견을 가지고 있었던가? "세계, 삶은 어떤 올바른 만족도 줄 수 없으므로 우리가 그것에 매달릴 **가치는 전혀 없다**는 인식의 발생은 모든 비극적인 것을 독자적으로 숭고한 것에 이르게 한 것이다. 여기에 비극적 정신의 본질이 있다. 이에 따르면 비극적 정신은 **체념**에 도달한다."라고 쇼펜하우어는 『의지와 표상으로서의 세계 II』 495쪽에서 말했다.[3]

아, 디오니소스는 나에게 얼마나 다르게 말했던가! 아, 그 당시 이러한 전적인 체념주의는 나와 얼마나 거리가 멀었던가!

1. '미지의 새로운 가치 평가'는 니체의 새로운 철학을 말한다. 5장을 기준으로 정리한다면 '예술가적인 신'을 규명하는 '형이상학'이며, 그 내용은 삶에 적대적인 '반기독교'와 '반도덕적 경향'이며, 그 궁극적 지향은 '디오니소스적인 것'이다.

'칸트'의 '형식을 따라 표현'했다는 것은 칸트의 철학적 방법을 따라 했다는 뜻이다. 니체는 자신의 새로운 철학을 자신과 정반대되는 철학적 목적을 가진 칸트의 방법을 따라 했음을 자기비판한다. 니체가 여기서 주로 비판하는 내용은 칸트의 도덕 철학이다.

니체는 우선 『비극의 탄생』 18장에서 칸트가 기존의 시간, 공간, 인과율의 한계를 깨고 새로운 가능성을 연 위대한 철학자로 칭찬하고, 19장에서 니체가 그토록 비판하는 소크라테스와 그의 낙관주의를 칸트가 체계적으로 격파할 수 있는 가능성을 열었다고 찬양한다. 이러한 점들은 니체가 『비극의 탄생』을 집필하면서 칸트를 따른 내용에 해당한다.

이후 니체는 도덕과 종교가 살아남을 수 있는 숨통을 열어 준 칸트를 대단히 격렬하게 비판한다. 니체는 『아침놀』 서문 3장에서 칸트를 '도덕의 독거미인 루소에게 물린' 철학자로 바라보았으며, 『안티크리스트』 11에서 '칸트는 백치가 되어 버렸'고 '이 숙명의 거미가 독일 철학자로 간주'되는 것을 한탄한다. 니체는 도덕을 거미줄처럼 인간의 삶을 옴짝달싹 못 하게 만드는 상징적인 장치로 이해한다. 니체는 칸트를 도덕의 거미줄을 인간의 삶 곳곳에 치는 '거미'로 바라보았다.

니체는 초기에는 칸트를 존경의 대상으로 바라보았지만, 사유를 성숙시켜 갈수록 칸트를 적대한다. 니체는 『도덕의 계보학 2』 6장에서 "'죄', '양심', '의무', '의무의 신성함'과 같은 도덕적 개념"에 해당하는 칸트의 "정언명법에는 잔인함의 냄새가 난다."고 말한다. 니체는 칸트의 도덕적 사유를 『아침놀』 서문 3장에서 극단적으로 비판한다.

니체는 "칸트는 자신의 도덕적 왕국을 위한 공간을 마련하기 위해, 자신이 증명할 수 없는 세계, 즉 논리적인 '피안'을 상정"했다고 비판한다. 니체는 칸트가 『순수이성비판』을 집필한 이유도 궁극적으로 도덕의 왕국을 건설하기 위한 것으로 보았다.

> 달리 표현해 보자. 칸트에게는 '도덕의 왕국'을 이성이 공격할 수 없도록 만드는 것, 아니 오히려 파악할 수 없는 것으로 만드는 것보다 중요한 것은 없었다. 그렇지 않았다면 그는 『순수이성비판』을 필요로 하지 않았을 것이다.[40]

2. 니체가 칸트에 대한 비판과 쇼펜하우어에 대한 비판을 동시에 연결시키고 있는 고리에 주목해야 한다. 니체는 칸트를 도덕주의자라고 비판했다. 도덕은 본래 의도와 무관하게 궁극적으로 고통스러운 현실 삶의 부정을 목적으로 한다는 것이 니체의 칸트 비판의 핵심 요지이다. 니체는 도덕의 목적이 삶의 부정이었듯이 쇼펜하우어의 비극관 역시 '삶에 어떤 올바른 만족도 줄 수 없'다는 점에서 삶의 부정이라고 보았다. 칸트의 도덕과 쇼펜하우어의 비극관은 결국

삶의 부정이라는 점에서 공통점을 지니고 있다고 니체는 양자를 연결시켜 비판한다.

3. 니체의 『비극의 탄생』은 전적으로 쇼펜하우어의 철학에 근거한다고 해도 과언이 아니다. 니체의 『비극의 탄생』에 나오는 개별화는 쇼펜하우어의 개별화의 원리에 근거하며, 5장과 6장의 서정시인과 민요론 역시 쇼펜하우어의 음악관을 바탕으로 하고, 18, 19, 20장의 서구 철학에 대한 비판 역시 쇼펜하우어의 철학을 바탕으로 한다. 니체는 18장에서 쇼펜하우어 덕분에 자신의 분석 대상인 '비극적 문화라고 부르는 하나의 문화가 시작된다.'라고 썼을 정도이다.

하지만 니체는 비극을 더 깊이 사유할수록 쇼펜하우어와 같이 갈수 없음을 알아차린다. 인용문에 나오는 것처럼 쇼펜하우어의 비극관이 '삶의 체념가'라면, 「자기비판의 시도」 전면에 드러나는 것처럼 니체의 비극관은 '삶의 희망가'이기 때문이다. 니체는 쇼펜하우어가 비극관을 설명하면서 기독교처럼 삶을 부정하는 결과를 초래했다고 비판한다.

### 다시 보기

니체의 자기비판이 엄청 깊어지고 신랄해졌다. 1에서 3장까지가 주로 외형적 비판이었다면, 4장에서 6장까지는 내면적 비판이다. 니체는 5장에서 한껏 자기자랑에 부풀어 올랐다. 그는 자신의 철학이 '예술의 형이상학'이라는 전대미문의 새로운 길을 개척했으며, 그 덕분에 기독교를 비판적으로 바라보고 도덕의 근원을 해체할 수 있는 여지까지 열었으며, 마침내 한탄조의 삶의 체념가가 아닌 비탄조의 삶의 희망가를 부를 수 있게 되었다고 주장한다.

희망에 찬 승리가를 부르던 니체는 6장에서 처절하게, 가혹하게 자신에게 비수를 들이댄다. 그는 『비극의 탄생』의 두 철학적 토대인 칸트와 쇼펜하우어가 자신을 배신했다고 고백한다. 아니 니체는 스스로 칸트와 쇼펜하우어를 잘못 이해하고 받아들였음을 탄식한다.

니체는 자신의 사상의 궤적을 되돌아보고 자신에게 비판의 칼날을 들이댄다. 니체는 자신의 반도덕적 사상에도 불구하고 도덕 사상가인 칸트에게 사상적으로 의지했으며, 삶의 찬양가로서 비극에 대한 통찰에도 불구하고 삶의 체념가로서 비극을 해석한 쇼펜하우어의 음악 이론에 의지했다.

자신의 근본을 무너뜨리는 젊을 적 사유와 행동, 이 얼마나 부끄러운 일인가? 그러나 니체는 부끄러워하지 않는다. 오히려 그들 덕분에 자신의 자리를 제대로 확인할 수 있음을 고마워한다. 『비극의 탄생』 이후 칸트와 쇼펜하우어에 대한 니체의 비판이 이를 증명한다.


## 2.

그러나 그 책에는 한층 더 잘못된 점들이 있다. 현재 나는 디오니소스적인 예견을 쇼펜하우어적인 공식으로 애매모호하게 만들고 파멸시키려 했던 것보다 아래와 같은 점들을 훨씬 더 애달파한다.

나는 나에게 떠올랐던 웅대한 **그리스적인 문제**[1]를 최근의 현대적인 사태[2]와 혼동함으로써 **결딴내 버렸다!** 나는 아무 것도 기대하지 못하며, 모든 것이 종말로 향하는 것에 희망을 걸었다![3] 나는 최근 독일 음악에 근거하여 마치 독일적 본질이 개념적으로 존재하는 듯이 '독일적 본질'에 관해 떠들며, 그 자체를 발견하고 또 발견한 듯이 굴었다! 더구나 이런 주장을 할 때는 얼마 전에도 유럽을 지배할 의지, 유럽을 인도할 힘을 지니지도 못했던 독일적 정신이 마치 시간이 흐름에 따라 최종적으로 그 힘을 **상실하였**으며, 제국 건설이라는 화려한 핑계를 대면서 평준화 Vermittelmäßigung,[4] 민주주의, '근대적 이념'으로 넘어가던 바로 그 무렵이었다![5]

그 사이에 나는 이러한 '독일적 본질', 마찬가지로 철저하게 낭만주의적이며 모든 가능한 예술 형식 중 가장 비그리스적인 현재의 **독일 음악**에 대해 아무런 기대도 품지 않을 뿐만 아니라 인정사정없이 다루는 법을 배웠다. 덧붙여서 독일 음악은 최고의 신경파괴제로서, 술을 좋아하고 불명료함을 미덕으로 존중하는 민족에게 이중적 측면에서, 즉 도취적이자 **몽환적** 마취제로서 위험하다.[6]

1. '웅대한 그리스적인' 문제란 1장에서 3장까지 정리한 니체의 문제의식이다. 외형적으로는 비극과 음악의 관계에서 시작하여 디오니소스적인 것은 무엇인가로 정리될 수 있으며, 내면적으로는 왜 그리스가 최고의 국가였을 때 염세주의적인 비극을 발전시켰던 반면, 약화되기 시작했을 때 소크라테스류의 앎과 낙관주의가 나타나는가이다.
2. '최근의 현대적인 사태'란, 보불 전쟁에서 승리한 프로이센이 독일을 통일하고 유럽의 중심 국가로 등장하는 것을 말한다.

3. 이론의 현실에의 잘못된 적용이라고 볼 수 있다. 니체가 『비극의 탄생』을 쓴 이유에는 청년기적 애국심이 있었다. 그는 바그너의 비극이 만들어지기 시작했다라는 음악적 사실과 프로이센이 유럽의 중심 국가로 성장한다는 정치적 사실에 커다란 감흥을 얻었다. 니체는 고대 아테네 비극의 탄생과 바그너 비극의 탄생, 아테네의 강력한 국가로의 성장과 프로이센의 유럽 중심 국가의 성장을 연결시키고서, 프로이센이 유럽의 지도적인 국가로의 성장에 커다란 기대를 걸었다. 그러나 그는 이 문장에서 이러한 생각이 착각이었음을 밝힌다.

4. Vermittelmäßigung은 우리말로 평준화, 평범화, 범속화, 속물화 등으로 번역된다. 니체는 도덕, 종교, 학문, 민주주의 등에 의해 길들여져서 주체성과 자존감을 상실한 인간을 비판적으로 지칭할 때 이 용어를 사용한다. 도덕적 측면에서 Vermittelmäßigung은 다음 같은 문장에서 나타난다.

> 우리가 오늘날 유럽에서 '인간애', '도덕', '인간성', '공감', '정의'로 숭배하는 데 익숙한 모든 것은 어떤 위험하고 강력한 근본 충동들의 약화와 유화로서 …… '인간'이라는 전체 유형의 왜소화Verkleinerung이며 …… 인간의 최종적 평준화와 다를 바 없다.[41]

> 도덕은 수준의 평준화와 저하를 지향한다.[42]

니체에 따른 도덕에 의한 평준화는 결국 다양한 도덕적 가치에 폭격을 맞은 인간이 스스로 삶을 결정하고 개척해 나가지 못하고 딱 중간 정도 수준에서 남의 눈치를 보고 왜소하게 사는 걸 뜻한다.

민주주의 측면에서 Vermittelmäßigung은 시민들이 독자적인 의지를 포기하고 다수결의 원리에 의해 삶을 결정하는, 즉 인간의 거인화가 아니라 왜소화를 뜻한다.

> 민주주의 운동이란 정치 조직의 쇠퇴Verfall 형식일 뿐만 아니라 인간의 쇠퇴 형식, 즉 왜소화 형식으로 평준화와 가치하락으로 여겨진다.[43]

니체의 관심사는 민주주의에 의한 평준화이다. 루소의 직접 민주주의는 근대 민주주의의 대의제적 속성과 국가의 거대화와 비대화에 기인한 평준화에 대한 저항이다. 니체는 이 점에서 루소의 사상을 수용한 면도 있다.

Vermittelmäßigung은 결론적으로 말하면 인간이 도덕과 정치적 측면과 민주주의 등에 의해 독립적으로 사는 것이 아니라 스스로 사회의 일정한 기준에 맞춰 살아가는 것을 뜻한다. 니체는 『자라투스트라는 이렇게 말했다』에서 평준화를 몸에 체득하고 살아가는 인간을 낙타로 비유한다.[44] 대다수의 인간은 낙타처럼 도덕과 종교와 민주주의에 의해 부여된 짐을 평생 지고 묵묵히 근면성실하게, 힘든 줄도 모르고, 체념한 채 고해의 바다인 사막을 걸어간다.(현재 현실을 살아간다.)

5. 니체에게 바그너 비극의 탄생, 아테네 비극의 정신을 현재에 체현한 독일적 정신, 프로이센의 독일 통일과 유럽 중심 국가로의 성장, 보불 전쟁 승리의 결과 베르사유 궁전에서 거행한 빌헬름 1세의 독일 황제 선언은 겉보기에 마치 고대 아테네의 성공처럼 보였

다. 하지만 그 성장의 안쪽에서 이미 니체가 후일 그토록 혐오했던 평준화, 민주주의의 잘못된 운용, 이론과 학문을 중시하는 근대적 이념—니체가 소크라테스주의라고 불렀던 모든 가치의 전형들—이 독일 내에서 우후죽순처럼 자라난다.

니체는 프로이센의 외형적 성장이라는 겉을 보고 독일의 찌들어 가며 썩어 가는 속을 보지 못했다고 스스로 자기비판한다. 그는 화려한 겉모습에 취해 이미 비극적 정신이 피어 보지도 못한 채 사멸해 있는 독일을 보지 못했다고 통렬하게 자아비판한다. 이 비판의 이면에는 독일의 근대 국가로의 성장 자체에 대한 신랄한 비판도 내재되어 있다.

6. 니체는 『비극의 탄생』에서 루터의 찬송가를 시작으로 바흐, 베토벤, 바그너로 이어지는 독일 음악을 극찬한다. 니체는 「자기비판의 시도」를 집필할 무렵 자신의 청년 시절 독일 음악에 대한 평가가 완전히 잘못되었음을 고백한다.

### 다시 보기

1절이 이론적 토대, 철학적 토대에 대한 비판이라면, 2절은 현실적 적용에 대한 비판, 다시 말하면 현실 파악의 실패를 지적한 글이다. 이 점에서 이론적 비판의 1절과 현실 파악 실패의 이 절은 이상적인 대구를 이룬다.

니체의 솔직한 자기비판 중에서 가장 중요한 자기비판이다. 니체가 『비극의 탄생』에서 가장 잘못한 것은 현실을 제대로 보지 못했다는 점이다. 이론적 비판보다 훨씬 더 무거운 자기비판의 핵심은 현실감 상실이라고 니체는 토로한다. 『비극의 탄생』을 집필 중이었던 니체의 눈에는 독일적 비극의 탄생과 독일 통일, 그리고 독일의 유럽 중심 국가로의 성장은 고대 아테네의 영광과 그 궤를 같이하는 것처럼 보였다. 니체는 고대 아테네가 그리스의 주역이자 유럽과 아시아의 지배자가 되었듯이 독일이 유럽을 넘어 세계의 중심 국가이자 주도 국가가 될 것으로 착각했다.

니체는 민족적 열정과 애국적 감정에 고취되어 이론적으로나 철학적으로 대단히 중요한 이론을 현실에 너무 편향되게 적용하였음을 고백한다. 이미 독일이 통일될 무렵, 독일의 시민들은 건강하고 주체적이며 염세적인 아테네 시민들과 달리 술에 취했고, 평준화되었으며, 체념적으로 변해 버렸다. 독일이 전쟁에서 승리할 무렵 독일 시민들은 이미 건강하지 못한 왜소한 '낙타'가 되어 버렸고, 스스로 자신의 삶을 결정하지 못하는 노예계급이 되어 버렸다. 니체는 이 현상을 직시하지 못했다고, 따라서 자신은 청년기적, 애국적, 민족적 열정 때문에 현실을 보면서도 보지 못하는 청맹과니가 되어 버렸다고 한탄한다.

니체의 이 고백은 우리에게 큰 고민거리를 던진다. 이론적 실패와 현실 파악 오류 중 어느 것이 더 큰 오류인가? 현실 파악 오류가 훨씬 더 치명적이다. 이론적 실패는 만회할 수 있지만, 현실 파악 오류는 극복할 수 없다. 현실은 시간과 공간의 포로이고 공간 속 시간은 멈추지 않는다. 시간은 되돌릴 수 없다. 이 점에서 현실 파악 오류가 훨씬 더 큰 실패이다. 니체가 "그 책에는 한층 더 잘못된 점들이 있다."라고 고백한 것은 바로 현실 파악 오류의 지적이다.

반대로 생각해 보자. 만약 니체가 현실 파악 오류를 스스로 비판하지 않았다면 어떤 일이 생겼겠는가? 단언컨대 니체는 세계적인 사상가로 성장하지 못했을 것이다. 니체는 그렇고 그런 국뽕주의 철학자나 사상가로서 독일 애국주의를 북돋우는 관변 사상가로 전락했을 것이다.

니체의 실패로부터 우리는 또 다른 지혜를 얻을 수 있다. 이론적 실패를 두려워하지 마라. 하지만 현실 파악만큼은 냉철하라. 니체의 간접 조언이다.


## 3.

내가 나의 첫 번째 책을 망쳐 버렸던 가장 현대적인 것에 대한 모든 성급한 기대와 잘못된 적용과는 별개로 위대한 **디오니소스적인** 질문거리는, 음악과 연관하여 계속해서 만들어진다. 낭만주의에 기원을 두지 않는, 마찬가지로 독일적인 것이 아니라 디오니소스적인 것에 기원을 두는 음악은 어떻게 얻어야만 하는가?
……

다시 보기

니체는 현실 파악에서 실패했다고 공언한다. 그럼에도 니체는 디오니소스적인 것의 가치는 유효하다고 선언한다. 독일 음악을 독일 음악답게 만든 낭만주의에 기원을 두지 않고, 독일적인 것에 기원을 두지 않는 디오니소스적인 것의 탐색은 대단히 중요하며, 여전히 그리고 앞으로도 계속 추구해야 할 문제의식이라고 니체는 선언한다.

니체가 이 부분을 쓰면서 얼마나 얼굴이 빨개졌을지 상상해 보는 것도 재미있다. 청년 시절 문체상의 잘못은 나이가 들면서, 아니면 많이 쓰다 보면 고쳐지기 마련이다. 거인을 존경하며 쫓아다니는 것은 나이가 들면 추억으로 남는다. 자신이 더 잘나가거나 성공을 하면, 자신이 더 큰 거인이 되면 과거의 거인이 성장의 자양분이었다고 고마워하면 된다. 니체가 바그너를 비판하듯이, 우리도 거인들을 비판할 수도 있다.

하지만 자신의 모든 이론과 철학의 근본 토대를 부정해야 한다면 어떨까? 어쩌면 자신의 모든 근본 가치를 부정하고 거부해야 할 지경에 이르렀다면 어떨까? 니체가 자기 철학의 토대였던 칸트와 쇼펜하우어를 부정하는 것은 마음속에 진도 9의 지진이 나는 것과 같을 것이다. 니체에게 두뇌의 고향이 사라져 버린 것이다.

더 나아가 낯 뜨거워지는 결정적인 반성을 해야 할 지경에 이른다면 어떨까? 청년 시절 한두 가지의 이론으로 세상의 모든 것을 다 파악할 것 같은 자신감과 승리감, 그 이론으로 세상을 뒤집고 세상을 바꿀 수 있을 것 같은 신념을 폐기해야 하는 순간이 온다면 어떨까? 물론 우리는 그런 반성을 하는 학자들, 이론가들을 본 적이 없기 때문에 이런 상상조차 불가능할 것이다.

니체는 청년 시절 애국적, 민족적 열정의 과잉이 커다란 오판이었음을 고백한다. 니체에게 진도 13의 지진이 몰려온다. 얼굴이 후끈 달아오르다 못해 등에 식은땀이 흐르며 온몸이 차가워지고 뒤척이며 잠 못 이루는 한겨울 긴긴 밤, 현실을 곱씹을수록 부끄러워지는 부끄러움. 현실감 상실로 인해 이론적 적용을 잘못했다고 선언하는 니체. 그는 독일 음악도, 독일 민족주의적 성향도 폐기한다. 니체에게 육신의 고향이자 민족인 '독일'은 사라져 버렸다.

니체는 이론적 측면에서도 현실적 측면에서도 실패, 그것도 대실패였다고 선언한다. 그렇다면 니체에게는 남은 건 아무것도 없는가? 니체는 아니라고 공언한다. 자신이 인류 역사상 처음 던진 질문, '무엇이 디오니소스적인 것인가'라는 문제의식은 여전히 인류 역사에 살아남을 것이라고 공언한다. 니체는 육신의 고향과 두뇌의 고향을 잃었지만 영혼과 정신의 고향, 디오니소스가 여전히 살아 있다고 선언한다. 디오니소스라는 문제의식이 살아 있으면, 니체 자신의 사상도 사라지지 않고 살아남을 수 있다고 장담한다.

# 7장

# 웃고 춤추는 자라투스트라

## 1.

하지만 나의 니체여, **당신의** 책이 낭만주의가 아니라고 한다면, 모든 세상에서 무엇이 낭만주의란 말인가?[1] '현재', '현실', '근대적 이념들'에 대한 뿌리 깊은 증오가 당신의 예술가적 형이상학에서 나타나는 것보다 더 심각하게 나타난 적이 있던가? 당신의 예술가적 형이상학은 '현재'보다는 무無를, 악惡을 더 사랑하지 않는가?[2]

당신의 모든 대조적인kontrapunktisch[3] 발성술과 청취술을 보라. 그 안에는 분노와 파괴의 저음이 저 밑에서 울리며, '현재'의 모든 것에 반대하여 강렬한 단호함이 울려 퍼지며, 실제 허무주의와 그리 멀지 않으며, '당신들이 옳고, 그대들의 진리가 옳다면, 차라리 어떤 것도 진실한 것은 없다.'고 말하는 것처럼 보이는 의지가 포효하지 않는가![4]

니체여, 염세주의자이자 예술숭배자인 나의 니체여, 골라 뽑은 몇몇 문장, 청년의 귀와 심장을 위협할 뿐만 아니라 유혹적으로 울려 퍼질 수 있는 능수능란한 용 살해자 문장에 귀를 열고서 경청해 보라! 도대체 어떻다고?

그것은 1850년 염세주의의 가면을 쓴 1830년의 진정한 낭만주의적 인식이 아닌가?[5] 그 뒤에는 이미 흔하디 흔한 낭만주의의 피날레, 파괴, 좌절, 복귀, 예전의 믿음과 구래의 **바로** 그 신의 붕괴가 즉흥적으로 연주되고 있다. …… 어떻게 해서? 당신의 염세주의적인 책은 반反그리스주의이자[6] 낭만주의이며, 도취적이며 몽환적인 마취제이자,[7] 한 편의 음악, 독일적 음악이 아닌가?

1. 니체는 「자기비판의 시도」 6장 마지막 절에서 자신의 책이 '낭만주의에 기원을 두지 않는', '디오니소스적인 것에 기원을 두는 음악'을 추구한다고 말했다. 이 부분을 염두에 두고서 『비극의 탄생』이 낭만적이지 않다고 비판할 수 있다. 사실은 반대를 통해 강조하는 반어법이다. 니체는 『비극의 탄생』이야 말로 낭만주의 중의 낭만주의에 기원을 두고 있음에 틀림없다고 강조한다.
2. 니체의 낭만주의 특징 하나. 니체의 예술가적 형이상학은 낭만주의로서 현재, 현실, 근대적 이념을 부정하고 무無와 악惡을 사랑한다.
3. kontrapunktisch는 주로 음악에서 사용하는 '대위법적인'으로 번역하곤 한다. 오역이다. 여기에서는 '대조적인'이 더 나은 말이다. 대위법적인 음악에 대한 비판은 18장에 나온다. 니체는 대위법적 음악을 학문적 음악의 한 형태로 여긴다. 학문을 부정적 측면에서

바라본 니체는 대위법에 근간을 둔 음악에 상당히 비판적이다. 이 점에서 kontrapunktisch는 니체가 한 단어를 비판적으로 바라볼 때와 그 의미를 해체, 폭파시켜 의미를 부여할 때 서로 다른 뜻이 있음을 보여 준다.

이처럼 니체의 용어의 상당수는 서로 다른 의미를 지닌 경우가 많다. 예컨대 앞에서 살펴본 염세주의가 그 예이다. 퇴폐적, 죽어 가는, 쇠퇴기를 지칭할 때는 '약함의 염세주의'를 의미하고, 삶과 현실에 역동성을 부여할 때는 '강함의 염세주의'를 뜻하기도 한다.

니체는 하나의 단어를 이중적인 대립적 의미로 사용함으로써 그 단어를 '분노와 파괴의 저음'의 용어로 만들었다.

4. 니체의 낭만주의 특징 둘. 니체의 예술가적 형이상학은 현재의 모든 것에 대해 분노하고 파괴하며, 낭만주의이기는 하지만 허무주의에 가까워 어떤 진리도 인정하지 않는다.

5. 문맥상의 의미는 니체의 예술가적 형이상학은 1850년의 '약함의 염세주의' 가면을 쓰고 있지만 실제로는 1830년의 '강함의 염세주의'라는 것이다. 1850년은 부정적 의미로, 1830년은 긍정적 의미로 사용되었다.

1850년에 대한 비판적 표현은 『도덕의 계보학 3』 17장에서 "종족의 노화나 피로의 영향(1850년 이후 파리 사람들의 염세주의)"으로 표현된다. 1830년에 대한 긍정적 표현과 1850년에 대한 부정적 표현은 "사랑과 미래에 대한 낭만적 믿음이 어떻게 무無에 대한 욕구로 변하는가, 1830에서 1850으로"[45]에서 나타난다. 니체는 '무에 대한 욕구'를 종교에서의 무無와 같은 의미로 부정적인 뜻으로 사용한다. 반대로 니체는 진정한 낭만주의가 무無와 악惡을 추구하는 것을 긍정적 의미로 사용했다. 이는 첫 단락에서 표현되었다.

나아가 '1830년'과 '1850년'은 바그너에 대한 찬양에서 비판적 의식으로 전환되고 있음을 보여 주는 말이기도 하다. 니체는 자기 사상의 많은 부분이 '1830년의 낡은 유희'라고 평가하면서, 바그너가 말기에 '사랑'에 퍼붓는 관심을 비판하면서, 이것이 '얼마나 소모적이고 얼마나 불필요한 것인지'라고 비판한다.[46]

결론적으로 니체에 따르면 진정한 낭만주의는 무와 악을 지향하되, 종교적 사랑에 빠지지 않고 현재 현존하는 모든 지배적인 가치를 파괴해야 한다.

6. '반그리스주의'는 소크라테스적인 앎과 여기에서 비롯된 종교와 학문 등을 반대하는 것을 뜻한다.

7. 니체의 낭만주의 특징 셋. 니체의 예술가적 형이상학은 청년들에게 상당히 영향력이 있으며, 1830년대 진정한 낭만주의적 인식의 전형이며, 반그리스주의이자 낭만주의이며 마취제이며 독일적 음악이다.

다시 보기

니체는 앞에서 자기비판을 신랄하게 했지만 그럼에도 자신은 진정한 낭만주의자로서 허무주의를 지향한다고 선언하는 내용이다. 니체는 무와 악을 사랑하고, 진리를 부정하며, 궁극적으로 신의 붕괴를 목표로 한다고 선언한다.

## 2.

하지만 다음에 귀 기울여 보자.

이처럼 눈을 부릅뜨고서 괴물[1]에게 이처럼 영웅적으로 돌진하고 있는 자라나는 세대[2]를 생각해 보자. 이러한 용 살해자의 저돌적인 걸음걸이, 의기양양한 대담함을 생각해 보자. 그들은 모두 완전히 '당당하게 살기 위해서' 낙관주의의 병약한 주장에 등을 돌린다. 이러한 문화의 비극적 인간은 심각함과 경악스러움Schrecken[3]을 스스로 학습하면서 새로운 예술, **형이상학적 위로의 예술**, 즉 비극을 자신이 속한 헬레나로 갈망하고서, 파우스트처럼 다음과 같이 소리치는 것은 **필연적이지 않는가?**

'그리고 나는 이처럼 강력하게 갈망하는데
유일한 형상을 살려 내서는 안 되는가?'[4]

**"필연적이지 않는가?"** …… 아니다, 거듭 말하지만 아니다! 당신의 청년 낭만주의자들이여. 그것은 그렇게 **필연적이지 않다!** 하지만 그것이 그렇게 **끝난다는 것,** 당신들이 그렇게 끝난다는 것, 특히 '위로를 얻는다는 것', 서술했던 것처럼 심각함과 경악스러움을 스스로 학습했음에도 불구하고 '형이상학적 위로를 얻는다는 것', 요컨대 낭만주의자들이 끝나는 것처럼 기독교적으로 끝난다는 것은 상당히 그럴듯하다.[5] ……

1. '괴물'은 여러 가지를 뜻한다. 소크라테스일 수도 있고, 종교일 수도 있다. 또 학문이나 기타 다른 기존의 가치 체계도 될 수 있다. 요약하면, 기존의 지배적인 가치관 모두를 지칭한다.
2. 니체의 『비극의 탄생』이나 다른 저작을 읽고 예술가적 형이상학에 충만한 청년들로서 디오니소스를 몸과 마음으로 받아들이는 자

들을 말한다. 그들은 앞에서 나온 괴물을 처치할 미래 세대이며, 자라투스트라이며, 어린아이들이다.

　'헬레나'는 '비극'이고, '파우스트'는 '용 살해자'이자 '자라나는 세대'이며 니체의 사상에 감화를 받은 청년들이다. 파우스트가 자신이 사랑한 헬레나를 되살려 내듯이, 니체의 사상에 감화를 받은 청년들은 비극과 비극정신을 되살려 내야 한다. 비극의 극적 부활은 청년의 당위이자 필연적 의무이다.

3. Schrecken이란 용어를 니체가 어떤 의미로 사용했는가에 대해서는 본문 3장 4절 공포를 뜻하는 Furcht와 비교하여 설명하였다.

4. 『파우스트』 2부 2막 7438~7439에 나온 말이다. 이 단락은 본문 18장 4절에 나오는 말을 그대로 옮겨 놓은 것이다.

5. 청년에 대한 니체의 바람이 쉽게 이뤄지지 않음을 지적한 문장이다. 니체는 청년들이 자신의 책을 읽고 새로운 세계의 개척자들이 되기를 바란다. 이것은 '**필연적**'인 것처럼 보인다. 하지만 사실 그렇지 않다. 청년들이 니체의 책을 읽고 강인해져야 한다. 하지만 청년들은 기존의 도덕, 철학, 종교의 영향력에 포섭되어 있으므로, 결국에 가서는 약함의 염세주의에 굴복할 수밖에 없다. 극단적으로 말하면 청년들은 반기독교주의자가 되어야 하지만 실상은 기독교인으로 살아간다.

다시 보기

　청년들이 비극과 그 정신을 살려 내는 것은 너무나 당연하고 필연적일 것 같지만 실상은 그렇지 않다. 청년들은 헬레나를 살려 내듯 비극을 부활시킬 것 같지만, 현실 속에서는 결국 도덕과 종교,

교육과 국가 등의 포로로 사로잡혀 결국 기독교적 인간으로, 종교에 영향을 받는 인간이자 도덕에 저항하지 못하는 인간으로 살아간다는 것이다.

달리 말하면 청년들은 니체 사상의 영향을 받을 수 있지만, 그 사상을 실천하는 망치이자 다이너마이트로 살아가기는 무척 어렵다.

### 3.

그래선 안 된다! 당신들은 **차안의 위로의 예술**을 무엇보다 먼저 배워야 한다. 나의 청년 친구들이여, 당신들이 철저하게 염세주의자로 남고 싶다면 웃는 것을 배워야 한다.[1] 그 덕분에 당신은 웃는 자로서 언젠가는 모든 형이상학적 위로를 악마에게 던져줄 것이다. 무엇보다도 형이상학마저도![2] 또는 디오니소스적 악마, 즉 **자라투스트라**의 말로 다음과 같이 말할 것이다.

나의 형제들이여, 당신들의 심장을 크게, 더 크게 울려라! 그리고 또한 다리도 잊지 마라! 당신들의 다리를 높이 올려라, 훌륭한 춤꾼[3]들이여, 물구나무를 설 수만 있다면 더 좋다!

웃는 자의 이 왕관, 장미로 엮은 이 왕관, 나는 이 왕관을 혼자서 썼노라. 나는 나의 커다란 웃음을 신성하다고 말했다. 오늘날 나는 그렇게 충분하게 할 수 있는 다른 어떤 사람을 발견하지 못했다.

춤꾼 자라투스트라, 경쾌한 자이자 날개로 신호를 보내는 자이자, 날 준비가 되어 있는 자, 모든 새들에게 신호로 손을 흔들 준비가 이미 되어 있는 자, 기쁨에 가득 찬 자인 자라투스트라.

　예언자 자라투스트라, 진짜 웃는 자, 절대 조급하지 않고 절대로 절대적
이지 않는 자, 높이뛰기와 가로뛰기를 사랑하는 자, 자라투스트라. 나는 이
왕관을 혼자서 썼다.[47]

　웃는 자의 이 왕관, 장미로 엮은 이 왕관. 나의 형제들이여, 당신들에게
이 왕관을 던져 주마! 나는 웃음을 신성하다고 말했다. 고상한 인간들이여,
나에게 웃는 것을 **배워라!**[48]

『자라투스투르는 이렇게 말했다』 4부.

1. 니체는 웃음의 철학자이다. 우리가 생각하는 염세주의자는 웃지
않는 얼굴이다. 그 염세주의자는 항상 진지하고 근엄하고 무언가를
생각하고 사색하고, 세상의 모든 고민을 혼자서 해결하려고 애쓰는
사람이다.

　니체의 염세주의자는 정반대이다. 니체의 염세주의자는 세상의
모든 문제를 받아들이지만 진심으로 웃는 자이다. 그는 밝고 환하
게 웃고, 천진난만하게 진짜 웃는 어린아이 웃음을 지닌 자이다. 자
라투스트라는 자신을 찾아온 나이 들고 속물이며 위선적인 나귀축
제 참가자들의 거짓 웃음, 허위 웃음, 이를 드러내고 환하게 웃는 정
치인들의 선거 벽보 사진형 웃음이 진짜 웃음이 아니라고 말한다.

　그들은 나에게서 웃음을 배웠음에도, 그들이 배운 건 나의 웃음이 아니
었다.[49]

2. 형이상학자는 우리가 알고 있는 철학자, 종교인, 학자 등으로 초월적 진리를 찾는 자이다. 그들은 웃음 상실자이거나 웃음 망각자로서, 그들의 얼굴에는 웃음이 없다. 니체는 삶의 즐거움을 현재와 현실 여기에서 찾을 줄 알면 어린아이의 웃음을 얻게 된다고 보았다. 반면 사후 구원의 즐거움을 선사하는 형이상학 나부랭이들은 지옥의 악마들의 즐거움을 얻을 뿐이라고 니체는 말한다. 형이상학자들은 웃음을 부정하고, 웃음을 찾을 줄 모르기 때문이다.

> 지금까지 여기 이 지상 위에서 가장 큰 죄는 무엇이었는가? '여기에서 웃고 있는 자에게 재앙이 있으라!'라고 저주를 퍼부었던 그 자의 말이 아니었던가?
>
> 그는 지상 위에서 웃을 만한 어떤 이유도 찾지 못하지 않았던가? 그렇다면 그는 찾는 방법이 서툴렀다. 여기에서는 어린아이조차 그 이유를 찾아냈다.[50]

3. 니체에게 춤은 이중적 의미를 가지고 있다. 하나는 디오니소스의 축제에서 벌어지는 춤판의 춤이고, 다른 하나는 기존의 모든 형이상학적 가치, '중력의 영靈'으로부터 벗어나는 춤이다. 니체는 『자라투스트라는 이렇게 말했다』 3부 「중력의 영에 대해서」에서 도덕, 종교, 철학 등을 '중력의 영'이라고 이름을 붙인다. 도덕, 종교, 철학 같은 가치는 마치 중력처럼 인간의 발을 무겁게 만들어서 인간이 자신의 의지와 욕망대로 살지 못하게 만든다.

두 종류의 춤을 추기 위해서 지구의 중력과 형이상학적 중력에서 발을 떼야만 한다는 공통점을 가진다. 즉, 춤은 지구에서 발을 떼는 것인 동시에 자신을 억압했던 가치관으로부터 벗어나는 것이다. 목

사나 신부, 승려, 철학 교수나 윤리학 교수가 춤판에서 신나게 추는 모습을 본 적이 있는가! 그들은 기존의 종교적 철학적 가치에서 자유롭지 않기 때문에 때로는 가볍게 취하거나 흠뻑 취해서 온몸에서 우러나는 신명난 춤을 출 수 없다. 그들이 춤을 춘다면 음악에 몸을 싣는 흥겨운 춤이 아니라 음악의 박자에 겨우 맞춰 가며 어기적어기적 또는 삐걱삐걱 거리는 양철로봇의 춤일 뿐이다.

형이상학자들은 지구의 중력과 그리고 종교와 철학적 가치와 같은 중력의 합체인 이중적 중력에 완전히 사로잡힌 자들이다. 니체는 자신의 생각, 디오니소스나 그 변신인 자라투스트라를 받아들인다면 이중적 중력에서 완전히 벗어나 자유롭게 춤을 출 수 있다고 강조한다.

기존의 가치에서 자유로운 어린아이를 생각해 보라. 흥겨운 음악이 나오면 그 어린아이들은 잠시도 가만히 있지 못한다. 어린아이들은 누가 권유하기도 전에, 술에 취하지 않아도 음악에 몸을 맡긴다. 그들이 춤을 추는 것이 아니라 음악이 어린아이를 춤추게 한다. 어린아이들은 진정한 춤꾼이다.

### 다시 보기

유심히 주목해야 할 곳이 있다. 「자기비판의 시도」 마지막 절이 『자라투스트라는 이렇게 말했다』 4부 "고상한 인간에 관하여Vom höheren Menschen"를 인용한 것이다. 1절은 17 마지막, 앞의 2~4절은 18, 마지막 5절은 20을 인용한 것이다. 니체는 4부의 17, 18, 20을 인용하면서 춤과 웃음을 끄집어냈다.

이 인용을 통해 니체가 『비극의 탄생』에서 강조하고 싶은 것은 아주 분명하다. 마지막 인용은 니체가 강조하고 싶은 내용이다. 그 강조는 다름 아닌 춤과 웃음이다.

니체, 디오니소스, 자라투스트라를 따르는 자, 『비극의 탄생』을 읽고 생각하고 따르는 자는 적어도 최소한 춤을 즐길 줄 알아야 하고 언제나 웃음을 잃지 말아야 한다.

### 7장 다시 보기

웃음의 철학자이자 춤의 철학자인 니체, 그는 우리들에게 무엇을 말하고 싶은가? 기존의 고정 관념 '중력'에서 벗어나라, 춤춰라 어디서든지! 춤을 추다 보면 절로 웃음이 나올 것이다. 창자가 끊어질 듯, 허리가 끊어질 듯, 목젖이 보일 듯 웃어라. 그게 바로 춤이다. 웃음과 춤은 하나다.

웃음은 춤보다 높은 가치다. 춤은 웃음보다 높은 가치다. 춤과 웃음은 한 박자에 동시에 실린 인간다움이다. 춤과 웃음은 하나이다. 허위와 가식, 남을 의식한 웃음이 아니라 나도 모르게 터져 나오는 웃음을 웃어라. 그리고 춤춰라. 그가 바로 자라투스트라이고, 디오니소스교에 입문한 자이고, 니체 철학의 진정한 제자이다. 그리스인 조르바의 춤을 보라. 그는 춤추면서 웃고, 웃으면서 춤춘다. 그리스인 조르바가 바로 자라투스트라이고 디오니소스의 진정한 제자이다.

자라투스트라를 몰라도 좋다. 디오니소스를 몰라도 좋다. 무시무시한 니체의 망치 철학과 다이너마이트 사상을 버려도 좋다. 웃고 춤추고, 춤추고 웃는 자! 그는 진정한 시민이고, 진정한 인간이다. 그리스인 조르바, 바로 웃고 춤추는, 춤추고 웃는 내가 진정한 시민이자, 진정한 인간이다.

니체의 『비극의 탄생』의 근본 지향점은 무엇인가? 이 시대를 살아가는 시민이라면 누구나 다 빅big 자라투스트라처럼 사는 것이다. 이것은 쉽지 않다. 빅 자라투스트라는 자라투스트라라는 말 그대로 거인보다 더 거인처럼 보이고 신보다 더 신처럼 살아가는 초인이다.

『자라투스트라는 이렇게 말했다』의 자라투스트라도 인간을 교화하기를 포기하고 초연히 떠나지 않는가? 자라투스트라 곁에는 어중이떠중이가 모여 나귀를 다시 신으로 모시는 나귀축제를 벌이고 거짓 웃음을 짓는 구시대의 형이상학자들이 모이지 않았는가? 더구나 자라투스트라는 그들마저도 자신의 진정한 제자로 만들지 못했고 독수리와 뱀만을 데리고 떠나지 않았는가?

그렇다면 『비극의 탄생』은 실패했는가? 아니다. 이 시대를 살아가는 시민들이 리틀little 자라투스트라가 되면, 『비극의 탄생』은 실패하지 않는다. 리틀 자라투스트라는 누구인가? 춤과 웃음을 사랑하는 자이다.

신은 웃지 않는다. 성자는 웃지 않는다. 성직자도 웃지 않는다. 철학자도 웃지 않는다. 선생님도 웃지 않는다. 심지어 나이 든 성인도, 노인들도 잘 웃지 않는다. 정치인은 거짓 웃음을 웃을 뿐이다. 대다수 시민도 억지웃음을 짜낼 뿐이다. 웃음 소멸의 세상, 이게 우리의 현실이다.

누가 진짜로, 참으로 웃는가? 끝없이 밀려오는 파도 앞에서 모래성을 쌓고 부수는 어린아이가 웃는다. 떨어지는 낙엽에 울고 웃으며 자신의 모든 인생을 현재에 거는 사춘기 소녀소년들이 웃는다. 내일 지구의 종말이 와도 한잔 술을 마시며 오늘의 삶을 즐기는 청년들이 웃는다.

그들은 죽은 종교, 옛 철학, 사멸되어야 할 가치로부터, 중력의 영으로부터 자유로운 자들이다. 그들은 대지를 밟고 음악을 들으면 절로 춤을 추고, 춤을 추다 웃는 자들이다. 그들이 바로 우리의 미래 사회를 짊어지고 갈 진정한 시민들이다. 웃음을 잊지 않고 춤을 추려는 마음을 잃지 않는 시민이 건강한 시민이다. 니체는 1887년판 『즐거운 학문』의 모토에서 다음과 같이 말한다.

마음껏 웃을 줄 모르는
모든 대가들을 비웃노라.
대가를 원하는가? 포기해라! 빅 자라투스트라를 원하는가? 꿈 깨라! 현실에서 온갖 희로애락을 맛보고, 거대한 실패와 성공 앞에서도 그냥 웃고 춤추고, 마냥 춤추고 웃는 조르바가 되라! 리틀 자라투스트라가 되라. 그가 진정한 시민이다. 웃음과 춤으로 한없이 왜소화되고 하향 평준화된 시민에서 벗어나라.

## 「자기비판의 시도」 다시 보기

### 1. 자기비판의 어려움

반성은 쉽지만 자기비판은 쉽지 않다. 반성은 도덕적 행위로부터의 일탈을 마음 깊이 후회하면 되지만, 자기비판은 자신의 이론을 깊이 성찰하는 게 필요하다. 반성은 참회로 귀결되지만, 자기비판은 새로운 시작이다.

반성은 스스로 할 수 있지만 비판은 타자의 눈으로부터 나온다.

반성은 톨스토이의 『참회록』이나 아우구스티누스의 『참회록』, 루소의 『참회록』처럼 도덕적인 종교적인 자기반성으로 끝난다. 비판은 타인의 이론과 행위, 자신의 생각과 다른 이론과 학설을 다른 관점에서 보는 것으로 시작한다. 비판은 칸트의 『순수이성비판』, 『실천이성비판』, 『판단력 비판』, 마르크스의 『정치경제학비판강요』처럼 기존의 이론을 철저하게 분석하고 대안을 제시한다.

반성이 주관적이라면 비판은 객관적이다. 자기비판은 자신에 대해 스스로 객관적으로 바라볼 수 있어야 한다. 자기비판의 전제는 자신이 자신을 스스로 대상화하여 객관적으로 바라보기이다. 평범한 인간에게 자기비판이 가능한가?

반성이 자신의 삶과 행동에 대한 겸허한 성찰이라고 한다면, 비판은 이론적 핵심을 지적하는 것이다. 반성이 타인이 모르는 삶을 스스로 드러내기 때문에 감추거나 은폐하거나 미화해서 표현할 수 있다고 한다면, 비판은 밖으로 이미 드러난 것을 지적하기 때문에 숨길 수도 은폐할 수도 미화할 수도 없다. 자신의 이론의 핵심을 스스로 비판하고 그 대안을 제시하는 것이 일반적으로 가능한가? 특히 철학자나 학자, 이론가가 아니면 세계 최고인 양 강단에서 떠벌이는 교수들이 자신을 스스로 비판하는 것이 가능한가?

대다수 사람들, 철학자나 종교인 등이 참회록을 쓸 수는 있지만 자기비판은 쉽지 않다. 아니 불가능하다. 그 증거는 자기비판을 한 좋은 글, 위대한 글이 거의 없다는 데에서 나타난다.

자기비판은 객관적인 시선으로 핵심을 지적해야 한다. 자기비판이 너무 가혹하면 낯 뜨거워지고, 의욕상실증에 걸리고, 마침내 글쓰기를 포기한다. 자기비판이 너무 어설프면 하나 마나 하고 낯 간

지러운 자기 자랑이고 스스로 면죄부를 부여하는 것이다. 이러나저러나 자기비판은 어렵다. 힘들다. 아니 할 수 없다.

니체는 자기비판이 무엇인가를 전형적으로 보여 준다. 객관적이되 핵심을 놓치지 않으며, 자기 이론의 핵심이 무엇인가를 적절히 지적한다. 니체는 자신의 철학적 이론이 지닌 장점을 칭찬하고 단점을 정확하게 지적하며, 단점에도 불구하고 자신이 지적한 문제제기의 핵심이 무엇인가를 강렬하게 선언한다. 이는 「자기비판의 시도」의 구조에서 명확하게 나타난다.

## 2. 「자기비판의 시도」의 구성

「자기비판의 시도」가 어떻게 구성되어 있는지 살펴보자. 앞에서 장마다 스케치되어 있던 것을 하나로 모아 종합적으로 살펴보자. 우선 전체의 흐름 구성이다.

1장과 4장은 일종의 작은 서문이다. 1장이 이론의 포괄적인 역사적 배경이라면, 4장은 미시적인 역사적 배경이다. 1장은 니체 당대의 보불 전쟁과 『비극의 탄생』의 역사적 사건인 페르시아 전쟁과 펠로폰네소스 전쟁이 배경이고, 4장은 염세주의적 비극이 낙관주의적 이론으로 바뀌는 소크라테스 당대 페리클레스의 전몰장병 추도 연설이 배경이다.

1장은 이러한 역사적 사건을 배경으로 『비극의 탄생』이 다룬 기본적인 문제의식이 무엇인가를 보여 준다면, 4장은 추도 연설을 배경으로 『비극의 탄생』이 다룬 숨은 문제의식이 무엇인지 찾아야 한다고 말한다.

1장은 기본적인 문제의식으로 음악과 비극의 관계, 강함의 염세

주의와 비극의 염세주의, 소크라테스주의, 명랑성을 다루고 소크라테스주의의 의미가 무엇인가라는 질문을 던진다. 4장은 숨겨진 근본적 문제의식으로 청년기의 염세주의, 비극의 합창가무단과 광기의 관계를 다루고, 삶의 관점에서 도덕이란 무엇인가라는 근본 문제를 던진다.

1장의 본론에 해당하는 2장은 각 절이 장점과 단점의 형태로 구성되어 있다. 2장은 앎이라는 근본 문제를 던졌음에도 경험 부족의 치명적 약점을 가지고 있으며, 심리학상의 혁신을 가져왔지만 청년기의 실수 범벅이며, 성공했지만 혐오스러운 책이란 평가로 구성되며, 삶의 관점에서 예술을 본다는 훌륭한 문제의식을 강조한다.

본론에 해당하는 3장은 2장과 반대로 단점과 장점의 형태로 구성되어 있다. 3장은 문체상의 실수와 대중에게 삶의 기쁨 부여, 학자적이며 독일적이며 바그너적인 오류, 대중의 영혼 고양, 산문적인 글의 한계와 문제의식의 훌륭함으로 구성되며, 무엇이 디오니소스적인가라는 근본 문제를 던진다.

4장의 본론에 해당하는 5장은 전부 장점을 기술한 장으로서 일종의 숨은그림찾기이다. 5장은『비극의 탄생』에서 말하지 않았지만 숨겨진 주장의 장점을 서술한다. 바닷가에서 모래성을 쌓고 부수는 어린아이와 같은 신의 개념, 도덕 파괴, 기독교 파괴, 현재 현실 삶의 중요성 강조, 안티크리스트로서 디오니소스의 가치를 서술한다.

5장과 반대로 6장은 전부 단점을 서술한 장으로서 일종의 숨은 그림찾기이다. 6장은 『비극의 탄생』에서 잘 드러나지 않았지만, 이론적 측면에서 자신의 철학적 주의 주장과 정반대인 칸트와 쇼펜하우어에의 의지, 현실적 측면에서 독일과 독일 민족에 대한 기대의 오류를 지적하고, 낭만주의와 독일적인 음악에서 벗어난 디오니소스적인 것을 추구하는 음악에 대한 기대를 표현한다.

7장은 「자기비판의 시도」의 결론 장이다. 7장은 많은 청년들이 『비극의 탄생』을 읽고 디오니소스적인 가치를 현실에서 실천했으면 하는 바람과 기대가 서술된다. 그리고 디오니소스의 가치 실현의 핵심은 근현대 시민이 춤을 출 줄 알고 웃을 줄 아는 것이라고 니체는 강조한다. 춤추고 웃는 자는 도덕에 구속되지 않고, 종교에 희생되지 않고, 기존 가치로부터 자유로운 자라투스트라이며, 모래성을 쌓고 부수며 진정으로 유희하는 어린아이와 같은 신이다.

전체 내용을 정리한 요약을 살펴보면, 니체는 자기비판에 성공했다. 그것도 아주 크게 성공했다. 디오니소스적인 것이 무엇인지, 디오니소스적인 것이 왜 앎을 부정적으로 바라보는지, 디오니소스적인 것이 왜 도덕과 종교를 비판하는지, 그 결과 니체 자신이 안티크리스트가 될 수밖에 없었는지를 간단명료하게 잘 설명했다.

더구나 니체는 자신의 글의 장점과 약점도 상당히 객관적으로 짚어 내고 그 대안 역시 명료하게 설명했다. 니체는 자신의 글을 스스로 비판하면서 핵심과 객관성이란 두 잣대를 잃지 않으면서도, 문제의식이 갖는 항구성을 잘 드러낸다. 더구나 니체는 철학에 전혀 중요할 것 같지 않는 전대미문의 '춤'과 '웃음'이라는 단 두 단어로 자기 철학의 모든 핵심을 선명하게 드러냄으로써, 지향점 역시 정확하게 밝혔다.

### 3. 한 손에 다이너마이트를 다른 한 손에 망치를 든 철학자

니체에게 「자기비판의 시도」는 전복자와 조력자를 연결하는 역할을 한다. 「자기비판의 시도」는 다이너마이트라는 모든 가치의 총체적 파괴자 그리고 망치라는 개별적 가치의 분쇄와 다이아몬드 원석과 같은 시민을 캐내는 자를 연결하는 역할을 한다.

니체는 「자기비판의 시도」를 쓸 무렵인 1886년경에 강력한 무기인 다이너마이트를 들고 나선다. 아마 1866년에 노벨이 발명한 다이너마이트의 영향이었으리라. 니체는 세상의 모든 우상을 파괴시킬 다이너마이트를 들고 철학계로, 종교계로, 도덕계로 나선다. 1886년부터 집필한 『선악의 저편』은 철학자 니체가 다이너마이트를 들고 우상을 폭발시킬 것을 선언한 책이다.

> 그때부터 그는 위험한 자라고 불린다. …… 그가 회의Skepsis를 부정했을 때 마치 멀리서 불쾌하고 위협적인 소음이 들려온 것처럼, 어디에선가 폭약 실험이 시도된 것처럼 …… 정신의 다이너마이트가 …… 선한 의지의 염세주의가 ……'[51]

니체는 멀리서 들리는 폭발실험이 아니었다. 그는 세상을 뒤흔들 다이너마이트가 되었다. 그는 망치로 파괴하지 못한 모든 우상을 향해 주저 없이 다이너마이트를 들고 나섰다.

나는 나의 운명을 안다. 내 운명은 무시무시한 어떤 것에 대한 기억과 내 이름을 접목시킬 것이다. 일찍이 발생한 적 없는 위기, 가장 내면에 있는 양심 충돌, 지금까지 믿어 왔고, 강요되었으며, 신성시되었던 모든 것을 거부하는 결정과 연결될 것이다. **나는 인간이 아니다, 나는 다이너마이트이다.**[52]

"'신자'를 원치 않는" 니체는 인간이 아니라 다이너마이트가 되었다. 그는 다이너마이트가 된 자기 몸에 불을 붙이고 세상의 모든 허위 가치를 전복시키려고 뚜벅뚜벅 걸어간다. 하지만 세상의 모든 우상을 파괴하려는 니체의 시도는 실패했다.

니체는 새로운 길로 나간다. 혼자서 세상의 모든 우상을 파괴할 수 없다면, 같이 더불어 세상을 파괴할 친구, 동지를 얻는 것이다. 그는 망치의 철학자가 되려고 결심한다.

니체에게 망치는 두 가지 의미가 있다. 하나의 망치는 다이나마이트로 산산조각 내지 못한 모든 것을 부수는 철학자라는 의미이고, 또 하나의 망치는 다이아몬드 원석과 같은 인간을 캐내는 철학자라는 뜻이다.

여러 우상을 각개 격파하는 철학자라는 의미는 1889년 『우상의 황혼』의 부제가 『어떻게 망치를 들고 철학하는지』라는 데에서 찾을 수 있다. 니체는 이 책에서 우상으로 보이는 '모든 가치의 전도'를 시도한다. 니체는 이 책에서 소크라테스, 이성, 도덕, 인류를 개선하려는 자 등을 영원한 우상으로 간주하고, '영원한 우상들을 망치로' 사정없이 두들겨 댄다.

　그는 거침이 없다. 기존의 세상에 존재하는 모든 가치에 대한 '중대한 선전포고'[53]를 하고, 망치를 두들겨 먼지로 만들어 버린다. 제목 그대로 그는 망치를 들고 어떻게 철학할 수 있는지 보여 준다.

　망치를 들고 철학을 하는 목적은 무엇인가? 그는 현재 살아가고 있는 시민들을 개조하고자 한다. 어떤 개조인가? 기존의 모든 우상들로부터 착색되고 오염되어 살아가고 있는 시민들을 원래 시민 본연의 모습으로 바꾸려고 한다. 망치 철학자의 두 번째 의미는 여기서 나온다. 그는 『우상의 황혼』 마지막 장의 제목을 '망치가 말한다'로 잡고 우화로 인간을 개조하려고 한다.

　　왜 그렇게 단단해!—옛날에 숯이 다이아몬드에게 말했다. 우리 가까운 친척이잖아?
　　왜 그렇게 물러? 오, 나의 형제들이여, 나는 너희들에게 이렇게 묻는다. 너희들은 나의 형제가 아니란 말인가?
　　왜 그렇게 무르고, 왜 그렇게 부드럽고 순종적인가?

　시민은 모두 단단한 다이아몬드로 살아갈 수 있는데, 숯이 되어 우상들에 굴복당하고 살아가는가? 니체는 현대를 살아가는 시민들이 노예화되고, 난쟁이가 되었으며, 허약한 병자가 되었다고 진단한다. 니체는 현대인이 왜소화되고 평준화되었다고 한탄한다. 하지만 그 속에는 다이아몬드와 같은 강력한 원석이 숨어 있다고 니체는 판단한다. 니체는 망치를 들고 인간과 시민을 두드린다. 그 안에 있는 원석 다이아몬드를 꺼내야 한다고 주장한다.

아, 그대 인간들이여, 돌 속에 하나의 형상이, 나의 형상들 중의 하나인 형상이 잠들어 있구나. 아, 그 형상이 너무나 단단하고 너무나 흉측한 돌 속에 잠들어 있어야 하는가!

이제 나의 망치가 그 감옥을 잔혹하게 두들긴다. 돌에서 파편이 튀긴다. ......"*54

니체는 시민들에게 굴레를 씌웠던 모든 가치와 이데올로기를 망치로 때려 부수지만 성공하지 못한다. 자라투스트라가 최선을 다해 시민들을 교화시키려고 하지만 실패하고 현실을 떠난다. 이제 니체는 망치로 시민 하나하나를 깨우려고 한다. 세상의 모든 우상을 혼자서 깨부수거나 개조할 수 없다면, 시민들과 더불어 같이 깨부수고 개조하는 것, 이것이 망치 철학자의 목적이다. 시민이 깨어 있지 않다면, 시민이 각종 우상의 바위 안에 갇혀 있다면, 그 바위를 깨부수고 시민을 시민답게 만드는 것이 '망치 철학자'의 목적이다.

「자기비판의 시도」는 자신의 철학의 근원과 적대 지점을 밝히고, 앞으로 나아갈 바를 밝힌다. 「자기비판의 시도」는 1886년 '다이너마이트 철학자'와 1889년 '망치 철학자'의 중간에서, 세상의 모든 가치를 전복하려는 가교의 역할을 한다.

## 4. 프롤로그인가, 에필로그인가?

「자기비판의 시도」는 프롤로그인가, 에필로그인가? 『비극의 탄생』맨 앞에 놓여 있다는 점에서는 프롤로그이지만, 16년이 지난 뒤 썼다는 점에서 에필로그이다. 프롤로그라면 『비극의 탄생』을 읽을 때 주의를 주는 안내서이자 방향을 제시하는 지침서이고, 에필로그라면 『비극의 탄생』이 머나먼 길을 떠나 어디를 어떻게 거쳐 목적지점에 도달했는가를 보여 주는 궤적도이다.

16년이 지난 자기비판? 쉽지 않지만, 객관성과 핵심을 짚어 가면서 쓸 수는 있다. 하지만 왜 하필이면 서문인가? 왜 니체는 16년이 지난 뒤 쓴 글을 서문에 위치시켰을까? 니체가 말하지 않았기에 우리는 상상력으로 니체의 머릿속을 해부해야 한다.

니체는 「자기비판의 시도」란 글을 『비극의 탄생』 맨 앞에 위치시킴으로써 두 개의 서문을 쓴 셈이다. 바그너에게 바치는 헌정사도 서문이고, 「자기비판의 시도」도 서문이다. 한 책에 두 개의 서문? 왜 니체는 이중 서문을 쓰는가?

플라톤과 니체! 서양 철학사의 극단적인 두 극! 한 극에는 '지금까지 믿어 왔고, 강요되었으며, 신성시되었던 모든 것'의 근원에 플라톤이 있고, 다른 한 극에는 이 모든 것을 '거부하는 결정'을 선전포고하는 니체가 있다. 소크라테스에 대한 니체의 엄청난 비판은 따지고 보면 플라톤을 비판한 것이고, 니체가 종교비판을 통해 안티크리스트가 되어 궁극적으로 지향한 것도 플라톤과 플라톤주의자 죽이기였다.

「자기비판의 시도」는 플라톤 죽이기의 마니페스토이다. 플라톤 죽이기는 서문부터 시작된다. 플라톤의 모든 사상, 서양의 모든 사상의 출발점은 플라톤의 『국가』이다. 『국가』는 이중 서문으로 구성되어 있다. 플라톤은 국가 1권과, 트라시마코스 장을 쓰고, 십여 년 뒤 다시 2~10장을 썼다. 십여 년의 간극은 두 개의 서문을 필요로 한다.

이론서나 철학서에는 대부분 서문이 나온다. 그 서문이 형식적으로 헌정사이든 아니면 우리가 보는 일반적인 서문이든 서문은 반드시 있다. 형식적인 서문이 아니라 할지라도 또 다른 형태의 서문은 있기 마련이다. 서문은 저자가 집필의 배경, 의도, 다루고 싶은 내용을 독자에게 함축적으로 보여 준다.

플라톤은 『국가』 1권에서 무엇을 다룰지 함축적으로 맨 앞에 보여 준다. 그 서문은 현실의 스케치이자 풍속화처럼 나온다. 화려한 벤디스 여신 축제와 철학적 대화를 하는 진지한 모임. 그 도입부의 주인공은 물려받은 유산과 방패를 만들어, 요즘식으로 말하면 군수산업으로 돈을 많이 모은 노인 케팔로스와 도덕주의의 시발점인 소크라테스.

소크라테스의 가면을 쓴 플라톤이 플라톤의 페르소나인 케팔로스에게 묻는다. "나이가 들면 무엇이 좋습니까?" 케팔로스가 답한다. "성의 노예가 되지 않아서 좋습니다." 발칙한 플라톤은 근친상간에서 빚어진 비극을 공연한 소포클레스를 교묘히 끌어들인다. 케팔로스는 소포클레스가 나이가 들면 성이라는 광포한 주인에게서 벗어난 것이 너무 좋다고 말했다고 한다. 꼭두각시와 마리오네트, 소크라테스와 케팔로스 노인의 만남에서 플라톤이 기획한 의도는 한 가지, 섹스를 절제하라이다.[55]

플라톤의 꼭두각시 소크라테스가 플라톤의 마리오네트 케팔로스에게 또 묻는다. "돈이 많으면 무엇이 좋습니까?" 케팔로스는 답한다. "남을 속이지 않고, 거짓말을 하지 않고 신들에게 제물을 드릴 수 있어서, 빚지지 않아서 좋습니다."라고 말한다. 소크라테스와 케팔로스 노인의 만남에서 플라톤이 기획한 의도, 또 한 가지, 돈 (재물)은 목적이 아니라 선한 삶을 살기 위한 수단이자 방편에 지나지 않는다는 것.[56]

플라톤의『국가』서문은 플라톤 사상의 모든 것, 플라톤 이후 정치와 철학, 종교가 다루는 모든 것을 풍속화식으로 정리했다. 섹스와 돈. 세상 모든 범죄와 전쟁은 섹스와 돈과 연관되어 있다. 섹스와 돈이 아니라면 복수만이 범죄와 전쟁의 원인이다. 범죄와 전쟁을 막는 법은 성의 절제와 돈(재물)을 통한 욕망 실현의 절제이다. 성의 절제와 돈을 통한 욕망 실현의 절제는 서양과 세상의 모든 도덕의 핵심 사상이자, 인간이 이룬 모든 조직의 기본 사용 지침서이다.

10년 뒤 다시『국가』를 집필하기 시작한 플라톤은 고민에 빠진다. 서문을 다시 쓸 것인가, 말 것인가? 서문을 다시 집필하면 중복이고, 안 쓰면 고갱이가 빠진 글. 플라톤은 고민 끝에 1장 전체의 핵심 주제이자 국가 전체의 핵심 주제를 전해져 내려오는 이야기로 간단하게 정리한다. 그는『국가』2권을 쓰면서 앞에다 기게스 이야기를 전한다.

…… 가령 옛날에 리디아인 기게스의 조상[57]에게 생겼다고 사람들이 말하는 그러한 힘이 이들 두 사람에게 생길 경우에, 가장 제격일 것입니다. 사실 그는 당시의 리디아인 통치자에게 고용된 목자였다고 하죠. 심한 뇌우와 지진이 있고 나서, 땅이 갈라지더니, 그가 양들에게 풀을 먹이고 있던 곳에서 갈라진 틈이 생겼다죠. 이를 보고, 놀라워하면서 그는 아래로 내려갔죠. 한데 그는 다른 여러 가지의 놀라운 것도 보았지만, 또한 속이 비고 자그마한 문들이 달린 청동 말 한 필도 보았는데, 그가 그 문 아래로

몸을 꾸부리고서 안을 들여다보니까, 사람 크기보다도 더 커 보이는 송장이 그 속에 있었다고 이야기는 전합니다. 그런데 이 송장은 다른 것은 아무것도 걸친 게 없이, 다만 손에 금반지를 끼고 있었고, 그는 이걸 빼 갖고 밖으로 나왔다죠. 한데, 왕에게 양들에 관한 일을 달마다 보고하기 위해서 목자들이 늘 갖는 모임이 마침 있게 되었을 때, 그 역시 참석했는데, 그 반지를 끼고서였다죠. 다른 사람들과 함께 자리에 앉아 있던 그는 우연히도 반지의 보석받이(거미발)[58]를 자신을 향해 손 안쪽으로 돌렸는데, 이 일이 있자 그 자신이 동석한 사람들에게 보이지 않게 되어, 그들은 그에 관해서 마치 떠나 버린 사람에 관해서 말하듯 대화를 했다죠. 이에 놀란 그가 다시 그 반지를 만지작거리면서 보석받이를 밖으로 향하게 돌렸더니, 이 돌림과 함께 자신이 보이게 되었고요. 이를 알아차린 그는 과연 그 반지가 그런 힘을 지니고 있는지를 시험해 보았는데, 역시 그에게 같은 일이, 즉 보석받이를 안쪽으로 돌리면 그가 보이지 않게 되나, 바깥쪽으로 돌리면 보이게 되는 사태가 일어났다고 하죠. 이를 확인하게 된 그는 왕한테로 가는 사자들 속에 자신도 끼이게 곧바로 일을 꾸며서는, 그 곳으로 가서 왕비와 간통을 한 후에, 왕비와 더불어 왕을 덮쳐 살해하고서는, 왕국을 장악했다고 합니다.[59]

기게스는 누구인가? 1권의 케팔로스 노인과 정반대 인물이며, 1권의 주요 핵심 쟁점인 '강자의 편익'을 주장하는 트라시마코스의 화신이다. 트라시마코스는 정의란 강자가 마음대로 할 수 있는 것이라고 주장한다. 기게스는 누구인가? 자신의 몸을 보이지 않게 만들 수 있는 반지로 왕을 죽이고 왕비를 겁탈한 자이다.(직접 말하지는 않지만 왕은 아버지이고 왕비는 어머니라는 암시를 찾아낼 수 있다.)

기계스의 반지. 플라톤 『국가』의 2권 기게스 이야기를 그림으로 표현한 것이다. (작자 미상, 16세기)

플라톤은 『국가』 2권에서 기게스로 서문을 요약했다. 전달하고자 하는 메시지는 간단하다. 기게스처럼 절대 권력(힘)을 가진다 할지라도 기게스처럼 행동해서는 안 된다. 누구처럼! 엄청난 재물을 가졌지만 성을 절제하고 돈을 선용하기만 한 케팔로스처럼. 절대 권력(힘)을 가진다 할지라도 절제하고 또 절제하고 절제하는 것, 이것이 인간의 도리이다.

절대 도덕의 완성! 정치학은 성과 돈이 국가에 분란을 일으키지 않도록 조정하는 것이다. 철학은 제아무리 근사하고 멋들어지게 포장해 봤자 절제의 변형태이다. 종교는 절제와 청빈의 교리를 인간의 뼛속 깊숙이 심는다. 이것을 지키지 않는다면? 기게스는 『국가』 10권에서 지옥에 빠진다. 기게스처럼 행동한 인간 역시 지옥에 빠진다.[60] 서양의 대부분의 지적 사유는 이 범주의 거미줄에 지나지 않는다.

플라톤의 『국가』에서 이중 서문의 주인공 케팔로스 노인과 청년 기게스는 서양 지성사를 영원히 대표하는 전형적인 두 인물이다. 케팔로스는 절대선이고 기게스는 절대악이다. 그들은 서양 철학의 핵심적인 논쟁의 두 지점이다. 인간이라면 청년 기게스처럼 욕망과 욕구를 실현하며 살면 안 되고, 노인 케팔로스처럼 매사 절제하고 또 절제하며 살아야 한다. 이것이 서양 지성의 핵심 사상이다.

플라톤의 『국가』의 이중 서문은 책 전체를 안내하는 안내서이자 지침서이다. 이대로 산다면 인생의 행복을 보장하고 사후 행복 역시 보장된다.

니체는 『비극의 탄생』을 집필하면서 바그너에 흠뻑 취했다. 『비극의 탄생』은 바그너의, 바그너에 의한, 바그너를 위한 책이었다. 「리하르트 바그너에게 바치는 서문」의 헌정사가 바로 그것이다. 니체는 서문을 쓰면서 청년기적 열정을 그대로 다 드러낸다. 니체는 바그너와 한 몸 한마음이었다. 문헌학자 니체는 작곡가 바그너의 분신이었고, 니체 당대 비극의 창시자 바그너는 철학자 니체를 완전 지배했다.

> 매우 존경하는 저의 친구여, 저는 당신이 이 책을 받아 보는 순간을 생생히 그려 봅니다. …… 무엇보다도 저자가 생각했던 것이 당신과 마주 앉아 대화하듯이 그리고 이런 생생함을 가능하면 살려서 글을 쓰려 했다는 것 …… 제가 예술을 인간적 의미에서 이러한 삶의 가장 고상한 과제로, 고유한 형이상학적 활동으로 ……[61]

아뿔싸! 반소크라테스, 반플라톤, 반종교, 안티크리스트, 반도덕의 전사 니체는 바그너에게 배신을 당했다. 바그너가 개심하고 개종한 것이다. 바그너가 말년에 들어 도덕의 충실한 나팔수가 되었다. 니체의 입장에서 반도덕적이어야 할 비극마저도 바그너는 도덕을 위한 수단극으로 바꿔 버렸다. 1882년의 〈파르지팔〉은 니체의 모든 분노의 표적이 되었다. 니체는 바그너의 변심 때문에 자신이 쓴 『비극의 탄생』을 완전히 망쳐 버렸다. 16년이 지난 뒤 「자기비판의 시도」를 쓰게 된 결정적인 계기는 바그너의 변심이었다.

아차! 니체는 도덕을 부정하고 싶었지만 도덕의 두더지 루소의 맹신자 칸트, 종교와 도덕의 숨통을 열어 준 칸트의 언어로 철학을 사유했다.

이런! 니체는 철학적 사유의 핵심으로 간주하고 받아들인 쇼펜하우어가 비극적 정신을 체념이라고 단언한 것에 분노했다.

아! 청년 시절 니체는 얼마나 독일적인 정신, 독일적인 낭만주의 음악, 독일의 정치 현실에 얼마나 열광했던가!

니체는 『비극의 탄생』을 통해 플라톤 죽이기를 시도하려 했다. '아뿔싸! 아차! 이런! 아!'는 니체의 극도의 분노와 후회와 회한과 탄식이다. 니체는 겁이 났다. 니체는 「리하르트 바그너에게 바치는 서문」을 읽은 독자들이 바그너를 신화화하고, 얼치기 디오니소스 추종자, 청맹과니 자라투스트라가 되는 것이 두려웠다. 니체는 자라투스트라의 실패를 경험했다. 1883년에서 1884년의 『자라투스트라는 이렇게 말했다』에서 자라투스트라마저 세상을 등지고 떠나지 않았던가! 자라투스트라는 시민을 개조하려 했지만 실패하지 않았던가!

어떻게 해야 할 것인가? 니체는 반소크라테스, 반플라톤, 반종교, 안티크리스트, 반도덕의 전사로서 자신의 모든 걸 압축적으로 보여 줄 그 무엇이 필요했다. 자라투스트라는 망치보다 천만 배 더 강력한 다이너마이트가 필요했고, 우상에 갇힌 인간들을 구해 낼 슈퍼파워 망치가 필요했다. 하지만 다이너마이트도 망치도 그 어디에서도 구할 수 없었다. 바그너도, 칸트도, 쇼펜하우어도 다이너마이트가 아니었다. 망치도 아니었다. 니체는 스스로 다이너마이트가 되고 망치가 되었다.

니체는 선언한다. "나는 인간이 아니다, 나는 다이너마이트이다."

니체는 '망치를 들고 철학'을 하는 전사가 되었다. 그는 다이너마이트와 망치가 되었다. 그 출발선이 바로 「자기비판의 시도」이다. 이러한 목적을 가진 「자기비판의 시도」를 후문에 넣을 수 없었다. 세상의 모든 가치와 우상을 파괴할 다이너마이트와 망치는 글의 맨 앞, 그것도 자신이 처음 집필한 책 앞머리에 놓여야 했다.

플라톤이 이중 서문을 써서 세상의 모든 것을 개조하는 교조가 되려 했던 것처럼, 니체는 이중 서문을 써서 세상의 모든 가치를 파괴하는 전사가 되려 했다. 니체는 첫 서문의 오류를 자기비판하고 16년이 지난 뒤 두 번째 서문을 쓴다. 「자기비판의 시도」가 에필로그가 아니라 프롤로그에 놓인 건 이 때문이다.

16년이 지난 이 서문은 독자들에게 무엇을 버리라고 하는가! 바그너, 칸트, 쇼펜하우어, 건강하지 못한 시민, 애국주의, 국수주의, 민족주의 ……. 16년이 지난 이 서문은 독자들에게 무엇을 놓치지 말라고 하는가! 반소크라테스, 반플라톤, 반종교, 안티크리트스, 반도덕…….


## 5. 무엇을 선택할 것인가?

플라톤『국가』의 이중 서문에 맞선 니체의『비극의 탄생』의 이중 서문! 니체는 플라톤의 호적수가 되었다. 니체는 철학, 사상의 두 축 중 하나가 되었다. 하루하루의 삶을 살아가는 우리는 '니체냐, 플라톤이냐!' 둘 중의 하나를 선택해야만 한다.

선이 악을 권하고 악이 선을 권한다면, 무엇을 선택할 것인가? 대천사 가브리엘이 악을 권하고 대악마 루시퍼가 선을 권한다면, 어느 것을 선택할 것인가? 메피스토펠레스가 유희와 쾌락의 선을 권하고 파우스트가 근면성실의 악을 권한다면, 누구를 따를 것인가? 케팔로스가 악을 추천하고 기게스가 선을 권한다면, 우리는 어떻게 할 것인가?

니체를 선택하는 자, 조르바, 리틀 자라투스트라, 현재 현실의 삶을 유희하고 즐기는 어린아이와 같은 시민으로 살 것이다. 플라톤을 선택하는 자, 철학자, 종교인과 신자, 사후의 행복을 위해 낙타가 되어 고난의 행로를 따라야 할 것이다. 자, 무엇을 선택할 것인가!

# 바그너에게 바치는 서문

## 1. *62

이 책에서 하나로 결합된[1] 사상이 우리의 미학적 세상의 고유한 성격에 불러일으키게 될 모든 가능한 걱정, 소동, 그리고 오해를 나에게서 멀리 떨쳐 버리기 위해서,[2] 그리고 또한 매 쪽마다 훨씬 더 아름답고 더 마음을 고양시킨 화석처럼 각인되었던[3] 그 기분 그대로 기분 좋게 이 책의 서문을 쓸 수 있기 위해서, 매우 존경하는 저의 친구여, 저는 당신이 이 책을 받아 보는 순간을 생생히 그려 봅니다.

1. '하나로 결합된'은 니체가 바그너의 사상과 생각을 완전히 받아들였고, 잘 소화하여 하나가 되었다는 뜻이다. 이 말은『비극의 탄생』이 니체의 작품이기는 하지만 바그너의 영향력이 상당함을 보여 준다.『비극의 탄생』에 나타난 니체의 사상은 바그너의 사상이

174

라고 해도 좋을 만큼 바그너적이다.

2. 이 구절은『비극의 탄생』이 가져올 사회적 성과, 특히 독일적인 미학 관련자들에게 미칠 영향을 말한 것이다. 니체는『비극의 탄생』이 미학에서 혁명에 가까울 만큼 대담한 내용을 담고 있으며, 적대자들이 그 내용을 이해하지도 못할 뿐만 아니라 극단적으로 공격할 것이라고 예측한 듯하다.「자기비판의 시도」에서 살펴본 것처럼 실제로 니체는 극단적인 비판을 받았으며, 수강생이 줄어드는 수모를 당하기도 한다.

3.『비극의 탄생』이 바그너와의 대화와 교류를 바탕으로 집필된 것임을 밝힌다. 니체는『비극의 탄생』을 출판하기 전, 1869년 5월부터 1872년 4월까지 자주 바그너 가족과 함께 지냈다. 바그너는 니체를 가족으로 여겼을 정도였다.『비극의 탄생』은 바그너와 바그너의 부인과 나눈 수많은 대화의 산물로 태어난 셈이다.

다시 보기

이 문장의 첫 번째 구절은『비극의 탄생』이 미학 관련자들에게 미칠 영향을, 두 번째 구절은 집필에 영향을 준 사실을 밝힌다.

## 2.

당신은 아마도 겨울눈을 맞으며 저녁 산책을 한 뒤에 표지에 실린 사슬에서 풀려난 프로메테우스[1]를 보고 난 다음, 제 이름을 읽을 것이고, 곧장 이 책에 그 무엇이 쓰여 있든지 간에 저자가 진지하고 긴박한 어떤 것을 말하려고 했다는 것,[2] 마찬가지로 무엇보다도 저자가 생각했던 것이 당신과 마주 앉아 대화하듯이

그리고 이런 생생함을 가능하면 살려서 글을 쓰려 했다는 것을 이해하게 될 것입니다.[3]

1. 니체는 '프로메테우스'를『비극의 탄생』3장, 4장, 특히 9장과 10장에서 자신의 사상을 설명하는 아주 중요한 수단으로 사용한다. 니체는 프로메테우스를 3장에서 '인간의 위대한 벗'으로, 4장에서는 인간을 사랑하는 존재로, 9장에서는 '수동성'의 대표자인 오이디 푸스와 반대로 '능동성'의 대표자로, 10장에서 제우스의 상징인 독수리로부터 해방된 존재로 묘사한다. 프로메테우스와 관련된 각각의 내용은 니체에게 아주 중요한 상징적 의미를 지니고 있다.

니체는 '사슬에서 풀려난 프로메테우스'를 자기 철학의 지향점으로 설명한다. 사슬에서 풀려난 프로메테우스는 다른 말로 표현하면 자라투스트라이며, 디오니소스이다. 사슬에서 풀려난 프로메테우스는 기존의 철학, 학문, 종교 등의 사슬에서 얽매인 인간과 시민의 해방을 비유적으로 보여 준다.

'프로메테우스'와 '사슬에서 풀려난 프로메테우스'는 본문에서 나올 때마다 자세하게 설명하도록 한다.

2.『비극의 탄생』이 겉으로는 미학적 논쟁을 주장하지만, 속으로는 독일이 처한, 당시 유럽이 처한 '진지하고 긴박한 문제'를 다루었다는 뜻이다. 독자는『비극의 탄생』을 읽으면서 당시 독일과 유럽이 어떤 상황에 처해 있는지를 파악해야 한다. 기본적으로 프랑스와 프로이센 간의 보불 전쟁, 그리고 니체의 말대로 염세주의, 교양, 학문, 이론, 기독교 등이 독일과 유럽에서 어떤 상황이었는지 파악하는 게 좋다. 더 나아가 니체가 미처 말하지 못한 나만의 '진지하

『비극의 탄생』 초판 표지에 실린, 사슬에서 풀려난 프로메테우스
(레오폴드 라우 그림, 에른스트 빌헬름 프리트쉬 출판, 1872년)

고 긴박한 문제'가 무엇인지 탐구해 볼 필요가 있다.

3. 『비극의 탄생』은 처음부터 끝까지 바그너와의 대화에 기초한 것
이라는 뜻이다. 독자는 '음악정신으로부터' 『비극의 탄생』을 읽는
다면 바그너의 흔적을 찾는 재미를 느낄 것이고, '그리스 문명과 염
세주의'의 관점에서 읽는다면 바그너 비판의 맹아를 찾는 흥미를
느낄 것이다.

### 다시 보기

위 그림은 초판 표지에 실린 '사슬에서 풀려난 프로메테우스'이
다. 프로메테우스를 아는 것은 니체의 사상에 가장 빠르게 접근하
는 지름길이다. 니체에게 프로메테우스가 무엇인가를 이해하는 것
은 니체 사상의 출발점인 동시에 니체의 철학 전체를 파악하는 길
이며, 니체 철학의 지향점을 알 수 있는 통로이다.

니체는 인간이, 시민이 천형처럼 주어진 삶의 고통을 받아들이고

능동적으로 유희하고 이겨 내기를 바란다. 프로메테우스는 바로 그 전형이다. 거인신 프로메테우스는 여러 이유로, 특히 인간을 사랑한다는 이유로 최고의 신 제우스의 상징 동물인 독수리에게 간을 쪼이는 고통을 당한다. 그림에서 보듯이 프로메테우스는 마침내 자신의 간을 쪼아 대는 독수리를 굴복시킨다. 인간을 사랑하고 인간의 위대한 벗인 프로메테우스는 최고의 신 제우스와 싸워서 이겨 내고, 마침내 사슬에서 풀려난다.

니체는 프로메테우스처럼 인간을 억압하는 모든 가치, 제우스와 독수리에게 간을 쪼이는 것과 같은 고통을 주는 철학, 종교, 학문 등과 싸워 이겨 내야 한다고 강조한다. 이와 관련된 자세한 내용 역시 본문에서 나올 때 다루도록 한다.


### 3.

당신은 제가 베토벤에 관한 당신의 훌륭한 논문이 나왔던 그 시기[1]에, 요컨대 막 발발한 전쟁의 경악과 흥분 속에서 이러한 생각에 집중했다는 것을 알게 되실 겁니다.[2] 그럼에도 저의 저술에서 애국적 열정과 미학적 탐닉의 대립, 대담한 진지함과 명랑한 heiter 유희의 대립을 찾는 자들은 잘못되었습니다.[3]

오히려 그들이 이 책을 실제로 읽다 보면, 우리가 독일적인 기대의 한가운데에서 소용돌이와 전환점으로서 적절하게 제기된 독일적인 문제를 얼마나 진지하게 다루고 있는지[4]를 보고서 깜짝 놀랄 것입니다. 하지만 그들이 예술 속에서 '삶의 엄숙함'에 대한 유쾌한 부산물, 사라지게 될 방울소리 이상의 것을 인식할 수 없다면, 아마도 그들은 미학적 문제를 그렇게 진지하게 다루

바그너가 쓴 『베토벤론』 초판 표지 (에른
스트 빌헬름 프리트쉬 출판, 1870년)

는 것을 보고 불쾌해할 것입니다.[5] 마치 그러한 '삶의 엄숙함'에
대한 이러한 진지함이 무엇인지 아는 사람은 전혀 없는 것처럼
말입니다.

1. 바그너는 1870년 『베토벤론』을 집필한다. 니체는 베토벤의 음악
을 『비극의 탄생』 1장, 6장, 16장, 19장, 22장에서 인간이 형이상학
을 느낄 수 있는 주요한 수단으로 사용한다. 니체는 〈환희의 송가〉
가 지닌 융합적 힘, 6장과 16장에서 음악과 형상, 표상의 관계, 19장
에서 소크라테스적인 앎의 힘과 대비된 바흐, 베토벤, 바그너로 이어지
는 독일의 음악적 힘 등을 설명한다.
　니체는 형이상학적 관점, 철학을 통한 초월적 존재의 인식과 초
월적 존재에 대한 종교적 믿음을 부정하는 대신, 음악을 통해 초월
적 존재를 느낄 수 있다고 주장한다. 니체는 베토벤을 형이상학의

대상인 초월적 존재를 느낄 수 있는 작곡가로 설명한다. 베토벤이 본문에 나올 때마다 자세하게 설명하도록 한다.

2. 1870년 바그너의 「베토벤론」과 현실 속 1870~1871년 보불 전쟁을 연결시키면서, 『비극의 탄생』의 문제의식이 무엇인가를 간접적으로 밝힌 내용이다. 니체는 「자기비판의 시도」에서 『비극의 탄생』의 집필 배경을 첫머리에서 설명했다. 니체가 직접 경험하고 있는 보불 전쟁과 역사 속 페르시아 전쟁, 자신과 연관된 뵈르트 전투, 메츠 전투와 철학 속 소크라테스가 참전한 세 개의 전투를 대비시키며 그 책의 문제의식이 무엇인가를 밝혔다.

3. 『비극의 탄생』을 읽는 방식에 대한 지적이다. '애국적 열정과 미학적 탐닉의 대립'과 '대담한 진지함과 명랑한 유희의 대립'이라는 이분법적 사고로 가두지 말라는 니체의 제안이다. 반대로 말하면 '애국적 열정과 미학적 탐닉'과 '대담한 진지함과 명랑한 유희'를 동전의 앞뒷면과 같은 하나로 묶어서 읽어야 한다는 뜻이다. 즉, 니체가 독일 당대가 처한 문제를 미학이라는 관점에서 다루었으며, 상당히 중요한 문제를 미학이라는 관점에서 다루었음을 뜻한다.

'애국적 열정'은 니체가 보불 전쟁 당시에 가졌던 마음을 말하고, '미학적 탐닉'은 예술 철학의 관점에서 문제를 다룸을 말한다. '대담한 진지함'은 니체가 청년답게 문제를 아주 용감한, 동시에 심사숙고해서 다루었음을 말한다. '명랑한 유희'는 문제를 미학의 관점에서 처리했음을 뜻한다.

4. '애국적 열정'과 관련된 독일의 문제를 '대담한 진지함'으로 다루었음을 말한다. 프로이센이 전쟁에서 승리했지만, 니체는 그 결과가 독일의 강대국화가 아니라 유약화로 귀결될 가능성을 다루었다.

물론 이러한 사상이 1772년『음악정신으로부터 비극의 탄생』에서 표면적으로 드러나지 않았다는 건 주지의 사실이다. 그럼에도 이 문장은 니체가 이 문제를 이미 의식하고 있었음을 보여 준다.

5. '유쾌한 부산물'과 '사라지게 될 방울소리'는 삶의 고단함과 고통 등을 잠시 잊게 해 주는 말초적인 예술을 말한다. 삶의 고단함과 고통을 잊게 해 주는 대다수의 말초적인 예술의 찬양과 달리 니체는 삶의 고단함과 고통을 '대담한 진지함'으로 다루었음을 뜻한다.

### 다시 보기

니체의『비극의 탄생』을 어떻게 읽는가? 대부분 '애국적 열정', '미학적 탐닉', '대담한 진지함', '명랑한 유희'라는 관점에서 읽는다. 예컨대『비극의 탄생』에서 니체의 '애국적 열정'을 찾아내고, 니체를 독일 국수주의나 파시즘의 원조식으로 파악한다. 또는 이 글에서 비극과 미학의 관계에 집중하여 읽는다.

결과적으로 위와 같은 방법은 '애국적 열정'과 '미학적 탐닉'의 대립을 설정하고 읽는 방식으로 귀결한다. '애국적 열정'을 중심으로 읽는 자는 '미학적 탐닉'을 볼 수 없고, '미학적 탐닉'을 중심으로 읽는 자는 '애국적 열정'을 읽어 낼 수 없다.

결론적으로 말하면 니체는『비극의 탄생』을 애국적 열정과 미학적 탐닉의 대립으로 파악하는 것도 잘못되었고, 대담한 진지함과 고상한 놀이로 보는 것도 잘못이라고 말한다. 니체는 이론적 토대 없이 독일적 애국주의를 떠벌이는 자도 아니고, 미학에 몰두해서 현실감을 상실하는 허무맹랑한 이론가도 아니다. 니체는 현실과 이론을 결합한 이론가, 독일 당대의 문제를 미학 이론과 사상에 근거하여 해결하고자 하는 실천적 이론가이다. 따라서 독자는 『비극의 탄생』을 읽을 때 당면한 문제가 무엇인가를 알아보고, 니체가 제시한 이론적 제시가 올바른가를 유추해야 한다.

## 4.

　제가 예술을 인간적 의미에서 이러한 삶의 가장 고상한 과제로, 고유한 형이상학적 활동으로 설득하고 있다[1]는 가르침이 진지한 독자들에게 도움이 될 것입니다. 저는 여기서 이 길 위에 서 있는 저의 숭고한 개척자에게 이 책을 헌정하고자 합니다.

바젤, 1871년 말

1. 예술과 형이상학적 활동의 관계를 다룬 문장이다. 우리가 아는 형이상학은 초월적 실체―그것이 플라톤의 이데아이든 아니면 종교적인 의미에서 신이든 간에―를 찾는다. 니체의 견해는 다르다. 우리는 니체가 '형이상학'이 아니라 '예술'을 '형이상학적 활동'이라고 말한 주장에 유의해야 한다. 니체는 예술을 통해 초월적 실체가 존재함을 느낄 수 있다고 말하는 형이상학자이다. 이에 대해서는 본문에서 자세하게 다룬다.

다시 보기

　니체 이전, 아니면 지금도 대부분의 철학과 종교는 초월적 실체가 존재함을 믿는 형이상학의 아류이다. 철학은 형이상학적인 초월적 실체를 이성 등에 의한 사유로 인식할 수 있다고 주장하고, 종교는 믿음에 의해서 그 실체에 도달할 수 있다고 확신한다.

니체를 형이상학적인 초월적 실체를 찾는 형이상학자라고 부른다면 조금 기이하다. 하지만 그는 형이상학자이다. 단, 그는 형이상학적 초월적 실체를 찾아 나서지 않고, '예술'을 '형이상학적 활동'으로 인식하고, 진정한 예술을 통해 초월적 실체가 존재하고 있음을 느낄 수 있다고 말한다.

니체는 형이상학적 실체의 존재를 인정한다. 하지만 그는 이성과 믿음에 의해 그 실체의 확인 가능성을 부정한다. 니체는 소크라테스에서 플라톤과 칸트에 이르는 철학과, 초월적 진리가 존재하는 양 까부는 다양한 학문에 대해 노골적으로 비판적인 태도를 취한다. 또한 니체는 초월적 실체의 근원을 믿는 진지한 종교, 특히 기독교에 극단적으로 적대적인 태도를 취한다.

니체는 인식과 믿음에 의한 형이상학적 실체의 인정이 아니라 예술을 통해 느낄 수 있다는 것, 예술 중에서도 음악을 통해 느낄 수 있다고 주장한다. 니체는 디오니소스적인 음악을 통해 초월적 실체가 존재함을 느낄 수 있다고 말한다. 니체의 모든 사유와 비판적 인식의 출발점은 바로 여기다.

형이상학의 대상인 초월적 존재가 존재함을 입증할 수 있는가? 철학은 입증한다고 노력했지만 결국 실패했다. 종교는 믿음으로써 그 존재를 증명하려 하지만, 믿는다는 사실이 존재 증명은 아니다.

니체는 초월적 존재가 존재한다는 것을 알 수는 없지만 느낄 수 있다고 말한다. 음악이 바로 그 초월적 존재를 느낄 수 있는 수단이라고 말한다. 니체는 그 음악의 대표적인 예를 9번 교향곡 《합창》, 그 중에서도 4악장 〈환희의 송가〉를 든다. 〈환희의 송가〉를 들으면,

실러가 쓴 시를 모른다 할지라도 국적과 언어 등이 다른 사람들이 그 어떤 것을 공통적으로 체험할 수 있다. 그 느낌, 인간이 공통적으로 무언가를 느낄 수 있다는 것, 그것이 바로 초월적 존재가 존재함으로 보여 주는 것이라고 니체는 말한다.

나는 형이상학자인가, 초월적 실체가 있다고 믿는가, 아니면 세상의 모든 것을 주관하는 신이 있다고 믿는가라는 진지한 질문을 던져 보자. 없다! 초월적 실체는 단연코 없다! 세상과 삶은 현실이고 실재할 뿐이다. 다른 어떤 것이 개입해서 세상과 삶을 만들어 내지 못한다.

그렇다면 니체 철학의 가치는 무엇인가? 형이상학을 추구하면서 현재 우리가 알고 있는 모든 가치, 철학, 이론, 학문, 종교 등의 전복을 시도하고 성과를 거뒀다는 점이다. 이 전복의 시도로 인류는 한층 더 해방의 길로 나설 수 있게 되었다.

니체 철학의 가치는 무엇인가? 세상의 모든 인간이 공통적으로 느낄 수 있는 공감, 베토벤의 음악에서 공통적으로 느낄 수 있는 어떤 공통적인 정서가 있다는 것을 발견했다는 점이다. 이 공감과 공통적인 정서는 나라, 언어, 피부가 다르지만 인간은 하나가 되어 전 지구적 문제에 대처할 수 있는 가능성을 열어 준다.

### 「바그너에게 바치는 서문」 다시 보기

이 서문에서 우리는 니체가 바그너를 얼마나 좋아하고 존경했던가를 알 수 있다. 바그너로 시작해서 바그너로 끝나는 헌정사 서문이 그 증거이다. 분명 니체는 바그너 덕분에 음악과 철학을 연결할 수 있었다. 그 덕분에 그는 철학상의 최대 난제인 앎과 믿음의 형이

결박당한 프로메테우스 (피터 폴 루벤스, 1611~1612년, 필라델피아 미술관 소장)

상학으로부터 탈출했고, 전혀 새로운 길을 디딜 수 있는 용기를 얻었다. 니체는 바그너를 통해 베토벤에 도달했고, 베토벤을 통해 초월적 실체를 느낄 수 있는 길을 발견했다.

이것이 「바그너에 바치는 서문」의 전부는 아니다. 니체는 '초월적 존재의 느낌'이라는 위대한 길에서 전혀 새로운 길을 개척한다. 그는 '느낌'에 근거하여 초월적 존재를 인식할 수 있다고 자부하는 기존의 철학과 학문을 격파하고, 초월적 존재의 '믿음'을 믿는 종교적 진리를 부정하는 위대한 대장정을 시작한다.

니체는 초월적 존재를 격파하는 밑바탕에 현재와 현실, 독일의 당시 현재와 현실을 깔아 놓는다. 니체는 현재와 현실에서 고통스럽게 살아가는 인간, 우리 시대로 말하면 시민을 철학의 밑돌로 깔아 놓는다. 철학이란, 학문이란 현실을 바탕으로 해야 한다. '애국적 열정'으로 하는 철학, 학문, 종교도, '미학적 탐닉'을 위한 그 무엇도 진정한 철학과 학문이 아니다. '대담한' 문제의식을 지니고 '진지'하게 문제를 다룬다 할지라도 현실에 근거하지 못하고 '즐거운 유희'에 지나지 않는다면, 그것은 왜곡된 문제의식이다.

어디에서 출발해야 할 것인가? 모든 철학, 학문, 가치는 '삶의 엄숙함'을 다루어야 하며, 현재의 고통스러운 삶을 회피하고 미래, 사후의 삶을 찾게 만드는 모든 종교적 가치는 부정해야 한다. 니체는 형이상학을 밑돌로 삼고 현실을 섬돌로 밟고 올라선다.

니체는 초기부터 초인을 찾는다. 제우스 시대의 신과 대비되는 능동적 거인신 프로메테우스가 그 초인이다. 그 초인은 우리가 이해하는 거인적 초인이다. 니체가 인간에게, 시민들에게 쫓아갈 수 없는 초인을 요구한다고 생각하지 말자. 이는 니체를 전혀 이해하지 못한 왜곡이다. 니체는 우리 발밑을 보고, 그 위에서 사유를 하고, 느낌이 중요하다고 말한다.

니체는 우리에게 거인류의 초인을 말하지 않았다. 그가 만약 시민들이 따라할 수 없는 초인을 추구했다고 한다면, 니체 또한 또 다른 형이상학자이자 새로운 종교인이다.

니체가 말한 초인은 빅big 자라투스트라가 아니다. 그가 말한 초인은 리틀little 자라투스트라이다. 리틀 자라투스트라는 시민이다. 하지만 이 시민은 우리가 알고 있는 시민, 국가, 철학, 종교, 시스템에 순응하고 굴종하는 시민이 아니다. 니체가 말한 시민은 디오니소스의 제자이자 신도들인 마이나데스처럼 기존의 질서를 파괴하고 격파하고 삶의 고통을 춤과 노래와 유희로 치료하고 담담하게 자신의 삶을 개척해 가는 자이다. 니체가 말한 인간과 시민은 소크라테스처럼 예술을 관람하고 평가하고 비평하는 자가 아니라 마이나데스처럼 예술을 즐기고 유희하고 노는 자이다.

거인신 프로메테우스를 보라. 그는 인간을 사랑하는 자이다. 그는 인간을 사랑했기 때문에 간을 쪼아 먹히는 고통을 당한다. 하지만 그는 고통에 굴복하지 않는다. 프로메테우스는 제우스가 만들어 놓은 신들의 질서와 시스템에 저항한다. 인간은, 시민은 인간을 사랑한 프로메테우스를 따라야 한다. 기존의 모든 가치와 질서를 의심하고 격파해야 한다. 인간해방, 진정으로 자유로운 시민은 그때부터 시작된다.

# 아폴론적인 것과
# 디오니소스적인 것의
# 결합으로서 예술

## 1. 아폴론적인 것과 디오니소스적인 것

예술의 발전이 아폴론적인 것[1]과 디오니소스적인 것[2]의 이중성에 달려 있다는 것—마치 생물의 발생이 지속적으로 투쟁하고 주기적으로만 화해하는 양성에 의존하는 것과 유사한 방법으로—을 우리가 논리적인 통찰뿐만 아니라 직접적인 확실한 관찰로 알게 된다면, 우리는 미학에 대해 상당히 많은 것을 얻게 될 것이다. 우리는 이러한 명칭을 그리스인들로부터 빌려 왔다. 그리스인들은 통찰력 있는 자들에게 자신들 예술관의 심오한 비전적 가르침을 개념이 아니라 강력하며 명료한 자신들 신의 세계의 형상으로 전달해 주었다.

그리스 세계에서 기원과 목적을 둘러싼 엄청난 대립이 정형의 Bildners 예술, 요컨대 아폴론적인 예술과 무정형적unbildlichen[3]음악예술, 요컨대 디오니소스적 예술 사이에 존재한다는 우리 인식은 두 예술신인 아폴론과 디오니소스[4]에 연관되어 있다. 아폴론적인 예술과 디오니소스적인 예술의 아주 다양한 경향들은 상호 대등하게 나타나며, 모든 대립 투쟁을 항구화시키기 위해서 대개 공개적으로 상호 갈등하거나 적대적으로 갈등하면서 아주 새로운 강력한 탄생물을 만들어 낸다. 그 결과 '예술'이라는 공통적인 명칭만이 표면적으로 연결되어 있는 것처럼 보인다.

마침내 양자는 그리스인들의 '의지'라는 형이상학적인 놀라운 행위에 의해서 상호 결합하여 나타나며, 그리고 이러한 결합 속에서 마침내 디오니소스적이면서 아폴론적인 예술 작품인 아티카 비극을 탄생시킨다.[5]

1. '아폴론'과 '아폴론적인 것'은 다르다. 아폴론적인 것은 니체가 그리스의 신 아폴론이 지닌 의미에서 만들어 낸 개념이다. 아폴론적인 것은 척도(자)의 신 아폴론의 여러 속성에서 만들어진다. 아폴론적인 것의 이해는 『비극의 탄생』을 이해하는 첫걸음이자 절반이다.

아폴론적인 것은 눈을 자극하여 환영을 보는 능력이다. 환영을 볼 수 있는 자는 아폴론적인 예술가들이며 화가, 조각가, 서사시인이 그 대표자들이다.[63] 이들은 환영을 그리거나 조각하거나 글로 써서 인간에게 그 구체적 형태인 형상을 보여 주는 공통점이 있다. 아폴론적 예술은 '직관, 아름다운 것, 가상'으로 구체화된다. 아폴론적인 예술가들은 나름대로 공통된 자와 같은 '척도', 외적으로나 객관적으로 아름답다고 판단할 기준을 지니고 있다. 변증법적으로 이야기하면 아폴론적인 것은 '정'에 해당한다.

니체가 『비극의 탄생』을 서술할 때 우리는 화가를 잊어도 좋다.

왜냐하면 고대 그리스에서 비극이 탄생할 무렵 조각가는 존재했지만 화가는 그리 많지 않았기 때문이다. 따라서 아폴론적 예술가에서 우리 주요 관심사는 조각가와 서사시인이다.

조각가는 가장 전형적인 아폴론적 예술가이다. 사람들은 조각가가 조각해 놓은 작품을 보고서 그 형상을 그대로 받아들일 수 있기 때문이다.

조각가는 조각된 대리석을 통해 꿈에서 보았던 생생한 신에게 우리를 인도함으로써, 본래 목적으로 떠올렸던 형상이 조각가뿐만이 아니라 감상자에게도 분명히 전해지도록 한다. 그리고 조각가는 조상의 매개형상을 통해 감상자들이 나중에도 똑같이 볼 수 있도록 만든다.[64]

니체에 따르면 서사시인도 아폴론적인 예술가이다. 니체는 『일리아스』와 『오디세이아』를 읊은 호메로스와 같은 서사시인을 아폴론적인 예술가로 규정한다. 서사시인은 시를 통해 인간들에게 환영을 보도록 도와준다.

서사시인은 동일한 생생한 형상을 보고, 다른 사람들도 또한 이 형상을 바라볼 수 있도록 인도한다.[65]

서사시인은 '동작, 음성, 말, 행위' 등을 이야기로 전해 주면서 인간들에게 형상을 보여 준다.[66] 우리가 서사시를 읽거나 들으면서 시인의 이야기를 마치 눈앞에서 직접 보거나 형상을 보는 것처럼 느끼는 것은 이 때문이다. 이 점에서 서사시인은 아폴론적인 예술가의 전형이다. 이와 정반대인 서정시인은 디오니소스적인 것의 전형이다. 니체는 아폴론적인 예술가와 대척점에 서 있는 서정시인과 서사시를 6장에서 상세히 설명한다.

'자, 척도, 기준' 등을 의미하는 아폴론적인 것이 과도하게 강조되면 어떤 현상이 발생하는가? 니체의 서구 문명 비판이 시작하는 지점이다. 이 질문은 순수하게 논리적인 추론의 문제인 동시에 역사적인 사실의 문제이기도 하다. 척도를 의미하는 아폴론적인 것은 앎과 지식의 발전에 기여한다. 그리고 아폴론적인 것이 지나치게 강조되면 니체가 비판적으로 바라본 소크라테스적인 문제, 모든 것을 알려고 하는 의지의 문제가 된다. 니체가 서구 문명을 비판하기 시작한 지점도 바로 여기이다.

2. 아폴론과 아폴론적인 것이 다르듯이 디오니소스와 디오니소스적인 것 역시 다르다. 디오니소스적인 것은 디오니소스의 여러 속성에서 도출된다. 디오니소스적인 것은 인간의 감성 전체를 자극하고 고조시켜 결국 전혀 새로운 상태로 고양시킨다.

> ······ 디오니소스적 상태에서는 전체 흥분 체계가 한꺼번에 분출되고 고양된다. 그 상태는 모든 표현 수단을 한꺼번에 분출시키고, 동시에 묘사, 모방, 변형과 변화의 힘과 모든 종류의 흉내와 겉치레를 몰아낸다.[67]

비유하면 술 마시기 전과 취한 상태로 이해해도 좋다. 술 마시기 전에는 이성적으로 판단하고 행동하지만, 술 마신 후에는 이성의 통제를 전혀 받지 않은 채 감성을 폭발시킨다. 비극을 중심으로 말하면 디오니소스적인 것은 음악으로 표출되는 것을 말한다.

디오니소스적인 것은 형상 전달을 목적으로 하는 아폴론적인 것과 정반대로 '형상을 만드는 것을 목표로 하지 않는다.'

> 디오니소스적인 상태의 황홀은 그것이 지속되는 동안 무감각에 빠지는 혼수의 요소를 함축한다.[68]

디오니소스적인 것은 마치 술 취한 상태, 즉 인간이 인간임을 완전히 잊는 몰아의 상태를 뜻한다. 비극으로 말하면, 비극을 보는 사람이 비극을 보면서 자신을 완벽하게 잊는 것과 같다. 변증법적으로 이야기하면 형상을 의미하는 아폴론적인 것이 '정'에 해당한다면, 느낌 전달을 목적으로 하는 디오니소스적인 것은 '반'에 해당한다.

니체는 디오니소스적인 것의 전형적인 대표자로 음악을 든다. "오늘날 우리가 이해하는 음악 역시 흥분의 총체적인 자극이자 해방이다."[69] 디오니소스적인 예술가의 대표자는 '배우, 광대, 춤꾼, 음악가, 서정시인'이다. "서정시인은 가장 오랫동안 음악가와 하나로 남아 있었다."[70]라는 표현에서 알 수 있듯이, 니체는 주로 서정시인과 음악가를 디오니소스적인 것의 대표자로 든다. 니체는 이 책에서 서정시(5장)와 민요(6장)를 중심으로 디오니소스적인 것을 다룬다.

디오니소스적인 것이 극대화되면 어떻게 되는가? 아폴론적인 것의 극대화가 서양 문명의 염세화를 초래했던 것처럼, 디오니소스적인 것의 극대화는 인간 문명의 극단적 환락과 타락의 전형이 된다. 그리스 비극이 만들어지기 이전의 디오니소스제, 중세 시대의 성

요한제와 성 파이트제(성 무도병) 등이 그 증거이다. 이에 대해서는 뒤에서 다루도록 한다.

디오니소스적인 것이 성 요한제처럼 부정적으로 보일 수도 있지만 긍정적 측면에서 본다면 한마디로 '삶에의 의지'이다. 니체는 디오니소스 축제에서 보이는 극단적인 상태가 실제로는 삶에의 의지라고 보았다.

삶 그 자체에 대한 긍정은 이 삶의 가장 낯설고 냉혹한 문제들 안에도 놓여 있다. 자신의 최고 유형의 희생 속에서 제 고유의 무한에 만족하는 삶에의 의지―이것을 나는 디오니소스적이라고 불렀으며, 비극 시인의 심리로 넘어가는 가교로 파악했다.[71]

극도의 환락과 타락처럼 보일지라도 디오니소스 축제의 장은 인간이 살려고 하는 삶에의 의지의 극단적 반영이다. 모든 시대 모든 지역에서 보편적으로 나타난 디오니소스 축제의 부정적 모습은 결국 인간의 '삶에의 의지'라는 것이 니체의 주장이다.

3. Bild를 어떻게 해석할 것인가? 대체로 '조형'으로 번역하곤 한다. '조형'은 아폴론적인 예술 중에서 주로 형상이나 형태를 만드는 조각과 관련된 조형예술이란 느낌이 강하다. 하지만 그림을 조형하다, 서사시를 조형하다라는 말은 조금 어색하다. 아폴론적인 것은 앞에서 보았듯이 척도, 자, 기준 등을 가지고 형상을 전달하는 예술 창작 활동인 미술, 조각, 서사시와 연관되어 있다.

Bild는 조각에 국한된 느낌을 주는 '조형'보다는 척도나 자, 기준에 맞춰 일정한 형상을 전달한다는 점에서 일정한 형식이나 틀을 의미하는 '정형定形'이 더 적합하다. 아폴론적인 예술은 조형예술이 아니라 정형예술이며, 디오니소스적인 예술은 무조형예술이 아니라 '무정형無定型적인' 예술이다. 물론 정형이나 무정형이 Bild를 정확하게 전달하지는 못하지만 비교적 근접한 용어라고 할 수 있다.

이외에도 일반적으로 이 책에서 Bild가 조각이나 그림과 관련될 때는 '조형'이나 '형상' 등으로 이해하는 것이 좋다.

4. 아폴론과 디오니소스는 내용에 따라 다른 의미로 여러 곳에서 언급되어 있으므로, 그 내용을 세세히 살펴보는 게 좋다.

5. 예술에는 어떤 종류가 있는가? 니체의 정의를 따라가 보자. 다양한 예술이 존재하는 것 같지만, 따지고 보면 척도를 강조하는 아폴론적 예술이거나 도취를 강조하는 디오니소스적 예술이 있을 뿐이다. 양자는 상호 대등한 힘을 지니고 나타나고, 상호 갈등, 대결, 투쟁하면서 우리가 현재 접하고 있는 예술을 만들어 낸다. 마지막으로 이 양자가 힘을 합쳐 만들어 낸 예술이 있을 수 있다. 바로 비극이다.

### 다시 보기

우선 『비극의 탄생』을 읽기 전 먼저 던져야 할 질문이 있다. 인간에게 예술은 어떤 의미가 있는가? 니체가 말하는 예술의 신인 아폴론과 디오니소스는 왜 예술을 만들었는가, 왜 이 양자가 어우러져 비극을 만들었는가? 이는 곧 예술의 목적은 무엇인가, 인간은 예술을 왜 만들었는가, 어떻게 발전시켰는가라는 문제가 된다. 예술의 흔적을 찾아보면 그 답이 나온다. 예술은 인간의 고통을 망각하기 위한 것이다.

원래 고달픈 종족으로 태어난 인간들을 신들이 불쌍히 여기고서, 이들에게 고난(노고)들에서 벗어나는 휴식들로서 신들을 위한 제전(축제)들의 갈마들임을 정해 주고서는, 무사 여신들과 이들의 선도자이신 아폴론 그리고 디오니소스를 제전의 동참자들로 내렸는데, 이는 신들과 함께하는 제전들을 통해서 (이것들이) 활력소들로도 되어, 그리고 이것들이 (스스로) 가다듬어지도록 하기 위해서였습니다.[72]

아폴론은 꿈의 환영을 통해 인간이 고통을 망각하게 만들었고, 디오니소스는 음악의 도취를 통해 인간이 고통을 잊게 만들었다. 아폴론과 디오니소스는 예술을 통해 인간이 고통을 망각하도록 힘을 합쳤고, 그 결과가 비극이다. 비극은 이런 점에서 결국 인간이 고통을 어떻게 받아들여야 하는가를 다룬다. 앞으로 이 책에서 진행될 니체의 모든 철학은 이 내용의 변주에 지나지 않는다.

한 가지 더 살펴보자. 『비극의 탄생』을 읽으면서 우리가 훈련해야 할 것이 있다. 바로 변증법적 사고의 방법이다.

「자기비판의 시도」 3장에서 니체는 『비극의 탄생』을 집필할 때 '변증법적 무기력함'에 빠져 있다고 자기비판을 했다. 3장 들머리에 있는 단락은 『비극의 탄생』이 변증법적 사유와 이를 반영한 글임을 전형적으로 보여 준다.

변증법적 구성 형태로 본다면, 정형예술인 아폴론적인 것은 '정'이며, 무정형예술인 디오니소스적인 것은 '반'이다. 아티카의 비극은 아폴론적인 것과 디오니소스적인 것의 결합으로 만들어지며 변증법의 '합'에 해당한다. 아티카의 비극은 정과 반, 양자의 한계를 극복하고 새롭게 창조된 새로운 예술이다.

'변증법적 무기력함'은 이 들머리의 구성뿐만이 아니라『비극의 탄생』전체를 구성하는 원리이기도 하다.『비극의 탄생』전체 구조를 정반합의 원리에 따라 읽는 것은 기본적인 방법이다. 읽다 잘 이해되지 않는 부분이 나오면 변증법적 방식에 대입하여 읽어 보는 것도 좋다.

## 2. 아폴론적인 꿈

두 가지 경향을 설명하기 위해서 우선 이 두 경향을 꿈Traumes과 도취Rausches[1]라는 분리된 예술세계로 생각해 보자. 아폴론적인 것과 디오니소스적인 것의 양자 사이에서와 마찬가지로 양자의 생리학적인 현상[2] 사이에서도 상응하는 대립이 있다는 것에 주의를 기울여야 한다.

루크레티우스의 생각에 따르면, 우선 장려한 신의 형상은 인간의 영혼 앞에서 꿈으로 나타났으며,[3] 위대한 정형예술가는 매혹적인 몸매, 즉 인간적 피조물을 꿈속에서 보았으며, 시 창조의 비밀에 관한 질문을 던졌던 그리스 시인 역시 꿈을 생각해 내고서, 한스 작스에서 노래했던 것과 유사한 가르침을 제시한다.

나의 친구여, 시인이 자신의 꿈을 해석하고 기록하는 것,
이것이 바로 시인의 일이라네.
내가 믿는 바에 의하면, 인간의 가장 진정한 환상은
시인에게는 꿈으로 나타난다네.
모든 문학과 시는
진정한 꿈과 그 해석일 뿐이라네.[4]

1. '꿈Traum'은 우리가 자면서 꾸는 꿈을 말한다. 꿈은 아폴론적 예술의 주요 원리이다. 아폴론은 니체식으로 말하면 신화에서도 꿈의 신이다. 니체는 꿈이 형상을 가지며, 그 형상이 일정한 척도와 기본 원리에 의해서 구성된다고 보았다. 아폴론적 예술이란 꿈에서 본 형상을 현실 속에서 재현하는 것을 말한다. 조각가나 서사시인은 대표적인 아폴론적 예술가이다.

'도취'는 독일어 Rausch를 번역한 말이다. 이 단어는 사전적으로 '취한 상태'를 말하며, 비유적으로 '도취, 황홀, 흥분, 열광'을 뜻한다. 이런 말들은 주로 술을 마시고 취한 상태에서 비롯한다.

디오니소스는 신화에서 포도주와 술의 신이다. 니체는 도취란 형상을 가지고 있지 않으며, 어떤 조건하에서 도달할 수 있는 특정한 상태로 보았다. 비유한다면, 술을 마시고 기분이 좋아진 상태가 도취 중의 하나이다. 예술에 취해 있는 몰아적인 상태에 들어서는 것도 도취이다. 디오니소스적 예술이란 마치 술을 마시고 기분이 좋아져서 인간들이 서로 하나가 되는 상태를 재현하는 것을 말한다. 음악가와 서정시인은 대표적인 디오니소스적 예술가이다.

2. '생리학적인 현상'은 니체가 아폴론적인 것과 디오니소스적인 것을 마치 생물처럼 취급하여 그 기능과 원리를 밝히겠다는 뜻이다. 암수가 하나가 되어 새로운 생명을 낳듯이, 니체는 '아폴론적인 것'과 '꿈'을 연결시켜, 꿈이 예술가들에게 어떻게 작동하며, 예술가들의 창조에 어떤 방법으로 기여하는지를 밝힌다.

또한 니체는 '디오니소스적 것'과 '도취'를 연관시켜 도취가 예술가들과 이를 향유하는 인간들, 그리고 일반 시민들에게 어떤 작용을 하며, 시민들이 어떻게 하나가 되는지를 설명한다.

마지막으로 니체는 아폴론적인 것과 디오니소스적인 것, 꿈과 도취는 한 쌍이 되어 서로 대립하기도 하고 화해하기도 하면서 예술 창조로 나아간다고 밝힌다.

3. 루크레티우스의『사물의 본성에 관하여』5권 1161~1174에서 이와 관련된 내용이 나온다.

> 실제로 이미 필멸의 종족들은 깨어 있을 때에는 신들의 장려한 형상을, 그리고 잠들어 있을 때에는 한층 더 놀라운 육체를 인지했기 때문이다.[73]

니체는 루크레티우스의 입을 빌려, 아폴론적 조각가를 정의한다. 아폴론적 조각가란 꿈에서 본 신의 형상을 현실에서 새겨 내는 것이다.

4. 한스 작스의 이 말은 바그너의 〈뉘른베르크의 명가수〉 3막 2장에 나온다. 작스는 여기에서 다음과 같은 말을 한다.

> 작스 : 꿈과 시는 서로 친구라오. 기꺼이 서로 도와준다오.
>         ……
> 작스 : 당신은 그저 생각나는 대로 읊어요.
>         아침에 꾼 아름다운 꿈만 생각해요.

니체는 작스의 입을 빌려 아폴론적인 시인을 정의한다. 아폴론적 시인이란 꿈에서 본 내용과 형상을 현실 속에서 해석하고 기록하는 것이다.

다시 보기

니체는 정형예술인 조각, 미술, 서사시인 중에서 조각가와 서사
시인을 아폴론적인 것과 연관하여 설명하고 있다. 니체는 이를 다
시 꿈속에서 볼 수 있는 형상과 연관하여 언급하고 있다. 조각가,
회화화가, 서사시인은 모두 형상을 묘사한다는 점에서 정형미를 전
해 주는 아폴론적인 예술가이다.

## 3. 꿈의 세계와 가상

꿈-세계Traumwelten[1]의 아름다운 가상Schein—모든 인간은 꿈-세계
를 만들어 낸다는 점에서 완벽한 예술가이다—은 모든 정형예술
의 가정이며, 물론 또한 우리가 보게 되는 것처럼 시의 중요한 절
반[2]의 전제이기도 하다. 우리는 형상을 직접 이해하기도 하고, 모
든 형상은 우리에게 말을 걸기도 하며, 꿈에서 중요하지 않거나
불필요한 것은 아무것도 없다. 이러한 꿈-현실 Traumwirklichkeit에서
최고의 삶을 누린다 할지라도 우리는 이 꿈-현실이 가상이라는
것을 어렴풋하게나마 알고 있다. 적어도 내 경험으로는 그렇다.
또한 나는 그 경험을 자주 했으며, 그것이 정상적이라는 것에 대
한 많은 증거와 시인들의 발언을 제시할 수 있다.[3]

또한 철학적으로 사유하는 인간은 우리가 살고 존재하는 이러
한 현실의 이면에 전혀 다른 제2의 현실이 있으며, 이러한 현실
이 또한 가상이라고 생각하기도 한다. 그리고 쇼펜하우어는 인간
과 모든 사물을 어떤 시기에 순수한 환영Phantome이나 꿈-형상
Traumbilder으로 생각하는 재능을 철학적 능력의 특징이라고 간주했
다.[4]

철학자가 삶의 현실을 바라보듯이, 예술을 생산하는 사람과 꿈의 현실Wirklichkeit des Traumes과의 관계는 철학자와 존재Dasein의 현실과의 관계와 같다.[5] 예술을 생산하는 사람은 꿈-현실을 정확하게 그리고 진지하게 관찰한다. 왜냐하면 그는 이와 같은 형상으로부터 삶Leben을 해석하고, 꿈에서 일어난 일을 바탕으로 현재의 삶을 살아가기 때문이다.[6] 그가 너무나 선명하게 경험한 것이 반드시 유쾌하거나 즐거운 형상인 것은 아니다. 그는 꿈속에서 심각하고, 정신없고, 슬프고, 음울하고, 숨이 막힐 듯하고, 우연의 조롱을 당하기도 하고, 걱정스러운 기대를 하기도 한다. 요컨대 그는 지옥 편이 포함된 삶의 '신적인 희극' 전체를 그림자놀이처럼 보지 않는다. 왜냐하면 그는 이러한 장면들을 삶처럼 느끼고 경험하기 때문이다. 그럼에도 그는 이것이 가상의 덧없는 느낌이라는 것도 안다.[7]

그리고 많은 사람들도 나처럼 꿈속에서 위험에 처하고 너무 경악스러우면 그리고 성공하게 되면 '이것은 꿈이다! 다시 한번 꿈꾸면 좋으려만!' 했던 것을 기억할 것이다.[8] 사람들은 나에게 같은 꿈을 사흘, 그 이상의 밤 동안 계속 꿀 수 있는 사람들에 관해 이야기해 주었다. 이러한 사실에 대한 증거로 미루어 본다면 우리의 가장 내면의 본질, 우리 모두의 공통된 밑바닥은 꿈에서 아주 깊은 쾌감과 즐거운 필연성을 경험한다는 것이다.[9]

1. 꿈과 관련된 Traumwelten, Traumwirklichkeit, Traumbilder는 각각 '꿈-세계', '꿈-현실', '꿈-형상'으로 번역했다. '꿈의 세계', '꿈의 현실', '꿈의 형상'의 번역어는 꿈속의 세계, 꿈속의 현실, 꿈속의

형상들이란 의미로 다가온다. 이 표현들은 꿈을 현실이나 실제와 대비되는 또 하나의 세계라는 의미를 반영하지 못한다는 느낌이 든다. '꿈-세계, 꿈-현실, 꿈-형상'의 번역어는 꿈이 현실과 실제와 대립되는 독자적인 세계라는 느낌을 준다. 이런 번역어가 니체가 쇼펜하우어의 견해를 빌려 강조하려는 내용을 잘 반영한다고 본다.

2. 서사시를 말한다. 서사시가 외적 묘사와 형상을 중심으로 이뤄지기 때문이다. 이에 대해서는 6장에서 자세하게 다룬다. 니체는 서사시를 이 책의 여러 부분에서 다뤘으므로, 나올 때마다 아폴론적인 예술과 연관하여 살펴보는 게 좋다.

3. 쇼펜하우어의 『의지와 표상으로서의 세계 I』 1부 5장에 이러한 내용이 나온다. "제가 보기에 살아 있는 우리 모두가 환영이나/실체 없는 그림자에 지나지 않기 때문이지요."[74] 셰익스피어는 다음과 같이 말했다. "우린 꿈을 만드는 재료와 같고/보잘 것 없는 우리의 삶은 잠에 싸여 있다."[75]

4. 쇼펜하우어에게 꿈은 현실을 객관적 실재로 인식하는 것을 비판하기 위한 수단이다. 쇼펜하우어는 우리가 현실만을 객관적 실재로 인정하는 것에 대해 비판하면서 꿈도 현실과 마찬가지로 객관적 실재성을 지니고 있다고 보았다.

꿈과 현실, 환영과 실제 대상을 명확히 구분하는 기준이 있는가? 꿈꾼 것이 우리가 실제로 인식한 것보다 생생하지 않다는 주장은 명료하지 않다. 어느 누구도 양자를 공정하게 비교한 적이 없기 때문이다. 또한 우리는 꿈꾼 기억과 현재 현실을 비교만 할 수 있기 때문이다. 칸트는 이 문제에 대해 '인과율에 따르면 생각들 사이의 연관이 실제 생활과 꿈의 차이를 만든다.'라고 답한다. 하지만 꿈속에서도 모든 것은 실제 생활과 마찬가지로 어쨌든 근거율과 일치하여 개별적으로 연결되어 있다. ……'[76]

쇼펜하우어는 꿈도 칸트가 말한 것처럼 근거율에 따라 연결되어 있으므로 개별 꿈과 실제 생활은 차이가 없으며, 꿈도 사실 자체 내에 어떤 연관을 나타낼 수 있다고 보았다. 쇼펜하우어는 이런 사유를 통해 우리가 인식하고 객관적 실재로 인정하는 것 역시 하나의 표상에 지나지 않는다고 역설한다.

5. 철학자가 존재의 현실을 사유하듯이, 예술을 생산하는 사람은 꿈-현실을 바탕으로 예술적인 생산을 한다는 뜻이다.

6. 예술가는 어쩌면 꿈을 표현하는 것인지도 모른다. 쇼펜하우어는 『의지와 표상으로서의 세계 I 』 1부 5장에서 다음과 같이 말한다.

우리는 삶이 긴 꿈이라는 시인들을 인정하지 않을 수 없다.'[77]

7. 꿈을 꾸는 자는 꿈이 꿈임을 알면서도 실제처럼 받아들인다는 뜻이다. 악몽을 꾸는 경우를 생각해 보자. 일반적으로 받아들일 수 없는 엄청난 악몽을 꾸는 경우, 이것이 꿈이라는 것을 알고 있음에도 불구하고 너무 생생해서 몸서리치기도 한다. 정반대로 엄청나게 기분 좋은 꿈의 경우도 마찬가지이다.

8. 정확하게 전달하면 다음과 같다. 많은 사람들도 나처럼 꿈속에서 위험에 처해 너무 지치게 되면 '이것은 꿈이다!', 그리고 성공하게 되면 '다시 한번 꿈꾸면 좋으려만!'이라고 소리쳤던 것을 기억할 것이다.

9. 꿈이란 무엇인가? 꿈을 통해 인간은 무엇을 얻는가? 니체는 '아주 깊은 쾌감과 즐거운 필연성'을 얻는다고 못을 박는다. 인간은 꿈을 통해서 현실의 고단함을 잊고 상당한 쾌감을 누릴 수 있다. 설사 그 꿈이 하늘이나 건물에서 떨어지는 공포스러운 꿈이라 할지라도, 무서운 것에 쫓기는 두려운 꿈이라 할지라도, 꿈의 근본적 기능은 현실에서 이룰 수 없는 그 무엇을 이뤄 주는 쾌락을 제공해 준다. 꿈이 주는 쾌락설은 후일 프로이트의 심리학에 의해 '꿈은 소원 성취이다'라고 정리되며, 프로이트 심리학을 여는 중요한 이론으로 나타난다.

다시 보기

니체에게 꿈은 형상예술과 정형예술을 설명하기 위한 도구이다. 꿈 해석의 길을 연 프로이트의 선배 격에 해당하는 니체는 꿈을 『비극의 탄생』의 이론적 토대로 삼는다. 니체는 꿈을 아폴론적 예술로 연결시키는 것에 집중한다.

니체의 요지는 간단하다. 꿈은 가상이라는 것, 가상은 형상을 지니고 있다는 것, 예술가는 꿈속의 가상을 형상으로 인식하고 이를 인간이 보고 느낄 수 있는 형상을 지닌 예술로 표현한다는 것, 이것은 아폴론적인 것이고, 아폴론적인 것은 정형예술의 전형이라는 것이다.

인간은 꿈의 신인 아폴론 덕분에 꿈을 꿀 수 있고, 예술가는 그 꿈을 예술로 창작하여 현재의 고통을 잊게 하고 현실을 살 만한 것으로 바꿔 준다. 예술가는 척도의 신인 아폴론 덕분에 꿈을 꾸고, 그 꿈을 조각, 그림, 서사시 등의 다양한 예술로 표현한다. 사람들은 예술가가 창조한 예술 작품을 보면서 고단하고 고통스러운 현실을 잊을 수 있다. 이런 점에서 꿈을 다시 표현한 형상예술, 예술로 표현된 꿈은 현재의 고통을 잊게 해 주는 마약과 같은 역할을 한다.

더구나 니체는 모든 인간이 꿈을 꾼다는 점에서 예술가라고 표현했다. 인간이라면 누구나 꿈을 꾸기 때문에, 누구나 예술가가 작품으로 표현한 꿈 역시 공감하고 공유할 수 있다. 그럼으로써 우리는 꿈의 현실화된 예술을 통해 현재 현실의 고통을 치유받는다.

꿈을 어떻게 바라볼 것인가? 꿈을 어떻게 이용할 것인가? 니체만이 이 질문을 던진 것은 아니다. 많은 철학자들이 꿈을 자신의 이론을 뒷받침하는 수단으로 삼았다. 니체가 자신의 학문의 출발점을 꿈에서 시작한 것은 그리 특이한 것이 아니다. 사실 학문과 꿈의 관계는 아주 오래되었다.

플라톤은 꿈을 자신의 이데아 사상과 연결하여 설명했다. 현재 우리가 살고 있는 삶은 꿈과 같은 것이고, 초월적 실체인 이데아의 세계는 따로 있다고 플라톤은 생각했다. 동굴의 비유는 꿈과 연결하여 해석할 수 있다.

> 아름다운 사물들은 믿으면서 아름다움 자체는 믿지 않고, 누군가가 그것의 인식에 이르도록 그를 인도할지라도, 따라갈 수 없는 사람이 자네에겐 꿈꾸는 상태로 생각되는가, 아니면 깨어 있는 상태로 살고 있는 것으로 생각되는가?[78]

플라톤은 '아름다움 자체', 즉 이데아를 아는 자를 철학자로, '아름다운 사물' 속에 허우적거리고 살아가는 사람들을 일반인으로 설정한다.

쇼펜하우어는 플라톤의 이러한 꿈 해석을 "플라톤은 자주 말하길, 인간들은 꿈속에 살고 있을 뿐이지만, 철학자만이 홀로 깨어 있으려고 노력한다."[79]라고 간명하게 정리한다.

니체가 그토록 존경했던 쇼펜하우어 역시 꿈과 현실을 자신의 철학을 설명하기 위한 도구로 사용했다. 쇼펜하우어는 현실과 꿈의 경계선을 부정함으로써, 현실의 삶 역시 표상에 지나지 않는다고 논증한다. 쇼펜하우어는 사물의 실재성을 부정하기 위해 꿈의 실재성을 인정했다.

니체의 후배 격에 해당하는 프로이트는 꿈은 해석할 수 있으며, 꿈의 근원에 욕망이 도사리고 있다고 주장한다. 프로이트의 『꿈의 해석』의 전체 주제는 이것이다. 프로이트는 꿈을 유아적 소망의 실현, '소원 성취'라고 명료하게 정의한다. 인간은 꿈에서 자신의 가장 본질적인 욕망을 실현한다고 프로이트는 보았다. 프로이트 전체 사상은 실제로 꿈의 해석의 연장선에 있다고 보아도 과언이 아니다.

## 4. 개별화 원리

마찬가지로 그리스인들은 꿈-경험Traumerfahrung의 이와 같이 즐거운 필연성을 자신들의 아폴론으로 표현했다.[1] 모든 정형적인 힘의 신으로서 아폴론은 동시에 예언의 신이기도 하다.[2] 어원에 따르면 '빛나는 자'이자 빛의 신인 아폴론은 내부 환상 세계의 아름다운 가상도 또한 지배한다.[3] 더 높은 진리, 즉 대낮의 현실이 불완전하게 이해되는 것과 반대되는 이러한 흥분 상태의 완전성, 나아가서 잠과 꿈속에서 치유되고 도움을 받는 본성에 관한 심오한 의식은 동시에 예언적 능력 그리고 일반적으로 삶을 가능하게 하고 살 만한 가치가 있는 것으로 만들어 주는 예술들의 상징적 비유이다.[4]

하지만 꿈-형상Traumbild이 병으로 작용하지 않기 위해서 넘어서는 안 되는 모든 섬세한 선—이 경계선을 넘어설 경우 어설픈 현실과 같은 가상이 우리를 기만할 것이다—예컨대 적당한 경계, 야수와 같은 흥분으로부터 자유, 정형적 신의 지혜에 넘치는 고요함이 있기 마련이다.[5]

아폴론의 눈은 그의 기원에 따르면 당연히 '태양처럼 빛나는 듯'이다. 아폴론의 눈이 분노와 불쾌로 빛이 날 때에도 아름다운 가상의 신성함이 그에게는 어려 있다. 그리고 쇼펜하우어가 『의지와 표상으로서의 세계 I』 416쪽에서 마야의 베일[6]에 사로잡힌 인간에 관해 언급했던 것은 이상하기는 하지만 아폴론에게도 적용된다.

> 작은 조각배 위에 선원이 사방에서 미쳐 날뛰는 거대한 산과 같은 파도가 오르락내리락하는 광포한 바다 위에서 약한 조각에 기댄 채 앉아 있는 것처럼, 개개의 인간은 고통의 세계 한가운데에서 **개별화의 원리**principium individuationis[7]에 의지하고 기댄 채 고요히 앉아 있다.[8]

그 원리에 대한 흔들리지 않는 신뢰와 그 원리에 사로잡힌 자의 고요한 자세가 그의 고상한 표현이라는 것은 아폴론에게도 적용된다. 사람들은 아폴론을 **개별화의 원리**의 영웅적인 신의 형상으로 특징지을 수 있다. 그의 행동과 눈빛에서 '가상'의 전체적

인 쾌락과 지혜가 그 아름다움과 더불어 우리에게 전해진다.[9]

1. 니체는 일반적으로 꿈을 '즐거운 필연성'으로 바라보았다. 3절 말미가 이에 해당한다. 니체가 자세히 말하지 않았지만 악몽마저도 어쩌면 즐거운 꿈을 위한 전조이거나, 악몽을 통해 현실의 고통을 해소한다고 본 것 같다. 니체가 이렇게 생각한 데는 이유가 있다. 악몽이 악몽으로 끝난다면, 꿈이 주는 위로를 기대할 수 없기 때문이다.

니체는 정형예술가들의 예술이란 꿈을 재해석하고 표현하는 것이라고 보았다. 니체에게 예술이란 인간의 고통을 잊게 하는 일종의 망각 장치를 통해 인간에게 행복을 전달하는 매개체이다. 꿈을 표현한 예술이 악몽의 드러내기로 끝난다면, 인간은 이런 예술을 통해 위안과 위로를 얻을 수 없다. 이 점에서 니체는 악몽마저도 즐거운 필연성으로 바라본다.

2. 니체는 아폴론을 꿈의 신이라고 말한다. 꿈은 형상으로 나타난다는 점에서 아폴론은 모든 형상을 만드는 정형의 신이다. 아폴론은 또한 예언의 신이기도 하다. 흔히 예지몽이라고 표현하듯이 우리는 꿈이 앞일을 미리 알려 준다고 생각한다. 아폴론은 예언의 신이기 때문에 꿈의 신이 된다.

3. 아폴론을 빛나는 자 또는 빛의 신으로서 '포이보스phoibos'라고 부르기도 한다. 호메로스는 『일리아스』에서 아폴론을 '포이보스'라고 부른다. 헤시오도스 역시 『신들의 계보』에서 처음 아폴론을 소개할 때 '포이보스'라고 부른다. 아폴론은 빛의 신이기 때문에 현실을 지배하는 신이기도 하다.

포이보스 아폴론. 포이보스는 아폴론의 별명 중 하나로, '밝게 빛나는 자', '정결한 자'라는 뜻
이 있다. 그림에서도 아폴론의 머리 뒤가 밝게 빛나게 그려져 있다. (얀 뵉 호르스트, 17세기, 개
인 소장)

'내부 환상 세계의 아름다운 가상도 또한 지배'는 아폴론이 꿈의
신으로서 인간 정신의 내면 세계를 지배하고 꿈의 형상으로 나타나
는 '가상'들 역시도 지배한다는 뜻이다. 아폴론은 꿈속의 가상을 지
배하므로 정형예술의 신이 된다.

4. 잠과 꿈이 없다면 인간은 살 수 없다. 오비디우스는 『변신 이야
기』에서 잠이 인간을 얼마나 행복하게 해 주는지 말한다.

> 만물의 휴식인 잠의 신이여, 신들 중에서 가장 온유한 잠의 신이여,
>
> 근심을 내쫓고, 힘겨운 봉사에 지친 육신을 어루만져 주며,

노고를 위해 육신을 다시 준비시켜 주는, 그대 마음의 평화여.'[80]

니체는 아폴론에게 잠과 꿈의 세계를 지배하는 역할을 맡겼으며, 잠과 꿈을 아주 중요하게 여겼다. 꿈이 예술의 중요 원천이라고 강조했던 니체가 잠을 얼마나 중요하게 여겼는지 알아보자. 니체는 『자라투스트라는 이렇게 말했다』 1부에서 잠의 소중함을 적극 주장한다.

자라투스트라는 30살의 나이에 입산하여 10년간 고독을 즐기고 난 후, 최초로 만난 현자가 있다. 그는 주로 잠을 잘 자기 위해 어떻게 해야 하는가를 설파하는 자였다. 그는 잠을 잘 자기 위해 대낮에 많은 덕을 쌓아야 한다고 주장했다.

> 잠에 대한 존경과 겁! 이것이 가장 중요하다! 그러므로 잠을 못 이루고 밤을 지새우는 자들을 멀리하라! …… 잠든다는 것은 결코 하찮은 기술이 아니다. …… 잠을 잘 자기 위해서 온갖 미덕을 갖추어야만 한다. …… 나는 많은 존경도 엄청난 재물도 바라지 않는다. …… 그러나 좋은 평판과 최소한의 재물이 없다면 잠들지 못할 것이다.'[81]

니체의 분신, 자라투스트라는 잠을 잘 자는 덕을 설파하는 현자를 인정한다.

> 내 입장에서 마흔 개나 되는 사상을 갖고 있는 이 현자는 바보다. 하지만 나는 이 현자가 잠을 제대로 이해하고 있다고 믿는다.'[82]

자라투스트라가 비판하지 않는 자가 있었던가! 누구도 자라투스트라의 입에서 나오는 독설로부터 자유롭지 못했다. 잠과 덕을 설교하는 현자만이 자라투스트라로부터 인정을 받았다. 잠은 그만큼 중요하다.

잠들지 못하는 자, 그는 병든 자이거나 곧 병이 들 자이거나 경제적으로 심하게 고통을 겪는 자이다. 잠을 잘 자는 자, 그는 마음이 편안한 자이며 최소한의 경제적 어려움을 피할 수 있는 자이며 건강한 자이다. 긴 밤을 잠들지 못하고 지새우는 자는 다음 날 환한 햇볕이 두려운 자이고, 삶을 건강하게 유지하지 못하는 자이다.

잠은 꿈의 보금자리이고, 꿈은 예술의 토대이다. 잠들지 못하는 자는 아폴론적인 정형예술과 거리가 먼 자이다.

5. 우리는 흔히 "꿈에도 그런 생각을 한 적이 없다."라고 말한다. 오이디푸스를 들먹이지 않더라도 꿈속에서 인간은 타인의 눈, 도덕, 법 등이 지배하는 대낮이라면 생각하지 못할 잔인한, 끔직한, 파격적인 행동을 한다. 꿈에서 사람들은 현실에서 이룰 수 없거나 실행할 수 없는 행동을 거리낌없이 자행한다. 꿈에서 인간은 온갖 범죄를 저지르고 아무런 양심의 가책도 느끼지 않고 죄악과 범죄를 저지르고 제멋대로 행동한다. 꿈속에서 인간은 도덕상실, 가치상실의 전형이다. 플라톤은 "꿈속에서나 되었던 그런 사람이 깨어서도"[83] 제멋대로 행동을 한다면, 그는 자기 부모나 형제를 죽이는 참주적인 인간이라고 보았다. 플라톤은 꿈속에서 멋대로 행동하는 것이 얼마나 비정상적인가를 보여 준다.

비정상적인 것들이 …… 잠들었을 때 깨어나는 욕구들일세. 혼의 다른 부분이, 즉 이성적이고 유순하며 지배하는 모든 부분이 잠들 때면, 짐승 같고 사나운 부분은 잔뜩 먹고 마시고는 발딱 일어나 잠을 물리치고 나가서는 제 기질을 충족시키려 꾀하지. …… 일체의 부끄러움과 분별에서 풀려나고 해방된 터라, 무슨 짓이든 감행한다는 …… 어리석거나 파렴치한 짓을 빼놓지 않고 저지른다네.[84]

프로이트의 표현대로라면, 현실에서 경계선을 넘어 행동할 경우 꿈에서나 할 법한 행동은 병적인 행동을 하는 것이다.[85]

꿈에서 이렇게 멋대로 하는 성향을 어떻게 통제할 것인가? 니체는 그 역할을 경계의 신인 아폴론이 담당한다고 보았다. 아폴론은 꿈에서 짐승처럼 제멋대로 자유를 누리고, 심할 경우 마음의 병으로까지 깊어질 수 있는 것을 막는 적당한 경계를 설정한다. 꿈의 신 아폴론이 인간의 꿈에 개입해서 적당한 경계를 넘어서지 못하도록 막는다. 꿈의 신이자 경계의 신이자 척도의 신 아폴론은 인간이 꿈 때문에 마음의 병으로 발전할 수 있는 가능성을 원천적으로 차단한다.

이상은 아폴론신과 관련된 표면적인 이야기이다. 니체의 숨은 의도는 따로 있다. 니체는 가상의 신이자 꿈의 신이며 그럼에도 척도의 신이자 경계의 신인 아폴론에게 새로운 역할을 부여한다. 아폴론은 현실에서 꿈과 같은 역할을 하는 디오니소스적인 지나친 도취를 막는 역할을 한다. 경계의 신 아폴론은 인간이 디오니소스신의 도취를 지나치게 탐닉해서 일정한 경계선을 넘을 경우, 광적인 흥분과 퇴폐로 치달리는 것을 막아 준다. 니체는 이 점을 염두에 두고 아폴론을 경계의 신이자 이성의 신으로 등극시킨다.

그리스 신화에서 본래 꿈의 신은 따로 있다. 꿈의 형상만을 가능

벨베데레의 아폴론. 기원전 4세기 아테네 조각가 레오카레스가 제작한 청동상을 모방한 대리석 조각상 (바티칸 미술관 소장)

케 할 뿐인 잠의 신의 아들이자 꿈의 신들인 모르페우스Morpheus 형제는 경계를 설정하는 아폴론과 같은 능력이 없다. 그들에게는 인간의 꿈에 경계를 설정하는 능력이 없다. 그 신들은 단지 인간에게 형상으로서의 꿈을 꾸게 할 뿐이다. 이 점에서 니체는 기존 꿈의 신 대신 아폴론을 꿈의 신으로 등장시킨다.

6. 쇼펜하우어의 영향을 받은 니체는 마야의 베일을 아폴론의 '꿈-세계'인 가상과 같은 의미로 사용한다.

> 『베다』와 『푸라나』는 마야의 직물로 일컫는 실제세계를 전체적으로 인식하는 데 꿈보다 더 나은 비유를 알지 못하며, 꿈 이외의 다른 어떤 것을 사용하지 않는다.[86]

마야는 산스크리트어로 '마술', '환상'이라는 뜻으로, 현상세계를 지칭한다. 마야는 인도 신화에서 이 세계를 창조한 여신이다. 쇼펜하우어는 마야의 베일을 현실세계를 상대적인 현존, 실재하지 않는 가상으로 표현하기 위해 사용한다. 마야의 베일은 본질적인 또 다른 무엇, 플라톤의 용어로 이데아나 종교적인 의미의 초월적 존재와 대비된다.

현실과 사물 등을 가상이나 변화하는 것으로 파악하는 철학적 전통은 상당히 오래되었다. 헤라클레이토스의 '만물유전', 플라톤의 '동굴 우화에서 모닥불에 비치는 사물', 스피노자의 '사물의 우유성', 칸트의 '물자체와 대립된 현상'은 이러한 철학적 전통에 서 있다. 이러한 인식은 『베다』, 『푸라나』에서도 이미 나타난다.

그것은 필멸의 존재의 눈을 가리는 기만의 베일인 마야이다. 이것은 사람들이 세계가 있다고도 또한 없다고도 말할 수 없는 세계를 보도록 만든다. 왜냐하면 세계는 꿈과 같기 때문이다. 세계는 여행자가 멀리서 물로 보았던 모래 위의 햇빛과 같으며, 또는 그가 뱀이라고 생각해서 집어던진 새끼줄과도 같기 때문이다.[87]

7. 개별화의 원리principium individuationis는 개체화의 원리[88]라고도 한다. 개체화의 원리는 본질 또는 보편자와 대비되는 현상 또는 다양성을 철학적으로 표현한 것이다. 개체화의 원리는 우리의 시간과 공간에 해당한다. 어떤 하나의 본질적인 것(이데아)이 존재하고, 그 본질로부터 다양한 현상이나 다양한 것들이 나타난다고 가정해 보자. 예컨대 본질인 대문자 의자가 있고, 여기서 다양한 소문자 의자가 나타난다고 가정해 보자. 소문자 의자는 어떤 특정한 시간과 공간 속에서 나타날 수 있다. 이것이 개별화 원리이다.

나는 시간과 공간을 개별화의 원리(개체의 존재 근거)로 부를 것이다. …… 왜냐하면 그 본성과 개념상 동일한 것이 다른 것으로, 상호 공존하며 지속적인 현상의 다수성으로 나타나게 하는 것은 오로지 시간과 공간뿐이기 때문이다. 따라서 시간과 공간은 개별화의 원리이며 ……[89]

8. 이 인용문은 니체의 사상을 단적으로 보여 주는 문장이다. 이 문장은 인간의 삶을 대구對句로 아래와 같이 표현하고 있다.

거친 파도 = 고통의 세계

거친 파도와 풍랑에 휩싸인 배 (윌렘 반 데 벨트 2세, 1680년경, 암스테르담 국립 미술관 소장)

선원 = 인간

작은 조각배 = 개별화의 원리


이런 대구를 그대로 적용하여 설명해 보자. 선원이 바다의 거친 파도 속에서 작은 배에 의지하고 헤쳐 나가며 목적지에 도달하는 것처럼, 대부분의 인간은 고통스러운 세계에서 개별화의 원리에 의지하고 목적지에 도달한다.

쇼펜하우어는 이 다음 문장에서 인간이 어떤 고통 속에서 살아가는지 설명한다. 영겁의 시간 속에서 고통으로 가득 찬 세계, 하루살이 같은 인간, 순간적인 만족이 바로 그것이다. 니체는 쇼펜하우어의 이런 생각에 동의한다. 인간은 누구나 이 세상에 태어나는 순간부터 고통스럽게 살아갈 수밖에 없다고 니체는 생각한다. 니체는 인간의 이러한 고통을 '존재의 공포'라는 말로 이 책 3장에서 설명한다.

이 고통에 대한 대처법은 두 가지이다. 하나는 그 고통을 회피하거나 은폐하기 위해서 종교에 의지하는 것이고, 다른 하나는 니체의 방식으로, 초인처럼, 자라투스트라처럼 의지를 가지고 극복하는 것이다.

9. 니체는 아폴론을 쇼펜하우어가 말한 '개별화의 원리'의 신적인 표현이라고 생각한다. 니체는 '개별화의 원리와 아폴론'[*90]으로 명제화하기도 했다. 아폴론은 꿈의 신이자 가상의 신이다. 가상은 개별화의 원리에 의해 낱낱으로 만들어지는 하나의 형상이므로, 아폴론은 곧 개별화의 원리의 영웅적인 신이 된다. 그리고 이러한 아폴론을 미학적으로 표현하면, 아폴론은 각각의 가상에 아름다움을 덧

입혀 주는 정형적 예술의 신이 된다. 아폴론은 꿈의 신이자 개별화의 신이며, 아름다움을 표현하는 예술의 신이다.

### 다시 보기

아폴론을 꿈의 신으로 오해해서는 안 된다. 아폴론은 엄밀하게 말하면 꿈의 신이 아니다. 꿈의 신으로서 아폴론은 일종의 B급 신화이거나 족보 없는 신화이다. 니체만의 잠꼬대일 수 있다. 고대 그리스 신화에서 잠의 신인 솜누스Somnus의 아들인 모르페우스Morpheus가 꿈의 신이다. 모르페우스는 형상form, shape을 의미하는 morphai

저녁 또는 모르페우스 (샤를 르브룅, 1633년, 루브르 박물관 소장)

에서 나왔다. 오비디우스는 『변신 이야기』에 잠의 신과 꿈의 신의 관계를 잘 드러내고 있다.

> 한편 아버지(솜누스)는 일천 명이나 되는 자기 아들들의 무리 중에서
> 모르페우스를 깨우니, 그는 인간 모습의 교묘한 모방자이다.
> 걸음걸이와 얼굴 표정과 말하는 목소리를 그보다
> 더 교묘하게 재현할 자는 달리 아무도 없다.
> 거기에다 그는 각자의 옷차림과 흔히 쓰는 말까지 덧붙인다.
> 허나, 그는 사람들만 흉내 내는 데 반해, 둘째 아들은 야수가
> 되기도 하고, 새가 되기도 하고, 몸이 긴 뱀이 되기도 한다.
> 그를 하늘의 신들은 이켈로스('비슷한'이라는 뜻)라 부르고, 인간의 무
> 리들은 포베토르('겁주는 자'라는 뜻)라 부른다.
> 셋째 아들은 판타소스('상상력'이라는 뜻)인데,
> 그는 또 다른 재주에 능하다. 그는 땅이나 바위나
> 물이나 나무나 온갖 무생물로 둔갑한다."[91]

그리스 신화에서 꿈의 신은 분명히 존재할 뿐만 아니라 꿈에서 각각 다른 역할을 하는 신들 또한 존재한다. 여기서 문제가 발생한다. 첫 번째 문제는 꿈의 신들이 존재함에도 불구하고 왜 니체는 아폴론을 꿈의 신으로 받아들이게 만들었는가? '잠의 신'의 자식들인 '꿈의 신들'은 꿈에서 인간, 여러 동물, 꿈의 배경 역할을 담당한다는 점에서 꿈속에서 형상의 역할, 가상의 역할을 떠맡고 있다. 하지만 그 이상의 역할은 의미도 없다. 꿈의 신들은 어떤 아름다움이나 미로 형상화시키지 못한다. 다만 인간에게 꿈을 여러 형상으로 꾸

게 할 뿐이다.

니체는 꿈에서 인간에게 아름다움을 선사하는 또 다른 역할을 하는 신을 찾을 필요가 있었다. 형상과 가상을 아름다움으로 표현할 수 있는 역할을 하는 신을 필요로 하는 니체는 아폴론을 끄집어낸다. 니체는 아폴론에게 꿈의 신이자 꿈을 지배하는 신이라는 역할을 부여한다. 하지만 아폴론이 꿈의 신 역할을 하기에는 신화적 전통이 부족했다.

니체는 이 부족을 메꾸어 줄 훌륭한 단서를 찾아낸다. 아폴론이 예언의 신이라는 점을 니체는 십분 활용한다. 인간은 신으로부터 어떻게 예언, 예지를 받는가? 햇빛이 찬란하게 빛나는 대낮에 신으로부터 예언이나 예지를 받는 경우도 있다. 하지만 그런 경우는 그리 많지 않다. 인간은 대부분 잠을 자면서 꿈을 통해 신으로부터 예지나 예언을 받는다고 생각한다.

니체는 등식을 완성시킨다. 예언의 신 아폴론은 꿈의 신이고, 꿈의 신인 아폴론은 꿈속의 가상을 완전하게 지배한다. 이제 니체의 '아폴론'은 『비극의 탄생』을 설명하기 위한 한 축으로 자리매김한다. 아폴론은 가상의 신이 되고, 형상의 신이 되고, 형상을 주조할 수 있는 정형의 신이 된다. 아폴론은 정형의 신으로서 자, 척도, 도량 등의 형상으로 완성되고, 서사시의 근원이 되고, 정형적인 음악의 신이 되고, 예술의 신이 된다. 니체는 다음과 같이 표현한다.

어떤 의미에서 아폴론은 예술의 신으로 만들어졌는가? 아폴론이 꿈의 표상의 신인 한에서이다. 철저하게 '빛나는 자'이자 뿌리 깊은 의미에서 태양과 빛의 신인 아폴론은 자신의 아름다움을 자신의 요소로 만들었고,

따라서 아름다움의 영역에서 꿈-세계를 지배했다. 불완전하게 이해되는 낮의 현실과 반대로 이러한 상태의 완전성, 더 수준 높은 지혜 덕분에 아폴론은 예술의 신이자 진리의 신으로 올라섰다.[92]

## 5. 디오니소스적인 것과 황홀

동일한 곳에서 쇼펜하우어는 근거율[1]이 그 여러 형태들 중에 하나의 예외를 인정해야 하는 경우, 인간이 현상의 인식 형식에서 혼동을 겪게 될 때 사로잡히게 되는 무시무시한 공포를 우리에게 묘사했다.[2] 우리가 이러한 공포에 기쁨으로 충만한 경련, **개별화의 원리**가 파괴될 때 인간의 가장 내적인 토대인 본능으로부터 솟아오르는 그 기쁨을 덧붙인다면, 도취의 비유에 의해서 가장 근접하게 될 **디오니소스적인 것**의 본질을 보게 된다.[3]

먼 옛날 모든 인간과 민족이 찬양했던 마취성 음료를 마시거나, 봄이 다가올 무렵 자연 전체에 퍼지는 강력한 기운에서 디오니소스적인 흥분이 끓어오른다. 그 도약에서 주체적인 것은 완전히 자기망각에 도달한다. 중세 독일에서도 동일한 디오니소스적인 힘에 사로잡혀 점점 더 늘어난 무리들이 노래하고 춤추며 방방곡곡 휩쓸고 돌아다녔다. 우리는 이와 같은 성 요한제[4]와 성 파이트제[5]에서 그리스인의 바쿠스 합창가무단[6]을, 바빌론에서 광란의 사카이엔 축제[7]에 이르기까지 소아시아에서 그 이전의 역사를 다시 볼 수 있다.[8]

경험이 부족하거나 둔감한 자들은 건강하다고 자부하면서 그런 현상이나 '인민의 병'을 비웃거나 동정한다. 디오니소스를 따르는 열광자들의 빛나는 삶이 그들 곁에서 끓어오르면, 이와 같

은 그들의 '건강'은 창백하며 유령과 같이 보인다는 것을 가련한 자들은 느끼지 못할 것이다.[9]

1. 근거율der Satz vom Grunde은 충족 이유율the principle of sufficient reason이라고도 불린다. 쇼펜하우어가 체계적으로 정리한 것으로, 의지와 대비되는 표상의 세계가 형성되는 원리로 네 가지가 있다.

　생성의 이유율은 인과법칙을 말하며, 원인과 작용의 관계를 표현하며, 오성이 사태를 원인과 결과로 그려 낸다는 점에서 오성의 원리라고도 한다. 인식의 이유율은 이성이 작동하는 것으로 개념과 연관된다. 존재의 이유율은 직관과 연관되며 공간과 시간과 연관된 것으로 수학의 인식 원리이다. 행위의 이유율은 내적인 의식인 동기에 의해 작동하며 의욕과 의지로 표현되는 원리이다.

2. 근거율의 예외는 인간이 이해할 수 없는 사건이 벌어지는 것을 말한다. 쇼펜하우어는 이를 다음과 같이 표현한다. 예컨대 바람 한 점 없는 캄캄한 밤에 갑자기 나뭇잎이 흔들린다고 생각해 보자. 죽은 지 사흘 지난 사람이 갑자기 살아난다고 가정해 보자. 과거의 일이 현재 다시 반복되거나 먼 미래 일어날 법한 일이 현재 발생한다고 생각해 보자. 이런 일들은 인간이 이해할 수 없는 일로서, 이런 일을 당하게 되면 온몸이 전율을 느끼게 된다. 공포에서 기인한 전율을 인간이 느끼는 것은 근거율의 예외에서 비롯한다.

　　그러한 종류의 어떤 것에 엄청난 공포를 느끼는 것은 사람들이 그 자신의 개체를 나머지 세계와 구분하는 현상의 인식 형식에 혼란을 느낀다는 사실에 기인한다.[*93]

인간은 근거율에서 벗어난 어떤 사건이나 사태가 발생하면 극도의 공포를 느낀다. 근거율의 예외는 인간 공포의 근원이다.

3. 근거율의 예외가 갖는 두 가지 의미를 고려해야 한다. 하나는 쇼펜하우어가 말한 근거율의 예외가 갖는 의미이고, 다른 하나는 니체에게서 근거율의 파괴가 갖는 의미이다.

쇼펜하우어에게 근거율의 예외는 근거율로 생각할 수 없는 현상이 발생함을 의미한다. 본질세계가 아닌 표상세계에서 인간이 근거율로 판단할 수 없는 상황이 발생한다면, 인간은 공포를 느낀다. 오성, 이성, 직관, 동기에 의해서 판단할 수 없는 현상이 발생한다면, 인간은 두려움을 느낀다. 앞에서 든 예시를 생각해 보자. 깜깜한 밤, 바람 한 점 없는데 갑자기 나무가 흔들린다고 가정해 보자. 이것을 본 인간은 공포를 느낄 수밖에 없다.

니체에게 근거율의 예외는 근거율로 표현될 수 있는 예술 영역, 즉 가상의 세계를 아름답게 표현하는 아폴론적인 예술로는 이해할 수 없는 현상의 발생이다. 즉, 정형적인 미를 표현하는 아폴론적인 예술이 적용될 수 없는 예술이 발생할 수 있다. 바로 그것은 아폴론적인 것과 대비되는 디오니소스적인 것이다. 그 디오니소스적인 것은 자, 척도, 정형 등과 대비되는 인간 본성, 본능에서 비롯되는 예술을 말한다. 즉, 인간이 가장 본능적인 것을 표현할 때 예술로 승화될 수 있음을 뜻한다.

니체의 주장을 개별화의 원리 및 근거율과 연결하여 정리해 보자. 아폴론적인 것의 또 다른 표현인 개별화의 원리로 탄생한 개체나 사물, 인간을 이해할 수 있는 것은 근거율 덕분이다. 근거율로 이해할 수 없는 영역의 존재는 아폴론적인 것 이외의 다른 영역이 존재함을 뜻한다. 개별화 원리의 파괴는 근거율로 인식할 수 없는 영역의 존재를 인정하는 것이다. 이성적인 사고방식으로는 이해할 수 없는 어떤 현상이 발생하는 것이다. 이것이 디오니소스적인 것의 본질이다. 디오니소스적인 기쁨을 인간이 맛보게 되고, 그 기쁨을 표현하면 예술이 된다.

4. 성 요한제Sanct-Johann는 성경에 나오는 요한의 탄생을 기리는 축제로, 6월 24일 벌어진다. 6월 24일로 잡은 이유는 누가복음 1장 26~27절, 1장 36절에 근거한다. 옛 로마력 기준으로 예수가 태어난 날인 12월 25일로부터 6개월 전이 바로 6월 24일이다.

이 날이 중요한 의미를 갖는 것은 자연적 현상으로 낮이 가장 긴 하지 무렵이란 점이다.(크리스마스 축제 밤이 가장 긴 동지 무렵이란 점도 고려해야 한다.) 이 축제에서 가장 중요한 행사 중의 하나는 성 요한제 전날 밤, 커다란 모닥불을 피우고 젊은이들이 이 불을 뛰어넘고 노는 것이다. 이 날 술과 음식을 먹고 억압받았던 모든 것을 훌훌 털어 내는 춤을 추었다고도 한다. 또한 여성들은 온갖 약초를 모았다고도 한다.

이 축제가 얼마나 흥분과 환희에 차 있는지는 상징적 요소를 헤아려 보는 것만으로도 충분하다. 커다란 모닥불, 술, 춤, 그리고 약초, 여성들이 한껏 흐드러지게 노는 모습을 상상해 보는 것만으로 충분하다.(위에서 열거한 것들은 중세 시대의 마녀사냥을 판별하는 기준이기도 하다.)

이를 잘 보여 주는 사례가 있다. 니체는 앞에서 꿈을 언급하면서 한스 작스를 등장시켰다. 이 주인공은 바그너가 작곡한 〈뉘른베르크의 명가수〉에서 나오는데, 이 음악극의 무대 배경도 성 요한제 전날이다. 축제가 얼마나 시끌벅적했는지는 여기에서도 잘 나타난다.

모든 분들이 잘 아시다시피

내일 성대히 치뤄질 성 요한 축제는

꽃이 만발한 푸른 초원에서

축제와 함께 춤과 놀이가 벌어져

모든 걱정을 잊고

기쁜 마음으로

모두가 마음껏 즐기는 날입니다.

내일은 명인들도 그들의 성스러운 임무인

교회의 노래 학교에서 잠시 벗어나

야외로 나가 즐거운 음악과 함께

드넓은 푸른 초원 위에서

화려하고 시끌벅적한 축제를 즐기는 날입니다.[94]

5. 성 파이트 축제 또는 성 무도병Sanct¯Veittänzern은 중세 시대에 집단
적으로 발병한 춤추는 병을 일컫는다. 그들은 춤을 추면서 "성 요한
님, 정말 정말 생기 있고 유쾌한 성 요한님"[95]이라는 후렴구를 반복
했다고 한다.

적게는 몇백 명에서 많게는 천 명 넘는 남녀노소가 지위 고하를
막론하고 춤을 추었다. 춤추는 자들은 옷을 벗고 동물처럼 괴성을
지르기도 하고 더러운 곳을 뒹굴기도 했다. 그들은 몇 시간이고 몇
날이고 심장마비나 탈진이 되어 죽을 때까지 춤을 추었다. 이 병은
그 당시 성 요한이나 성 파이트의 저주에 의해 걸렸다고도 한다.

성 요한 축제 (줄스 브레튼, 1875년, 필라델피아 미술관 소장)

1518년 심인성장애무도증 또는 춤추는 역병에 걸린 스트라스부르의 시민들이 교회 묘지 한가운데서 춤을 추고 있다. (작자 미상, 1600년경)

매년 성 요한 축제일마다 춤에 열광한 여성들이 브뤼셀 근처 뮬렌벡으로 가는 순례길에 춤을 추고 있다. (피터르 브뤼헐 2세, 1592년)

중요한 것은 이 현상이 전염이 되어 집단적으로 행해졌다는 점이다. 심지어 얼마나 많은 사람들이 격렬하게 춤을 추었던지 다리가 무너졌다는 기록이 있을 정도이다. 독일 지역에서 이 무도병이 가장 강력하게 나타났다.

6. 그리스 바쿠스 합창가무단die bacchischen Chöre der Griechen에 대해서는 7장과 8장에서 집중적으로 다루도록 한다.

7. 바빌론의 사카이엔 축제den orgiastischen Sakäen는 전쟁여신인 아나이티스(그리스 신화의 아테나와 상응)를 기리는 축제로 매년 연초에 5일간 행해졌다. 니체는 이 기간 동안 극단적이고 환락적인 축제가 벌어졌다고 말한다.

> 여기에서 닷새 동안 진행되는 축제에서 모든 국가적, 사회적 유대가 갈기갈기 찢어진다. 그 중심은 성적 방종, 무제한적 매춘에 의한 가족의 파괴였다.[96]

또한 이 축제 기간 동안 주종 관계가 완전히 바뀌었으며, 가짜 왕을 뽑아 조롱하고 난 후 살해했다고 한다. 이 축제의 기원은 페르시아의 창건자 키루스가 스키타이 계통의 사케이엔족을 정복하러 갈 때 그들을 붙들어 두기 위해 풍성한 음식을 제공한 데서 비롯한다.

8. 디오니소스 축제는 중세의 성 요한 축제와 성 파이트 축제와 성격상 같을 뿐만 아니라 고대 시대의 사카이엔 축제와도 같다는 뜻이다. 니체는 이를 다음과 같이 표현했다.

> 유사한 축제는 대단히 오래되었고, 모든 민족에게서 증명될 수 있고, 가장

유명한 것은 사카이엔이라는 이름으로 바빌론에서 거행된 것이다.'[97]

디오니소스의 광란의 모습들은 성 요한 축제와 성 파이트 축제의 춤꾼과 닮았다.'[98]

9. '경험이 부족하거나 둔감한 자들'은 축제에서 춤을 추는 것을 이해하지 못하는 자들을 지칭한다. 이들은 주로 종교적인 성직자나 철학자, 교조적인 권력자 등이다. 그들은 축제에서 술을 마시고 흠뻑 취해서 춤을 추어본 적이 없는 자들이다. 그들은 정신적으로 스스로 건강하다고 자부하는 자들이다. 그렇기 때문에 그들은 인민이나 시민들이 그렇게 춤추고 노는 것을 이해하지 못하고 병이 난 것으로 본다.

'그런 현상'은 성 요한제와 사카이엔 축제 등에서 인민이 춤을 추고 노는 것을 말한다.

'인민의 병'은 축제에서 춤추고 노는 것을 병으로 보는 '성 무도병'을 지칭한다.

'가련한 자들'은 앞에서 말한 '경험이 부족하거나 둔감한 자들'로, 주로 종교나 권력의 지배자들이다. 그들은 환희에 차서 술 마시고 춤추고 놀며 일상의 모든 억압에서 탈출하여 건강함을 추구하는 해방감을 이해하지 못하기 때문에 '가련한 자들'이 된다.

다시보기

우리는 여기서 왜 디오니소스적인 축제와 유사한 축제에서 죽을 때까지 춤추는 자들이 나타나는가를 살펴봐야 한다. 성 무도병은 현대 의학에서 헌팅턴 무도병 Huntington's chorea이라 지칭하고, 염색체 이상에서 생기는 것으로 알려져 있으며, 개인적으로 발병하는 질병이다. 중세 시대에 춤추는 병은 개인적인 것과 달리 집단적으로 발생했다는 것이 아주 도드라지는 특징이다.

왜 집단적으로 전염되듯이 발병하였는가? 이것이 가장 중요한 문제이다. 그 이유는 억압적 사회 질서에서 탈출하려는 대중적 열망의 반영이다. 니체는 『도덕의 계보』에서 통렬하게 지적한다.

> 우리는 회개와 구원의 훈련 결과로 나타난 무서운 질병의 유행을 발견한다. 역사가 알려 주는 가장 큰 사건은 중세 시대의 성 파이트와 성 요한 무도병이다.[99]

종교의 억압에서 탈출할 방법이 없던 인민들은 집단적으로 춤을 추다 추다 숨이 멎어 죽으면서 '죽음 만세'를 외쳤다. 이것은 분명 병리적인 사회의 문제이다. 특히 중세적 질서가 가장 강고하고 가장 오랫동안 남아 있던 독일에서 그 현상이 가장 극심했다는 점은 의미심장하다.

억압적 질서로부터 탈출, 그 탈출구에 디오니소스의 성스러운 가르침이 있다. 디오니소스를 따르는 자들이 건강한가, 아니면 건강한 척하는 가련한 자들이 건강한가? 니체는 디오니소스를 따르는 자들이 건강하다고 말한다.

## 6. 하나가 되는 디오니소스 축제

디오니소스적인 마법하에서 인간과 인간의 유대만이 나타나는 것은 아니다. 소외되고 적대적이거나 억눌렸던 자연이 잃어버렸던 자신의 자식인 인간과 다시 화해의 축제를 연다. 대지는 자발적으로 자신의 선물을 주고, 황야와 바위의 맹수가 평화롭게 다가온다. 디오니소스[1]의 수레는 꽃과 화환으로 뒤덮이고, 호랑이와 표범이 멍에를 지고서 걸어간다.[2]

수많은 사람들이 놀라면서 먼지 속에 파묻힐 때, 베토벤의 〈환희의 송가〉를 그림으로 바꿔 보고, 상상력에서 뒤처지지 마라. 그러면 디오니소스적인 것에 근접할 수 있을 것이다. 이제 노예는 자유인이 된다. 이제 인간들 사이의 결핍, 자의 또는 '뻔뻔한 양식'을 확립했던 경직되고 적대적인 제한이 파괴된다.[3] 이제 세계 조화의 복음이 울려 퍼질 때, 모든 사람은 자신의 이웃과 하나 되고, 화해하고, 융해될 뿐만 아니라 마야의 베일이 부서지고 신비한 근원적 일자Ur-Einen[4] 앞의 깃발처럼 펄럭이며 하나가 된다.

인간은 보다 높은 공동체의 구성원으로서 노래하며 춤춘다. 인간은 걷고 말하기를 망각하고서, 길 위에서 공기 속을 걷듯이 춤추면서 도약한다. 그의 몸짓을 보면 마법이 말을 하는 듯하다. 이제 짐승이 말을 하는 것처럼, 대지는 우유와 꿀을 주며 인간에게는 초자연적인 어떤 것이 울려 나온다. 인간은 신이라고 느끼고, 이제 인간은 꿈속에서 신이 거니는 것을 본 것처럼 환희에 가득 차 고양된 채로 거닌다.[5]

인간은 더 이상 예술가가 아니라 예술 작품이 된다. 전체 자연의 예술적 힘은 근원적 일자의 최고의 기쁨 상태에 이르러 황홀이라는 가상을 띠고서 여기에서 나타난다. 가장 고귀한 점토가 여기서 빚어지고, 가장 비싼 대리석이 다듬어져서 인간이 된다.

디오니소스적인 예술가의 끌질에 맞춰 엘레우시스적인 신비의 찬가[6]가 울려 퍼진다. "인간들이여, 그대는 무릎 꿇었는가? 세계여, 그대는 창조자를 예감하는가?"

1. 니체는 디오니소스가 지닌 의미를 깨달은 최초의 인간이라는 자부심을 가졌다.

> 고대의 본능을, 아직도 풍부하고 넘쳐흐르는 고대 그리스적 본능을 이해하기 위해서, 디오니소스라는 이름의 그 놀라운 현상을 진지하게 받아들였던 최초의 인간은 바로 나다.[100]

니체는 디오니소스가 지닌 중요성을 간파하고 난 후, 디오니소스에게 모든 것을 바친 최후의 인간이라는 점도 강조한다.

> 내가 일찍이 모든 비밀과 존경심을 가지고 내 최초의 저작을 바쳤던 저 위대한 양의적이자 유혹적인 신이다. 내가 생각하기에 그 신에게 희생을 바쳤던 마지막 인간이었다. 왜냐하면 내가 그 당시에 했던 일을 이해하는 사람이 아무도 없었다는 것을 발견했기 때문이다.[101]

디오니소스는 니체 사상의 출발점이자 종착점이다. 디오니소스는 니체 사상 전체의 초석에의 발디딤이자 니체 사상 전체의 발전 방향타이다. 니체는 왜 술의 신 디오니소스에게서 고대 시민의 희망을 보았으며, 무기력과 절망에 빠진 근현대 시민의 대안을 찾았을까? 디오니소스 신화가 그 답이다.

디오니소스는 두 번, 세 번 거듭 살아나는 자이다. 디오니소스는 처음에는 제우스와 페르세포네(또는 그의 딸 데메테르)의 배 속에서 태어났다. 그 신은 자그레우스란 이름을 부여받았다. 제우스가 나중에 디오니소스에게 통치권을 이양할 것이란 신탁이 있었다. 제우스의 아내 헤라 여신은 자기 자식이 아닌 서자가 통치권을 이양받는 게 싫어서 티탄들에게 자그레우스를 죽이라고 사주한다. 티탄들은 자그레우스를 갈기갈기 찢어 죽인다. 다행히 아테네가 자그레우스의 심장이 살아 있는 것을 발견하고, 제우스에게 가져다준다.

제우스는 그 심장을 세멜레에게 잉태시키도록 한다. 헤라는 다시 세멜레가 임신한 아이를 혐오하고 죽이려고 한다. 헤라는 하녀로 변신하여 세멜레에게 번개의 신 제우스가 맞는지 확인하라고 부추긴다. 세멜레는 헤라에게 속아 번개의 신 제우스에게 그 참모습을 보여 달라고 했고, 번개를 보자마자 타 죽는다. 제우스는 세멜레의 자궁에서 디오니소스를 꺼내 자신의 허벅지에 집어넣어 산달을 다 채운 후 디오니소스를 다시 태어나게 한다.

디오니소스는 온갖 역경과 곤란을 딛고 자그레우스, 심장, 태아, 디오니소스로 다시 태어나는 자, 두 번 태어나는 자, 거듭 태어난 자이다. 디오니소스는 영원회귀이고, 어떤 역경에도 죽지 않고 거듭 태어나는 자이다. 이에 대해서는 1장 6절, 10장 1절에서 더 자세하게 다룬다.

니체는 디오니소스를 고통받는 자들의 친구이자 구원자들이란 점 또한 강조한다. 디오니소스는 다른 신들과 달리 박해를 받는 신화적인 내용이 많다.

디오니소스가 가장 먼저 박해받은 것은 리쿠르고스에 의해서였다. 리쿠르고스는 네도네스족을 다스렸다. 그는 디오니소스와 그의 여제자들을 포로로 잡았다. 이에 화가 난 디오니소스는 리쿠르고스를 미치게 했다. 리쿠르고스는 포도나무 가지인 줄 알고 잘라 냈으나 자기 아들을 도끼로 사지를 다 절단한 것이었다. 그 후 그는 제정신이 들었다.[102]

또 다른 박해는 테바이의 왕이자 이모의 아들이며 디오니소스와 사촌 형제간인 펜테우스에 의한 박해이다. 펜테우스는 디오니소스가 신성을 지니고 있다는 것을 믿지 않고 디오니소스를 감옥에 가둬 버린다. 디오니소스는 이런 펜테우스에게 여장을 하고 디오니소스 축제를 보라고 유혹했다. 펜테우스는 디오니소스의 말을 듣고 축제를 훔쳐보다, 엄마 아가우네와 이모들, 그리고 축제에 참여한 다른 여성들에 의해 살해당한다.

디오니소스가 당한 또 다른 박해는 돌고래 신화와 연결된다. 펜테우스가 디오니소스 축제에 참가한 '신분이 낮은 평민 출신'인 아코이테스를 붙잡아 왜 참여했는지 묻는다. 그 당시 어린 소년이었던 디오니소스가 그의 고향인 낙소스로 돌아가려 했지만, 흉포한 선원들이 반대 방향으로 키를 돌렸다. 디오니소스는 배를 바다 위에 멈추고 담쟁이덩굴들이 자라나 배를 결박하게 하였고 표범의 환영이 뛰어나오게 만들었다. 이에 놀란 선원들은 바다로 뛰어들었고, 이들이 돌고래가 되었다고 한다. 아코이테스는 디오니소스의 신성을 보았기 때문에 디오니소스의 신자가 되었다.[103]

우리는 디오니소스를 따르는 자들이 주로 여성, 하층민, 청년들이었다는 점을 잊어서는 안 된다. 종교로서 디오니소스교는 피억압자들의 구원 방법이었다. 그 때문에 니체는 극단적으로 디오니소스

바쿠스와 아리아드네. 아리아드네에 집중하지 말고 바쿠스(디오니소스)를 따르는 신자들과 등장하는 동물을 보기 바란다. 디오니소스를 따르는 자들은 신분의 상하 구분이 없었다. 또한 디오니소스 곁에는 여러 종류의 동물들이 나타난다. (티치아노, 1520~1523년, 내셔널 갤러리 소장)

축제에서 "노예가 자유인이 된다."고 표현했는데, 이는 디오니소스의 이러한 성격에서 비롯한다.

2. 니체는 위와 비슷한 표현을 여러 번 했다. 니체는 디오니소스 축제가 자연과 인간, 인간과 인간을 하나 되게 만들었다고 보았다. 많

은 화가들이 이런 내용을 그림에 담아서 디오니소스의 신성한 힘을 표현했다.

3. '곤란Not', '자의Willkür' 또는 '뻔뻔한 양식freche Mode'은 주로 아폴론적인 가치를 비판적으로 표현한 것이다. Not는 곤란, 고난, 궁핍, 빈곤 등을 뜻한다. 이 단어는 척도에 근거한 아폴론적인 가치가 인간들에게 제한을 가함으로써 옴짝달싹 못 하게 하는 상황을 뜻한다. Willkür는 자의, 임의의 법령을 말하는 것으로, 아폴론적인 가치가 일반적인 것 같지만 '자의'나 멋대로 만든 것이라는 뜻이다. '뻔뻔한 양식'은 아폴론적인 가치가 일정한 형식과 제도를 갖추고서 인간을 억압하고 지배하는 염치없는 짓을 함에도 불구하고 부끄러운 줄 모른다는 뜻이다.

아폴론적인 가치는 '곤란, 자의 또는 뻔뻔한 양식을 확립했던 경직되고 적대적인 제한'을 인간에게 행사해 왔다. 하지만 디오니소스적인 축제가 벌어지면 이런 아폴론적인 가치의 '경직되고 적대적인 제한'은 사라지고 인간은 해방을 맞는다.

4. 근원적 일자Ur‒Einen 또는 원일자는 니체가 디오니소스적인 예술 창조를 지칭하기 위해 사용한 개념이다. 아폴론적인 예술 창조의 철학적 기초가 개별화의 원리와 근거율이라고 한다면, 근원적 일자는 근거율이 예외를 형성하는 곳에서 존재하는 디오니소스적 예술 창조의 철학적 근거이다.

일자는 니체가 『비극의 탄생』 이전에 관심을 가졌던 고대 철학 전통에서 찾을 수 있다. 탈레스를 비롯한 고대 철학자들은 세상의 근원을 이루는 하나, 일자, 물, 불, 공기 등에 관심을 기울였다. 니체의 일자에 대한 관심은 헤라클레이토스에게서 비롯한다. 헤라클레

이토스는 일자의 생성 변화와 변전에 관심을 기울였다.[104]

니체는 세상의 근원으로서 일자Einen가 아닌 예술적 의미로 돌리기 위해 근원적Ur을 붙이고, 예술 창조의 의미를 덧붙인다. 근원적 일자가 갖는 가장 우선적인 뜻은 형이상적인 것이며, 경험적 실제와 대비된다. 이 책 4장에서 경험적 존재는 '진정으로 존재하는' 근원적 일자가 매 순간 만들어 내는 표상이라고 니체는 말한다. 이 점에서 근원적 일자는 우리가 흔히 접하는 플라톤의 이데아나 종교적인 신과 같다.

니체의 근원적 일자는 헤라클레이토스의 만물유전처럼 정주하는 것이 아니라 '영원히 고뇌하고 모순에 찬 존재'라는 점에서 기존 형이상학적 존재와는 다르다. 앞에서 아폴론적인 것은 꿈이 만들어 낸 '가상의 가상'이라면, 근원적 일자는 디오니소스가 만들어 낸 '존재의 가상'이며 모든 예술이 된다.

모든 경험세계는 영원한 근원적 일자의 자기반영의 산물이다. 근원적 일자의 입장에서 본다면 모든 경험세계는 디오니소스가 만들어 낸 예술 작품이 된다.[105]

니체에게 근원적 일자는 디오니소스 예술의 철학적 토대이다. 디오니소스가 예술 작품을 만들어 낼 수 있는 것은 바로 이 지점이다. 존재하는 모든 것은 모두 디오니소스적인 예술 작품이므로, 존재하는 인간도 예술 작품의 일부가 될 수 있다. 니체가 이 단락에서 자연과 합일된 인간을 언급하며, 인간이 예술 작품이 된다는 말은 이런 뜻에서이다. 인간도 예술 작품의 일부라는 생각은 5장 4절에서 예술가도 예술 작품의 일부가 된다는 사상으로 발전한다.

그렇다면 누가 디오니소스적인 예술 작품을 만들어 낼 수 있는가? 인간이다. 어떤 인간이 이런 예술 작품을 만들어 낼 수 있는가? 니체는 초기에는 천재가 이런 작품을 만들어 낼 수 있다고 보았다.[106]

이 책 4장에서 니체는 영원한 고뇌와 모순에 찬 존재로서 근원적 일자를 구원해 존재의 가상으로 만들어 내지 않으면, 인간에게 드러날 수 없다고 보았다. 근원적 일자는 이 점에서 매혹적인 환상과 즐거운 가상을 필요로 한다.

니체는 『비극의 탄생』에서 디오니소스적인 예술가를 매혹적인 환상과 즐거운 가상을 할 수 있는 자들로 보았다. 디오니소스적 예술들 중의 하나는 5장에 나오는 서정시와 서정시인이고, 다른 하나는 6장에 나오는 민요이다. 서정시인은 디오니소스적 예술가로서 근원적 일자의 고통 및 모순과 완전히 일치하고, 근원적 일자의 모상을 음악으로 만들어 내는 자이다. 민요에 실린 음악은 근원적 일자의 심장부에 존재하는 근원적 모순과 근원적 고통에 상징적으로 관계한다. 이에 대한 자세한 내용은 5장과 6장에서 다루도록 한다.

중요한 것은 개인의 감정에 지나지 않는 서정시가 다수 인간의 심금을 울리고, 민요가 인간을 하나 되게 만든다는 점이다. 서정시와 민요에 취한 인간은 망아와 황홀 상태에 빠지게 되고, 모두 하나가 되는 현상을 경험한다. 니체가 말한 근원적 일자가 예술가에 의해 구원을 받아 존재의 가상으로 나타나는 것이다.

마지막으로 디오니소스적인 예술가는 누구인가? 창조하는 자만이 아니라 향유하는 자도 디오니소스적인 예술가가 될 수 있다. 니체는 『비극의 탄생』 22장에서 인간은 디오니소스적인 근원적 일자와 아폴론적 꿈 안에서 예술적인 근원적 환희를 경험할 수 있다고 주장한다. 경험하고 향유하는 인간, 그가 시민이라면 그는 진정한 디오니소스적인 예술가가 된다.

5. 니체는 자연과 하나가 되는 디오니소스 축제를 『비극적 사유의 탄생』에서 에우리피데스가 쓴 『박코스의 여신도들』의 구절을 인용해 보여 준다.

> 그들이 눈에서 깊은 잠을 떨쳐 버리고
>
> 그 자리에서 일어섰는데, 장관이었습니다.
>
> 젊든, 나이 든 부인이든, 아직 결혼 안 한 처녀이든
>
> 질서정연하게 보였습니다.
>
> 우선 그들은 머리카락을 어깨 위로 풀어 내렸으며
>
> 새끼 사슴 가죽을 묶었습니다. 그들 중 몇몇은
>
> 줄을 느슨하도록 매듭을 풀었습니다. 그 다음 그들은 가죽 주변을
>
> 몇 마리 뱀으로 두르기도 했습니다. 뱀들은 그 여인들의 볼을 핥기도 했습니다.
>
> 몇몇은 산양이나 사나운 야생 늑대의 새끼를 안고서
>
> 그들에게 하얀 젖을 먹였습니다. 그들은
>
> 새로 태어난 아기를 놔두고 와서
>
> 가슴이 부풀고 젖으로 가득 차 있었습니다.
>
> 그들은 참나무, 아이비, 꽃이 핀 주목을
>
> 걸쳤습니다. 티르소스를 든 그들 중 한 여인이
>
> 티르소스로 바위를 치자
>
> 이슬처럼 신선한 물이 솟아올랐습니다. 다른 여인이
>
> 티르소스를 사용하여 대지를 긁었습니다. 곧장
>
> 신은 그 자리에 포도주 샘이 솟게 하였습니다.

흰 우유를 간절히 마시고 싶은 여인들이

손톱으로 대지를 긁자마자,

흰 우유가 개울처럼 흘렀습니다. 아이비로 감은 티르소스에서

꿀이 흘러나왔습니다. 오, 당신이 그곳에 있었더라면.[*107]


니체는 "이것은 진정 마법의 세계이다. 자연은 인간과의 화해 축제를 벌이는 것이다."[*108]라고 선언한다.

6. 엘레시우스적인 신비의 찬가der eleusinische Mysterienruf를 니체가 언급한 이유를 알아보자. 제일 중요한 이유는 디오니소스와 엘레우시스제의 관계이다. 앞에서 살펴봤던 것처럼 디오니소스는 디오니소스로 태어나기 전 페르세포네 또는 그의 딸 데메테르의 자식, 자그레우스로 태어났다. 엘레우시스제는 일반적으로 페르세포네와 데메테르 그리고 디오니소스를 기리는 축제이다.

두 번째 이유는 페르세포네와 데메테르가 농사의 신, 생산의 신으로서 역할하고, 디오니소스 역시 포도의 신이라는 점이다. 이 세 신은 모두 농사와 관련된 신으로서 생산과 성장을 보여 준다.

세 번째로 살펴봐야 할 이유는 이 축제가 가지는 성격이다. 이 축제가 얼마나 중요했는지는 키케로의 『법률론』에 잘 나타난다. 우선 이 축제는 '여인들의 야간 제의'이고, '각별히 성대하고 공식적'인 행사였으며, 로마가 어떤 경우에도 없앨 수 없었다고 한다. '선량하고 건실한 모든 백성'을 위한 행사였기 때문이다. 따라서 이 축제는 '법률상의 예외'라는 지위를 누렸다. 극단적으로 키케로가 고대 로마의 문명국가화는 엘레우시스제 덕분이라고 말할 정도였다.

바카날(A Bacchanal). 술의 신 바쿠스(Bacchus)의 이름을 딴 고대 축제를 그렸다. 디오니소스 축제의 장은 풍요로웠으며, 상하 신분에 관계없이 함께 어우러졌다. (얀 브뤼헐 더 아우더, 헨 드릭 반 발렌, 1608~1616년경, 스피드 미술관 소장)

아테네는 훌륭하고 성스러운 비의들을 많이도 탄생시켰고 인간의 삶에 그 것을 도입한 것으로 보네. 그리고 그 비의들 가운데서도 우리가 촌스럽고 야 만적인 생활로부터 문명으로 헤어 나오고 순치되게 만든 것들보다 더 좋은 것은 도무지 없는 것으로 보이네.[109]

엘레우시스의 축제가 어떻게 진행되었는지 정확하게 알 수 없으 나, 그 축제가 문명의 개화에 많은 영향을 주었음은 확실하다.

마지막으로 니체가 디오니소스와 연관하여 엘레우시스제를 언급한 이유는 양 축제의 황홀이라는 공통성이다. 키케로는 이 문장 다음에 "만일 로마에서 저런 방종이 허용되었다면……"이라고 말을 한다. 플라우타스Plautas는 다음과 같은 말을 전한다.

> 저따위 혼탁 속에 제의가 이루어지고, 사내들이 계집들과 어울리고, 한밤의 방종이 허용되며, 거기서는 아무것도 파렴치나 불륜으로 여겨지지 않고, 불가한 것이 아무것도 없고, 이 지독한 짓이 종교행사에 이루어진다니……'110

니체는 이런 성격의 엘레우시스제를 앞에서 성 요한제, 성 파이트제, 사카이엔족의 축제와 동일한 수준으로 언급했다.

니체의 말대로 병약한 시선이나 창백한 자의 시선으로 본다면 엘레우시스제는 플라우타스의 언급처럼 보일 수 있다. 하지만 니체는 범디오니소스적 축제를 긍정적 시선으로 바라본다. 니체는 왜 디오니소스적 성격을 지니고 있는 엘레우시스제에 정당성을 부여했는가? 니체는 『비극의 탄생』에서 바로 이 점을 집중적으로 탐구한다.

다시 보기

베토벤의 《합창》 4악장에 나오는 〈환희의 송가〉를 모르는 사람은 없을 것이다. 베토벤의 〈환희의 송가〉는 실러의 시 「환희의 송가」 중에서 1연 전부, 2연 합창, 3연 전부, 4연 합창에 곡을 붙인 것이다. 베토벤의 〈환희의 송가〉는 베토벤이 필요로 갖다 썼다는 점에서 베토벤의 것인 동시에 실러의 시에서 왔기에 실러의 것이기도 하다.

'베토벤의 〈환희의 송가〉를 그림으로 바꿔 보'자는 이 단락을 이해하기 위해서는 베토벤의 《합창》에 스며 있는 골수 기독교적 냄새를 잊어야 한다. 연말만 되면 베토벤의 것이자 실러의 것인 "환희의 송가"가 아닌 거짓 〈환희의 송가〉, 기독교적 〈환희의 송가〉가 울려 퍼진다. 이는 실러의 것도 아니고 베토벤의 것도 아니다.

디오니소스적인 예술의 창조적 성격을 예술 적대적인 기독교와 대치시켜 보자. 디오니소스적 예술을 통한 인간과 인간 그리고 인간과 자연의 합일을 끌어내는 디오니소스적 예술 창조자를 기독교적 "창조주"로 끌고 가서는 절대 안 된다. 우리에게 익숙한 기독교적 "창조주"가 아니라 우리에게 생소한 디오니소스적 "창조자"를 염두에 두어야 한다. 그 "창조자"는 인간과 인간의 적대, 인간과 자연의 적대를 해소시키고 하나가 되게 만드는 자이다. 〈환희의 송가〉에는 이런 내용이 물씬 풍겨난다.

니체가 진짜 하고 싶었던 주장을 제대로 이해하고 싶다면 고대에 불렀던 '엘레우시스적인 신비의 찬가'를 찾아야 한다. 하지만 '엘레우시스적인 신비의 찬가'를 어디에서도 찾을 수 없다. 남아 있지 않기 때문이다. 하지만 그 비슷한 것을 찾아볼 수는 있다. 우리는 '엘레우시스적인 신비의 찬가'의 흔적을 실러의 「환희의 송가」에서 찾을 수 있다. 니체가 제시한 대안이다. 니체는 자신의 디오니소스적인 철학을 뒷받침해 줄 찬가를 현실 속에서 정확하게 짚어 냈다. 바로 실러의 「환희의 송가」이다.

그 내용을 뜯어보면 니체가 말한 디오니소스적 축제와 예술이 가져온 효과를 적확하게 보여 준다. 베토벤의 것이자 실러의 것인 「환희의 송가」를 큰 소리로 읽기 전에 술을 한 잔 마시자. 와인이라면 더 좋다. 디오니소스와 디오니소스적인 것을 생각하면서 「환희의 송가」를 큰 소리로 읽어 보자. 온몸을 감싸는 기쁨이 덮쳐 오고, 그 자리에서 벌떡 일어나 옆에 있는 사람들과 어깨동무를 하고 춤을 출 것이다. 실러의 「환희의 송가」는 니체의 사상을 잘 보여 주므로 길지만 잘 살펴보도록 하자.

1
기쁨이여, 신들의 아름다운 불꽃이여,
엘리시온의 딸들이여,
우리는 술에 취해 붉어진 채 들어가노라,
천상의 딸들이여, 그대의 신전으로.
그대의 마력은 다시 결합시키노라,
풍조가 엄격하게 갈라놓은 것을.
모든 사람이 형제가 되노라,
그대의 부드러운 날개가 머무는 곳에선.
(합창)
껴안아라, 세상 사람들이여!
전 세계에 이 키스를!
형제들이여—별이 총총한 밤하늘 위에
사랑스런 아버지가 사시노라.

2

위대한 일을 이루어 낸 자여,

한 친구의 친구가 되는 것이 (위대한 일이다.)

사랑스러운 여인을 얻은 자여,

함께 환호성을 올리자!

그렇다—단 하나의 영혼이라도

이 지구상에서 자기 것이라 부를 수 있는 자여!

그리고 그것조차 할 수 없는 자는

눈물을 흘리면서 여기에서 조용히 떠나라!

(합창)

거대한 지구에 머무는 모든 것은,

공감에 경의를 표하라!

공감은 별들에게 안내하노라,

알 수 없는 것이 다스리는 곳으로.


3

모든 존재는 기쁨을 마시노라

자연의 젖가슴에서,

착한 자나 악한 자 모두

기쁨의 장밋빛 자국을 따라가노라.

자연은 우리에게 입맞춤과 포도송이를 주었고,

죽어 가는 친구에게도,

구더기에게도 주어졌노라.

그리고 커룹도 신 앞에 서 있노라.

(합창)

세상 사람들이여, 엎드렸는가?

온 세상이여, 당신은 창조자를 예감하는가?

별이 총총한 밤하늘에서 그를 찾아라.

그는 별 위에 있노라.


4

기쁨은 강력한 태엽으로 불리운다

영원한 자연 속에서.

기쁨, 기쁨은 톱니바퀴를 돌린다

거대한 세계의 시계 속에서.

기쁨은 싹을 꽃으로 피우고,

하늘에서 별들을 솟아나게 한다.

기쁨은 우주의 천체를 돌린다

망원경으로도 볼 수 없는 것을.

(합창)

기뻐하라, 태양이 날아가듯이

하늘의 화려한 계획에 따라,

가거라, 형제들이여, 그대들의 길을,

기뻐하라, 승리로 질주하는 영웅처럼.


5

진리의 불거울로부터

기쁨은 탐구자에게 웃음 짓는다.

미덕의 가파른 언덕으로

기쁨은 고행자의 길을 인도한다.

햇볕이 내리쬐는 믿음의 산 위에서

우리는 기쁨의 깃발이 나부끼는 것을 보고,

갈라진 관들의 틈새를 통해서

기쁨은 천사들의 합창가무단 속에 서 있다.

(합창)

대담하게 참아라, 세상 사람들이여!

더 나은 세계를 위해 참아라!

총총한 별들 위에, 그 위에서

위대한 신이 보답한다.


6

우리는 신들에게 되갚을 수 없다,

신들과 비슷해진다는 것은 아름다운 일이다.

원망과 가난이 도착했구나,

기뻐하는 자들과 함께 기뻐하자.

원한과 복수는 잊어라,

아무리 용서할 수 없는 원수도 용서하자,

어떤 눈물도 그에게 강요하지 마라,

어떤 후회도 그를 좀먹게 하지 마라.

(합창)

우리의 채무 장부를 없애 버리자!

온 세상 사람들이여, 화해하자!

형제여—별이 총총한 밤하늘 위에서
신은 우리가 정하는 대로 심판한다.


7
기쁨은 컵 속에서 솟아 나온다,
포도송이에서 나온 황금빛 피를
마시면 잔인한 자는 부드러워지고,
절망한 자는 용감해진다.
형제들이여, 너의 자리에서 날아라,
엄청 큰 잔이 넘칠 때
그 거품이 하늘을 찌르게 하라,
이 잔이야말로 선량한 정신이다.
(합창)
별들의 소용돌이가 칭찬하고,
최고의 천사들의 노래로 찬양하는,
이 잔이야말로 선량한 정신이다
별이 총총한 밤하늘 위에 그곳 위에!


8
거대한 고통 속에서도 단단히 용기를 내자,
도와줘라, 죄 없는 자가 울고 있는 곳에서는,
영원히 맹세하라,
친구와 적에게도 진리를,
왕 앞에서도 인간의 자부심을,

형제들이여, 우리의 삶과 피를 뜻한다 할지라도

그것들을 갈망한 자에게 왕관을 넘겨주자

거짓말 집단들을 멸망시켜 버리자!

(합창)

신성한 원을 더 빽빽하게 닫아걸자,

이 황금 포도 앞에서 맹세하자,

이 맹세를 진실한 것으로 남기자,

별 위에 있는 심판자 앞에서 이것을 맹세하자.


불, 포도, 포도주, 술, 환희, 환영, 그리고 어우러지는 춤, 모든 사람이 하나 되고 인간과 자연이 하나 되는 알 수 없는 힘이 느껴지지 않는가! 그 힘은 어디에서 비롯하는가? 기본적으로 베토벤의 음악 덕분이다. 베토벤이 극적으로 실현해 낸 절대적 음악의 힘이다.

하지만 이것만으로는 설명이 되지 않는다. 우리가 위에서 본 실러의 시도 무시할 수 없다. 모든 사람이 하나가 되고, 자연과 인간이 하나가 되는 꿈의 형상을 언어로 표현한 실러의 「환희의 송가」 덕분이다. 실러의 시가 없다면 이런 극적인 감동은 나오지 않을 수도 있다.

하지만 실러의 시가 없다고 해서 베토벤의 〈환희의 송가〉가 주는 감동은 사라지는가? 그렇지 않다. 베토벤의 음악 자체가 주는 힘이 있기 때문이다. 이에 대한 답변을 니체는 이 책 6장에서 설명한다. 이에 대한 자세한 내용은 6장에서 살펴보기로 한다.

| | |
|---|---|
| **정** | 아폴론—아폴론적인 것—꿈—형상—정형—서사시인—서사시<br>—개별화의 원리와 근거율(쇼펜하우어)—꿈꾸는 다수의 호메로스—호메로스 서사시—이성 |
| **반** | 디오니소스—디오니소스적인 것—도취—비형상—무정형—서정시인—서정시와 민요<br>—근원적 일자(헤라클레이토스)—축제와 무도병—엘레우시스 찬가—감성 |
| **합** | 아폴론적인 것과 디오니소스적인 것의 합으로서 아티카 비극 |

### 1장 다시 보기

1장은 책 전체의 흐름을 보여 주는 장이다. 전체 흐름을 간명한 표로 그리면 위와 같다.

정; 아폴론적인 것이 지나치게 강조되면 니체의 비판 대상이 된다. 그 비판 대상은 뒤에 나오는 소크라테스와 소크라테스적인 예술인 에우리피데스의 비극(11장, 12장)이다. 나아가 소크라테스를 극단화시키면 모든 것을 알고자 하는 이성과 인간을 노예화시키는 도덕의 비극이 만들어진다.(13장, 14장, 15장) 니체의 후기 작품은 근대 이성과 도덕이 지배하는 사회에 대한 비판으로 나아간다. 또한 이성에 의해 만들어진 새로운 음악 장르인 오페라(19장)도 니체는 비판의 대상으로 삼는다.

반; 디오니소스적인 것이 지나치게 강조되면 앞에서 나온 성 요한제이나 성 파이트제, 사카이엔족의 광란의 축제가 나타난다. 하지만 그리 걱정할 일은 아니다. 이런 축제는 일 년에 고작 며칠에 지나지 않거나 근현대로 접어들면서 상품화된 페스티벌이거나, 관제화되거나 국가화된 관광 상품으로 바뀌었기 때문이다. 실제로 디오니소스적인 것으로 광기에 찬 축제는 현대 시대에 거의 보기 힘들다. 오히려 이런 광기를 어떻게 발전시켜야 하는 것인지가 인류의 과제가 되었을 정도이다.

정과 반의 합으로서 아티카 비극은 어떻게 창조적으로 계승되어야 하는가? 니체는 『비극의 탄생』을 집필할 때 바그너의 악극이 아티카의 비극을 가장 잘 계승한 것으로 판단(21장 등)했다. 니체가 고대 아티카 비극의 현대적인 창조적 계승은 바그너의 악극이라고 판단한 것은 초기 저작에서 뿐이다. 나중에 니체는 갈수록 종교와 도덕에 귀의한 바그너를 극단적인 비판의 대상으로 삼는다. 종교의 품으로 돌아간 탓아 바그너를 니체는 죽은 개 취급한다.

# 아폴론적 예술과
# 디오니소스 축제

## 1. 꿈의 모방가로서 예술가

우리는 지금까지 아폴론적인 것과 그 반대인 디오니소스적인 것을 예술적인 힘들로 고찰했다. 그 힘들은 **인간 예술가들의 매개를 거치지 않고** 자연Natur(본능)[1] 그 자체로부터 직접 출현했으며, 예술적 충동들이 우선 그리고 직접 충족된다. 한편으로는 꿈의 형상세계로서 충족되는데, 그 완성은 개인의 지적 수준이나 예술적인 교양과 아무런 상관이 없다.[2] 다른 한편으로는 도취로 충만한 현실로서 충족되는데, 그 현실은 개별적인 것을 고려하는 것이 아니라 개인을 소멸시키고 신비한 통일감을 통해서 구원하고자 한다.[3]

본능의 이러한 직접적인 예술 상태에 대해서 모든 예술가는 "모방가"이며, 아폴론적인 꿈 예술가이거나 디오니소스적인 도취 예술가이거나 마지막으로 그리스 비극처럼 동시에 도취 예술가이자 꿈 예술가이다.

우리는 마지막 예술가를 다음과 같이 생각해야만 한다. 그는 디오니소스적인 취기와 신비한 자기포기Selbstentäußerung 상태에서 열광하는 합창가무단으로부터 떨어져 나와 홀로 쓰러져서, 아폴론적인 꿈의 작용에 의해서 그의 고유한 상태, 즉 세계의 가장 내적인 근거와 그의 통일성을 **비유적인 꿈의 형상**으로 드러내는 자이다.[4]

1 Natur는 역자마다 조금씩 달리 번역한다. 내용에 따라 본능, 본성, 자연 등으로 옮기는 게 좋다. 인간도 자연Natur에 포함되며, 인간은 본능Natur을 가지고 있다. 뜻을 새길 때 잘 이해되지 않는다면 여러 용어로 바꾸어 뜻을 새겨보면 좋다.

2 인간은 누구나 꿈을 꾼다는 뜻이다. 배움의 많고 적음과 관계없이 누구나 꿈을 꾸거나 꿀 수 있다. 또 예술적인 교양이 없다고 해서 꿈을 꾸지 않거나 못하는 것도 아니다. 꿈은 나이, 남녀노소, 정치적 관점, 세계관, 종교 등과 무관하다. 꿈은 누구나 꿀 수 있다. 꿈을 꾸는 데 돈은 들지 않는다.

3 이는 술을 마시고 난 뒤의 약간 몽롱한 상태로 세상을 바라볼 뿐만 아니라 술을 함께 마시고 여러 사람과 호형호제하며 어우러진 상태이다. 그 상태에서 사람들은 자신을 잊어버리고 서로 하나가 된 상태가 된다. '신비한 통일감'이란 이를 뜻한다.

4 '마지막 예술가'는 아폴론적 예술과 디오니소스적 예술을 하나로 모아 새로운 예술을 창조하는 예술가이다. 이해하기 쉽게 상황을 바꾸어 보면, 이 예술가는 술을 마시다 밖에 나와 정신을 차린

후 술을 마시고 있는 모임을 객관화시켜 바라보는 자이다. 그는 아폴론적인 '꿈의 형상세계'와 술에 취한 '도취로 충만한 현실'을 하나로 만들어 예술을 만들어 내는 자이다.

'합창가무단'은 비극이 만들어지기 전에는 디오니소스 축제에서 같이 어우러져 노래 부르고 춤추는 자들에서 유래했다. '합창가무단으로 떨어져 나와 홀로' 있는 예술가란 디오니소스 축제에서 거리를 두고서 그 축제 현장을 예술로 만드는 자를 말한다. 이에 대한 자세한 설명은 7장과 8장에서 하도록 한다.

### 다시 보기

시선을 달리하면 안 보이던 또는 못 보던 세상이 보이고, 관점을 달리하면 세상이 다르게 보인다. 2장 1절은 아폴론적인 예술과 디오니소스적인 예술에서 이 두 가지 예술가와 예술로 시선과 관점을 돌린 곳이다. 자연, 본능, 본성으로부터 출현한 예술의 세계에서 예술을 창조하는 자의 세계로 넘어가는 단락이다.

1장은 주로 아폴론적인 것의 예술과 디오니소스적인 것의 예술이 어떤 특징을 지니고 있는지 설명한다. 2장 1절에서는 아폴론적인 관점에서 예술을 창조한 아폴론적 예술가와 예술 그리고 디오니소스적 관점에서 예술을 창조한 디오니소스적 예술가와 예술이 무엇인지 다룬다.

아폴론적 예술가와 디오니소스적 예술가를 혼동해서는 안 된다. 아폴론적 예술가는 정형적인 예술가이므로 상당한 수준의 훈련을 받은 자이다. 반면 디오니소스적 예술가는 상당한 수준의 예술가인 동시에 디오니소스 축제에 참여한 모든 사람들도 예술가라는 점이다. 이 점에서 모든 인간은 예술 창조자인 동시에 예술 작품이라는 점을 잊으면 안 된다. 물론 창작을 하는 디오니소스적 예술가(비극 작가, 음악 작곡가) 역시 전문적인 훈련을 받은 자이다.

## 2. 그리스인들의 정형 능력

이러한 보편적인 가정과 대립을 파악했으므로, 이제 우리는 그리스인들에게 다가가서 그들이 저 **본능의 예술적 충동**을 자신들 안에서 어느 정도로 그리고 어느 수준까지 발전시켰는지 알아보자. 그렇게 함으로써 우리는 그리스 예술가와 자신의 근원 형상의 관계 또는 아리스토텔레스의 표현에 따른다면 '자연의 모방'을 더 깊이 이해하고 그 진가를 인정할 수 있게 될 것이다.[1]

그리스인들의 꿈에 관해서는 모든 꿈 관련 문헌 자체와 풍부한 꿈 일화에도 불구하고 추측만 할 수 있을 뿐이다. 하지만 그럼에도 확실하게 말할 수 있다. 그리스인들의 시선이 가지는 믿을 수 없을 정도로 일정하고 확실한 조형 능력과 그들의 투명하면서도 솔직한 색채 욕망을 보라. 그러면 모든 후세 사람들을 부끄럽게 만들 정도로 그리스인들의 꿈에는 선과 윤곽, 색채와 군상의 논리적 인과성, 그리스인들의 최고 수준의 얕은 돋을새김浮彫과 유사한 연속적인 장면이 있다고 가정하지 않을 수 없다.[2] 꿈꾸는 그리스인들을 호메로스로 그리고 호메로스를 한 명의 꿈꾸는 그리스인으로 특징짓는 비교가 가능하다면, 그 완전성은 확실해질 것이다.[3] 근대인이 자신의 꿈과 관련하여 감히 셰익스피어와 비교하는 것보다 훨씬 더 심오한 의미에서 그리스인의 꿈은 완전하다.[4]

1. '자연의 모방'은 눈에 드러나는 아폴론적 형상을 논의하기 위한 용어이다. 니체는 22장에서 "개체의 풍부한 신인 비극적 예술가는 어떤 의미에서 자신의 작품이 '자연의 모방'으로 결코 파악되지 않는 자신의 형상을 창조한다."고 말함으로써, 비극 작가는 자연의 모방을 넘어선 어떤 것을 창조하는 자라고 말한다. 이 점에서 여기에서 말하는 '자연의 모방'은 아폴론적인 것에 국한된다.

니체는 22장에서 '디오니소스적 비극 작가가 만든 예술에서 근원적 일자와 하나 되는 현상'을 언급함으로써, 비극 작가의 작품을 통한 형이상학적 세계에의 도달 가능성을 주장한다. 비극 예술가는 아폴론적인 예술가의 '자연의 모방'과 디오니소스적인 예술가의 '자연의 모방'을 넘어선 모방, 즉 '의지의 모방'을 합쳐서, 형이상학적인 근원적 일자에 도달한다.

모방론은 니체의 비극관을 이해하는 데 중요하므로 더 살펴보자. 아리스토텔레스는 『시학』 2장에서 자연 안에 인간을 포함시킨다. 즉, 인간도 자연의 하나이므로 '모방자(시인)는 행동하는 인간을 모방'하여 시를 짓는다. 아리스토텔레스에 따르면 인간은 자연의 일부로서 모방의 대상이 될 수 있다.

또한 아리스토텔레스는 『시학』 4장에서, 인간은 모방을 통한 지식을 습득하는 모방 본성론과, 모방을 하면서 쾌감을 느끼는 모방 쾌감론, 모방을 통해 지식을 습득할 수 있다는 모방을 통한 지식 습득론을 말한다. 다른 말로 하면 예술을 감상하는 사람은 작품을 통해 어느 정도의 지식 습득이 가능하다고 추론할 수 있다. 반대로 말하면 비극 작가는 예술가로서 작품을 통해 사람들에게 어느 정도 지식을 전달하는 역할을 할 수 있다.

언뜻 평범해 보이는 아리스토텔레스의 이 주장은 자신의 스승 플라톤의 모방론에 전면 대립한다. 플라톤은 『국가』 595~608에서 모방을 비판할 뿐만 아니라 모방이 끼치는 치명적 해악을 걱정한다. 플라톤은 침대를 '신이 만든 이데아로서 침대', '목수가 만든 3차원의 침대', '화가가 그려 낸 2차원의 침대' 등 세 종류로 구분한다. 위의 순서는 모방의 순서이자 진리로부터 떨어진 순서이기도 하다. 플라톤은 비극 작가를 화가에 해당한다고 말함으로써 모방 중에서 가장 낮은 수준에 위치시킨다. 이에 대해서 니체는 14장 3절에서 상세하게 언급한다.

플라톤에 따르면 모든 시인은 영상의 모방자에 지나지 않으며 어떤 경우에도 진리에 도달할 수 없다. 또한 그는 비극 시인의 모방이 혼의 열등한 부분에 영향을 주며, 인간을 옳지 못한 방향으로 이끈다고 강력하게 비난한다. 비극 시인은 인간의 혼을 고상한 진리의 세계로 이끄는 것이 아니라 타락시킬 뿐이라는 것이 플라톤의 결론이다. 반면 플라톤은 인간 중에서도 철학자는 이데아의 진리를 향해 끊임없이 정진하여 '신이 만든 이데아로서의 침대'를 인식할 수 있다고 보았다. 플라톤에 따라 철학자가 지혜의 갈망자이자 완성자라고 한다면, 비극 시인은 지식 전달 불가자이자 지식 왜곡자이다.

철학자와 이데아의 구분, 목수의 작품과 화가의 작품의 구분은 인간과 자연의 관계에 대해 생각할 여지를 제공한다. 플라톤은 대부분의 자연을 신이 직접 만든 이데아로서의 자연이 아닌 모방에 의해 창조된 작품으로 본다. 마치 우리들 인간은 동굴 속에서 모닥불에 비친 형상을 보고 자연을 받아들인다는 것이다. 다시 말하면 인간이 보고 듣고 느끼는 자연이란 목수와 화가, 그중에서도 화가

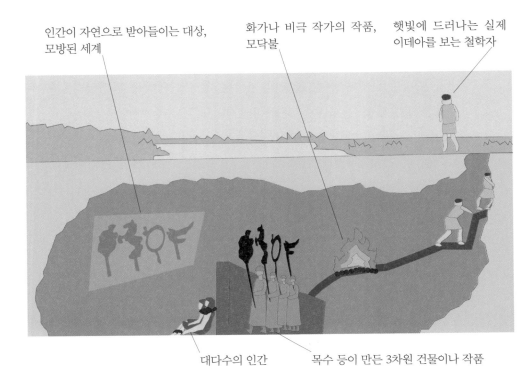

인간이 자연으로 받아들이는 대상, 모방된 세계

화가나 비극 작가의 작품, 모닥불

햇빛에 드러나는 실제 이데아를 보는 철학자

대다수의 인간

목수 등이 만든 3차원 건물이나 작품

가 만들어 낸 작품에 지나지 않는다. 철학자는 자연의 일부가 아니라 자연과 무관하게 존재하는 이데아를 탐구하는 자이고, 철인을 제외한 모든 인간은 모방으로 만들어진 자연을 자연으로 받아들이는 자이다. 플라톤의 논리에 따르면 철학자이건 일반인이건 간에 결과적으로 보면 인간과 자연의 분리는 기정사실이다. 모방과 예술의 구체적인 관계는 14장 3절에서 자세하게 살펴본다.

아리스토텔레스와 플라톤의 모방을 비교해 보자. 아리스토텔레스는 인간을 자연의 일부로 보았던 반면, 플라톤은 인간과 자연을 대비시키고 인간을 자연의 관조자의 지위로 놓는다. 아리스토텔레스가 모방을 통한 지식 획득의 가능성을 언급했던 반면, 플라톤은 모방을 통한 인간 타락의 가능성을 질타했다. 비극 작가의 비극은 인간에게 여러 지식 습득을 가능케 한다는 것이 아리스토텔레스의 주장이라면, 비극은 인간의 혼을 타락시키는 악마적 속성에 지나지 않는다는 것이 플라톤의 주장이다.

니체가 아리스토텔레스의 '자연의 모방'을 통해 하고 싶은 이야기는 명확하다. 비극은 자연의 일부인 인간을 모방하여 만든 작품이므로, 인간은 비극 작품을 통해 무언가를 배울 수 있다. 플라톤은 고매한 철학자를 통해 이데아의 세계에 도달할 수 있다고 본 반면, 모방을 통해서는 이데아의 세계에 절대 도달할 수 없다고 주장한다. 플라톤에게 모방은 실체의 세계와 아무런 관련이 없는 허상의 세계일 뿐이다. 니체는 아리스토텔레스의 '자연의 모방'을 통해 형상으로 드러나는 아폴론적 예술의 세계를 구체화한다.

2. 다음 쪽의 돌을새김을 보면서 니체의 설명을 찾아보면, 니체의 말을 이해하기 어렵지 않다. 니체는 돌을새김을 보면, 그리스인들이 꿈을 어떻게 꾸었는지 알 수 있다고 강조한다.

3. 앞의 설명에 따르면 호메로스는 꿈을 시로 표현하는 서사시인이다. 모든 그리스인들은 호메로스처럼 꿈을 형상으로 표현했고, 호메로스는 그리스인들의 꿈을 서사시처럼, 돌을새김처럼 표현했다는 뜻이다.

4. 고대 그리스인들이 꿈을 얼마나 완벽하게 잘 표현했는가는 돌을새김과 호메로스의 서사시에서 잘 나타난다. 고대 그리스인들의 '꿈의 현실적 표현'을 따라갈 수 있는 것은 아무것도 없다. 설사 근대인이 꿈을 꾸고서 이를 셰익스피어처럼 표현한다고 하더라도 고

신에게 봉헌하는 장면을 담은 돌을새김 (기원전 340년, 브라우론 고고학 박물관 소장)

대 그리스인들의 돌을새김과 호메로스의 서사시만큼 제대로 표현할 수는 없다. 그만큼 고대 그리스인들의 꿈 표현이 완벽했다고 니체는 말한다.

### 다시 보기

이 단락은 그리스의 아폴론적 예술가에 관한 묘사이다. 그리스인들은 꿈을 꾸었고, 호메로스는 그 꿈을 서사시로 표현했고, 그 서사시는 다시 돌을새김으로 나타내었다. 이 점에서 그리스인들은 돌을새김처럼 명확하게 서사시를 표현하는 호메로스이다. 호메로스는 아폴론적 그리스인의 대표자이고, 아폴론적 그리스인들은 호메로스를 통해 자신의 꿈을 표현했다. 그 꿈은 인간 본능(본성, 자연)의 모방이다.

모방론을 둘러싼 전투가 세계에서 매일 벌어진다. 승리자는 항상 플라톤과 그 아류들이다. 지금까지 인류는 지식을 갈구하는 자만이 형이상학적 질서에 도달할 수 있다고 생각했다.

니체는 도전한다. 왜 철학만이, 지식만이, 학문만이 앎과 형이상학적 세계에 도달할 수 있다고 가정하는가? 인간 본성의 모방인 비극이 지식을 전달해 줄 수 있다면, 그 결과로 형이상학적 세계에 도달할 수 있다면, 플라톤과 플라톤의 세계는 무너지지 않겠는가?

플라톤이 무너진다면, 플라톤의 토대 위에 건축된 모든 철학과 학문, 종교는 허물어지지 않겠는가? 디오니소스 축제 그리고 비극이 그 형이상학적 세계에 도달할 수 있는 길이라고 한다면, 왜 우리는 그 길을 마다해야 하는가? 오히려 그 길을 찾아 길을 떠나야 하지 않는가? 니체의 신선한 주장이다. 이 주장에 인류의 미래가 달려 있다.

## 3. 개별화 원리를 파괴하는 디오니소스적 예술

이와 반대로 우리는 디오니소스적인 그리스인들과 디오니소스적인 야만인들을 구분하는 엄청난 간극을 발견한다면, 추측으로만 말할 필요가 없다. 로마[1]에서 바빌론에 이르는 구세계의 전역에서—여기서 새로운 세계는 언급하지 않기로 하자—우리는 디오니소스적인 축제의 존재를 입증할 수 있다. 그리스적인 축제 유형은 염소에게서 이름과 속성을 빌려 온 수염 달린 사티로스[2]에서 디오니소스 그 자체까지 펼쳐진다.

그 축제에서 중심적인 것은 거의 대부분 환락적인 성적 방종으로, 그 파도가 각 가족과 신성한 법률을 덮쳐 버렸다. 본성의 가장 야수적인 짐승들이 이 축제에서 풀려나왔으며, 나에게 항상 고유한 '마법의 음료Hexentrank'[3]로 나타났던 호색과 잔인함의 저 추악한 혼합물로 발전했다.[4]

저 축제의 달뜬 흥분에 관한 정보가 모든 육로와 해로로 그리스인들에게 쇄도해 들어왔지만 그리스인들은 오랜 시간 동안 안전해 보였다. 그리스인들은 완전한 자부심을 가지고 서 있는 아폴론의 형상에 의해서 보호를 받았다. 이처럼 흉측하고 불길한 디오니소스적인 것보다 위험한 힘이 없었으므로 아폴론은 메두사의 머리를 들고 이제 맞섰다.[5] 이것이 바로 도리아 예술[6]이다. 그 안에는 저 장엄하고 거부하는 아폴론의 태도가 오랜 흔적을 남기고 있다.

그리스적인 것의 가장 깊숙한 근저로부터 유사한 충동이 솟구쳐 오르자 이러한 저항은 의심스러워지고 불가능해졌다. 이제 델포이 신이 해야 할 일이라곤 적절한 시기에 화해를 함으로써 강력한 적에게서 파멸적인 무기를 빼앗는 것이었다. 이러한 화해는 그리스 예술사에서 가장 중요한 순간이다. 이것은 두 적대자의 화해로서, 지금부터 엄격히 준수해야 할 첨예한 경계선의 설정과 공물의 주기적인 전달을 뜻한다. 근본적으로 그 간극은 절대 메워지지 않는다.

그러나 우리는 저 평화협정의 압력하에서 디오니소스적인 힘이 드러나는 것을 보게 된다. 우리는 이제 저 바빌론의 사카이엔족의 축제, 인간의 호랑이와 원숭이로의 퇴화를 비교해 본다면 그리스인들의 디오니소스적인 주연에서 세계 구원 축제와 변용의 광명[7]의 의미를 인식할 수 있게 된다. 우선 디오니소스적 주연에서 본성은 자신들의 예술적 환희에 도달하며, **개별화 원리의 파괴**가 예술적 현상이 된다. 호색과 잔인함을 일깨우는 저 섬뜩한 마녀의 술은 이제 더 이상 힘을 쓸 수 없다. 디오니소스적 열광자의 정념 속에서 신비한 혼합과 양면성만이 마녀의 술이란 걸 연상시킬 뿐이다. 이는 치료약이 독극물임을 상기시키는 것과 마찬가지이다.[8] 저 현상은 고통이 쾌락을 일깨우고, 환희가 가슴속에서 고통스러운 목소리를 끄집어내는 것과 마찬가지이다. 공포스러운 목소리 또는 보상받을 수 없는 상실에서 비롯된 비탄의 목소리가 최고의 기쁨에서 나온다.[9]

자연이 개체 내에서 자신의 분열에 관해 탄식하는 것처럼, 그리스 축제에서 본성의 감상적인 측면이 동시에 터져 나온다. 그와 같은 이중적인 기분인 열광자들의 노래와 몸짓은 호메로스적이고 그리스적인 세계에서 전적으로 새로운 것이자 전혀 들어본 적이 없는 것이었다. 그리고 특히 디오니소스적인 **음악**은 그 세계를 경악시키고 소름끼치게 만들었다.[10] 그전까지 음악은 아폴론적 예술로서 알려졌었다고 한다면, 정확히 음악이란 리듬의 물결, 즉 아폴론적 상태의 묘사를 위해 그 정형적 힘이 발전한 것이다.

아폴론의 음악이란 음조에 있어서 도리아적 양식, 다만 음악이 키타라에 적합하게 잘 어울리는 음조에 지나지 않았다.[11] 디오니소스적 음악의 성격과 음악 일반을 구성하는 요소들, 예컨대 음조Tones의 감동적인 힘, 선율Melos의 통일적인 흐름, 화음Harmonie의 완전 비교 불가능한 세계는 비아폴론적인 것으로서 조심스레 배제되고 있었다.[12] 디오니소스적 디티람보스[13]에서 인간은 자신의 상징적인 모든 능력을 최고로 고양시키도록 자극받았다. 지금까지 느껴 보지 못한 것이 마야의 베일의 파기, 종족, 아니 자연의 수호신으로서 통일로 표현되도록 인간에게 쇄도해 온다.

이제 본능의 본질이 상징적으로 표현되어야 할 것이다. 상징의 새로운 세계가 필요하다. 우선 전체 몸의 상징, 즉 입, 얼굴, 말의 상징뿐만이 아니라 몸 전체를 리듬에 따라 풍부하게 움직이는 춤사위가 필요하다. 그 다음 다른 상징적인 힘, 예컨대 리듬, 강약, 하모니에서 갑자기 격렬해지는 음악의 상징이 성장한다.[14] 모든 상징적인 힘을 이와 같이 전체적으로 폭발시키기 위해서, 인간은 상당한 수준의 자기희생—저 상징적인 힘들 속에서 상징적으로 표현되는—에 이미 도달해 있어야 한다. 디티람보스적인 디오니소스 숭배자들은 자신과 같은 인간들에 의해서만 이해될 수 있었다고 하지 않는가![15] 아폴론적 그리스인들은 너무 놀라며 디오니소스 숭배자들을 바라보아야만 하지 않았는가! 이 전율은 아폴론적 그리스인에게 저 모든 것이 그렇게 낯설지 않다는 것과 또한 자신의 아폴론적 의식이 베일처럼 이러한 디오니소스적 세계를 자신에게 감추고 있었다는 것이 합쳐져서 닥쳐온 놀라움보다 한층 더 경악스러운 것이었다.[16]


1. 로마의 디오니소스제는 바카날리아Bacchanalia라고 불렸다. 이에 대해서는 엘레시우스 찬가 설명에서 키케로의 말로 간접적으로 설명했다. 바카날리아는 기원전 200년경 그리스 지역의 디오니소스제가 로마에 유입되어 전통적인 신이었던 포도와 풍요의 신 리베르

판신의 상 앞에서의 바카날리아 (니콜라 푸생, 1631~1633년, 내셔널 갤러리 소장)

Liber, 자유의 아버지와 결합하여 진행되었다. 이 축제의 성격은 다른 지역의 디오니소스제와 다름없이 방탕하고, 향락적이며, 육욕적이고 쾌락적이었다.

이 축제는 초기에는 일 년 중 3일 낮 동안 진행되었지만, 나중에는 5일 동안 한밤중에 진행되었다. 이 축제는 여성이 중심이었고 어린이, 평민, '남성 같은 여성' 등 다양한 계층이 참가했다. 심지어 상류층도 참여했다. 극히 은밀하게 진행되었을 뿐만 아니라 국가를 전복하려는 음모로 살인을 벌이기도 했다. 그 규모가 얼마나 컸는지 정확하지 않지만, 『로마사』를 쓴 리비우스는 수천 명이 잡혔고 처형되었다고 말할 정도였다. 또한 그 피해가 어찌나 컸던지 기원전 186년에는 국가가 직접 개입하여 상원과 로마 사제의 통제하에 축제를 치렀다고 한다.

키케로가 이 축제를 없앨 수 없다고 말한 것은 앞에서 살펴본 것처럼 이 축제가 가지는 여러 긍정적 성격에 기인한다.

2. 사티로스는 디오니소스의 이해와 니체 사상의 핵심에 도달하는 지름길이다. 사티로스는 두 종류가 있다. 하나는 말과 인간을 섞어 놓은 말형이다. 기원전 6세기에는 이 사티로스의 외모를 주로 말의 귀, 꼬리, 다리와 인간의 몸으로 그렸다. 이 사티로스는 사자 갈기 같은 머리와 수염, 야수적인 얼굴, 들창코를 지니고 있다. 또한 거대하게 발기한 남근과 음란한 행동들, 자위행위와 수간 등도 사티로스의 특징이다.

사티로스는 포도주, 음악, 춤, 여성을 사랑했으며, 님프와 인간 여성을 유혹하거나 강탈하려는 시도를 많이 했다. 하지만 불운하게도 성공한 적은 거의 없다. 사티로스는 신화에서 주로 디오니소스와 디오니소스의 추종자들인 마이나데스와 함께 있는 것으로 나타난다.

또 다른 사티로스는 염소와 인간을 섞어 놓은 염소형 사티로스이다. 기원전 4세기경 그리스에서 사티로스는 헤르메스와 페넬로페 사이에서 태어난 반염소 반인간인 판신과 혼동되었다. 그 후 사티로스는 주로 말의 형상이 아닌 염소의 귀와 뿔이 달린 형상으로 묘사되었다. 이 사티로스는 로마에서 목신인 반염소 반인간인 파우누스faunus와 동일시되었다. 르네상스 이후 주로 사티로스는 반염소의

말형 사티로스 (기
원전 520~500년, 캐
비닛 데 메다이유
소장)

염소형 사티로스 (기원전
3~2세기, 나폴리 국립 고고
학 박물관 소장)

형상을 지닌 것으로 정착되었다. 사티로스를 주로 말의 형상이 아닌 염소의 형상으로 알고 있는 것은 이 때문이다.

　문제가 발생한다. 니체는 왜 말이 아닌 염소의 형상을 한 사티로스를 받아들였는가이다. 이 문제가 제기되는 데에는 이유가 있다.

　첫째, 니체가 비극이 탄생한 역사적 시기로 보고 있던 시대에는 아직 염소형 사티로스가 나타나지 않았기 때문이다. 비극이 탄생할 무렵에는 말형 사티로스가 존재했던 시대이다. 말의 염소로의 전환은 적어도 2세기가 지난 헬레니즘 시대에 그 맹아가 나타나기 시작한다. 이 역사적 근거대로라면, 니체는 염소형이 아니라 말형 사티로스를 모범으로 삼았어야 한다.

　둘째, 더군다나 니체는 「자기비판의 시도」와 『비극의 탄생』을 집필하면서 사실 관계를 혼동했다는 어떤 자기비판도 하지 않았기 때문이다. 니체는 자신을 악평했던 수많은 비난 앞에서 당당했다. 니체는 사실 관계에 있어서만큼은 어떤 오류도 인정하지 않았을 뿐만 아니라 자신의 판단이 옳았다는 것을 강변한다. 그는 『비극의 탄생』 집필 후 16년 뒤에 「자기비판의 시도」 4장에서 "사티로스에게서 신과 염소가 하나로 된 것이 이를 입증하지 않는가?"라고 자신만만하게 쓴다. 또한 니체는 "비극적인 것의 발견: 염소와 신"[111]이란 말을 할 정도로 염소와 신의 혼합을 강조한다.

　이상으로 미뤄 본다면 니체가 말 대신 염소를 선택한 것은 의도적 실수이거나 고의적 혼동이다. 의도적 실수나 고의적 혼동은 니체의 본심을 보여 주는 것이다. 실수 행위는 본심의 은유적 표현이다. 인간의 어떤 행동이나 말에는 반드시 그 의미가 내포되어 있기 마련이다. 염소형 사티로스는 니체의 어떤 무의식적 본심이 의도적 실수와 고의적 행동을 통해 드러난 것이다. 혼동이 고의적이라면, 혼동을 통해 무언가를 알리고 싶은 의도, 즉 고의가 있었다는 뜻이다. 우리는 그 숨겨진 의미를 찾아야 한다. 그 의미가 니체를 이해하는 지름길이다.

우리가 추론할 수 있는 첫 번째 사실은 염소와 양의 강력한 대비이다. 양은 우리가 잘 알고 있는 것처럼 기독교에서 목자에 의해 인도되는 인간들이다. 양은 유순하고, 길들이기 쉬우며, 바보이자 멍청이이다. 양들은 목자가 죽음의 길로 이끌어도 저항하지 않고 묵묵히 따라간다. 중세 천년과 종교혁명 이후 500년 동안 기독교적 측면에서 양은 인간에게 주어진 굴레였다. 모든 인간은 사리 판단도 할 수 없는 어린양이자 분노도 하지 못하는 유순한 양이다. 길 잃은 한 마리 양을 위해 아흔아홉 마리의 양을 포기해도, 아흔아홉 마리 양은 신과 그 목자들에게 화를 내지 않을 뿐만 아니라 화를 내면 안 된다.

반면 염소를 보라. 그들은 뿔을 달고 있으며, 맘에 들지 않거나 화가 나거나 자신이 위협을 받으면 그 뿔로 받아 버린다. 노르웨이 전래 동화인, 염소 삼형제를 보라. 염소는 심지어 가장 위협적인 적대자인 육식동물과도 목숨을 걸고 싸우는 용기를 지니고 있다. 염소는 주어진 질서에 순응하는 것이 아니라 주어진 질서를 뿔로 받아 버리는 용감함의 상징이자 기성 질서에의 도전의 상징이다.

둘째, 중세 천년 동안 사탄의 상징인 염소형 사티로스의 부정이다. 니체는 사탄의 상징으로서 사티로스 대신 인간해방의 상징으로 사티로스를 등극시킨다. 사티로스는 종교와 사회가 부여하는 절제와 규율 대신 술과 춤과 음악을 사랑한다. 그의 곁에는 이루지 못할 사랑이 존재하지만 끊임없이 인간적 사랑을 갈구한다. 사티로스는 인간 욕망과 정념의 상징으로서 규율, 질서에 반하는 탈인간적 영웅이다.

마지막으로 순치된 사티로스에 대한 거부이다. 염소형 사티로스는 종교인, 예술가, 문학가들에 의해 생명 욕구의 상징으로서 지위를 상실하고 순치되고 순화된다. 마침내 염소형 사티로스는 사후에 성적 상징과 욕망을 거세당하고 어린이 문학과 판타지에서 괴팍하고 성질이 더러운 존재로 묘사될 뿐이다. 사티로스는 마치 버릇없는 아이 정도의 상징에 지나지 않게 된다. 니체는 순화된 사티로스를 부정하고 괴팍하고 난폭하며 강력하게 저항하고 싸우는 염소형 사티로스를 등장시킨다.

니체가 말형 사티로스 대신 염소형 사티로스를 선택한 것은 실수나 혼동이 아니라 필연적 선택이다. 니체는 절제와 승화의 완성체인 문화에 의해 점점 거세당하고 있는 사티로스의 운명을 슬퍼한다. 그러나 보라! 술과 음악과 춤을 사랑하며 발기한 거대한 남근을 가진 염소형 사티로스 조각상과, 제우스의 질서에 굴복하고 도덕과 윤리에 의해 나약해져서 왜소한 성기를 가진 그리스 신의 조각상들을 비교해 보라. 흉측한 외모와 거대한 남근, 사랑하지만 이룰 수 없는 욕망을 지닌 사티로스는 반신반인으로서 질서를 상징하는 신들의 세계와 질서에 정면으로 도전하며 욕망으로 표현되는 인간적 가치를 옹호하는 자이다.

3. '마법의 음료'는 괴테의 『파우스트』에서 나온 말이다. 파우스트는 삼십 년이 젊어질 수 있다는 메피스토펠레스의 말을 듣고 마녀가 주조한 약물을 마신다. 파우스트가 이 약물을 마시자 메피스토

바스크 신화의 마녀 안식일. 염소로 묘사된 마녀는 주로 여인들의 숭배를 받았다. (프란시스코 고야, 1797~1798년, 라자로 갈디아노 박물관 소장)

펠레스는 "(소리 죽여) 약효가 네 몸에 퍼지면, 곧 모든 여자가 헬레나로 보일 거다."[112]라고 말한다. 이 음료는 육체를 젊어지게 하는 게 아니라 정신을 혼미하게 만드는 미약媚藥이다.

여기에서 '마법의 음료'는 디오니소스 축제에서 인간을 광분하게 만드는 역할을 하고 있음을 지적한 말이다.

4. 니체는 고대 축제 또는 디오니소스적 축제를 다음 세 마디로 정

리하고, 예술가에게 이것이 중요하다고 말한다.

> 성 충동, 도취, 잔인함 : 이 모두는 인간의 가장 오래된 축제의 기쁨에 속한다 : 마찬가지로 이 모두는 최초의 '예술가'에게 지배적이다.'[113]

5. '아폴론은 메두사의 머리를 들고 이에 맞섰다'라는 문장은 염소의 형상을 빌린 사티로스와 마찬가지로 비유적 표현이다. 메두사의 머리가 있는 방패는 일반적으로 적을 공포에 떨게 했다.
호메로스의 『일리아스』에 나오는 방패, 아이기스를 알아보자.

> ······ 먼저 아테네는
> 구름을 모으는 제우스 형상이 있는 코르셋을 걸치고
> 그 다음 전투용 복장으로 무장을 했다.
> 주위에 두꺼운 털로 치장된 털북숭이 아이기스,
> 그 곳에 공포와 더불어 불화Discord, 용기Prowess가 있었다.
> 그 곳에 뜨거운 추적Pursuit, 그 곳에 고르곤의 한가운데에
> 무서운 형상, 기괴한 기형Deformity, 즉 제우스의 손 위에서
> 타고난 전조의 표시가 있었다.

이 방패는 아폴론과 아테네와 동시에 관련이 있다. 우선 아폴론과 관련된 내용이다. 이는 제우스의 방패인 메두사의 머리가 달린 아이기스에 근거한다. 아폴론은 제우스의 명령으로 아이기스를 들고 있었다.

너는 털북숭이 아이기스를 가져가고, 힘으로

아이기스를 흔들어 그리스의 장군들에게 공포를 심어 줘라!'[114]


한편 아폴론이 헥토르를 불쌍히 여겼고

심지어 죽어 있는 헥토르를 온갖 치욕으로부터

구원해 주었으며, 황금 아이기스로

그의 온몸을 덮어서, 끌고 다녔음에도 손상되지 않도록 보호했다.'[115]


다른 하나는 일반적으로 우리가 알고 있는 아테네의 방패에 근거한다. 메두사의 머리에 뱀 머리가 달린 이유는 설이 두 가지이다. 하나는 아폴로도로스의 『원전으로 읽는 그리스 신화』 2권 4장에 따르면 메두사 자매들인 고르고가 누가 더 아름다운지 아테네와 겨뤘기 때문이라고 한다. 또 다른 하나는 오비디우스의 『변신 이야기』 4장 798~805에 따르면 포세이돈과 메두사가 아테네 신전에서 성행위를 하자 아테네가 벌을 내렸다고 한다.

메두사를 포함한 고르고 자매들은 자신들과 눈을 마주치는 모든 것을 돌로 만들어 버렸다. 게다가 고르고 자매들은 용의 비늘, 멧돼지의 엄니, 청동 손, 금 날개, 번뜩이는 눈, 뱀 머리로 상당한 공포감을 형성했다.

페르세우스는 아테네가 준 방패의 도움을 받아 메두사의 머리를 베었고, 그 답례로 아테네에게 메두사의 머리를 주었다. 아테네는 메두사의 머리를 방패에 넣었다. 신화상으로 보면 아폴론이 아니라 주로 아테네가 메두사의 머리를 넣은 아이기스를 사용했다.

메두사의 머리가 달린 방패인 아이기스가 제우스의 것인지 아테

고르곤 기와 (기원전 540년경, 메트로폴리탄 미술관 소장)

아이기스 전차를 장식했던 청동 메두사 (1~2세기, 메트로폴리탄 미술관 소장)

네의 것인지는 중요하지 않다. 아이기스를 아테네가 아니라 아폴론이 사용했다는 사실이 중요하다. 니체는 그리스 비극을 아폴론적인 것과 디오니소스적인 것의 결합 산물로 보았기 때문이다.

이 문장은 아폴론이 메두사의 머리가 든 방패를 들고 디오니소스적인 것에 맞섰음을 비유적으로 표현한다. 이 문장은 메두사의 머리에 달린 뱀과 그 눈초리가 하도 날카롭고 무서워서 메두사를 본 모든 것이 돌로 변해 버린다는 신화를 니체가 이용한 것이다. 즉, 아폴론이 메두사의 머리를 들고 그리스에 쇄도해 들어오는 디오니소스의 광포한 힘을 막았다는 뜻이다.

이 문장은 한편으로는 아폴론이 동쪽에서 엄청난 힘으로 치고 들어오는 디오니소스적 광란의 상태를 막았다는 뜻이고, 다른 한편으로는 강력한 도취력을 발휘하는 디오니소스적 힘을 아폴론적인 절제미로 눌렀다는 뜻이다.

디오니소스와 그 축제가 아테네에 밀고 들어갔고 다른 민족들에게 강력한 영향을 미쳤듯이 아테네인들에게도 강력한 영향력을 행사했다. 니체는 아폴론과 메두사를 결합하여, 그리스인들, 특히 아테네 사람들이 디오니소스적인 힘에 강력하게 맞서려고 했다는 점을 강조한다.

하지만 메두사의 머리를 든 강력한 아폴론도 저 아테네 밑바닥에서 도도히 흐르고 있는 디오니소스적인 힘을 막을 수는 없었다. 디오니소스적인 것은 아폴론이 든 메두사의 머리를 보고도 돌처럼 굳어지지 않았다. 디오니소스적인 것의 힘을 분쇄할 수 없었던 아폴론과 아폴론적인 것의 강력한 방어에 놀란 디오니소스는 아테네에서 분란을 일으키지 않고 타협할 수 있는 방법을 찾는다. 이 타협의

도리아식

이오니아식

코린트식

산물이 비극이다.

6. 고대 그리스의 대표적인 건축 양식은 도리아식, 이오니아식, 코린트식이다. 그 중에 도리아식은 남성적이고, 이오니아식은 여성적이며, 코린트식은 화려함이 특징이다. 도리아식은 특히 간결, 장중, 묵직함을 특징으로 한다. 세 양식을 비교해 보면 도리아식의 특징이 분명하게 드러난다.

세 양식을 구분하기 가장 좋은 방법은 기둥머리를 비교하는 것이다. 기둥머리가 간결하면 도리아식, 원형이면 이오니아식, 화려하면 코린트식이다. 니체는 도리아 양식을 통해서 절제와 균형을 특징으로 하는 아폴론을 강조한다.

7. 이 문장은 다음과 같은 뜻이다. 그리스인들의 디오니소스 축제는 다른 민족들의 디오니소스 축제와 다르다. 다른 민족의 디오니소스 축제는 인간의 동물로의 퇴화로 타락했던 반면, 그리스인들의 디오니소스 축제는 인간의 더 고상한 인류로의 승화로 변용되었다.

Verklärungstagen(변용의 광명)에서 Verklärung은 우리말로 '변용' 또는 '미화'로 번역되곤 한다. 변용은 형태나 용모가 바뀜을 말하고, 미화는 아름답게 치장하는 걸 뜻한다. Verklärung은 『비극의 탄생』에서 여러 차례 나오며, 다른 저작에서도 여러 번 나온다. Verklärung은 번역하기 쉽지 않다. 니체는 Verklärung이란 "진짜가 아니며, 금박을 입힌 것과 같다."[116]라고 정의한다.

금박을 입히는 게 반드시 아름답게 보이는 것만은 아니다. 정반대로 천박하게 보이는 역할도 한다. Verklärung을 니체가 어떤 의미로 사용할 것인가는 무엇을 어떻게 변화시키는가에 달려 있다. 저급, 나쁨, 지나침 등에 금박을 입히면 좋은 의미로 나타나고, 고급, 좋음 등에 금박을 입히면 나쁜 의미로 표현된다.

위의 문장을 예로 들어 보자. 사카이엔족의 디오니소스제는 성충동, 황홀, 잔인함과 동물적인 퇴화의 일종으로 저급하다. 여기에 그리스적인 아폴론의 금박을 입힌다고 가정해 보자. 그러면 그리스적인 디오니소스제가 나타나고, 이때 Verklärung이 발생한다. 이때의 Verklärung은 좋은 의미의 변용이나 미화이다.

정반대의 경우도 있다. 니체는 소크라테스를 철천지원수 정도로 취급한다. 소크라테스처럼 살기 위해서 인간은 모든 걸 포기하고 금욕적으로 살아야 하기 때문이다.

> 반야만적인 동물을 소크라테스와 같은 인간으로 만들기 위해서는 엄청난 내적 훈육이나 혹독함이 필요하다. 에피쿠로스의 무관심주의는 거의 변용(미화)과 같은 것으로 작용한다.[117]

이때 Verklärung은 인간이 가지고 있던 좋은 것에다 훈육과 혹독함의 금박을 입혀 질서에 순응하는 인간을 만드는 수단이다. 이때

Verklärung은 나쁜 의미의 변용이나 미화이다.

좋은 의미의 Verklärung은 쉽게 이해되지만 나쁜 의미의 Verklärung은 잘 이해되지 않으므로 하나 더 살펴보도록 한다. 니체는 신은 죽었다라고 말할 정도로 종교에 비판적이다.

> 종교란 자신의 상황과 천성에 무한한 만족과 다양한 마음의 평화, 복종의 고귀함, 자신과 같은 사람들과 함께 겪는 행복과 고통을, 모든 일상이나 총체적인 영혼의 천박함이나 전체적인 반동물적인 빈곤함을 더 많이 미화(변용)하고 정당화하는 무엇을 부여한다.'[118]
>
> 신이 삶의 미화(변용)이자 영원한 긍정 대신, 삶의 모순이 되어 버리다니!'[119]

이때 Verklärung은 인간의 영혼이 종교에 굴복하고 사는 것을 미화하는 장치로 기능한다. 니체의 Verklärung을 어떻게 번역하는 것이 좋은가? 일반적인 원칙은 없지만 대부분의 경우에는 '미화'가 좋고, 종교 그 중에서도 기독교와 예수와 연관된 경우에는 '변용'이 옳은 듯하다. 니체는 『비극의 탄생』 4장에서 라파엘로의 그림 〈그리스도의 찬란한 변용〉에서 이 용어를 사용한다. 변용 자체가 종교적 의미로 사용된 경우이다. 만약 이 제목을 〈그리스도의 찬란한 미화〉라고 해 보자. 이 그림을 보는 사람들에게는 그리스도에 대한 신비감이 완전히 사라질 것이다. 그리스도의 미화 자체가 어불성설이기 때문이다.

8. 양면성은 술, 그중에서도 포도주의 효능과 효과를 말한 것이다. 술을 즐겁게 마시고 취한 사람은 매일 쏟아지는 스트레스를 잊기

쉽고 잠도 잘 잔다. 에우리피데스는 이를 다음과 같이 표현한다.

> 후에 그 다음에 오신 분이 세멜레에게서 탄생하셨는데
>
> 디오니소스께서는 자신과 더불어 포도로 만든 음료를 가져오셨습니다.
>
> 이는 데메테르에게서 나오는 빵과 조화를 이루는 어떤 것입니다.
>
> 디오니소스는 이를 필멸의 인간에게 가져다주셨습니다.
>
> 필멸의 인간이 포도에서 나오는 것을 마실 때
>
> 불행한 필멸의 인간이 고통에서 해방되었습니다.
>
> 이 음료는 불행한 인간에게 잠을 가져다주었으며,
>
> 그들이 나날의 고통을 잊도록 했습니다. 포도를 제외하고
>
> 인간의 고통을 위한 더 이상의 치료제는 없습니다.
>
> ……
>
> 따라서 인간은 최상의 선물을
>
> 디오니소스로부터 받았습니다. ……
>
> …… 포도 음료를 생각해 내시어 인간들에게
>
> 가져다주셨고, 그것은 가련한 인간들을 고통에서
>
> 풀어 주지요. 그들이 포도의 액즙을 실컷 마시고 나면,
>
> 그것은 또 잠을 가져다주고 그날그날의 고생을 잊게 해 주니
>
> 어떤 다른 약도 그처럼 노고를 치료해 주지는 못하오.[120]

이와 반대로 술을 많이 마셔서 취한 자를 생각해 보자. 그는 인류, 도덕, 법을 망각하고 평시라면 생각할 수 없는 일을 행하곤 한다. 얼마나 많은 여인들이 술을 마시고 정절을 잃는가를 에우리피데스는 역설적으로 다음과 같이 표현한다. 술을 마셔 정절을 잃는

것이 아니라 정절을 잃은 여인이 술을 핑계로 든다는 것이다.

> 아프로디테가 담당하는 여성과 관련하여
> 디오니소스는 당신이 본성상 추구해야만 하는
> 그러한 단정함을 강요하지 않을 것입니다.
> 본성상 순결한 여성이라면
> 디오니소스적 흥청망청에 의해서
> 망가지지 않을 것입니다. 그렇지 않습니까?[121]

본성상 순결한 여성은 술을 마신다 해도 술의 노예가 되어 자신의 본성을 잃지 않는다. 따라서 술은 잘못이 없다. 술을 마신 사람이 술을 어떻게 대하는가가 차이날 뿐이다. 이 점에서 술은 인간의 고통을 멎게 하는 치료약이자 인간의 본성을 드러내는 독극물이다.

9. 고통스러운 삶은 술을 부른다. 술에 취해 일종의 기쁨을 맛보게 되면 고통스러운 소리를 내게 마련이다. 공포나 비탄의 목소리는 그냥 나오는 게 아니라 삶이 고통스러울수록 커지기 마련이고, 고통이 클수록 술에 의지하여 기쁨을 찾기 마련이다.

고통을 겪는 사람과 고통을 겪지 않는 사람을 구분해서는 안 된다. 3장에서 다루는 것처럼 모든 인간은 태어나서 죽을 때까지 모두 다 고통을 겪기 마련이다. 마치 불교에서 인생을 고苦라는 말로 표현한 것과 같다. 따라서 이 문장은 모든 인간과 술의 일반적 관계, 그리고 술을 마신 뒤 오는 기쁨과 고통의 소리 관계로 받아들여야 한다.

10. 아폴론의 음악이 기타처럼 정확한 음계를 내는 키타라의 음악

이라고 한다면, 디오니소스적인 음악은 피리 종류인 아울로스의 음악이다. 키타라를 든 아폴론과 아울로스를 든 디오니소스의 시종 마르시우스의 대결을 상상하면 도움이 된다.

아울로스를 든 사티로스인 마르시우스와, 음악의 신이자 키타라를 든 제우스의 후계자인 아폴론의 음악 대결은 유명하다. 이 대결은 여러모로 해석할 여지를 남겨 둔다. 신화에 전하는 내용은 간단하다.

> 아폴론은 또 올림포스의 아들 마르시우스도 죽였다. 마르시우스는 아테네가 자신의 얼굴을 일그러뜨린다는 이유로 던져 버린 피리(아울로스)를 주워 아폴론과 음악 경연을 벌였기 때문이다. 그들은 이긴 쪽이 마음대로 하기로 합의했다. 경연이 벌어지자 아폴론이 자신의 키타라를 거꾸로 세워 연주하며 마르시우스에게 연주해 보라고 명령했다. 마르시우스가 그렇게 하지 못하자 승리자로 판정받은 아폴론은 마르시우스를 키 큰 소나무에 매달아 껍질을 벗겨 죽였다.[122]

뮤즈의 여신들과 만지는 모든 것을 황금으로 변하게 만드는 미다스가 이 시합의 심판관으로 참여했다. 뮤즈의 여신들은 아폴론이 이겼다고 판정했으나, 미다스는 마르시우스가 지지 않았다고 선언한다. 미다스는 오히려 마르시우스가 아폴론보다 월등히 연주를 잘했다고 판단한다. 화가 난 아폴론은 시합에서 진 마르시우스의 피부를 벗겨 죽였고, 마르시우스의 승리를 선언한 미다스의 귀를 당나귀 귀로 만들어 버리는 형벌을 주었다고 한다.

마르시우스에게 내린 형벌은 음악의 신 아폴론에게 다시 도전할

아울로스 (기원전 480년경, 메트
로폴리탄 미술관 소장)

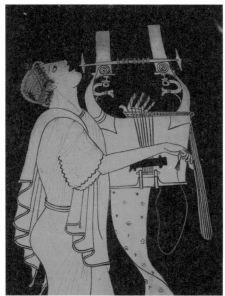

키타라 (기원전 490년경, 메트로
폴리탄 미술관 소장)

가능성조차 제거하는 거세였다. 그렇다면 당나귀 귀는? 당나귀 귀를 가진 사람(미다스)이 설마 음악을 알겠는가라는 조롱거리로 만들어 버린 술책이다.

일반적인 해석에 따르면 마르시우스에게 내린 고통스러운 형벌은 예술가의 길에는 고통이 따른다는 의미이다. 하지만 우리는 아폴론적인 것과 디오니소스적인 것의 대결로 이를 해석해야 한다. 왜 아폴론은 숲속의 잡신에 지나지 않는 음악신 마르시우스와 대결을 하고, 말도 안 되는 연주를 제안했는가? 키타라는 거꾸로 연주할 수 있지만 피리 계통인 아울로스는 거꾸로 연주를 할 수 없다. 할 수 없는 조건을 무시하고 시합하자는 강압적인 제안은 이미 기울어진 운동장이다. 반대로 마르시우스가 아폴론에게 키타라를 입으로 연주를 해 보라고 했다면, 이 시합은 보나마나 마르시우스의 승리였을 것이다.

아폴론이 숲속의 하층신과 음악 시합을 했다는 것은 초조함이나 공포 때문이다. 이 시합은 마르시우스로 대표되는 디오니소스적인 음악이 기존의 주류 음악인 아폴론적인 음악을 압도할 정도로 성장하고 있음을, 그리스 상류층들의 일반적인 음악과 이를 대표하는 아폴론이 디오니소스적인 음악을 두려워했음을 증명한다. 마르시우스에 대한 아폴론의 잔인한 처벌은 이러한 공포심을 상징적으로 드러낸 것이다. 아폴론적인 지배 계층은 마르시우스적인 음악이 대중에 퍼지는 것 자체를 원천적으로 봉쇄하고 싶었던 것이다.

아폴론이 마르시우스의 편을 든 미다스를 당나귀 귀로 만들어 버린다는 것도 이해할 수 없는 일이다. 심판관이라면 나름대로 평가를 할 수 있다. 그런 평가도 할 수 없다면 왜 심판관이겠는가? 공정

판을 이긴 아폴론 (야코프 요르단스, 1637년, 프라도 미술관 소장)

한 대결이라면, 상대방에게 높은 점수를 준 심판관에게 벌을 주겠는가? 아폴론은 무조건 이기기 위한 시합을 제안했고, 그 시합에서 이견이 나오는 것이 싫었다. 그렇기 때문에 아폴론은 미다스에게 당나귀 귀라는 우스운 형벌을 내린 것이다.

무조건적으로 아폴론적인 음악의 승리! 아폴론이 요구한 것은 바로 이것이다. 이 점에서 이 시합은 디오니소스적인 것이 그리스에게 퍼지는 것에 대한 공포의 으스스한 반영이다. 플라톤은 『국가』에서 디오니소스적인 것에 대한 공포를 다음과 같이 정리한다.

그러면 자네한텐 리라와 키타라가 이 나라에 유용한 것들로 남게 되네. 그리고 또 시골의 목부들을 위해서는 일종의 피리가 있겠고. ……

여보게나, 우리가 마르시우스와 그의 악기에 앞서 아폴론과 그의 악기를 선택한다고 해서 새삼스러운 짓을 하는 것은 어쨌든 아무것도 없다네.'[123]

사티로스인 마르시우스와 그의 악기를 주류 음악 세계에서 쫓아내거나 낮추어 보려는 플라톤의 의도는 신화의 세계에서 아폴론의 승리로 나타난다. 마르시우스와 아울로스에 대해 아폴론은 왜 그토록 잔인했고 플라톤은 왜 그토록 집요했는가? 그들은 디오니소스적인 음악의 폭발적인 성장에 겁이 났기 때문이다. 전투 중에 공포심에 사로잡힌 겁쟁이 병사가 더 잔인하듯이, 겁이 날수록, 두려울수록 더 잔인해지는 것은 인간의 본성이고 신의 본성이다.

플라톤에 의해 추방당하고 아폴론에 의해 원천적으로 거세당한 디오니소스적 음악은 시골에서 도시로 점점 더 파고들었고, 마침내 그리스인들이 두려워할 정도로 성장했다. 디오니소스적인 음악은 마침내 전 그리스를 사로잡았다.

아폴론에 의한 마르시우스의 죽음과 정반대되는 상황도 있다. 디오니소스 추종자들인 마이나데스에 의한 최고의 키타라 연주자 오르페우스의 죽음이 그것이다. 이에 대해서는 12장 8절의 해설에서 다룬다.

11. 아폴론적 음악이란 도리아적 선법을 사용하고, 주로 키타라를 이용함을 의미한다. 아폴론과 키타라의 관계는 이미 마르시우스와 음악 대결에서 다루었다. 도리아적 양식은 주로 전쟁, 용기, 절제 등과 관련된다. 플라톤은 '비탄조 선법'인 '혼성 리디아 선법', '고음

리디아 선법'을 '제외'하고, '술 취함과 유약함 그리고 게으름'을 연주하는 '이오니아 선법과 리디아 선법'이 '전사'에 적합하지 않다고 말한다. 플라톤은 이런 선법을 제외하고 아폴론적 음악인 도리아 선법을 남겨 두어야 한다고 강조한다.

> …… 도리스(도리아) 선법과 …… 아직 남아 있는 것 같습니다. ……
>
> …… 이런 선법은 남겨 놓게나. 즉, 전투 행위나 모든 강제적인 업무에 있어서 용감한 사람의 어조와 억양을, 그리고 또 좌절하더라도, 말하자면 부상이나 죽음에 당면하게 되거나 또는 다른 어떤 불행에 떨어지더라도, 이런 모든 사태에서도 불운을 꿋꿋하게 그리고 참을성 있게 막아 내는 사람의 어조와 억양을 적절하게 모방하게 될 화성 말일세. …… 이 모든 경우에 절제 있고 절도 있게 행동하며, 결과에 만족하는 그런 사람의 어조와 억양을 적절하게 모방하게 될 화성 말일세. ……
>
> 복잡 미묘한 리듬도 온갖 종류의 운율도 추구하지 말고, 예절 바르고 용감한 삶을 나타내는 리듬 ……[124]

이상에 따르면 아폴론적 음악이란 키타라를 이용한 도리아적 음악 양식을 말하며, 국가주의적, 도덕주의적 주제를 다룬다. 아폴론적 음악은 인간의 감정과 감성이 개입할 여지가 없다.

12. 아폴론적인 음악이 지배하는 곳에 디오니소스적 음악이 어떻게 침투해 들어가는가? 새로운 양식의 음악이 침투해 들어올 때 기존의 지배 음악은 어떻게 대적하는가? 이런 질문을 던지면 이 문장은 쉽게 이해된다. 이 질문을 심각하게 던진 사람은 다름 아닌 플라톤이다. 플라톤은 이를 바꾸어서 이상 국가에서 어떤 음악을 배제해

야 하는가로 질문을 바꾸고, 디오니소스적 음악이라 할 것들을 배제하는 방법을 사용한다.

플라톤은 음악의 종류를 다섯 가지로 든다. 신들을 향한 기원인 찬가hymnos, 장례식 때 부르는 만가threnos, 아폴론과 다른 신들을 찬양하는 파이안paian, 디오니소스의 탄생과 관련된 디티람보스, 키타라 탄주에 맞춘 노래 가락인 노모스nomos이다.[125]

플라톤이 사상으로 건국한 저 장엄한 이상 국가에서 지켜야 할 음악적 요소들이 있다. 그 중 첫째는 화성과 리듬은 노랫말을 따라야 한다는 규칙이다. 건전하고 건강한 노랫말에 알맞은 화성과 리듬을 만드는 것이 음악에서 제일 중요하다는 것이다. 이것은 디오니소스적인 음악과 니체적인 음악관에 정반대이다. 이 두 음악관은 민중들 속에 있는 자연스러운 민요 가락에 노랫말을 나중에 붙이기 때문이다. 니체는 6장에서 민요를 다루면서 이를 상당히 높게 강조한다. 반민요적인 플라톤과 대척점에 서 있는 니체의 민요관을 살펴보는 게 중요하다.

둘째, 특정 화성을 제외시키는 규칙이다. 플라톤은 비탄조의 화성이나 술 취함, 유약함, 게으름을 표현하는 화성도 배제시킨다. 디오니소스적인 음악은 여성 중심적이고, 술 취함에서 표현된 흥이다. 플라톤은 이런 디오니소스적 음악을 배제시킨다.

마지막으로 특정 악기를 배제시킨다. 플라톤은 노래와 서정시가에서 현의 사용과 모든 화성을 연주할 수 있는 악기를 배제한다. 이는 두 가지 의미가 있다. 하나는 말 그대로 악기 배제이다.

'그렇다면 우리는 삼각 현악기와 펙티스 그리고 여러 현과 여러 선법을 사용한 모든 악기의 제작자들을 먹여 살리지는 않을 걸세.' …… 자네는 아울로스 제작자나 아울로스 연주자들을 이 나라에 받아들이겠는가?'[126]

플라톤은 "아울로스가 가장 음역이 넓고, 그래서 여러 현을 갖는 악기들 자체가 아울로스의 모방물"이라고 간주한다. 그럼에도 플라톤은 아울로스를 배제하고자 한다. 하지만 플라톤은 대다수 시민들이 선호하는 아울로스를 없앨 수는 없었다. 그는 아울로스를 시민을 위한 악기가 아니라 '시골의 목부를 위한 악기'로 격하시킨다.

다른 하나는 인간의 감정을 풍부하게 표현한 서정시가의 구축이다. 플라톤은 서정시도 '나라의 체제와 인간 생활을 위해서도 이로운 것'[127]이어야 함을 강조함으로써 서정시의 역할을 부정한다. 서정시와 같은 올바르지 못한 요소를 이상 국가에서 배제시켜야 한다고 주장한다. 5장에서 니체는 플라톤과 디오니소스적 음악 그리고 서정시의 관계를 집중적으로 다룬다. 서사적인 것과 대비되는 서정적인 것의 힘을 강조한 니체의 음악관은 플라톤의 음악관과 완전히 대비된다.

플라톤의 음악관은 반디오니소스적이다. 플라톤은 디오니소스적 음악이 몰려오는 곳에 방어벽을 쳐야 한다고 주장한다.

수호자들로서는 여기 어딘가에, 즉 시가에도 위병소를 지어야만 할 것 같으니.'[128]

플라톤은 디오니소스적 음악을 막기 위해 온몸으로 저항한다. 플라톤의 이러한 사상을 위 문장과 연결해서 살펴보면, 아폴론적인 음악이 디오니소스적인 음악을 배제시키기 위한 노력으로 이해할 수 있다. 플라톤이 이상 국가 건설에서 배제한 음악적 요소란 결국 디오니소스적 음악이고, 이는 현실에서는 디오니소스 음악을 처음 접한 그리스인들의 조심스러운 태도와 일치한다.

13. 플라톤은 디티람보스가 제우스의 탄생과 관련이 있다고 말하고, 아리스토텔레스는 고대 그리스 비극이 디티람보스의 선창자에서 유래했다[129]고 말한다. 비극 이전의 디티람보스는 주로 원형, 춤, 사티로스 복장, 아울로스로 특징지을 수 있다. 디티람보스는 사티로스 복장을 한 많은 사람들이 아울로스에 맞춰 원형으로 춤을 추는 공연이다. 디티람보스와 비극, 희극 등의 관계는 11장에서 자세하게 다룬다.

14. 플라톤은 디티람보스가 얼마나 강력했는지를 우회적으로 다음과 같이 표현한다.

> 시인들이 시인의 소질을 갖고 태어나기는 했지만, 무사에 있어서의 올바른 것과 준법적인 것에 대해서는 알지 못한 채로, 열광하며 정도 이상으로 즐거움에 사로잡혀서는, 만가들을 찬가들과, 그리고 파이안들을 디티람보스와 섞는가 하면, 키타라 반주에 맞춘 노래들로 아울로스에 맞춘 노래들을 흉내 냄으로써, 모든 걸 모든 것과 합쳐 버렸습니다.[130]

15. '자기희생'은 원형으로 춤을 추는 무리 속에서 하나가 됨을 뜻한다. 혼자 중뿔나게 나서서 독무를 추는 것이 아니라 참여한 모든 사람이 아울로스 가락에 맞춰 흥겹게 춤을 추며 하나가 된 상태를 뜻한다.

디티람보스를 향유하는 사람들을 외부자의 시선으로 이해하기는 쉽지 않다. 술에 취해 몰아와 망아 상태로 춤을 추고 있는 무리를 술에 전혀 취하지 않고 정신이 말짱한 외부자의 시선으로 본다고 가정해 보자. 마치 클럽에서 음악에 맞춰 춤을 추는 무리들을 관찰자의 시점에서 본다고 해 보자. 술을 마시지 않고 철학적 사유를 하는 자는 이 망아와 몰아 상태를 이해할 수 없을 것이다.

16. '아폴론적 그리스인에게 저 모든 것이 그렇게 낯설지 않다는 것'은 디오니소스적인 축제가 이미 이전부터 존재함을 뜻한다. '자신의 아폴론적 의식이 베일처럼 이러한 디오니소스적 세계를 자신에게 감추고 있었다는 것'은 소크라테스와 플라톤 같은 철학자의 사유가 디오니소스적 축제를 폄훼하고 감추고 있었다는 것을 뜻한다. 결론적으로 그리스인들은 집단적 원무가 가진 힘을 낯설게 보았다는 뜻이다.

### 다시 보기

상상력으로 그려 낸 뮤직 배틀! 마르시우스의 껍질을 벗겨 살해하고 그 지원군 미다스왕의 귀마저 당나귀 귀로 만들어 버린 아폴론 대 저 민초들, 여성들. 사회에서 억압받는 자들과 함께 성장하며 성난 파도처럼 밀려오는 디오니소스의 외나무 전투! 누가 승리할 것인가?

이 전투는 니체가 그린 상상력의 산물이다. 니체는 이 단락에서 상반된 두 문장을 쓴다. 하나는 "저 축제의 달뜬 흥분에 관한 정보가 모든 육로로 해로로 그리스인들에게 쇄도해 들어왔지만 그리스인들은 오랜 시간 동안 안전해 보였다."와 "이 전율은 아폴론적 그리스인들에게 낯설지 않다는 것"이다. 전자는 그리스인들이 새롭게 이 정보를 얻는 것처럼 묘사되고, 후자는 이미 알고 있는 것으로 묘사되고 있다.

무엇이 옳은가? 둘 다 맞다. 아폴론적인 것과 디오니소스적인 것은 그리스 안에 이미 공존하고 있었다. 귀족적인 음악과 서민적인 음악은 항상 공존하고 있다. 지배층은 지배층의 음악을 가지고 있고, 피지배층은 그들만의 음악을 가지고 있다.

디오니소스는 전자에게 도전하고 가상 뮤직 배틀을 벌인다. 디오니소스가 민중들과 노래를 부르고 춤을 추며 몰려들자, 아폴론이 메두사의 머리를 들고 '꼼짝 마!'병에 걸리게 만든다. 그러나 그 멈춤의 시간은 잠시, 아폴론은 디오니소스와 화해를 한다. 하지만 화해는 화해일 뿐이다. 저 밑바닥에 흐르는 디오니소스적 힘의 도도함을 어찌 감당하랴! "저 평화협정의 압력하에서 디오니소스적인 힘이 드러나는 것을 보게 된다." 디오니소스 음악은 승리를 구가한다.

니체가 내린 결론, 디오니소스의 완승이다. 아폴론이 마르시우스를 죽이고, 미다스에게 당나귀 귀를 선물하고, 플라톤이 국법으로 막으려고 노력했지만, 거칠게 쇄도하는 디오니소스의 파도와 같은 힘을 막을 수는 없었다. 디오니소스의 장엄한 승리인 저 서정시가 바로 이 절이다.

상상력의 승리, 그 장엄함을 느낄 수 있다면 …… 아폴론이 키타라를 버리고 도망치는 저 모습을 볼 수 있다면 …… 플라톤이 독한 술잔을 비우며 자신의 철학이 실패했음을 한탄하는 모습을 볼 수 있다면 …… 디오니소스가 민초들과 포도주를 마시며 황홀에 찬 축제를 즐기는 장면을 볼 수 있다면 …… 수많은 철학자와 종교인 나부랭이들이 머리를 쥐어 감싸며 꽁지 빠지게 달아나는 장면을 볼 수 있다면 …… 수많은 잔챙이 학자와 외눈박이 언론인이 돌팔매질을 당하며 쫓겨 가는 모습을 상상할 수 있다면 …… 바로 이 절에서 디오니소스의 승리의 상상을 그려야 한다.

### 2장 다시 보기

디오니소스라는 창을 든 니체와, 메두사가 각인된 아폴론의 방패를 든 플라톤의 대결! 2,300년의 시간 차이, 그리스와 독일이라는 거리를 두고 동일 시간, 동일 장소에서 숙명의 대결을 펼친다. 플라톤의 길을 갈 것인가? 니체의 길을 따를 것인가? 니체의 길이 천 개의 산과 천 개의 골과 천 개의 강을 건너는 험난한 길이라고 한다면, 플라톤의 길은 중무장 보병이 보무당당하게 행진할 수 있는 넓은 포장도로이다.

플라톤은 니체가 그토록 찬양한 디오니소스적 음악을 인류에게서 제거하고 싶어 한다. 디오니소스적인 음악에 심취한 "관람객들은 소리를 내지 않는 자들에서 큰 소리를 내는 자들로 바뀌"기 때문이다. 그 결과 "음악에 있어서 최선자들의 지배 대신에 일종의 고약한 형태인 관람객들의 지배 사태가 발생하"게 된다. 플라톤은 마음이 조급하다. 갑자기 성급하게 달려 나가며 디오니소스적인 음악에 심취한 자들이 민주주의를 넘어 자유를 만끽하게 되고, 그 결과 법까지 무시하는 사태가 발생한다고 플라톤은 결론짓는다.

일종의 민주주의가 음악에만 국한된 자유민들의 것으로서 일었다면,

그 결과는 그다지 두려워할 것이 전혀 아니었을 것 …… 그러나 이제는 모든 것에 대한 지혜를 누구나 다 갖고 있다는 생각과 가락의 어김이 우리의 시가에서 시작하더니, 자유도 뒤따랐습니다. 스스로 아는 자들로서 무서울 것이 없는 사람들로 되니, 겁 없음이 뻔뻔함을 낳은 거죠.

이 자유 다음에는 통치자들에게 복종하고자 하지 않는 자유가 생길 것이며, 또한 이 자유에는 부모와 연장자들에 대한 복종과 이들의 훈계를 회피하려는 자유가 뒤따를 것이고, 마지막 단계에 가까워서는 법률에 복종하지 않으려 함이, 하지만 바로 마지막 단계에 이르러서는 맹세들과 신용들 그리고 신들에 대해서 전혀 개의치 않음이 뒤따를 것입니다."[131]

플라톤은 디오니소스적인 음악의 힘을 정확하게 평가했다. 디오니소스적인 음악은 시민들에게 자유를 주고, 그 자유를 얻은 시민들은 기존의 모든 질서에 저항할 수 있는 자양분을 습득하고, 마침내 국가와 법을 넘어 무소불위한 신들의 세계까지 뒤엎을 수 있다.

국가의 질서와 신의 질서에 저항하는 디오니소스적 음악의 힘! 놀랍지 않은가! 이에 동조하는 사람은 니체류이다. 디오니소스적 음악의 힘, 무섭지 않은가! 이에 동조하면 플라톤류이다. 플라톤은 죽을 힘을 다해 이상 국가 안에 좋은 음악을 심어 놓고자 한다. 플라톤이 생각하는 음악은 곧 아폴론적 음악이고, 아폴론적 음악은 플라톤 철학의 표현이다.

플라톤은 키타라로 대표되는 아폴론적 음악으로, 아울로스로 대표되는 디오니소스적 음악을 규제하고 억압하려고 한다. 니체는 아울로스의 처연하면서도 아름다운 가락으로 플라톤 세계에 틈새를 벌이고 구멍을 뚫는다.

작은 틈새는 점점 넓어지고, 마침내 디오니소스와 그의 제자들인 사티로스와 추종자들인 마이나데스들이 아울로스 가락과 북장단에 맞춰 탬버린을 흔들며 춤을 추고 들어온다. 플라톤의 방패는 메두사의 머리로 각인된 아폴론이 든 방패였지만, 메두사마저도 디오니소스의 술에 취해 눈이 풀린 채 춤을 춘다. 그 무섭게 쳐다보던 눈은 잠에 겨운 듯 졸기도 하고 다른 눈은 취기에 한껏 달아올라 웃고 있다. 그 무엇이 디오니소스를 막으랴! 그 무엇이 디오니소스의 창을 막으랴!

3장

# 인간의 반영으로서
# 그리스 신들

## 1. 올림포스 세계의 아버지로서 아폴론

먼저 아폴론적인 문화를 이해하기 위해서, 우리는 **아폴론적 문화**의 저 예술적인 건축물이 세워져 있는 기초를 이해할 수 있을 때까지, 말하자면 석재와 석재로 쌓여 있는 저 문화의 토대를 낱낱이 해부해야만 한다.

여기서 우리는 가장 먼저 이 건축물의 합각머리 위에 새겨져 있으며 멀리까지 돋보이는 돋을새김으로 묘사되어 프리즈Friese를 장식하는 장엄하고 화려한 **올림포스 신상**들에 주목하도록 하자.[1] 아폴론이 또한 그 신상들 사이에서 하나의 신으로서 나란히 그리고 첫 번째 지위를 요구하지 않고 서 있다 할지라도, 우리는 절대 혼동해서는 안 된다. 아폴론으로 구체화된 그 충동이 일반적 측면에서 올림포스 세계 전체를 낳았으며, 이러한 의미에서 우리들 입장에서 아폴론은 올림포스 세계의 아버지이다.[2]

저토록 찬란하게 빛나는 올림포스 신들의 집단을 발생시킨 그 절박한 욕구란 도대체 무엇이란 말인가![3]

1. 우리의 이해를 돕기 위한 니체의 설명이다.

아래 사진에 보이는 삼각형이 합각머리이다. 그 안에 다양한 신상들이 돋을새김으로 새겨져 있으며, 이는 멀리에서도 확인할 수 있을 만큼 선명하다. 프리즈는 기둥머리가 받치고 있는 부분들 중에 가운데 띠 모양의 장식물을 말하고, 그 안에 돋을새김으로 여러 문양이 새겨져 있다. 니체는 프리즈와 합각머리에 새겨 있는 부조, 즉 돋을새김에 주목하라고 한다. 그 돋을새김을 보면 아폴론적인 예술이 무엇인지 정확하게 알 수 있다는 것이다.

마들렌 사원의 합각머리 (1828년 완공, 프랑스 파리)

프리즈

2. 니체는 우리의 상식과 완전히 다른 주장을 하고 있다. 아폴론은 제우스의 자식들 중 하나일 뿐이다. 우리가 아는 아버지 신이자 최고의 신은 제우스이다. 제우스는 형이자 바다의 신인 포세이돈보다 서열이 높고 전능함을 자랑한다. 더구나 제우스 이전에는 제우스의 아버지인 크로노스가 최고의 신이고, 크로노스 이전에는 크로노스의 아버지인 우라노스가 최고의 신이었다.

그럼에도 니체는 왜 아폴론을 올림포스 신들 세계의 아버지라고 선언하는가? 앞에서 살펴보았듯이 아폴론은 꿈의 신으로서 형상을 일정한 원리에 따라 주조하는 신이다. 아버지에 해당하는 제우스도, 큰아버지에 해당하는 포세이돈도, 쌍둥이 누이인 아르테미스, 크로노스와 우라노스도 형상의 신으로서 아폴론이 존재하지 않았다면 인간들의 눈에 보이는 조각이나 돌을새김 등으로 표현될 수 없다. 이 점에서 아폴론은 자신의 원리에 따라 만들어진 올림포스 신전의 신들을 만든 아버지가 된다. 형상의 신인 아폴론이 없다면 그리스 신전의 신들은 형상으로 나타날 수 없기 때문이다. 이런 점에서 제우스를 포함한 올림포스의 12신과 그리스의 다른 모든 신들은 아폴론의 자손들이 된다.

3. 올림포스 신전을 가득 채운 신들의 형상을 만들어 낸 것은 누구인가? 꿈의 신이자 형상의 신인 아폴론이다. 이 신들을 손으로 직접 가공하여 만들어 낸 것은 누구인가? 나아가 제우스에게 최고의 신으로서 권능을 부여하고, 포세이돈에게 바다를 지배하는 힘을 선사하고, 아프로디테에게 사냥의 여신이란 힘을 부여한 것은 누구인가? 더 나아가 그리스의 모든 신 각각에게 고유한 형상과 힘을 부여한 것은 누구인가?

고대 그리스 여러 신의 형상을 만들어 내고, 모든 신들에게 힘과 속성과 권능을 부여한 것은 바로 인간이다. 인간은 자신의 염원과 욕망을 담아 그리스 신들을 만들어 냈다. 올림포스 신전의 신들은 바로 인간의 바람과 욕구와 욕망을 그대로 드러낸 형상이자 신들이다.

다시 보기

인간 독립의 위대한 선언! 그리스 신들은 인간이 만들었다. 세상의 모든 신들은 인간의 절박한 욕구의 표현이다. 인간은 자신들의 절박한 욕구를 신으로 표현했다.

신들이 인간과 세상을 만들었다고 생각하는가? 헛소리이고 망상이다. 인간이 자신의 바람을 담아 뚝딱뚝딱 만들어 낸 것이 바로 신들이다. 올림포스 신들만이 아니라 세상 모든 신은 인간 바람의 산물이다.

그렇다면 인간의 절박한 요구란 도대체 무엇인가? 이에 대해서는 2절에서 다룬다.

## 2. 필멸의 존재 인간과 실레노스의 지혜

마음속으로 다른 종교를 믿으면서 이 올림포스 신전에 들어서서, 이 신들에게서 윤리적 고상함, 신성함, 비육체적인 영적 승화, 자비심으로 충만한 사랑의 눈길 등을 찾고자 하는 자는 불쾌감을 느끼면서 곧장 그들에게 등을 돌릴 것이다. 여기에는 금욕, 영성, 그리고 의무 같은 걸 떠올리게 하는 것은 아무것도 없다. 다만 여기에는 존재하는 모든 것이 선하든 악하든 관계없이 신격화된

존재가 생동감을 지니고서 승리감에 가득 찬 채 우리에게 말을 걸 뿐이다.[1]

그리고 관람자는 이처럼 환상적으로 충만한 삶에 경악하면서 다음과 같이 스스로 질문해 볼 것이다. 이처럼 자유분방한 인간들이 몸에 어떤 마법의 음료를 들이켰기에, 그들은 눈을 어디로 돌리든지 간에 자신의 가장 이상적인 형상인 헬레네가 '달콤한 관능에 떠돌면서' 자신들을 쳐다보며 웃는다고 느낄 만큼 삶을 즐겼는가?[2]

그러나 우리는 이미 등을 돌린 관람자에게 다음과 같이 외쳐야 할 것이다. 거기 멈춰 서라, 먼저 들어 보라, 당신 앞에 여기 이처럼 수수께끼 같은 명랑성이 펼쳐져 있는 이런 삶에 대해서 그리스적인 민중적 지혜는 무엇을 말하는가. 다음과 같은 옛이야기가 있다. 미다스왕[3]이 오랜 시간 동안 디오니소스의 스승이자 현명한 **실레노스**Silen[4]를 숲에서 잡으려 했으나 잡지 못했다. 마침내 미다스왕은 실레노스를 잡자, 인간에게 무엇이 최선이고 무엇이 가장 좋은지 물어보았다. 데몬Dämon[5]은 왕이 대답해 달라고 조를 때까지 미다스를 응시한 채 미동도 않으면서 입을 꾹 다물고 있었다. 데몬은 마침내 고막이 터질 듯이 웃으면서 이러한 말을 했다. "비참한 하루살이 종족이여, 우연의 자식이여 그리고 고통의 자식이여, 너의 경우에는 듣지 않는 것이 가장 유익한데 너는 말하라고 강요하느냐? 너의 경우 가장 최선은 완전히 얻을 수 없는 것이다. 그것은 태어나지 않는 것, **존재하지 않는 것**, 무無로 존재하는 것이다. 하지만 너의 경우 다음으로 좋은 것은 곧 죽는 것이다."[6]

1. 기존의 종교적 관점에서 그리스 신전과 신상神像과 그림 등을 보는 것을 잊어버리자. 우리에게 익숙한 종교적 관점에서 보던 신의 성격 역시 제거해 버리자. 우리의 영혼을 지배하는 기존의 종교적 관점에서 보는 종교도 망각해 버리자. 기존의 신과 종교는 우리에게 영혼의 순수함과 자비와 사랑, 숭고함, 승화, 욕망의 절제, 청빈, 희생 등을 강요한다. 하지만 그리스 신들에게는 이런 고리타분한 종교적, 도덕적 가치가 없다.

제우스의 행적을 보라. 그는 욕망하는 대로 행동하고 생각나는 대로 행위할 뿐이다. 그에게 올바름과 정의는 없다. 그는 맘 내키는 대로 행동할 뿐이다. 그는 여신, 요정, 인간, 심지어 땅과 교접하는 것도 마다하지 않는 호색한이다. 다른 신들도 마찬가지이다. 파리스의 사과를 보라. 할머니 신 아프로디테, 엄마 신 헤라, 딸 신 아테네가 서로 아름답다고 다툰다. 목동 파리스로부터 아름답다는 그 말 한 마디, 단순한 명예의 한 마디를 얻기 위해 세 여신이 목동에게 온갖 교태를 부리고 엄청난 선물을 약속한다. 그리스 신화는 처음부터 끝까지 욕망과 그 욕망의 발산의 연속이다.

올림포스의 신들은 인간인 우리들과 똑같이 욕망하는 존재이고, 욕망을 발산하고 실수한다. 그리스 신들과 인간의 차이점이 있다. 그들은 악을 행하지만 후회하지 않는 반면, 인간은 악한 행동을 하고 실수하고 그리고 후회한다. 올림포스 신들은 선과 악이 없다. 선할 때도 있고, 악할 때도 있다. 선과 악의 기준도 없다. 자기 욕망이 선을 원하면 선하게 행동하고, 악을 원하면 악하게 행동한다.

기존의 종교관에 사로잡힌 자라면, 이런 그리스 신들을 보고 고개를 절레절레 흔들 것이다. 그리고는 '신들이 뭐 저래!'라고 등을

파리스와 헬레네의 사랑(부분) (자크루이 다비드, 1788년, 루브르 박물관 소장)

돌릴 것이다. 기존의 종교관을 버려라. 올림포스 신들이 무엇을 이야기하는지 들린다. 니체가 하고 싶은 말은 바로 이것이다.

2. 이 문장을 다음과 같이 분석하고 이해해 보자. 그리스인들은 자유분방하다. 그들은 가장 이상적인 형상을 찾았다. 그는 다름 아닌 헬레네이다. 헬레네는 성적인 감각을 자극하는 관능미Sinnlichkeit, 官能美의 대표자이다. 그리스인들은 관능미를 대표하는 헬레네를 가장 이상적인 미의 대표자로 생각했다. 이를 바탕으로 위 문장을 해석해야 한다.

각 나라마다 각 시대마다 선호하는 미인상은 다르다. 조선 시대의 미인상과 요즘의 미인상은 다르다. 한국의 미인상과 일본, 중국의 미인상 역시 다르다. 서양과 아프리카의 미인상도 다르다. 고대 그리스인들은 최고 미인을 헬레네로 보았으며, 미 중에서도 관능미를 최고의 미로 여겼다. 니체는 괴테의 표현을 따라 그리스의 신상에는 관능미가 넘친다고 판단한다.

헬레네를 이해하는 것은 그리스 신전의 신상들을 이해하는 것이며, 그리스 신전의 신상들을 이해하는 것은 그리스인들의 욕망을 이해하는 것이다. 그리스 신전의 신상들은 헬레네를 닮은 모습으로 표현되었으며, 그리스인들은 이 신상들을 자신들을 닮은 모습과 자신들의 욕망을 드러내기 위해 표현했다.

헬레네가 얼마나 아름다웠는지 살펴보기로 하자. 헬레네가 구혼자를 구할 때 그리스 전역에서 젊은이들이 몰려들었다. 이것은 헬레네가 아름다웠다는 첫 번째 증거이다. 오디세우스, 파트로클레스, 메넬라오스 등 무려 99명의 영웅들이 몰려왔다. 유일하게 구혼하지 않은 자는 아직 결혼할 나이가 안 된 아킬레우스뿐이었다. 하지만 아킬레우스도 헬레네의 네 번째 남편이 되었다.

헬레네를 둘러싼 그리스 연합과 트로이의 전쟁은 두 번째 증거이다. 한 여성의 아름다움 때문에 문명과 문명이 사활을 건 전쟁을 십 년 넘게 벌인다는 것이 상상이 되는가? 마치 한 미인을 두고 미국과 중국이 전쟁을 벌인다고 상상해 보자. 그것도 십 년이나. 침략을 받는 트로이의 입장에서 훔쳐 온, 아니면 신의 선물로 받은 며느리의 아름다움 때문에 전쟁한다는 것 자체가 가능한가? 반대로 한 여성을 빼앗겼다는 이유로 그리스가 연합군을 구성하고 침략 전쟁을 벌이는 자체가 가능한가? 빼앗긴 미인과 훔쳐 온 미인을 두고 두 거대 문명이 전쟁을 벌인다면, 이 말도 안 되는 전쟁 명분을 둘러싸고 양측에서 반대가 얼마나 많았겠는가? 하지만 그렇지 않았다. 당시 트로이의 언변가들은 이 말도 안 되는 전쟁을 정당화했다. 헬레네의 아름다움이라면 전쟁도 옳다고 그들은 생각했다.

> 트로이아인들과 그리스인들이 엄청난
> 아름다움을 두고서 싸우는 것은 올바른 것이요. 오,
> 여신과 얼마나 흡사한가!
> 얼마나 지독하게 사랑스러운가! ……[132]

메넬라오스가 전쟁에서 승리한 후 헬레네를 죽이지 않는 것도 그 관능미가 드러나는 세 번째 증거이다. 메넬라오스는 헬레네를 죽이려 했지만, 헬레네의 반쯤 벗은 모습에 너무 감동한 나머지 죽이지 못하고 스파르타로 데려온다. 도망을 가서 남의 부인이 된 자신의 부인에게 징벌을 가하지 못할 만큼 헬레네는 아름다웠다.

헬레네와 메넬라오스. 메넬라오스는 헬레네를 치려고 했지만 아름다움에 홀려 칼을 던져 버린다. 공중에 떠 있는 에로스와 땅에 있는 아프로디테가 이 모습을 보고 있다. (기원전 450~440년, 루브르 박물관 소장)

헬레네에게 총 다섯 명의 남편이 있었던 것도 헬레네 아름다움의 마지막 증거이다. 헬레네의 남편은 아테네의 창건자 테세우스, 메넬라오스, 그리고 파리스, 네 번째가 아킬레우스였다. 그리고 마지막으로는 파리스가 죽고 난 후, 트로이의 왕 프리아모스가 가장 용감한 자에게 헬레네를 주겠다고 약속한다. 그러자 그의 아들, 파리스의 세 형제, 데이포브스, 헬레노스, 이도메네우스가 나섰고, 그 중 데이포브스가 상으로 헬레네를 받았다.

비너스(아프로디테)의 탄생 (보티첼리, 1485년, 우피치 미술관 소장)

전쟁을 벌이는 영웅, 그 전쟁에 참여한 일반 병사들이 전쟁에 참
여하면서 무슨 생각을 했겠는가? 니체의 표현대로라면 '관능미'가
넘치는 헬레네가 '자신들을 쳐다보며 웃는다'고 생각하면서 전쟁에
참여하지는 않았을까? 그리스인들은 헬레네의 웃는 모습을 한 번
보는 것만으로도 인생의 즐거움을 다 얻을 수 있다고 생각하지 않
았을까? 여기서 헬레네의 미의 정체를 찾아보아야 한다.

괴테는 헬레네의 미를 '관능미'로 표현했다. 니체는 이 부분을 수
용했다. 괴테와 니체는 왜 헬레네를 성적 욕망을 자극하는 관능미
의 소유자로 표현했는가?

우리가 다 아는 것처럼 어머니 신 헤라는 원숙미를, 처녀 신 아테

파리스의 심판. 불화의 여신 에리스가 테티스와 펠레우스의 잔치에 초대를 받지 못하자, 연회에 참석하여 황금 사과를 던지며 가장 아름다운 여신에게 선물로 준다고 말한다. 제우스의 아내인 헤라, 지혜의 여신 아테네, 미의 여신 아프로디테가 가장 아름답다는 찬사를 듣기 위해 트로이 왕의 아들이자 목동인 파리스에게 심판을 받는다. 헤라는 '아시아의 군주'를, 아테네는 '전투의 승리'를, 아프로디테는 '가장 아름다운 여인'을 선물로 주겠다고 파리스에게 약속한다. 파리스는 아프로디테가 가장 아름답다고 말한다. 파리스는 그 덕분에 스파르타의 메넬라오스 왕의 아내였던 헬레네를 취한다. 그 결과 그리스 연합과 트로이가 전쟁에 들어간다. (루벤스, 1632~1635년, 내셔널 박물관 소장)


네는 순수미를 대표한다. 헤라와 아테네와 아름다움을 경쟁하는 할머니 신 아프로디테는 어떤 미를 상징하는가? 파리스의 사과에서 보듯이 세 여신은 파리스에게 누가 제일 아름다운 신인지 판결을 내려 달라고 요구한다. 승자는 아프로디테이다.

할머니 신 아프로디테는 파리스에게 왜 가장 아름답다는 평가를 들었는가? 인간의 관점에서 나이가 그렇게 많음에도 불구하고……. 나이에 관계 없이 아프로디테는 육감적으로 보이는 관능미를 파리스에게 보여 주었기 때문이다. 아프로디테는 크로노스가 아버지 신 우라노스의 성기를 자를 때 피와 정액이 바다에 떨어져 만들어진 여신이다. 아프로디테는 바로 관능미의 화신이다.

파리스가 아프로디테를 가장 아름다운 여신으로 선택했다면, 그는 원숙미와 순수미 대신에 관능미를 선택한 것이다. 아프로디테가 파리스에게 가장 아름다운 여성을 선물로 준다고 했다면, 자신의 미를 닮은 여성을 선물로 준 것이다. 따라서 파리스가 아프로디테에게서 받은 선물은 다름 아닌 관능미가 철철 넘치는 헬레네를 선물로 받은 것이다. 괴테는 이 점에서 헬레네를 관능미의 화신으로 표현하였다.

아프로디테의 관능미, 이를 닮은 헬레네의 관능미, 그리고 그리스인들이 가장 이상적으로 생각한 관능미는 다 동일하다. 니체는 헬레네를 통해 그리스인들이 가장 선호하는 아름다움을 관능미로 보았으며, 그리스 신전의 신상들이 관능미가 넘친다고 생각했다.

기존의 종교관에 사로잡힌 자가 관능미가 철철 넘치는 그리스 신상들을 본다면 어떤 생각을 할까? 관능미가 철철 넘치게 성모 마리아와 예수님을 표현했다면, 보는 이는 어떤 감정이 들까? 부처님과 관세음보살을 관능미 넘치게 표현했다면, 보는 이는 어떤 생각이 들까? 당연히 종교적 신앙심은 사라지고, 혐오의 감정으로 그 신상들을 쳐다보고 등을 돌릴 것이다.

3. 미다스왕은 만지는 모든 것을 황금으로 바꾸는 손을 가졌던 왕이자, 아폴론과 한 음악 대결에서 패배한 마르시우스 편을 들었다는 이유로 '임금님 귀는 당나귀 귀'를 갖게 된 주인공이다. 미다스왕의 위의 두 전설은 오비디우스의 『변신 이야기』 11권 85~193에 자세히 나온다.

4. 실레노스Silen는 디오니소스의 스승이자 사티로스들의 아버지이자 지혜의 상징이다. 실레노스가 지혜의 상징임은 잘 알려지지 않았다. 그의 지혜가 얼마나 놀라웠는지는 철학자 소크라테스와 우화로 교훈을 전하는 아이소포스가 실레노스와 외모가 닮았다는 데에서도 간접적으로 확인할 수 있다. 신화 속의 실레노스가 지혜로웠기에 사람들은 소크라테스와 아이소포스가 실레노스의 외모와 비슷하다고 생각한 것이다. 실제로 소크라테스와 실레노스를 구분하기는 쉽지 않다. 소크라테스가 지혜로운 자 실레노스를 닮은 것은 우연일까, 아니면 의도일까?

소크라테스의 제자 플라톤과 크세노폰에 의해 묘사된 소크라테스의 외모는 실레노스와 비슷하다. 소크라테스가 얼마나 실레노스를 닮았는지는 크세노폰의 언급에 나온다. 소크라테스의 외모는 들창코와 퉁방울눈, 두꺼운 입술,[133] 지나치게 부푼 배(올챙이 배)[134]로 표현된다. 플라톤은 소크라테스의 외모를 디오니소스의 스승 실레노스와 비교하기도 하고 사티로스 중 하나인 마르시우스와 비교하기도 한다.

실은 말입니다. (부디 내게 화를 내진 말아 주세요), 그 아이는 못생겼는데요, 들창코도 그렇고 퉁방울눈마저 당신을 닮았습니다. 당신만큼 심한 편

은 아니지만 말입니다. 그래서 거리낌 없이 말하고 있는 겁니다.'[135]

　나는 그분이 조각가의 작업장들에 앉아 있는 이 실레노스들과 가장 비슷하다고 주장하네. 목적이나 피리를 들고 있는 것으로 장인들이 만들곤 하는 그것들 말일세.'[136]

　나는 또한 그분이 사티로스인 마르시우스와 닮았다고 주장하네. 그러니까 소크라테스 선생님, 적어도 외모에 관한 한 선생님이 이것들과 비슷하다는 데는 선생님 스스로 아마 이의를 제기하지 못할 겁니다.'[137]


　플라톤과 크세노폰에 의해 창조된 소크라테스는 실레노스와 무척 닮았다. 여기서 문제가 던져진다. 왜 그들은 소크라테스의 외모를 그렇게 못난 것으로 묘사할까? 소크라테스가 못생겼다는 것은 사실일 수 있다. 소크라테스는 태어나면서부터 어쩌면 실레노스처럼 못난 모습으로 태어났을 수도 있다.

　한 번 더 질문을 던져 보자. 플라톤과 크세노폰은 왜 스승 외모의 단점을 감추려 하지 않았는가? 그들은 왜 제자된 도리라면 굳이 하지 않아도 될 외모를 언급한 것일까? 이유가 있다. 그들은 소크라테스의 외모가 지혜의 상징이자 신화 속 인물인 실레노스와 닮았음을 이용하여 대중들에게 자신의 학설을 전달하기 쉬웠다고 판단했을 것이다.

　대중들이 알고 있는 기성의 상식에 얹혀서 새로운 생각을 전달하는 것은 아주 유용하고 효과도 높다. 그 중에서도 눈에 확연히 띄는 것을 이용하는 전략은 '새로움 공포증newphobia'을 지닌 대중들의 선

왼쪽은 실레노스의 두상 (기원전 2세기, 메트로폴리탄 미술관 소장), 오른쪽은 소크라테스의 흉상 (기원전 4세기 그리스 원작을 로마 시기에 복제, 바티칸 박물관 소장)

입견을 무력화시키는 데 아주 유용하다. 영악한 플라톤과 정치적 판단력이 뛰어난 크세노폰은 지혜로운 자 실레노스와 닮은 소크라테스의 못생긴 외모를 한층 더 부각시킴으로써 소크라테스를 인류사의 위대한 현자로 집어넣을 수 있었다.

교활하고 간교한 소크라테스의 제자들이 순진한 소크라테스의 외모를 차용해서 이용할 만큼 실레노스가 엄청난 지혜를 가지고 있었다는 점이 중요하다. 미다스가 실레노스에게 던진 질문과 그 질문에 대한 실레노스의 답변은 인간이 살아가면서 반드시 생각해 봐야 하는 중요한 문제이다.

5. 데몬은 반신반인을 말하며 소크라테스에게 종종 출몰하는 다이

몬과는 다르다. 여기서 데몬은 실레노스를 지칭한다.

6. 이 인용문은 니체의 사상에서 아주 중요하다. 이 인용문은 문학적인 근거와 철학적인 근거가 있다.

문학적인 근거는 소포클레스(기원전 496~406년)의 『콜로노스의 오이디푸스』이다. 우리나라 번역은 대체로 이 인용문에 주를 달면서, 소포클레스의 아래 글을 참조하라고 한다. 비슷한 문장이 나오지만, 니체가 인용한 건 이 문장이 아니다. 하지만 중요하므로 인용하여 내용을 살펴보도록 한다.

정해진 삶보다 더 오랜
삶을 바라는 자는,
내 생각에는 어리석은 인간이라고
비난받을 것이오.
더해진 세월은 즐거움보다는
쓰라림이 더 많기 때문이오.
보이지 않는 것이 쌓인 욕망은 실패하고,
가까운 많은 것들은 썩기 마련이고
순간에 대한 갈망 역시 물리기 마련이요.
하지만 고통스러운 삶,
이것은 크든 적든 지나갈 때,
불화를 끝내려는 힘과 더불어
죽음이 마침내 다가온다오.
하! 어두운 신부의 방이여 기다려다오! 어떤 축제 합창도
어떤 춤도, 어떤 리라도, 그의 운명의 시간을 빛내 주지 않는다오.

가장 좋은 건 태어나지 않는 것이지만,

일단 빛을 보았다면,

그 다음 좋은 건 가능한 빨리

자신이 왔던 곳으로 저 자리로 달아나는 것이요.

경박한 어리석은 짓과 함께 청년 시절 그곳에서, 누가

수많은 걱정에서 벗어날 수 있단 말이오?

어떤 시련도, 어떤 몰락도 없다면!

불화, 전쟁, 살인, 격노,

시기, 그리고 그 밖의 모든 것,

경멸받고, 어리석어지고, 친구가 없는 나이!

아! 모든 악이 한 방에 몰려 있구나,

최악의 상태에 빠져 우울함을 토로하는구나.[138]


다음은 철학적 근거이다. 니체가 인용한 것[139]으로, 그 구절은 아리스토텔레스가 「행복론Eudemus」 또는 「영혼에 관하여On The Soul」에서 언급했다고 한다. 이 부분은 소실되었지만, 플루타르코스가 「아폴로니오스에게 보내는 애도의 편지A Letter of Condolence to Apollonius」 115b~c에서 이 부분을 전한다.[140] 그 내용은 다음과 같다.


'고통받는 영혼과 성급한 운명의 단명할 씨앗이여, 너는 네가 알지 않는 것이 훨씬 좋은 것을 왜 나에게 말하도록 강요하느냐? 자신의 치명적 약점을 알지 못하고 사는 삶이 가장 고통이 적다는 것을 모르느냐. 모든 것 중에서 가장 최상의 것이 인간에게 부여된다는 것은 불가능하다. 인간은 더 나은 것을 공유할 수도 없다. 모든 남성과 여성에게 가장 최상의 것은 태어나지 않는 것이다. 그 뒤에 두 번째 좋은 것—인간에게 열려 있는 가장 좋은 것—은 일단 태어났다면 가능하면 빨리 죽는 것이다.' 실레노스가 죽는 것에 드는 시간이 사는 데 소비하는 시간보다 훨씬 좋다는 것을 의도했다는 것은 분명하다.'[141]

소포클레스, 아리스토텔레스, 니체의 위의 글은 비슷한 것 같지만 서로 다른 목적을 갖고 있다. 그 차이점은 중요하다. 니체의『비극의 탄생』과, 이후 철학적 작업의 방향을 설정하는 전초기지이기 때문이다.

소포클레스의 주장은 나이 들어서도 오래 살려고 욕심을 내면 안 된다는 것이다. 그 이유는 시간 앞에 선 인간의 숙명 때문이다.『콜로노스의 오이디푸스』의 주인공인 노인 오이디푸스는 아버지 살해와 근친상간, 자식들에 의한 추방, 아들들의 욕심에 의한 상호 살해라는 운명에 떠밀려 콜로노스에 도착한다. 그곳의 통치자인 테세우스는 늙은 노인 오이디푸스가 안전하게 살 수 있다고 보장한다. 오이디푸스는 자신에게 주어진 숙명에 따라 담담히 죽음의 길로 찾아간다. 오이디푸스는 시간이 불멸의 신들을 제외한 나머지를 모두 파괴하는 전능한 시간'[142] 앞에 복종한다.

소포클레스의 핵심 주장은 인간이 주어진 삶을 넘어 오래 사는 욕심을 바라지 않아야 한다는 것이다. "정해진 삶보다 더 오랜 / 삶을 바라는 자는, / 내 생각에는 어리석은 인간이라고 / 비난받을 것이오."가 그 근거이다. 나이가 들면 습관적으로 '늙으면 죽어야지' 하는 말은 각자의 인생에는 적당한 몫이 있기 마련임을 보여 준다.

인생은 즐거움보다는 슬픔이 많다. 인생은 처음부터 끝까지 고통이며, 누구도 고통에서 벗어날 수 없다. 누구나 나이가 들기 마련이다. 노년이 되면, 비난만이 유일한 상찬으로 남게 된다. 그럼에도 오래 살고 싶은가? 소포클레스가 온갖 고통을 다 당하고 살아온 오이디푸스를 통해 던진 질문이다. 소포클레스의 교훈을 한마디로 정리해 보면, 각자에게 주어진 삶만큼 담담히 살고, 오이디푸스처럼 죽음이 선물하는 구원을 받으라는 것이다.

다음으로 아리스토텔레스의 주장을 살펴보자. 이 인용문 전체를 이해하는 핵심 문장은 "실레노스가 죽는 것에 드는 시간이 사는 데 소비하는 시간보다 훨씬 좋다는 것을 의도했다는 것은 분명하다."에서 나온다. 한마디로 사는 것보다 죽는 것이 훨씬 낫다는 말이다. 이를 더 강조하면, '태어나는 것보다 태어나지 않는 것이 더 좋다.'이다. 아리스토텔레스의 이 문장은 현실의 삶을 비관적으로 이해하고 살아가는 삶 자체를 부정하는 것이며, 더 나아가서는 반출생주의antinatalism의 기원이 된다.

니체는 이 문장을 받아들이기는 하지만 완전히 비틀어 버린다. 인간은 '비참한 하루살이 종족'이자 '우연과 고통의 자식'이다. 그래서 어쩌라고? 아리스토텔레스의 주장대로라면 빨리 죽어야 한다. 하지만 니체는? 그렇기 때문에 더 재미나게 살라고 말한다.

어떻게? 니체는 말한다. 고대 그리스인들의 아폴론적인 삶을 보라! 그들은 삶을 유희하고 관능적인 미를 즐기면서 그리스 신들을 만들었다. 이런 방법으로 '하루살이'에 지나지 않는 그리스인들은 불멸의 올림포스 신들을 만들어 냈고, 현실의 고통을 잊기 위해 그 신들에게 관능적 미를 부여했다. 그들은 신들마저 운명의 여신 모이라에게 복종하게 만들었다. 그리스인들이 인간에게 주어진 숙명을 이겨 내는 한 가지 매뉴얼은 아폴론적인 형상미가 전하는 교훈이다.

니체가 이 인용문을 통해서 말하고 싶은 결론은 무엇인가? 하루살이에 지나지 않고, 고통과 우연의 자식인 인간들이여, 실망하지말라! 지혜의 현자 실레노스의 가르침을 뒤집어 보라. 그러면 인간은 살 만한 가치가 있다. 인간들이여, 지금 여기에서 즐거움을 찾아라! 그것이 인간이 지닌 엄청난 힘이다!

이 방법만 있는가? 또 다른 방법은 없는가? 있다. 바로 니체가 그토록 강조하는 디오니소스적인 방법이다. 이에 대해서는 뒤에 계속나오므로 그때 알아보자.

### 다시 보기

우주의 영겁에 비한다면, 영원한 삶을 사는 신들에 비한다면, 인간의 삶은 하루살이에 지나지 않는다. 게다가 태어나고 싶어 태어나는 것이 아니다. 나는 왜 흙수저의 자식이고, 너는 왜 금수저의자식인가? 누가 결정하는가? 부모의 선행과 악행도 아니고, 나의올바름과 그름도 아니다. 그저 우연이 결정되었을 뿐이다. 수억 개의 정자 중에 하나가 난자를 만나 나를 태어나게 만들었을 뿐이다.

부자라고 고통 없이 사는가? 권력, 명예를 지녔다고 고뇌하지 않고 사는가? 아니다. 인간은 태어난 이상 누구나 고통을 겪고 산다.

하루살이이고 우연과 고통의 자식인 인간은 어떻게 살아야 하는가? 소포클레스의 지혜처럼 무덤덤하게 운명을 받아들여야 하는가? 아리스토텔레스가 한 실레노스의 언급처럼 하루라도 빨리 이승을 하직하는 게 좋은가? 아니다, 아니다, 절대 아니다! 고통스러운 현재 삶을 유희하고 살아라! 그리스인들이 신을 만들어 내고 고통스러운 삶을 즐기고 살았듯이, 지금 여기의 삶의 즐겨라!

아폴론의 지혜로 형상을 만들어 놓은 저 그리스 신상들을 보라. 그들의 유쾌함, 격의 없음, 방탕함, 난잡함, 그럼에도 빛나는 절도와 절제를 보라. 지금 현재의 삶을 즐기는 자만이 누릴 수 있는 통쾌한 유쾌함이자 유쾌한 상쾌함이다. 5장에 나오게 될 서정시인 아르킬로코스도 현재의 삶이 죽은 뒤 삶보다 훨씬 더 중요하다고 말한다.

> 사람들 가운데 누구라도 죽고 나면 존경도 명성도 얻지
> 못하리라. 차라리 우리는 살아 있는 동안 삶의 은총을
> 좇으리라. 가장 나쁜 것은 언제나 죽은 사람의 몫이니.[143]

### 3. 민중적 지혜

올림포스 신들의 세계는 이러한 민중적Volk[1] 지혜와 어떤 관계인가? 이는 고문을 받는 순교자의 황홀한 환영이 순교자의 고통과 맺는 관계와 같다.[2]

1. Volk는 민중적, 민족적, 시민적 등 다양한 용어로 번역 가능하다. 한 국가나 집단을 구성하는 집단 전체라는 의미로 받아들이면 된다. 맥락에 따라 각기 다르게 이해하면 좋다.
2. 이를 등식화해 보자.

> 올림포스 신들의 세계 = 고문을 받는 순교자의 황홀한 환상
> 민중적 지혜 = 순교자의 고통

이 문장의 뜻은 다음과 같다. 삶을 살아가면서 고통을 당하는 그리스인들이 올림포스 신들의 세계를 창조하여 고통을 이겨 내듯이, 고문을 당해 고통을 느끼는 순교자들도 황홀한 환상을 만들어 고통을 이겨 낸다. 곧 이 문장은 종교는 인간이 만들어 낸 것이라는 뜻을 내포한다. 이 문장은 이 다음 문장들 전체의 복선 격이다.

다시 보기

그리스 시민들의 일반적 지혜를 종교 전체에 확대한다. 니체가 전략적으로 고려한 문장이다.

## 4. 인간 삶의 고통!

이제 올림포스라는 마법의 산이 절로 우리에게 드러나며, 우리에게 그 뿌리를 보여 줄 것이다. 그리스인은 삶Dasein의 경악스러움Schrecken과 무서움Entsetzlichkeiten을 알고 있었고 느끼고 있었다.[1] 그리스인은 특히 살아가기 위해서 삶의 경악과 무서움에 맞서서 올림포스적인 신들의 찬란한 꿈의 산물을 내세워야만 했다. 본능Natur(자연)의 거대한(티탄적인) 힘에 대한 저 엄청난 불신,[2] 모든 인식을 넘어 무자비하게 지배하는 저 모이라,[3] 인간의 친구인 거대한 프로메테우스의 저 독수리,[4] 지혜로운 오이디푸스의 저 끔찍한 운명,[5] 오레스테스가 어머니를 살해하도록 강요한 아트레우스 가문의 저 저주,[6] 숲의 신 실레노스의 저 철학 전체들을,[7] 우울한 에트루리안들을 몰락시켰던 그 신비한 예들과 더불어[8] 그리스인들은 올림포스 신들의 저 예술적인 **중간세계**[9]에 의해서 지속적으로 새로운 것으로 극복했으며, 어쨌든 은폐했고 시야에서 멀어

지게 했다.[10]

　그리스인들은 살아가기 위해서 가장 근본적인 필요에서 이러한 신들을 창조했다.[11] 우리는 어떤 과정에 따라 근본적으로 거인적인 경악스러운 신들의 질서로부터 저 아폴론적인 미적 충동을 매개로 오랜 이행을 거쳐서 기쁨에 가득 찬 올림포스적인 신들의 질서가 발전했다고 생각한다. 이는 마치 장미꽃이 가시덤불에서 피는 것과 마찬가지이다. 그렇지 않다고 가정해 보자. 그렇다면 그리스 민중이 더 높은 영예에 둘러싸인 그 신들에 의해 표현되지 않았다고 한다면, 감각적으로 그토록 예민하고, 성적 욕망을 그처럼 격렬하게 드러내고, 고통Leiden[12]을 이처럼 홀로 감당하는 그 민중이 삶을 어떻게 견뎌 낼 수 있었겠는가.

　생활 속으로 예술을 불러들인 그 충동은 또한 지속적인 생활을 가능케 하는 삶의 보완이자 완성으로서 올림포스적인 세계를 발생시켰다. 그 세계 안에서 그리스적인 '의지'는 미화적인 거울 앞에 스스로를 세우게 된다. 따라서 신들은 인간적 생활을 정당화하고, 그럼으로써 신들은 인간처럼 살아간다. 이것만으로도 충분한 변신론辯神論![13]

　삶은 그러한 신들의 찬란한 태양빛 아래에서 그래도 살 만한 가치가 있는 것으로 느껴지고, 호메로스적인 인간들의 고통Schmerz은 삶으로부터의 이별, 무엇보다도 머지 않은 죽음에서 비롯된 이별과 연관된다. 따라서 인간들은 이제 호메로스적인 인간들로부터, 실레노스적인 지혜의 뒤집기로부터 다음과 같은 말을 듣게 된다. "인간들에게 가장 최악의 것은 곧 죽는 것이고, 그 다음 나쁜 것은 누구나 언젠가는 죽는다는 것이다."[14] 그 비탄이 일단 터져 나오면, 그 비탄은 곧 죽을 운명인 아킬레우스로부터,[15] 나뭇잎과 같은 인간 종족의 변화와 변천으로부터, 영웅 시대의 몰락으로부터 울려 퍼진다.[16] 위대한 영웅들이 날품팔이로라도 더 살고 싶다고 간절하게 갈망하는 것이 그리 무가치한 것은 아니다.[17] 아폴론적인 단계에서 현세의 삶에 대한 '의지'는 그토록 격렬하게 요구되었으며, 호메로스적인 인간 또한 일단 현세의 삶과 더불어 비탄 자체가 그 찬가로 되었다고 느끼게 된다.

1. 국내 번역에서 오역이 가장 빈번한 곳이다. 'Schrecken'을 주로 공포로 번역하곤 하는데, 이는 오역 중의 오역이다. 이런 오역이 발생하는 이유는 경악, 경악스러움을 뜻하는 Schreck와 공포를 뜻하는 Furcht를 구분하지 않아서이다. 니체는 이 두 용어를 명확히 구분하여 사용하고 있다. 더 나아가 아리스토텔레스는 『시학』에서도 '공포와 동정'이란 용어를 사용하면서 '공포'가 무엇인지 정확하게 지적하고 있으며,[144] 『수사학』에서도 '공포와 동정'의 개념을 정확하게 구분하고서 '공포'가 무엇인지 지적한다.[145]

'die Schrecken und Entsetzlichkeiten des Dasein'은 인간이 살아가면서 보게 되는 경악스러운 일들과 무서운 일들을 말한다. 'Schrecken'은 '경악'이나 '놀람' 정도로 번역하는 것이 좋고, 'Entsetzlichkeiten'은 '무서움' 정도로 옮기는 것이 좋다.

여기서 경악과 공포를 어떻게 구분하는 것이 좋은가라는 문제가 발생한다. 경악驚愕은 어떤 놀라운 일을 보고서 눈을 크게 뜨는 것을 말한다. 경악은 어떤 사건을 직접 보자마자 즉각적인 육체적 반응을 하는 것이다. 반면 공포恐怖는 어떤 놀라운 일을 보고 마음속에서 자신에게 닥칠지 모른다고 생각하는 사후의 심적 반응이다. 니체는 이를 다음과 같이 표현한다.

> 경악은 눈을 크게 만든다. 그 안에 놀라운 일이 있기 때문이다. 공포는 날카로운 눈의 방향을 아주 빨리 굴리게 만들고, 그 위험이 어디에서 오는지에 대해 불안해한다.[146]

경악은 어떤 광경을 직접 본 사실에 단순히 놀라는 것이고, 공포는 그 사건이 자신에게도 다가오지 않을까 걱정하는 것이다. 예를 들면 수많은 사람들이 사고로 죽은 것을 보고 놀라는 건 경악이고, 자신의 자식도 물에 빠져 고통스러운 일을 당하지 않을까 염려하는 건 공포이다. 놀라운 사건을 보고도 경악하지 않는 인간은 대범한 자이거나 무심한 자이다. 반면 걱정하고 염려하지 않는 인간, 공포심이 없는 인간은 측은지심, 즉 동정심이 결여된 냉정한 자이거나 자신에게는 그런 사건이 닥치지 않을 것이라고 믿는 신앙심이 깊은 자들이다.

뒤에서 언급되는 사례는 주로 인간의 심리가 개입되지 않는 경악스러운 일들을 말한다. 즉, 인간이라면 이런 놀라운 일을 보거나 당하면 눈을 크게 뜨고 '설마 이런 일이?'라고 생각하는 사건 등이다.

이 책에서 경악과 공포를 불러일으키는 것은 비극의 주인공이 겪는 고통과 연결되며, 일반적으로 대다수 인간이 겪는 고통이다. 고통과 관련된 공포와 동정에 대해서는 주로 9장 2절, 11장 7절, 17장 2절 등에서 상세히 다룬다.

2. "본능Natur(자연)의 거대한(티탄적인) 힘에 대한 저 엄청난 불신"에

서 '본능Natur'은 '자연'으로 번역할 수도 있다. '자연'으로 번역한다고 해서 우리가 흔히 알고 있는 물리적 자연으로 이해해서는 안 된다. 물리적 자연이 되면, 인간에게 닥쳐오는 태풍, 폭우, 폭설, 폭염 등이 되며, 인간이 이에 불신하는 것이 되기 때문이다. 모든 자연현상을 신의 섭리와 질서로 해석하던 시대에 자연현상을 인간이 불신한다는 것은 이치상 맞지 않다. 여기에서 '자연'은 인간 안의 본능이나 본성에 가까운 것으로 이해하는 것이 좋다. 니체가 쓴 "본능에 대한 불신을 제2의 본성으로 만들기 위해um das Mißtrauen gegen die Instinkte zur zweiten Natur zu machen"¹⁴⁷는 이와 가장 유사한 예이다. '본성'을 '자연'으로 바꾸어 이해해도 된다.

'본능(자연)의 티탄적인(거대한) 힘'은 인간의 내면적 욕구와 욕망에서 비롯한 본능이나 본성이 아주 강력함을 뜻한다.

'힘에 대한 저 엄청난 불신'에서는 불신을 누가 하는가라는 질문을 던져야 한다. 불신은 고대 그리스 시대의 신들이 한 것이다. 올림포스 신들은 인간의 본능이 거대하게 분출할 경우, 이를 불신하고서 이에 대한 응징을 가하기 위해 엄청난 재앙(때로는 자연적 현상으로 나타나는)을 퍼붓는다.

이 구절은 인간의 행위에 대한 신들의 응징이라는 구도로 짜여 있다. 이 다음 구절들도 모두 '인간의 행위'와 이에 대한 '신의 응징'의 구도로 해석해야 한다.

3. "모든 인식을 넘어 무자비하게 지배하는 저 모이라"에서 '모든 인식'은 인간이 하는 것이고, 모든 현상을 과학적으로 해석하고 싶어 하는 인간의 욕구와 욕망이다. 이 인식 욕구와 욕망을 '무자비하게 지배하는' 것은 운명의 여신 '모이라'의 응징이다.

인간은 모든 것을 과학적으로 인식하려는 경향이 있고, 그 경향성 때문에 지금까지 발전해 왔다. 하지만 인간이 아무리 노력해도 바꿀 수 없는 게 있다. 운명의 여신이 점지해 놓은 운명이다. 마키아벨리가 『군주론』 7장에서 '많은 것을 준비했지만, 모든 것을 예측하지 못'하는 것이 인간이란 말은 이의 응용이다. 마키아벨리는 『군주론』의 이상적 모델이었던 체사레를 설명하면서 "나는 아버지가 돌아가셨을 때 발생할 수 있는 모든 것을 생각해 두었고, 그에 대한 대비책도 마련했다. 하지만 나는 아버지가 돌아가시는 그 순간 나 자신도 죽음에 임박하리라는 것을 결코 생각하지 못했다."[148] 라고 말한 것도 이러한 맥락이다.

인간이 아무리 철저하게 준비해도 부지불식간에 닥쳐올 죽음의 순간만큼은 피할 수 없다. 운명의 여신이 인간의 삶에 대한 간절한 욕구를 허무한 죽음으로 얼마나 쉽게 바꾸는가? 갑작스러운 죽음을 맞는 주변 사람을 보면 쉽게 깨달을 수 있다.

운명의 여신의 탄생은 두 가지 설이 있다. 하나는 밤의 여신 닉스와 제우스의 자식들이라는 설이다.

> 밤은 또 운명의 여신들과 무자비하게 응징하는 죽음의 여신들(인간들이 태어날 때 그들에게 행운과 불행을 정해 주는 클로토와 라케시스와 아트로포스)을 낳으니……[149]

다른 하나는 법의 여신 테미스와 제우스의 자식들이라는 설이다.

> 그분께서는 윤이 나는 테미스와 결혼하셨고

운명의 세 여신. 오른쪽이 클로토Clotho이다. 그는 둘째로서 생명을 탄생시키는 역할을 맡았으며, 주로 운명의 실을 뽑아내는 것으로 그린다. 실이란 이미지 때문에 거미로도 표현된다. 왼쪽이 라케시스Lachesis이다. 그는 막내로서 수명을 정하는 역할을 맡았으며, 운명의 실을 적절히 할당하고 길이를 정해 운명을 정하는 역할을 맡았다. 가운데가 아트로포스이다. 그는 운명의 실을 가로로 잘라 죽음을 집행하는 역할을 담당했다. (조반니 안토니오 바치 소도마, 1525년 경, 로마 국립 고대 미술관 소장)

그녀는 또 운명의 여신들인 클로토와 라케시스와 아트로포스를 낳으니,

…… 이들이 필멸의 인간들에게 복도 주고 화도 준다.[150]

아트로포스 또는 운명 (프란시스코 고야, 1819~1823년, 프라도 미술관)

운명의 여신들이 밤의 여신이 낳은 딸들로 비유되는 것은 인간의 운명이 한 치 앞도 알 수 없는 깜깜한 밤과 같다는 뜻이다. 반면 운명의 여신들을 법의 여신이 낳은 딸들로 비유하는 것은 인간에게 운명이 한번 정해지면 법을 바꿀 수 없듯이 운명을 바꿀 수 없다는 뜻이다.

운명의 여신은 인간에게 가혹하다. 신들에게도 운명의 여신은 가혹하다. 그리스 신 중에서 최고의 신인 제우스가 그 가혹함의 반증이다. 제우스는 라오다메이아라는 인간 여성과의 사이에서 사르페돈이란 자식을 낳았다. 사르페돈은 트로이 전쟁에서 트로이 편에 참전한 장수로 그리스 연합군을 상당히 괴롭힌 명장이다. 자식을 사랑하기는 인간이나 신이나 똑같다. 제우스도 자식인 사르페돈이 아킬레우스의 친구 파트로클레스에게 죽임을 당할 것을 알고 있었다. 제우스는 사랑하는 자식 사르페돈을 살리고 싶어 한다. 하지만 운명의 여신은 이를 용납하지 않는다.

> 아아, 슬프도다! 내가 가장 사랑하는 인간인 사르페돈을
>
> 운명이 메노이티오스 아들 파트로클레스의 손으로 제압하다니! ……
>
> 눈물겨운 싸움터에서 그를 산 채로 낚아채어
>
> 기름진 리퀴아 땅에 내려놓아야 할지, 아니면 지금
>
> 메노이티오스의 아들의 손으로 그를 죽여야 할지 말이오.
>
> …… 무슨 말씀을 하시는 거예요? 이미 오래전에 운명이 정해진 한낱 필멸
>
> 의 인간을 가증스런 죽음에서 도로 구하시겠다는 것인가요? 뜻대로 하세요.
>
> 하지만 우리들 다른 신들은 아무도 그대에게 잘했다고 하지 않을 거예요.
>
> …… 그들에게 그대는 무서운 원한을 사게 될 거예요. ……
>
> 이렇게 말하자 인간과 신들의 아버지도 그녀의 말에 거역하지 않았다.[151]

인간과 신들의 아버지이자 세상을 통치하는 제우스도, 그리스의 모든 신들도 운명의 여신 모이라 앞에서는 자신에게 부여된 운명을 거부할 수 없었다. 세속의 과학자이든, 권력자이든, 부자이든 간에 인간은 운명의 여신을 피할 수 없다. 인간이 과학과 의학을 아무리 발전시켜도 삶과 죽음의 운명을 바꿀 수 없다! 너무 당연하지 않은가!

반면 플라톤은 『국가』 10권 616 이하에서 이를 뒤집어 해석한다. 인간은 살아생전에 운명의 여신을 바꿀 수 없다. 하지만 인생 내내 훌륭하게 산다면, 사후 운명을 스스로 결정할 수 있다고 플라톤은 생각한다. 이에 대해서는 나중에 자세히 다루도록 한다.

4. "인간의 친구인 거대한 프로메테우스의 저 독수리"에서 '인간의 친구인 프로메테우스'는 인간이 프로메테우스가 준 불의 도움으로

신적인 질서에 도전하는 것을 말하고, '저 독수리'는 인간을 도와준 프로메테우스에 대한 제우스의 징벌인 동시에 인간이 신적인 질서에 도전하는 것에 대한 응징을 뜻한다.

인간의 친구인 프로메테우스에 관한 신화는 다음 두 가지이다. 하나는 인간에게 불을 전해 준 신화이다. 프로메테우스는 물과 흙으로 인간을 빚은 후 제우스 몰래 인간들에게 불을 주었다.[152] 다른 하나는 프로메테우스가 인간을 창조했다는 신화이다. 제우스가 청동 종족인 인간을 대홍수로 멸망시켰다. 이때 프로메테우스의 아들 데우칼리온과 프로메테우스의 동생인 에피메테우스의 딸 퓌라르만이 살아남았다. 프로메테우스는 제우스가 대홍수를 일으킬 줄 알고, 미리 방주를 만들어 이 두 명을 대피시켰다. 데우칼리온과 퓌라르는 아홉 밤과 낮을 바다에서 떠돈 후 육지를 발견한다. 그들은 그곳에서 머리 위로 돌을 던져 인간들을 다시 만들어 냈다.

이외에도 프로메테우스가 인간의 친구라는 신화는 아이스킬로스의 『결박된 프로메테우스』에서 나타난다. 아이스킬로스는 프로메테우스가 인간의 친구라는 근거로 제우스의 인간 종족 말살로부터 구하기,[153] 인간에게 운명을 파악하지 못하게 만들고 희망주기,[154] 인간에게 지적 능력과 사고 능력 부여하기와 이에 따른 인간의 문명 발달,[155] 약 제공, 점술 제공, 청동과 금속 제작술 알려 주기[156] 등을 제시한다. 프로메테우스는 이 "모든 것을 요약해서 말하자면, 인간들의 모든 기술은 프로메테우스가 준 것이오."[157]라고 말할 정도이다. 프로메테우스는 그리스 신들 중에서 인간의 친구 중 친구라고 할 수 있다.

'저 독수리'는 매일 낮 동안 독수리가 간을 쪼아 먹으면, 밤에 꼭

그만큼 다시 자라나는 끔찍한 형벌을 말한다. 이 지독한 형벌은 두 가지에서 유래한다. 하나는 헤시오도스의 신화에 따른 것으로 인간에게 불을 전해 준 프로메테우스에게 제우스가 내린 형벌이다. 또 다른 하나는 아이스킬로스 비극에 따른 것으로 제우스와 테티스의 자식이 제우스를 물리치고 최고의 자리를 차지할 것이라는 예언을 프로메테우스가 알고 있었다는 데에서 유래한다. 제우스는 갖은 회유와 협박을 통해 프로메테우스로부터 이 비밀을 알고자 한다. 하지만 프로메테우스는 끝까지 감춘다. 제우스는 프로메테우스가 인간에게 불을 주었다는 것을 빌미로 프로메테우스의 간을 쪼아 먹게 만든다.

프로메테우스가 인간에 불을 주었다는 것은 상징이다. 인간은 불을 통해 프로메테우스가 말한 문명, 과학 등을 발전시킨다. 인간은 불을 자유자재로 다룬 덕분에 제우스와 버금가는 힘을 소유하게 된다. 불은 번개에서만 나올 수 있다고 믿었던, 그 때문에 전능한 힘을 소유했다고 자부한 제우스의 전능한 힘은 불을 자유자재로 다루는 인간 앞에서 무력해진다. 분노한 제우스가 프로메테우스에게 극심한 고통의 형벌로 복수한 것도 이 때문이다.

제우스는 프로메테우스의 도움을 받은 인간들에게도 여러 재앙을 내린다. 그 중 하나가 남녀의 결혼에 따른 고통이고,[158] 다른 하나는 죽음과 병을 몰랐던 인간이 죽음과 병, 기타 재앙을 친구로 삼게 되고, 희망 고문[159]에 빠져 살아가도록 만든다는 것이다.

프로메테우스와 인간의 연대는 문화, 문명, 과학 등을 통해 억압적이고 폭력적이며 모든 것을 제 맘대로 하는 신에 대한 도전의 상징이다. 독수리에 의한 프로메테우스 처벌은 인간의 지성과 지혜에 대한 신적인 응징의 상징이다. 프로메테우스에 대해서는 10장에서 더 자세히 다루도록 한다.

5. "지혜로운 오이디푸스의 저 끔찍한 운명"에서 '지혜로운 오이디푸스'는 스핑크스의 문제를 푼 것을 뜻하고, '저 끔찍한 운명'은 테바이 왕으로 통치를 한 후 벌어진 일을 말한다.

스핑크스의 문제는 다양한 버전이 있지만 대체로 다음과 같다. "하나의 목소리를 가지고 있지만, 아침에는 다리가 네 개, 점심에는 두 개, 저녁에 세 개인 것은 무엇인가?" 정답은 인간이다. 스핑크스가 낸 이 문제를 풀지 못해서 수많은 테바이인들이 죽어 나갔다. 아마도 조금이라도 관심을 가진 사람이라면 이 문제가 그렇게 어려운가라고 의심할 것이다. 상식이 물구나무서지 않았다면, 조금이라도 지혜가 있는 사람이라면 이 문제를 푸는 게 그리 어렵지 않을 것이다.

한발 더 나아가서 테바이의 현인이자 예언자인 테이레시아스와 오이디푸스의 격렬한 논쟁을 보자. 오이디푸스가 그를 돈에 눈이 먼 예언자로 조롱하지만, 예언자 테이레시아스는 오이디푸스의 과거, 현재, 그리고 미래를 정확하게 맞혔다. 오이디푸스는 과거에 아버지를 죽였으며, 현재 어머니와 근친상간하고 있으며, 앞으로 그 때문에 정처 없이 유랑의 길을 떠난다. 테이레시아스의 예언은 정확했다.[160]

한 인간의 세세한 사건까지 정확하게 알아낼 수 있는 예언자이자 지혜로운 자인 테이레시아스는 스핑크스의 지극히 평이한 문제를 못 풀었는가, 안 풀었는가? 못 풀었다면 국가 전반에 걸쳐 조언하는 예언자로서 절대 무능이고, 안 풀었다면 국가 전반의 조언자로서 책임 방기이다. 무능과 책임 방기는 결과적으로 수없이 많은 테바이 시민을 죽음으로 끌고 갔다.

왜 예언자는 스핑크스의 문제를 못 풀거나 안 푸는가? 스핑크스가 오이디푸스에게 낸 문제는 오이디푸스 한 사람을 위한 문제이기 때문이다. 즉, 오이디푸스의 과거, 현재, 미래를 위한 문제인 것이다. 네 발은 오이디푸스의 어린 시절을, 두 발은 그의 현재를, 세 발은 장님이 되어 지팡이를 짚고 길을 떠돌아다니는 오이디푸스의 운명을 말한다.

지혜로운 오이디푸스는 끔찍한 운명에 빠진다. 그는 아버지를 살해한다. 그는 어머니와 결혼한다. 여기에서 참혹한 여러 사실이 나온다. 그는 자신의 어머니이기도 한 부인과 살고, 아들이자 형제이며, 딸들이자 남매를 가족으로 두는 저 끔찍한 운명에 처하게 된다.

오이디푸스의 교훈은 명확하다. 지혜, 지식, 현명함이 반드시 좋은 결과를 낳는 것만은 아니다. 지혜로운 인간, 지식으로 무장한 인간, 현명함으로 충만한 인간을 신들은 질투한다. 신들은 지혜롭다고 하는 자, 지식이 많은 자, 현명함으로 칭찬받는 자를 아주 종종 끔찍한 운명으로 끌고 간다. 나무를 잘 타는 원숭이를 나무에서 떨어뜨리듯이, 칼로 일어선 자 칼로 망하게 하듯이 말이다. 지혜로 권력을 장악한 자인 오이디푸스에게 내려진 운명이 바로 그 예이다.

지혜로운 오이디푸스에 대해서는 니체가 9장에서 자세하게 다룬다. 9장에서 지혜로운 오이디푸스와 스핑크스와의 관계를 더 살펴도록 한다.

6. "오레스테스가 어머니를 살해하도록 강요한 아트레우스 가문의 저 저주"에서 '오레스테스가 어머니를 살해하도록 강요한'은 우리

가 알고 있는 '올바름'을 말하며, '아트레우스 가문의 저 저주'는 말 그대로 저 가문에 퍼부어지는 참혹한 재앙을 말한다.

아트레우스 가문의 저주는 세대별로 살펴볼 수 있으며, 형제간의 갈등과 연정에 기인한 다양한 존속살인과 친족살인이 나타난다. 1세대와 2세대에서 벌어지는 저주는 올바름과 별로 관계가 없다. 이 저주는 3, 4, 5대의 저주를 잉태하는 맹아이다.

1세대 저주의 주역은 탄탈로스이다. 엄청난 부자였던 탄탈로스는 자신의 아버지 제우스를 비롯하여 여러 신들을 초대한 후 자식을 살해하여 대접한다. 제우스는 자신의 자식 탄탈로스가 탄탈로스의 아들 펠롭스, 즉 제우스 자신의 손자를 요리한 걸 대접받은 셈이 된다. 화가 난 제우스는 탄탈로스에게 영원한 갈증과 갈망의 벌을 내린다. 탄탈로스는 물에 빠져 물속에 있으나 물을 먹지 못하고, 물 위에 상큼한 과일이 주렁주렁 열려 있으나 따먹지 못하는 형벌을 당한다.

2세대 저주는 탄탈로스의 아들 펠롭스이다. 그는 신들의 도움으로 구사일생으로 살아난다. 그는 히포다미아와 결혼해서 아트레우스와 티에스테스를 낳았으며, 님프 악시오케스와의 사이에서 크리시포스를 낳았다. 정실 자식인 아트레우스와 티에스테스 그리고 어머니가 모의를 해서 첩의 자식인 크리시포스를 납치하여 동성애의 희생양이 되게 만든다. 크리시포스는 수치심에 자살한다. 아버지에 의해 죽을 뻔하다 구사일생으로 살아난 펠롭스는 사랑하는 자식의 자살을 겪는다.

3세대 저주는 아트레우스와 티에스테스 사이에서 벌어진다. 아트레우스에게는 부인 에오로페가 있었다. 아트레우스의 동생이자

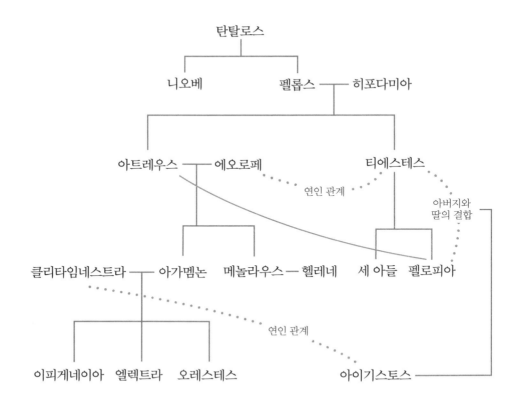

아트레우스 가문 간략 가계도

에오로페의 시동생인 티에스테스는 형수인 에오로페와 사랑에 빠진다. 티에스테스는 왕권을 차지하기 위해 형수를 유혹하여 형 아트레우스가 가지고 있는 황금양털을 가져오게 한다. 당시 황금양털을 가진 자가 왕위를 차지한다는 신탁이 있었다. 이를 알아차린 아트레우스는 동생의 아들 세 명을 잡아다 할아버지 탄탈로스처럼 요리를 해서 동생에게 대접을 했다. 아트레우스는 자신의 부인을 유혹하고, 편법으로 왕위를 차지하려는 동생을 응징하기 위해 티에스테스에게 복수한다. 아트레우스의 올바름이다. 반면 티에스테스는 에오로페를 사랑했고, 왕권을 차지하기 위해 수단과 방법을 가리지 않았다. 이것이 티에스테스의 올바름이다.

티에스테스는 자기 자식으로 만든 요리를 먹었음을 알아차리고 는, 형에게 복수하기로 마음먹었다. 마침 티에스테스는 딸 펠로피아와 성관계 후 낳은 자식이 복수를 해 줄 것이라는 신탁을 받는다. 티에스테스는 자신의 딸 펠로피아를 강간해서 임신을 시킨다. 아트레우스는 펠로피아를 조카인 줄 모르고 데려다 부인으로 삼았다. 그는 동생의 자식인 아이기스토스를 낳았고, 자식처럼 키운다.

4세대 저주는 아가멤논과 아이기스토스 사이에서 벌어진다. 아트레우스의 아들 아가멤논이 그리스 연합군 사령관으로 트로이 전쟁에 참전을 하자, 그의 부인 클리타임네스트라는 티에스테스의 아들 아이기스토스와 사랑에 빠진다. 아이기스토스와 클리타임네스트라는 아가멤논이 전쟁에서 이기고 돌아오자 살해한다. 아가멤논은 사촌뻘인 아이기스토스와 바람난 자신의 부인 클리타임네스트라에 의해서 살해당한 것이다. 아이기스토스는 아버지의 복수라는 올바름 때문에, 클리타임네스트라는 남편 아가멤논이 전쟁의 목적을 위해 제물로 바친 딸 이피게네이아의 복수라는 올바름 때문에 아가멤논을 살해한다.

5세대 저주는 아가멤논과 클리타임네스트라의 자식들에게 일어난다. 아가멤논은 배를 띄우지 못하도록 가로막는 바람을 잠재우기 위해 자신의 딸 이피게네이아를 희생 제물로 바친다. 아가멤논은 그리스 연합군 사령관으로서 마땅히 해야 할 올바른 일을 했고, 이피게네이아는 아버지의 말씀에 순종하는 것이 올바르다고 생각해 죽음을 선택한다. 엘렉트라와 오레스테스는 아버지를 죽인 자에게 복수하는 것이 올바름이라고 생각하기 때문에 아이기스토스와 어머니 클리타임네스트라를 살해한다.

1세대와 2세대의 저주는 아트레우스 가문에 저주를 내리기 위한 배경 장치이다. 그 후 3, 4, 5세대에서 벌어지는 끊임없는 저주의 배경에는 올바름이 있다. 이 저주를 초래하는 각종 살해에는 항상 자신만의 올바름이라는 명분이 있다. 자신의 살해가 잘못이 아니며 상대방의 잘못에 대한 복수는 올바르다는 것이 아트레우스 가문에 내려진 저주의 원인이다. 이에 대해 신은 그 가문에 저주를 죽음이라는 형태로 내린다.

7. "숲의 신 실레노스의 저 철학 전체"는 영생을 원하는 인간의 욕망과 필멸로 귀결될 수밖에 없는 인간의 운명을 뜻한다.

미다스왕은 인간의 욕망을 상징적으로 표현해 준다. 미다스는 술에 취해 비틀거리는 실레노스를 농부들이 잡아 오자, 열흘 밤낮 동안 잔치를 벌였다. 미다스는 그 후 실레노스의 젊은 양자 디오니소스에게 실레노스를 인계한다. 디오니소스는 고마워서 미다스에게 원하는 선물을 말하라고 한다. 오비디우스는 미다스가 만지는 모든 것을 황금으로 바꾸는 손을 원했다고 전한다. 미다스가 원했던 것은 모든 인간이 좋아하는 황금, 재물이다.

우리는 미다스가 왕이라는 사실도 고려해야 한다. 왕은 권력의 중심이자 권력 그 자체이다.

종합해 보자. 미다스는 대다수 인간이 소유하고 싶어 하는 권력과 재물을 가졌던 자이다. 권력과 재물을 소유한다면, 인간은 그 다음 무엇을 원할 것인가? 미다스가 황금을 원하는 데서 알 수 있듯

술 취한 실레노스를 미다스왕 앞에 대령하다. (세바스티아노 리치의 서클, 19세기)

이 그는 욕망을 하나도 숨기지 않고 고스란히 드러내는 자이다. 미다스는 아리스토텔레스가 기록한 것처럼 인간에게 가장 좋은 것이 무엇이냐고 지혜로운 자 실레노스에게 질문했다. 부와 권력을 가졌던 미다스가 원했던 답은 분명하다. 진시황처럼 영생 아니면 건강하며 오래 사는 장수이다. 영원한 삶을 원하는 것은 인간의 가장 근본적인 욕망 중의 하나이다.

영생을 누리고자 하는 인간의 욕망에 대해 실레노스가 내린 답변은 간단하다. 실레노스의 답변은 다른 말로 하면 인간의 숙명이자 인간의 운명이다. 인간은 언젠가는 반드시 죽는 필멸의 존재이자 긴 우주의 시간에서 본다면 하루살이와 다를 바 없다. 삶은 선택이 아니라 우연에 의해서 결정되며 그리고 죽을 때까지 고생하며 사는 게 인간의 삶이다.

영생을 바라는 인간의 욕망과 필멸의 존재로서 먼지로 스러져야 할 인간의 숙명이 바로 실레노스 철학 전체이다.

8. "우울한 에트루리안들을 몰락시켰던 그 신비한 예들과 더불어"를 왜 니체가 썼는지 정확한 근거가 없어 살펴보기 쉽지 않다. 다만 확실한 것이 있다. 빙켈만이 '우울한 에트루리안들'이란 표현을 썼다는 점이다. 빙켈만은 그의 첫 저작 『그림과 조각에서 그리스 작품 모방에 관한 사유』[161]에서 이 표현을 사용했다. 그는 그리스와 로마 공화국 이전의 로마에 존재했던 에트루리안의 문화를 비교했다. 그는 이 책에서 한 민족의 예술은 인종적 특징과 밀접한 연관이 있으며, 한 민족이 추구하는 아름다움이란 사는 지역 기후의 결과라고 주장한다. 그러면서 그는 그리스의 문명과 대비시키면서 에트루리안 문화의 특징을 우울함과 예술에서 조화로운 균형이 깨진 과장법이라고 설명한다.[162]

"그 신비한 예들과 더불어"에 대해서 니체가 무엇을 바탕으로 이 주장을 했는지 근거를 찾지 못했다.

니체는 빙켈만이 디오니소스적인 것을 알지는 못했지만[163] 고대 그리스의 아폴론적인 예술을 높이 평가했으며, 이 덕분에 독일이 독일적인 교양을 얻었다고 강조한다.[164] 빙켈만은 로마-기독교적인 유럽을 그리스적인 유럽으로 인식을 완전히 바꾼 고고학자이다.

여기서 다음과 같은 것을 추론할 수 있다. 니체는 앞에서 열거했던 인간의 욕구와 욕망과 이에 대한 신들의 불신을 집약해서 "우울한 에트루리안들을 몰락시켰던 그 신비한 예들과 더불어"로 표현한 것 같다. 즉, 에트루리안들은 알려진 대로 욕망과 욕구가 무척 강했지만, 신들의 불신 때문에 우울한 표정을 지을 수밖에 없었고,

결국 그 때문에 망할 수밖에 없었다라는 게 니체의 생각인 듯하다.

결론을 내려 보자. 이 구절은 모이라부터 실레노스까지 인간을 지배했던 욕구와 욕망을 억압한 결과가 한 문명의 몰락을 가져온다는 것을 뜻한다. '우울한 에트루리안들'과 반대로 '명랑한 그리스인들'은 아폴론적인 예술 덕분에 몰락하지 않았다. 이것이 니체의 결론이다. 이는 '우울한 에트루리안들' 바로 다음에 나온다.

9. '중간세계'는 예술가들에 의해서 만들어진 예술 작품들을 말한다. 올림포스 신들의 세계와 인간 사이에 '올림포스 신들의 찬란한 꿈의 산물'이 있고, 이 '꿈의 산물'을 예술로 표현한 것이 중간세계이다.

10. 이 문장을 다음과 같이 정리해서 이해하면 좋다.

**문제의식** _ 인간의 다양한 욕구와 욕망에 필연적으로 수반되는 다양한 고통과 고난을 어떻게 극복하는 게 좋은가를 그리스인과 그리스 신화의 사례를 바탕으로 살펴봄

**서론** _ 본능(자연)의 거대한(티탄적인) 힘에 대한 저 엄청난 불신

**본론** _

1. 모든 인식을 넘어 무자비하게 지배하는 저 모이라

2. 인간의 친구인 거대한 프로메테우스의 저 독수리

3. 지혜로운 오이디푸스의 저 끔찍한 운명

4. 오레스테스가 어머니를 살해하도록 강요한 아트레우스 가문의 저주

5. 숲의 신 실레노스의 저 철학 전체들

6. 요약: 우울한 에트루리안들을 몰락시켰던 그 신비한 예들

**결론 _ 인간의 고통과 불행에 대한 그리스인들의 극복 방법**
　아폴론적인 방법에 의한 올림포스 신들의 저 예술적인 중간세계의 창조

　이처럼 멋진 니체의 추상화에 그리 놀랄 필요는 없다. 니체 역시 그 이전 연구자의 사색과 정리 덕분에 인간 삶의 고통과 불행을 응용하여 설명할 수 있었다. 쇼펜하우어는 인간 삶의 고통을 비극의 효과와 연관하여 다음과 같이 정리한다.

> 비극은 그 효과의 놀라움과 완성의 어려움 때문에 시 예술의 최고봉으로 간주되고 인정받고 있다. 이와 같은 가장 최고 수준의 시적 완성이라는 목적이 인생의 고통스러운 측면이라는 점은 우리 전체 체계와 관찰에서 상당히 중요하다. 말로는 표현할 수 없는 고통, 악의 승리, 우연의 냉소적인 지배, 정의로운 자와 무고한 자의 파멸적인 몰락이 비극에서 우리에게 표현된다. 바로 이 안에 세계와 존재의 본질에 관한 중요한 암시가 있다.[165]

11. 신이 인간을 창조한 것이 아니라 인간이 신을 창조했다는 니체의 선언! 고통스러운 삶으로부터 달아나 하루하루를 견뎌 내기 위해서 그리스인들은 올림포스의 신들을 창조했다는 니체의 선언이다!
12. 니체는 『비극의 탄생』에서 '고통'을 뜻하는 말로 Leiden, Schmerz, Qual 등을 사용한다. 이 세 단어는 각기 다른 의미를 지니고 있지만, 서로 다른 우리말로 옮기기에는 쉽지 않다. 여기서는 이 세 단어를 모두 '고통'으로 옮긴다. 다만 Leiden은 일반적으로

고통으로 옮기고, Schmerz와 Qual은 원어를 표기하여 의미를 구분하도록 한다. 이 세 단어의 의미와 내용의 차이에 대해서는 9장 2절에서 다루도록 한다.

13. 변신론辯神論은 신정론神正論, 신의론神義論, 호신론護神論 등이라 불리고, 기독교적 입장에서 신이 정당함을 입증하는 이론이다. 종교를 괴롭히는 곤란한 문제들이 있다. 선한 신이 존재하는데도 왜 악이 존재하는가? 신은 인간에게 고통을 주지 않을 능력이 있음에도 불구하고 왜 인간은 고통 속에서 살아가야 하는가? 선한 인간이 복을 받는 것이 아니라 왜 악한 인간이 복을 받는가?

논증은 여러 방법으로 진행되었다. 간단한 요지는 악의 존재마저도 신의 뜻이라는 것이다. 니체는 기독교적 변신론을 부정하고 인간 중심적 변신론을 강조한다. 니체의 변신론의 핵심은 인간이 신을 창조했다는 점이다.

> 변신론은 결코 그리스인들의 문제가 아니었다. 세계를 창조한 것은 신들의 행위가 아니기 때문이다. 헬레니즘의 위대한 지혜는 신들 역시 운명(아난케Ἀνάγκη)에 비굴하게 굴복하는 것으로 이해했다는 점이다. 그리스 신들의 세계는 가장 놀라운 것을 은폐했던 휘날리는 너울이다. 그들은 삶의 예술가들이다. 그들은 삶에서 소외되지 않고 살기 위해 신을 믿었다.[166]

니체의 변신론은 신이 세상을 창조하는 신 중심적이 아니라 인간이 신을 창조한다는 점에서 인간 중심적이다. 니체의 주장을 논리적으로 전개하면 다음과 같다. 인간은 고통을 받는다. 인간은 고통을 잊기 위해 예술을 창조했다. 그 예술(서사시 또는 조각 등)이 바로 올림포스의 신들이다. 인간에 의해 창조된 이 신들도 인간처럼 행동하고 고통을 받는다. 신들도 인간처럼 고통을 받기 때문에 인간이 고통을 당한다는 것은 당연하다. 니체는 「비극적 사유의 탄생」에서도 『비극의 탄생』에서 한 것과 유사한 생각을 전한다.

> 그리스인은 삶의 공포와 끔찍함을 알았지만, 살아가기 위해서 이를 감추었다. 괴테의 상징으로 말하면 장미꽃 아래에 숨겨진 십자가이다. …… 이 민족의 예술가적 정신이 이러한 신들을 창조하게 된 것은 이와 같은 결핍 때문이었다. 그러므로 변신론은 그리스적인 문제가 아니었다. 우리는 세계의 존재와 세계의 성질에 관한 책임을 신들에게 요구하는 것을 삼가야 한다. '신들도 역시 운명의 여신 아난케에 예속되어 있다'는 것은 가장 심오한 지혜의 고백이다. …… 예술을 탄생시키는 그 충동이, 계속 살도록 유혹하는 삶의 보완과 완성으로서 올림포스의 세계도 생겨나게 했다.[167]

그리스인들은 신 중심적인 기독교적 변신론을 고민한 것이 아니라 인간이 신들을 만든 변신론을 주장했다. 니체가 내린 결론이다.

14. 실레노스의 말은 다음과 같다. "최선은 완전히 얻을 수 없는 것이다. 그것은 태어나지 않는 것, 존재하지 않는 것, 무無로 존재하는 것이다. 하지만 너의 경우 다음으로 좋은 것은 곧 죽는 것이다." 요약하면, 최선은 태어나지 않는 것이고 차선은 곧 죽는 것이다.

니체의 말은 다음과 같다. "인간들에게 가장 최악의 것은 곧 죽는 것이고, 그 다음 나쁜 것은 누구나 언젠가는 죽는다는 것이다." 요약하면, 최악은 곧 죽는 것이고, 차악은 언젠가는 죽는 것이다.

논리적으로 말하면 실레노스의 말을 니체가 뒤바꿔 한 말이다.

최선의 반대는 최악이고, (애초부터) 태어나지 않는 것의 반대는 (지금 당장) 곧 죽는 것이다. 차선의 반대는 차악이고, 곧 (지금, 당장) 죽는 것의 반대는 언젠가는 (미래) 죽는 것이다.

이 문장은 니체의 고도의 말장난이다. 니체가 이 말장난을 통해 하고 싶은 말은 단 하나이다. 인간이라면 누구나 하루라도 이승에서 더 살고 싶어 한다! 최선, 차선, 최악, 차악이 모두 무無와 죽음이므로, 그 반대인 삶은 소중하다. 곧 죽게 될 운명인 아킬레우스가 죽어서 이승에서 하루라도 더 사는 게 얼마나 좋은가를 말한 것을 니체가 강조한 이유는 이 때문이다.

15. 아킬레우스는 호메로스의 『일리아스』1권 앞머리에서 "어머니! 곧 죽도록 예정되어 있지만 저는 당신의 아들입니다⋯⋯."[168]라고 말하고, 어머니 테티스 또한 "네가 슬픔을 겪도록 태어났다니, 내 아들아! 왜 내가 너를 길렀니!"[169]라고 눈물을 흘리며 답한다. 이후에도 아킬레우스가 단명을 한다는 이야기는 『일리아스』 곳곳에 나온다. 실제로 아킬레우스는 청년다운 분노와 격노를 터뜨리고 젊은 나이에 트로이 전쟁에서 전사한다.

16. 헤시오도스의 『일과 날』에 따르면, 제우스가 처음에는 황금 종족, 그 다음에는 은 종족, 그 다음 청동 종족, 네 번째 "반신들이라고 불리는 영웅들의 이 신과 같은 종족,"[170] 그리고 마지막으로 철의 종족을 만들었다. 반신반인의 영웅시대 대표자는 아킬레우스이며 그와 같은 영웅들이 활동했던 시대가 트로이 전쟁 시기이다. 트로이 전쟁으로 영웅의 시대는 끝이 난다.

사악한 전쟁과 무시무시한 전투가 그들을 멸했는데,

더러는 오이디푸스의 양떼 때문에 싸울 때

카드모스의 나라에서, 일곱 성문의 테바이에서 멸했고

더러는 머릿결이 고운 헬레네 때문에 배에 태워

바다의 큰 심연을 지나 트로이아로 데려가 멸했소.[171]


　트로이 전쟁 중에 숱한 영웅들이 죽었으며, 그 후 철의 종족 시대, 현재 우리 인간의 시대가 나타난다.

17. 오디세우스가 명계의 나라에 가서 트로이 전쟁에서 죽은 아킬레우스를 만난다. 오디세우스는 아킬레우스에게 트로이 전쟁이 끝나고 살아 있지만 아직도 집에 돌아가지 못하고 있다고 한탄한다. 그 뒤 오디세우스는 아킬레우스가 살아서도 죽어서도 가장 행복한 자라고 칭찬한다. 아킬레우스가 살아 있을 동안에 그리스인들이 그를 신처럼 추앙했으며, 죽어서는 아킬레우스가 사자들을 강력하게 통치하기 때문이라고 오디세우스는 말한다. 하지만 아킬레우스는 죽는 것보다는 사는 게 훨씬 좋은 일이라고 강력하게 주장한다.


명성이 자자한 오디세우스여! 죽음을 위로하지 마시오.

오히려 나는 고용되어 비참한 머슴으로 사는 것이 좋다오.

주권자가 되어 모든 지하세계를 통치하는 것보다

사람들 속에서 빵을 먹으며

근근이 사는 것이 낫다오.[172]


다시 보기

니체가 이 단락을 통해 하고 싶은 말은, '죽은 정승이 산 개만 못하다'와 '개똥밭에 굴러도 이승이 좋다'이다.

우연에 의해 고통스럽게 하루살이처럼 살아가는 인간. 그 인간에게 가장 위로가 되는 말은 '그럼에도 살아 있는 것이 좋다'이다. 아킬레우스처럼 살아서는 신처럼 숭배받고, 죽어서 명계를 쥐락펴락하는 권력을 누리는 게 좋은가! 니체는 단언코 말한다. 거지로 살아도 현실에서 살아 있는 게 좋다. 죽어서 영생의 행복을 누리는 것이 좋은가? 아니다. 고통스럽지만 현재 살아 있는 것이 좋다.

니체는 말한다. 하루살이 인간이여, 우연의 자식이자 고통스러운 삶을 살아가는 인간이여, 무엇을 원하는가? 영생을 원하는가! 인간은 언젠가는 죽는다. 죽기 전 지금, 최선을 다해 행복하기 위해 살아라! 종교를 믿으며 죽어서 영원한 행복을 원하는가! 아서라! 지금 작은 행복을 누려라!

죽고 싶은 마음이 들 정도로 힘든 상황에 처하면 어떻게 할 것인가? 그 이유가 내 욕망과 욕심 탓이었든, 아니면 나의 의지와 무관하게 정해진 운명이었든 간에 죽음만이 유일한 해결책이라고 생각들 때인가? 그럼 죽어야 하는가? 지혜로운 자 실레노스의 답변은 '그렇다'이다. 그러나 니체는 '아니다'라고 말한다. 그는 살아 있는 이 순간을 향유하고 즐겨야 한다고 말한다. 그리스 최초의 서정시인 아르킬로코스는 삶이 죽음보다 훨씬 더 좋다고 분명히 밝힌다.

> 사람들 가운데 누구라도 죽고 나면 존경도 명성도 얻지
> 못하리라. 차라리 우리는 살아 있는 동안 삶의 은총을
> 좇으리라. 가장 나쁜 것은 언제나 죽은 삶의 몫이니.[173]

인간에게 고통은 피하고 싶어도 피할 수 없는 숙명이다. 인간은 그 어디로 도피해도 반드시 고통이 따르기 마련이다. 그렇다면 고통을 피하기 위해서 어떻게 해야 하는가? 사후 영생과 죽은 뒤 좋은 곳에 다시 태어난다는 윤회를 믿어야 하는가? 니체는 아니라고 말한다. 니체는 그리스인들을 본받으라고 말한다.

그리스인들은 자신을 닮은 신을 만들어 냈고, 자신들과 동일한 성격을 부여했다. 그리스인들은 이 신들을 보면서 즐거워했다. 신들도 운명과 고통에서 벗어나지 못하고 고통과 운명의 수레바퀴에 치이고 살고 있다. 하물며 신이 아닌 인간이라면 어떻게 할 것인가? 고통을 담담히 받아들이고, 그 고통을 관능의 대상으로 바꾸어 즐겨야 한다. 그들은 헬레네를 사랑했다. 그리스인들은 그렇게 살았다.

## 5. 아폴론적인 소박성

여기에서 다음과 같은 사실을 밝혀야 한다. 다름이 아니라 최근의 인간들이 그토록 갈망하며 바라보았던 이와 같은 조화, 즉 실러의 예술 용어로는 '소박naiv'[1]으로 표현된 인간과 자연의 저 통일성은 그렇게 단순하지도 않으며, 자연스럽게 나타난 것도 아니며, 마찬가지로 필연적인 상태로 나타난 것도 아니라는 점이다. 우리는 이 상태를 저 문화의 입구에서 인간의 낙원으로서 **필연적으로** 마주치게 될 뿐이다. 루소의 에밀을 예술가로 간주하고 싶어 하고, 호메로스의 작품 속에서 자연의 품에서 양육된 그러한 예술가 에밀을 발견했다고 착각하는 시대만이 이를 사실처럼 착각하게 만들 뿐이다.[2]

예술에서 '소박함'을 마주치게 된다면, 우리는 아폴론적 예술의 최고 행위라는 것을 인식해야만 한다. 이 문화는 우선 티탄 왕국에 돌진하여 거인들을 죽이고, 강력한 망상적 기만과 탐욕스러운 환상에 의해서 경악스러울 정도로 심각한 세계관과 자극에 민감한 고통 능력을 누르고서 승리했을 때 만들어졌다.[3]

하지만 소박함Naive, 가상의 미에서 저 완전한 얼개에 도달하는 것은 거의 불가능하지 않은가! 그러므로 개별적인 꿈 예술가가 민중과 자연의 꿈 능력 일반과 관계를 맺듯이 개인으로 저 아폴론적 민중문화와 관계를 맺었던 **호메로스**야말로 말로 표현할 수 없을 정도로 얼마나 놀라운가?[4]

호메로스적인 '소박성Naivität'은 아폴론적인 환상Illusion의 완전한 승리이다. 이것은 자연(본능)이 자신의 의도를 달성하기 위해 그렇게 종종 사용하는 것과 같은 그러한 환상이다. 진정한 목적은 환영Wahnbild에 의해서 은폐된다. 우리가 환영에 손을 내밀고, 환영은 우리를 속임으로써 자연에 도달하게 만든다.

그리스인들 속에서 '의지'는 천재의 미화와 예술세계에서 관조될 것이다. 예술가 자신을 찬미하고, 예술가의 피조물이 찬미받을 만한 가치가 있는 것으로 느껴지기 위해서, 예술가와 그 피조물은 숭고한 영역에서 재회해야만 했다. 이처럼 완성된 관조의 세계는 어떤 도덕적 명령도 그 어떤 비난도 영향을 미치지 못한다.[5] 이것이 바로 미의 영역이고, 이 안에서 그리스인들은 거울에 비친 자신들의 형상인 올림포스 신들을 바라보았다. 그리스적인 '의지'는 이러한 미적 반영과 함께 고통과 그 고통에서 비롯된 지혜에 맞서 예술적인 것과 상관관계가 있는 재능을 대비시켜 투쟁했다. 그리고 이러한 승리의 징표로서 호메로스는 우리들 앞에 소박한 예술가로 우뚝 선다.

1. 소박naiv, 소박함Naive, 소박성 Naivität은 실러가 괴테의 문학을 지칭하기 위해 사용한 용어이다. 실러는 괴테의 문학을 소박 문학naive Dichtung으로, 자신의 문학을 성찰 문학sentimentalische Dichtung으로 표현했다. 소박한 상태란 인간과 자연이 일치된 상태를 말하며, 성찰적 상태란 인간이 자연과 일치되어 있지 않고 분리되어 자연을 그리워하는 상태를 말한다. 소박 문학의 대표자는 고대 그리스의 호메로스, 셰익스피어, 괴테 등이다.[174] 성찰 문학의 대표자는 실러 그 자신이다.

　니체는 실러가 말한 호메로스를 이 부분에서 '소박'의 전형으로 파악한다. 호메로스는 아폴론적인 예술의 하나인 서사시의 대표자이다. 니체는 이를『비극의 탄생』17장 7절에서 다음과 같이 정의한다.

　　이 소박성은 어두운 심연에서 성장한 아폴론적 문화의 꽃으로, 그리스적 의지가 고통에 관한 미적 반영과 고통에 관한 지혜에 의해서 획득한 승리로 파악된다.

　니체가 직접 말한 위의 문장을 근거로 '소박'을 해석해 보자. 호메로스는 그리스 신상들과 마찬가지로 아폴론적인 원리에 따라 서사시를 지었다. 그리스 신상들이 아폴론적 원리에 따라 빚어진 조각상이라면, 호메로스의 서사시는 그리스 신상의 언어적 표현으로 아폴론적 원리에 따른 것이다. 호메로스 서사시의 주인공 하나하나는 마치 그리스 신상들과 마찬가지로 인간의 욕구와 욕망, 그에 따른 고통을 그대로 드러낼 뿐만 아니라 이를 이겨 내기 위한 그리스인들의 또 다른 자화상이다.(여기 '소박'에서 자연이란 인간의 본성을 의미한다.) 마치 그리스 신상들이 그리스인의 자화상인 것과 마찬가지로.

이상은 니체가 주로 초기 사상에서 '소박', '소박함', '소박성'을 실러의 문학용어를 빌려 사용할 때의 뜻이다. 문학적인 표현과 초기 사상에서 '소박'은 인간과 자연의 합일이란 점에서 긍정적인 의미를 내포한다.

하지만 후기에 가서, 문학을 떠나면 naiv, Naive, Naivität는 '비판적'인 용어로 자리 잡으면서 부정적 의미를 갖는다. 이 용어에는 우리말로 번역하면 '단순' 또는 '순진'의 의미가 많이 들어간다.

예컨대 플라톤과 기독교는 선이 무엇인지 알고 있다고 믿는 것을 니체는 '단순'하다고 표현한다.[175] 데카르트적인 '단순함'은 의식을 그 자체로 확실하다고 믿는 것이다.[176] 중립, 대립, 갈등을 보지 않거나 보지 못하는 것은 '단순'하거나 '순진'한 것이다. 직접적 확실성에 대한 믿음은 철학자들을 명예롭게 만드는 것인데, 이것 역시 도덕적 순박함이라고 니체는 비판한다.[177] 어느 것도 아름답지 않고 오로지 인간만이 아름답다고 보는 것이 모든 미학의 기초인데, 니체는 이를 '단순'하다고 비판한다.[178] 인간은 이러이러해야 한다고 주장하는 도덕 역시 '단순성'의 극치라고 니체는 생각한다.[179] 단순과 순진을 굳이 구분해 본다면, 세상이나 사물을 볼 때 간단한 원리 하나로 설명하려고 들면 이때의 소박은 '단순함'이며, 그러한 설명을 따지지도 않고 덜컥 믿는다면 '순진함'이다.

니체는 위에 열거한 여러 곳에서도 '단순' 또는 '순진'을 기존 대부분의 철학자들과 종교, 대부분의 가치를 비판하는 핵심 무기로 사용한다.

2. 소박함이 예술로 표현되는 것은 쉽지 않다. 니체는 그리스 시대 신상들과 호메로스의 서사시에서 그 전형을 찾았다. 그렇다면 니체 당대에 이런 소박함은 존재하는가? 니체는 없다고 보았다. 니체는 "소박성은 독일인의 특성이 아니다. 옛 프랑스인의 특성이다.""[180]라고 단호하게 말한다. 하지만 프랑스에서 소박성이 존재했는가? 가장 유사한 예가 루소가 창조한 '에밀'이다. 루소의 에밀은 자연주의 교육을 받고 자연 속에서 성장했으므로, 소박함의 전형으로 표현될 수 있다. 하지만 이 에밀마저도 소박성과는 거리가 멀었다. 니체는 이를 다음과 같이 표현한다.

> 외국인은 독일인에게 소박성은 물론이고 더 이상 근원성을 찾지 말라! 프랑스에서는 궁정 때문에, 독일에서는 '천재들' 때문에 소박성의 숨통이 막혀 버렸다.'[181]

니체가 실러의 견해를 받아들여 소박성이 존재한다면 호메로스, 셰익스피어, 괴테에게서뿐이다.

3. '티탄 왕국에 돌진하여 거인들을 죽이고'는 신화적 사실이다. '강력한 망상적 기만과 탐욕스러운 환상에 의해서 경악스러울 정도로 심각한 세계관과 자극에 민감한 고통 능력을 누르고서 승리'는 심리적인 내용이다.

신화적 사실은 제우스의 아버지인 크로노스가 지배하던 시대의 신들과, 이에 도전하는 크로노스의 아들인 제우스 시대 신들의 전투를 지칭한다. 그 전쟁의 결과 제우스가 승리하고, 제우스는 주신

이 되었다.

심리적인 내용은 앞에서 설명한 '본능의 거대한 힘에 대한 저 엄청난 불신'의 구체적 내용들이다. '경악스러울 정도로 심각한 세계관과 자극에 민감한 고통'은 인간에게 퍼부어지는 운명의 저주, 프로메테우스의 독수리 등을 지칭하고, '강력한 망상적 기만과 탐욕스러운 환상'은 인간이 앞에서 말한 고통을 이겨 내기 위해 만들어 낸 것들로서 마치 꿈과 같은 아폴론적인 환상을 말한다.

이 단락은 한마디로 아폴론이 올림포스 신전의 아버지와 같다는 뜻이다. 즉, 인간은 아폴론적인 환상을 통해서 제우스신의 시대를 만들어 냈고, 꿈의 신이자 정형의 신인 아폴론의 도움으로 인간에게 주어진 고통을 극복했다는 뜻이다.

4. 2장에서 니체는 이 문장을 "꿈꾸는 그리스인들을 다수의 호메로스로 그리고 호메로스를 한 명의 꿈꾸는 그리스인으로"라고 표현했다. 이 문장은 앞에서 그리스 신상들을 설명한 내용을 호메로스 서사시에 응용하여 설명한 것이다.

그리스 조각가들이 아폴론적인 원리에 따라 그리스인들의 욕망과 욕구를 투사한 신상들을 만들어 냈듯이, 호메로스 역시 아폴론적인 원리에 따라 그리스인들의 욕망과 욕구를 투사한 수많은 반신반인의 영웅들을 서사시로 창작했다. 그리스 신상들이 티탄과의 전쟁을 이겨 내고 새로운 세상을 지배하고 운명의 지배를 받듯이, 그리스의 영웅들도 트로이 전쟁 등을 통해 새롭게 출현하고 운명의 여신 모이라의 지배를 받는다. 그리스의 신들, 반신반인의 영웅은 곧 그리스인들이라는 것이 니체의 생각이다.

5. 니체는 3장 2절 두 번째 단락에서 그리스 신상들의 헬레네적 관

능미에 놀라 등을 돌린 관람자에게 기존의 종교에 치우쳐 판단하지 말라고 했다. 여기에서 니체는 호메로스의 서사시에 나타난 주인공들의 인간적 의지도 도덕에 치우쳐 판단하지 말라고 선언한다.

호메로스의 주인공들을 살펴보자. 종교적 도덕적 기준으로 본다면 하나같이 속물적이고 기괴하다. 전리품을 빼앗겼다고 전투에 참전하지 않는 아킬레우스, 숭고한 죽음보다 현세의 삶이 더 좋다고 말하는 아킬레우스, 아킬레우스의 전리품을 빼앗아 전쟁을 파멸로 이끌고 가는 아가멤논, 상을 타기 위해 속임수도 마다하지 않는 여러 영웅들, 끊임없이 속임수를 쓰는 오디세우스…… 모두 구토가 나올 만큼 속물적이다. 도덕적 관점에서 해석한다면, 독자들은 이 주인공들의 속물성에 놀라 등을 돌리고 손가락질할 것이다.

하지만 이러한 영웅들의 행위가 인간 본성에서 나온 솔직한 표현이라면 사태는 달라진다. 그리스 신상들이 그리스인의 관능적 표현이었듯이, 호메로스가 묘사한 영웅들의 행위가 그리스인들이 지닌 삶에의 의지라고 한다면, 영웅들의 행위는 곧 인간의 본능적 욕망의 또 다른 표현일 뿐이다. 여기에다 손가락질하고 돌을 던져서는 안 된다. 신이 인간의 피조물이듯이, 호메로스의 영웅들 역시 인간의 삶 그 자체의 반영일 뿐이다. 도덕적 시선을 버리고 바라볼 때 호메로스의 작품 안에는 소박 예술이 숨 쉬고 있음을 느낄 수 있다.

니체는 그리스 신상의 관람자들에게 종교적 잣대로 그리스 신상을 보지 말고, 그리스인들의 본능적 욕구와 욕망이 무엇인지를 보라고 권한다. 마찬가지로 니체는 호메로스의 독자들에게 도덕적 잣대로 호메로스의 영웅들을 보지 말고, 그리스인들이 지닌 삶에의 의지, 인간이 지닌 삶에의 의지, 인간의 본능을 보라고 말한다. 종교적 관점과 도덕적 시선을 버리고 인간의 관점에서 예술 작품을 바라보아야 한다고 니체는 강조한다.

### 다시 보기

니체는 '비극의 탄생'의 두 축 중 하나인 아폴론적인 예술에는 두 가지 종류가 있다고 말한다. 하나가 조각이고, 다른 하나는 호메로스의 서사시이다. 니체는 아폴론적인 조각을 다루면서 삶이 왜 중요한가를 길게 설명한 후, 호메로스의 서사시를 설명하면서 이를 또 한 번 강조한다.

니체는 삶과 관련하여 한마디로 사후 행복과 영생을 부정하라고 강조한다. 아킬레우스를 보라. 죽어서 명계에서 최고의 영예를 누리지만, 그가 죽은 정승보다는 산 개가 낫다고 외치지 않는가? 니체는 아폴론적인 꿈의 형상을 따라 만들어 낸 그리스 조각상에서 삶의 위안을 얻었던 그리스인을 존경한다. 니체는 아폴론적 법도에 따라 지어 낸 호메로스의 서사시에서 위로를 받았던 그리스인을 찬양한다.

하지만 우리는 그리스인이 아니다. 그럼 어떻게 해야 하는가! 그리스인들처럼 낙천적으로 명랑하게 살아야 한다. 나를 닮은 신을 만들어 내고, 고통과 운명 앞에 무력한 그들을 조롱해야 한다. 현실에서는 그리스 조각을 감상하고, 호메로스의 작품을 읽는 것도 한 방법이다. 실러가 소박 문학이라고 언급한 셰익스피어와 괴테의 작품을 읽는 것도 한 방법이다.

그것도 힘들다면, 나와 나의 본능이 하나 되는 그 무엇을 향유하자. 도덕과 윤리 앞에서 주눅 들지 말고 당당하게 걸어야 한다. 니체가 말한 '신은 죽었다.'는 이미 아폴론적 민중문화에 배태되어 있다. 세상과 인간을 창조했다고 말하는 거짓 신과 그 거짓 신이 인간의 마음에 심어 놓은 양심 앞에 주눅 들지 말자.

니체의 종교 부정과 거부를 더 깊숙이 파고들어 보자. 그 안에 아폴론적 예술의 민중성과 민중문화가 철학적으로 똬리를 틀고 있다. 아폴론적 조각가들은 헬레네의 관능미를 통해 그리스 시민들의 일반적인 심리 상태를 표현했다. 아폴론적 서사시인 호메로스는 서사시 주인공들의 소박성, 즉 부도덕한 행위를 통해 그리스 시민들의 보편적인 삶에의 의지를 표현했다.

관능미와 소박성은 무엇인가? 종교와 철학이 부정하고 계도의 대상으로 삼은 행위이다. 올바른 신의 입장에서 관능미는 혐오의 대상이고, 철학의 입장에서 부도덕한 행위는 척결의 대상이다. 하지만 그리스 시민들은 헬레네를 닮은 신상의 관능미를 즐기면서 고통스러운 삶을 유희했고, 서사시 주인공들의 소박성, 즉 부도덕한 행위를 보면서 삶에의 의지를 다졌다. 그리스 시민에게 신상들의 관능미와 주인공의 소박성이 없었다면, 그들은 지독하게 고통스러운 삶을 견뎌 낼 수 없었을 것이다.

디오니소스적 민중성이 인간과 인간, 인간과 자연의 하나 됨이라고 한다면, 아폴론적 민중문화란 관능미와 소박성이다. 디오니소스적 민중성과 아폴론적 민중문화는 현재의 삶을 중시하고 종교적 사후 영생과 철학적 도덕 계몽을 부정한다. 그리스 아티카 비극은 아폴론적 민중문화와 디오니소스적 민중성이 하나로 어우러진 예술의 최고 창작물이다.

3장쯤 오면 니체의 글은 짧은데 왜 이리 설명이 긴지에 대해 불만이 일 수도 있다. 니체의 글이 어렵기 때문이다. 듣도 보도 못한 사실 정보에 대한 무지와 무식, 기존의 가치관과는 전혀 다른 주장의 낯섦, 체계적인 사유와 해석하는 훈련 부족의 난해함 때문이다. 니체는 우리에게 분명히 자신의 글이 읽기 쉽지 않다고 말한다.

> 이 책이 그 어떤 누구에게 이해하기 쉽지 않고 귀에 거슬린다면, 그 책임이 반드시 나한테 있다고 나는 생각하지 않는다. 만약 사람들이 이미 나의 이전의 책들을 읽고, 그리고 그때 약간의 수고를 아끼지 않았다는 것을 내가 가정한다면, 이 책은 분명히 읽기 쉬울 것이다. 실제로 이전의 책들은 쉽게 다가갈 수 없기 때문이다.[182]

'이 책'은 『도덕의 계보』이다. 『도덕의 계보』만이 아니라 니체의 대다수 글들은 읽기도 이해하기도 쉽지 않다. 그 때문에 3장까지 오는 동안 엄청나게 많은 양의 사실 정보와 해석을 달았다. 니체는 어려운 자신의 글을 읽는 방법을 제안한다.

> 기술로서의 독서를 위해서, 물론 무엇보다 먼저 오늘날 가장 망각되어 있는 한 가지가 필요하다―이 때문에 내 책의 '독서 가능성'을 위해서는 여전히 시간이 필요하다―따라서 이 하나를 위해서 독자들은 거의 소가 되어야지 어떠한 경우에도 '현대인'이 되어서는 안 된다. 그 하나란 되새기는 것이다. ……[183]

니체는 어려운 자신의 글을 어떻게 읽어야 하는가의 한 전형을 제시한다. 『도덕의 계보』 3권이 그 예이다. 그는 3장 앞머리에 다음과 같은 잠언을 넣는다.

> 무관심하고, 냉소적이며, 무법적인 것
> —지혜가 우리에게 요구하는 것: 지혜는
> 여성적이며, 지혜는 항상 전사만을
> 사랑한다.

그리고 그는 이를 해석한 것이 「금욕주의적 이상은 무엇을 의미하는가?」라는 글이라고 말한다. 이 짧은 잠언을 '해석'하면 엄청나게 긴 논문이 나올 수 있다고 니체는 말한다.

니체는 현대 시대의 책 읽기를 비판한다. "'노동'의 시대에 다음과 같이 말할 것이다. 즉, 모든 것을, 오래된 책이든 새로운 책이든 곧바로 '해치우고', 무례하고 땀을 흘리면서 해치우는 조급의 시대다."[184]라고 말한다. 니체는 자신의 책을 마치 기계적인 노동을 하듯이 속전속결로 읽는 것을 거부한다. 그는 속전속결과 정반대의 방법을 가르친다.

> 문헌학 자체는 그렇게 쉽게 끝내지 않는다. 그것은 잘 읽는 것을 가르친다. 오랜 동안, 깊이, 사려 깊게, 조심스럽게, 속을 들여다보고, 천천히 읽을 것을 가르친다. …… 인내심이 강한 나의 벗들이여 …… 나를 잘 읽는 것을 배우라.[185]

니체의 글은 어렵다. 어려운 정도가 아니라 난해하다. 그 난해함을 극복하기 위해 우리 모두 소가 되어 보자. 니체가 말한 독서 방법을 적용해서 읽어 보자. 속단하지 말기, 오감을 총동원하기, 섬세하게 읽기, 천천히 읽기, 앞뒤 맥락을 연결하여 읽기를 해 보자. 그렇다면 니체의 글이 그리 어려운 것만도 아니다. 아니, 오히려 곱씹을수록 감칠맛 나는 멋진 글임을 느끼게 될 것이다.

# 아티카 비극의
# 철학적, 신화적 토대

## 1. 개별화 원리의 신격화

우리는 이러한 소박 예술과 관련하여 꿈의 비유로부터 몇 가지 교훈을 얻을 수 있다. 우리는 꿈-세계의 환상 한가운데에서 이 환상을 방해받지 않기 위해서 "이것은 꿈이다, 다시 한번 꿈꾸면 좋으련만"[1]이라고 소리치며 꿈꾸는 자를 생생하게 가정해 보자. 우리는 여기에서 꿈을 관찰하면서 이러한 내부 깊숙이에서 나오는 쾌감을 추론한다고 가정해 보자. 다른 한편으로 우리는 일반적으로 관찰에서 볼 수 있는 이러한 내적인 쾌감을 꿈꿀 수 있기 위해서 대낮과 대낮의 경악스러울 정도로 버거운 일들을 완전히 망각해야만 한다고 가정해 보자.[2]

그렇다면 우리는 꿈을 통해 알려 주는 신인 아폴론의 가르침을 받아서 이러한 모든 현상을 다음과 같은 방식으로 해석해야만 한다. 그러면 확실하게 삶의 양쪽 반반에 깨어 있는 반쪽과 잠드는 반쪽이 있으며, 우리는 깨어 있는 쪽이 잠드는 쪽에 비해 압도적으로 우선적이며, 중요하고, 고귀하며, 삶에 가치가 있으며, 무엇보다도 살 만하다고 간주한다. 이 경우엔 나는 겉보기에 역설적으로 보인다 할지라도, 우리가 그 현상인 우리 존재의 저 비밀스러운 근거와 연관해서 꿈에 대한 정반대 평가를 내리고 싶다.[3]

내가 특히 본능 속에서 저 전능한 예술 충동 그리고 그 안에서 가상에 대한 정열적인 갈망, 가상에 의해 구원받기를 원할수록, 나는 점점 더 다음과 같이 형이상학적 가정을 할 수밖에 없다. 즉, 영원히 고통받는 자이자 모순으로 가득 찬 자로서 참된 존재자이자 근원적 일자가 동시에 자신의 영원한 구원을 위해서 황홀에 가득 찬 환영, 쾌락으로 충만한 가상을 필요로 한다는 것이다.[4] 다시 말하면 가상 속에 사로잡혀 있으며 가상으로 유지되는 우리는 어떤 가상을 진정한 무無, 즉 시간, 공간 그리고 인과성 속에서 지속적으로 형성되어 가는 것, 다른 말로 하면 경험적 실재로 느낄 수밖에 없다.[5] 우리가 일단 우리의 고유한 '실재'에서 눈을 돌린다면, 우리가 세계의 일반 경험적 존재와 마찬가지로 우리의 경험적 존재를 저 순간에 만들어지는 근원적 일자의 표상으로 파악한다면, 꿈은 이제 우리에게 **가상의 가상**, 따라서 가상에 대한 근원적 갈망의 한층 더 높은 만족으로 간주해야만 한다. 이러한 근거로 판단해 본다면, 본능의 가장 내적인 핵심은 마찬가지로 '가상의 가상'일 뿐인 소박 예술과 소박 예술 작품에서 저 엄청난 쾌락을 누리게 된다.[6]

저 불멸의 '소박한 자'들 중 하나인 **라파엘로**는 비유적인 그림에서 가상의 가상으로의 저 쇠약화, 소박 예술가와 동시에 아폴론적 문화의 근원적 과정을 묘사했다. 그는 자신의 작품 〈그리스도의 변용Transfiguration〉[7]의 아랫부분에서 신들린 듯한 어린아이, 절망한 아이의 부모들, 어쩔 줄 몰라 하며 근심에 가득한 제자들을 통해 세상에 가장 기본적인 유일한 근거인 영원한 근원적 고통을 보여 주고 있다. 이제 이러한 가상으로부터 암브로시아 향취처럼 환상과 동일한 저 새로운 가상 세계가 출현한다. 하지만 저 첫 번째 가상에 사로잡힌 자들은 아무것도 보지 못한다. 그들은 멀리 보는 눈에서 찬란하게 빛이 나는 풍경, 순수한 기쁨과 고통 부재 상태에서 기쁨에 차서 떠 있는 풍경을 보지 못한다.[8]

여기서 우리는 가장 높은 수준의 예술 상징 속에서 저 아폴론적인 미의 세계와 그 토대인 경악스러운 실레노스의 지혜를 우리 눈앞에서 보게 되며, 직관에 의해서 그 대립적 필연성을 파악하게 된다.[9] 그러나 아폴론은 우리에게 **개별화 원리**의 신격화로 나타나며, 그 안에서 영원히 도달하고 싶은 근원적 일자의 목적인 가상을 통한 구원이 완성된다. 아폴론은 고상한 몸짓으로 고통의 전체 세계가 얼마나 필요한지 우리에게 보여 준다. 그럼으로써 각 개별자는 구원 환영을 만들어 내게 되며, 그 다음에 그 관찰에 빠지게 되고, 바다 한가운데에서 흔들리는 쪽배 위에서 편안하게 앉아 있을 수 있게 된다.[10]

1. 이 인용문은 1장을 그대로 반복한 것이지만 큰 차이가 있다. 1장은 "이것은 꿈이다! 다시 한번 꾸면 좋으련만!"이고 4장은 "이것은 꿈이다, 다시 한번 꾸면 좋으련만"이다. 1장은 느낌표가 있고, 4장은 느낌표가 없다.

느낌표가 있는 문장은 주체적으로 더 꾸고 싶다는 것을 뜻하고, 느낌표가 없는 문장은 일종의 기원이나 바람을 뜻한다. 느낌표는 주체의 의지를 강하게 드러내는 반면, 느낌표 부재는 간절한 기원 정도이다. 느낌표는 '내부 깊숙한 곳에서 나오는 쾌감' 때문에 강력하게 희망하는 자이고, 느낌표 부재는 '다른 한편' 대낮과 대낮의 고통스러운 일을 망각해야 하는 자이다.

1장의 느낌표는 예술 창조 주체가 강력한 의지를 표현한 것이고, 4장의 느낌표 부재는 일반 시민이 꿈을 어떻게 대하는가를 표현한 것이다. 느낌표 부재는 4장 전체의 글 방향 전환을 예시한다.

2. 이 문장은 1장에서 "우리의 가장 내면의 본질, 우리 모두의 공통된 밑바닥은 꿈에서 아주 깊은 쾌감과 즐거운 필연성을 경험한다."로 표현된 문장을 뒤바꾼 것이다. 1장의 문장은 꿈이 우리 내면에 있는 본질의 쾌락을 만족시키는 기능을 한다는 것이고, 4장의 이 문장은 꿈이 주는 내적 쾌락을 위해 대낮과 대낮의 힘든 일을 잊어야 한다는 것이다. 양자는 비슷한 뜻을 지닌 것처럼 보이지만 서로 완전히 다른 길로 꿈과 아폴론을 연결하여 설명한다.

1장은 인간이 꿈을 꾸면서 쾌감을 누린다고 말한다면, 4장은 즐거운 꿈을 꾸기 위해서 대낮의 고통스러운 일을 잊어야 한다고 말한다. 1장은 꿈이 제공하는 쾌락, 그에 따른 현실 고통의 잊기라는 꿈의 기능을 언급한 것이라면, 4장은 현실 고통의 망각이 기분 좋은 꿈을 꾸기 위한 전제 조건이라고 언급한 것이다. 1장 문장의 필연적 결과가 그리스인들이 꿈의 기쁨을 아폴론신으로 표현한 것이라면, 4장 문장의 필연적 결과는 현실 고통의 극복으로서 아폴론적 예술의 기능이다. 1장이 예술 창조자와 아폴론의 관계라고 한다면,

4장은 그리스 일반 시민과 아폴론적 예술의 관계이다.

결론적으로 정리하면 다음과 같다. 1장의 문장은 꿈이 그리스 예술 창조자들의 아폴론적 예술 원리에 따른 창작임을 말한 것이며, 4장의 문장은 현실 고통 극복의 한 방법으로서 꿈의 신인 아폴론적 예술의 원리를 말한 것이다. 1장에서 이 문장 이후 주로 예술가가 아폴론적 원리에 따라 예술을 창작한다고 설명한다면, 4장에서 이 문장 이후 주로 현실 고통을 망각하기 위한 것으로서 아폴론적 예술이 갖는 의미가 설명된다.

3. 꿈 상태와 깨어 있는 상태, 밤과 낮, 환상과 실제 중 어느 것이 더 가치가 있는가? 대다수 사람들은 대낮에 실제를 느끼는 깨어 있는 상태가 꿈보다 더 가치가 있다고 판단을 내린다. 1장 5절에서 쇼펜하우어가 주장한 근거율의 예외는 현실만큼이나 꿈의 세계도 중요하다고 주장한 내용을 참조하자. 이와 반대로 니체는 대낮의 깨어 있는 상태만큼이나 환상 속 꿈의 상태도 중요하다고 강조한다. 대낮의 현실은 고통스럽기 짝이 없지만, 꿈은 대부분 환상 속에서 만족을 주기 때문이다. 이에 대한 자세한 내용은 1장 5절 첫 번째 단락을 참조한다.

4. 이 문장은 두 가지 의미가 있다. 하나는 니체가 말한 것처럼 형이상학 그 자체의 의미이다. 참된 존재자이자 근원적 일자는 영원히 고통을 받고 있으며 모순으로 가득 차 있다. 이를 벗어나기 위해서 근원적 일자는 도취에 가득 찬 환영, 쾌락으로 충만한 가상을 필요로 한다.

다른 하나는 니체가 4장에서 말하고 싶은 것으로 근원적 일자를 인간으로 확장하여 이해하는 방법이다. '영원히 고통받는 자이자 모순으로 가득 찬 자로서 참된 존재자이자 근원적 일자'는 현실을 살아가는 인간이며, 대낮에 극도의 고통을 받고 사는 자이다. '자신의 영원한 구원을 위해서 도취에 가득 찬 환영, 쾌락으로 충만한 가상을 필요로 한다는 것'은 대낮의 극심한 고통에서 벗어나기 위해 인간에게 가장 좋은 방법은 재미있고 신나고 즐거운 꿈을 꾸는 것을 뜻한다.

이처럼 두 가지로 해석해야 하는 이유는 니체의 의도에서 기인한다. 니체는 자신이 형이상학자라고 주장하면서 '형이상학적 가정'을 한다. 형이상학적 실체는 어디에 있는가? 대다수 철학자와 종교인들은 하늘에 떠 있는, 눈에 보이지 않는 초월적 실체를 찾는다. 그것이 이데아이든, 신이든 그 무엇이든 간에 형이상학적 실체는 인간과 괴리된 그 무엇이다. 반면 니체는 형이상학적 실체가 인간 안에 내재해 있다고 주장한다.

얼마나 놀라운 주장인가! 이 놀라운 주장에 전율이 느껴지는가! 니체는 형이상학적 실체를 인간의 마음속에 있는 그 무엇, 언어, 민족, 국가, 성별, 나이, 지위고하를 막론하고 모든 인간이 공통적으로 느끼는 그 무엇이라고 주장한다. 그 형이상학적 실체의 느낌은 음악을 통해서 얻을 수 있다는 것이 니체의 주장이다. 형이상학적인 근원적 일자와 하나 되게 만드는 음악을 가능케 하는 것은 다름 아닌 디오니소스이다. 형이상학의 인간학으로의 전환, 형이상학의 심리학으로의 전환은 여기에서 발생한다. 인간이 곧 형이상학적 실체의 주체라는 니체의 선언은 '신은 죽었다.'라는 선언으로 발전하는 토대이다. 5장과 6장에서 이를 자세하게 살펴보도록 하자.

5. 꿈은 일종의 가상이며, 이 가상을 인간은 경험적으로 존재하는

것으로 받아들인다는 뜻이다. 1장 2절에서 이 내용을 다루었다.

6. 꿈은 일종의 가상이며, 이 가상에서 형상을 끄집어내어 예술로 만든다면, 이는 가상의 가상이 된다. 니체는 이것을 앞에서 소박 예술이라고 표현했다.

7. Transfiguration은 Verklärung Christi, 즉 예수의 '거룩한 변모'라는 뜻이다. 우리말로는 '그리스도의 변용'으로 번역한다.

8. 니체는 앞에서 설명한 내용을 라파엘로의 〈그리스도의 변용〉을 예로 들어 다시 부연 설명한다. 그림은 크게 두 부분으로 나뉘어 있다. 아래 절반은 인간이 고통을 받고 있는 현실세계, 즉 대낮의 세계인 반면, 그리스도가 떠 있는 곳은 환상의 세계이자 고통이 부재한 꿈의 세계이며 형이상학적 세계이다.

니체는 그림 속의 사람들을 세 부분으로 나눠 설명한다. "어찌할 바를 모르고 고통스러워하는 사람들die rathlos Leidenden, 혼란에 빠진 듯 보이는 꿈꾸는 사람들die verworren Träumenden, 이 세상을 초월하여 환희에 찬 사람들die überirdisch Entzückte"*186이다.

그림 하단을 보면, 신들린 또는 미친, 아니면 형이상학적 세계를 유일하게 보는 어린아이가 그리스도의 승천을 손가락으로 가리키는 모습이 나온다. 그 아이는 눈을 크게 뜨고 고통이 전혀 없는 새로운 세계로 나아가는 그리스도를 보고 있다. 이 어린이가 "이 세상을 초월하여 환희에 찬 사람"이다.

부모를 포함한 대다수 어른들과 그리스도의 제자들은 아이가 미쳤거나 신들렸다고 생각한다. 그들이 "혼란에 빠진 듯 보이는 꿈꾸는 사람들"이다.

마지막으로 그리스도의 죽음을 보고 슬퍼하는 사람들이다. 그들

그리스도의 변용 (라파엘로 산치오, 1516~1520년, 바티칸 미술관 소장)

이 "어찌할 바를 모르고 고통스러워하는 사람들"이다.

아이가 손가락으로 예수를 가리키는 데에도 불구하고 어느 누구도 예수의 모습을 보지 않는다. 그들은 오로지 어린아이만을 쳐다보며 놀랄 뿐이다. 어느 누구 하나 아이의 손이 가리키는 형이상학적 세계를 보지 못하거나 보지 않는다. 그들은 기껏해야 아이가 가리키는 곳을 손가락으로 같이 가릴 뿐이다. 이 상태는 우리 식으로 말하면 견지망월見指忘月, 손가락으로 달을 가리키는데 달은 안 보고 손가락만 보는 것을 연상케 한다.

어린아이가 놀라서 눈을 크게 뜨고 멀리 바라본 예수의 모습은 형이상학의 세계이고, 아이가 속한 세계는 고통으로 가득한 현실세계이다. 아이가 속한 세계는 대낮의 세계이고, 예수가 속한 세계는 꿈의 세계이다. 꿈의 세계는 가상의 세계이며, 일종의 형이상학적 세계이다.

어린아이가 살고 있는 가상만을 바라보는 사람은 아이가 바라보는 고통부재의 형이상학적 세계를 보지 못한다. 어린아이가 가리키는 손가락이 아니라 손가락이 가리키는 곳을 보는 것이 형이상학을 이해할 수 있는 핵심이다. 그 형이상학적 세계는 어디에 있는가? 디오니소스가 그 답을 가르쳐 준다.

9. '저 아폴론적인 미의 세계'는 예수가 승천하는 모습을 가리킨다. '그 토대인 경악스러운 실레노스의 지혜'는 아이가 속한 그림 속의 하단을 가리킨다. '직관에 의해서 그 대립적 필연성을 파악'한다는 두 가지가 하나의 그림으로 표현되듯이, 우리 현실도 두 가지가 하나로 표현된다는 뜻이다. 즉, 현실 속 예술이란 고통스러운 현실과 이를 극복하기 위한 아폴론적 미로 나타난다는 뜻이다.

10. 니체는 1장에서도 같은 내용을 말했다. 하지만 다른 점이 있다. 1장에서 "개개의 인간은 고통의 세계 한가운데에서 개별화의 원리에 의지하고 기댄 채 고요히 앉아 있"는 반면, 4장에서 "개별자가 구원 환상을 만들어 내고 …… 바다 한가운데에서 흔들리는 쪽배 위에서 편안하게 앉아 있"다는 점이다. 1장은 인간이 고통의 세계에서 아폴론의 개별화 원리에 기댄 것이라고 한다면, 4장은 인간이 고통을 잊기 위해 구원 환상을 만들어 낸다는 점이다. 1장에서는

폭풍우 속의 항해. 오른쪽 배에 탄 한 사람이 거친 파도에 배가 크게 흔들리는데도 여유 있게 즐기는 듯한 모습이다. 인간의 삶은 고통의 파도 속에 휩쓸리지만 힘들어하거나 좌절할 필요가 없다. 고통 그 자체를 즐기는 것이 인생이다. (알베르토 카이프, 1640년대, 루브르 박물관 소장)

아폴론적 예술가가 주체인 반면, 4장에서는 인간, 그리스 일반 시민이 주체이다.

### 다시 보기

3장까지 단순하게 요약한 것으로 속단하지 말자. 앞의 꿈과 여기서의 꿈은 전혀 다른 이야기이다. 니체는 미세하지만 큰 변화를 시도한다. 그 시작은 느낌표의 부재이다. 그는 이 부재를 통해 꿈과 그리스 시민 일반의 관계, 그리스 시민과 아폴론적 예술의 관계를 집중 조명한다.

3장까지 예술 창조자의 입장을 이야기했다면, 4장은 일반 시민이 그리스 예술을 어떻게 받아들이는가를 집중 조명한다. 니체는 일반 시민이 그리스 예술을 보면서 궁극적으로 형이상학적 진리 자체를 어떻게 받아들이는가를 설명한다.

4장은 일종의 인간론, 관객론, 시민론이라고 보아도 좋다. 민중, 시민, 인간은 인간의 삶에 천형처럼 주어진 고통, 그 고통의 파도를 어떻게 받아들일 것인가? 종교가 아니라 예술이 그 답이다. 디오니소스적인 예술이 민중, 시민, 인간을 형이상학적 근원적 일자와 하나 되게 만들어 줄 것이다.

## 2. 척도와 과도함

개별화의 이러한 신격화가 일반적으로 명령적이며 규준을 제공하는 것으로 여겨진다면, 이 신격화는 그리스적인 의미에서 단지 하나의 법칙, 개인, 즉 개인이란 한계의 유지, 척도Maß를 인정한다.[1]

미의 신으로서 아폴론은 자신을 따르는 자들에게 척도를 요구하고, 이 척도를 유지하기 위해서 자기인식 또한 요구한다. 그리고 아름다움에 관한 미적 요구 이외에 '너 자신을 알라!'와 '도를 넘지 마라!'라는 요구가 뒤쫓아 나타나게 된다.[2]

그러면서 자기과시와 과도함Übermaß[3]은 비아폴론적 영역의 적대적인 데몬으로, 따라서 아폴론 시대 이전인 티탄 시대의 고유한 속성으로서, 그리고 아폴론적 세계 바깥, 즉 야만적 세계의 고유한 속성으로 간주된다.[4] 프로메테우스는 인간에 대한 티탄적인 사랑 때문에 대머리 독수리에 의해 갈기갈기 찢겼으며, 오이디푸스는 스핑크스의 문제를 풀었던 과도한 지혜 때문에 얽히고설킨 죄악의 소용돌이 속으로 추락했다.[5] 델포이 신전의 신은 그리스의 과거를 이렇게 해석했던 것이다.[6]

1. 니체는 이 단락에서 꿈의 세계에서 현실세계로 급격하게 방향 전환을 한다. 그는 아폴론적인 꿈의 세계에서 한계를 넘지 않는 것이 바로 척도라고 말했으며, 현실세계에서도 아폴론적인 원리가 척도로 작용한다고 말한다. 니체는 미의 세계에서 현실세계로 급격히 이동하면서, 아폴론적인 원리의 가장 기본적인 수단인 척도가 현실세계에서 어떻게 작동하는지 설명한다.

꿈에서나 할 짓을 깨어서도 한다면, 이는 한계를 넘는 것이다. 꿈의 세계에서 한계를 넘어서면, 인간은 신경증이나 정신증에 시달린다. 니체는 이를 1장에서 "꿈-형상Traumbild이 병으로 작용하지 않기 위해서 넘어서는 안 되는 모든 섬세한 선—이 경계선을 넘어설 경우 어설픈 현실과 같은 가상이 우리를 기만할 것이다—예컨대 적당한 경계, 야수와 같은 흥분으로부터 자유, 정형적 신의 지혜에 넘치는 고요함이 있기 마련이다."로 표현한다.

마찬가지로 현실세계에서도 꿈-세계에서 적용되는 아폴론의 원리는 작용한다. 현실세계에서도 아폴론을 따르는 자인 시민들은 아폴론의 원리인 척도를 지켜야 한다. 아폴론은 일반 시민이 일정한 한계 안에서 정해진 규준, 규칙, 척도를 지켜야 한다고 말한다. 이 규칙이나 척도는 윤리이다. 이를 어기고 일탈하는 자는 윤리와 법을 위반하는 자가 된다.

2. 니체는 '너 자신을 알라'라는 격언에서 아폴론적 미적 요구를 도덕적, 윤리적, 철학적인 요구로 전환시켜 사고한다.

'너 자신을 알라'는 소크라테스의 말이 아니라 델포이의 아폴론 신전 앞마당에서 새겨져 있는 글이다. 니체는 형상미의 신인 아폴론이 그리스 조각과 서사시를 탄생시켰듯이, 척도의 속성을 지닌 아폴론이 인간들에게 '너 자신을 알라!'를 요구했다고 판단한다.

'너 자신을 알라!'의 이면에는 너 자신의 한계를 넘어서는 주제넘은 짓을 하지 말라는 금지의 규율이 숨겨져 있다. '너 자신을 알라!'를 가장 극적으로 활용하여 상대를 무력화시킨 철학자는 소크라테스이다. 소크라테스의 잘 아는 자에 대한 도전 만행은 『변론』에 잘 나타난다. 그는 정치, 시, 공예를 가장 잘 안다고 자처하는 정치인, 시인, 장인을 찾아다닌다. 그는 말꼬리 잡기, 딴소리하기, 궤변 등을 통해 그들이 얼마나 모르고 있는가를 가혹하게 몰아붙인다.

그는 자신이 모른다는 것을 알고 있다는 이유로 아테네에서 가장 현명하다는 신탁을 받았다고 너스레를 떤다. 그는 자신을 따르는 제자 카이레폰이 이 신탁을 아폴론을 모신 델포이의 신전의 무녀 피티아에게서 이런 신탁을 들었다고 주장한다. 하지만 소크라테스의 주장은 어처구니없다. 그 신탁을 직접 들은 제자는 이미 죽었고, 그의 형제만이 증인이 되어 줄 수 있다고 강변하기 때문이다.

소크라테스는 '너 자신을 알라'를 '자신이 모른다는 것을 안다'로 전복하여 인류 역사의 현인으로 등장한다. 소크라테스는 인간은 모르기 때문에 아폴론이 제시한 일정한 한계와 척도 안에서 살아야 한다는 것, 이 한도의 척도를 도덕, 윤리, 정치 등의 문제로 서양 철학에서 처음 제시한다. 이 점에서 소크라테스는 아폴론의 직계 후

손이다.

니체는 아폴론의 '너 자신을 알라!'를 앎의 문제와 윤리 등의 문제로 전환시킨 소크라테스와 그의 제자 플라톤을 주적으로 삼고 철학을 전개한다. 니체는 이에 대해서 극단적으로 비판한다.

> '너 자신을 알라'가 몰락으로의 지각상이 되면, 자기망각, 자기오해, 자기약화, 자기협애화, 자기평균화가 이성적인 것 자체가 된다.'[187]

니체는 소크라테스의 이성관을 거부한다. 소크라테스의 '너 자신을 알라'는 이성적인 사유의 출발점이다. 이 이성적 사유는 어떤 역할을 하는가? 이성적인 사유에 집착하는 사람은 '나'가 누구인지를 잊어버리고, '나'의 힘이 무엇인지도 알지 못한다. 그는 자신이 무엇을 원하는지 알지 못하고, 자신의 본능을 망각한다. 그는 자신을 사회의 기본적 표준에 맞춰 버려서 평균화된다.

니체는 이성을 비판하면서 "본능이 너무 일찍 '스스로를 알아차리는' 것은 위험 그 자체이다."고 말한다.'[188] 소크라테스식 이성의 과도한 집중적 사용을 부정하는 니체는 숙명적으로 반플라톤주의자이자, 반소크라테스주의자의 길에 들어선다.

3. '자기과시'는 '너 자신을 알라'를 넘어서면 발생하는 현상이고, '과도함'은 '도를 넘지 마라!'고 했는데 도를 넘어섰을 때 발생하는 현상이다. '자기과시와 과도함'은 1장에서는 '성 요한제, 성 무도병, 바빌론에서 광란의 사카이엔 축제' 등으로 표현되고, 2장에서는 '로마에서 바빌론에 이르는 구세계의 전역'에서 벌어진 축제로 나타나며, 디오니소스적 야만인이자 티탄적인 힘으로 나타난다.

4. 4장에서 '자기과시와 과도함Übermaß'은 미적 영역을 벗어나 윤리적 측면으로 나타난다. 여기에서 니체는 '자기과시와 과도함'을 통해 예술론에서 아주 쉽게 시민론으로 넘어간다. 아폴론의 영향을 받은 그리스 시민은 '자신을 알라'와 '도를 넘지 말라'를 통해 평균적 윤리와 덕성을 갖춘다.

'자신을 알라'와 '도를 넘지 말라'를 받아들이지 못한 자들이 있다. 시간적인 측면에서 본다면, '비아폴론적 영역의 적대적인 데몬으로, 따라서 아폴론 시대 이전' 시대, 티탄 시대이다. 공간적 측면에서 본다면 '아폴론적 세계 바깥, 즉 야만적 세계의 고유한 속성'을 갖춘 자들, 야만인들이다. 그리스에서 아폴론적 시대 이전에 나타난 자기과시와 과도함은 '악마적 측면'에서 비윤리적 속성을 지닌 시민들을 지칭하며, 그리스 이외의 영역에서 행해지는 자기과시와 과도함은 '야만적 측면'에서 비윤리적인 시민들을 가리킨다.

문제는 악마적 측면의 시민과 야만적 측면의 시민들이 동시대에 공존하고 있다는 점이다. 척도의 신 아폴론과 그의 사상적 자식인 소크라테스는 '자신을 알라'와 '도를 넘지 말라'로 악마적 측면의 시민을 순치시키고 야만적 측면의 시민을 교화시키고자 한다.

5. 3장에서 니체는 인간의 불행을 크게 일곱 가지 나열했다. "본능(자연)의 거대한(티탄적인) 힘에 대한 저 엄청난 불신, 모든 인식을 넘어 무자비하게 지배하는 저 모이라, 인간의 친구인 거대한 프로메테우스의 저 독수리, 지혜로운 오이디푸스의 저 끔찍한 운명, 오레스테스가 어머니를 살해하도록 강요한 아트레우스 가문의 저 저주, 숲의 신 실레노스의 저 철학 전체들을, 우울한 에트루리안들을 몰락시켰던 그 신비한 예들"이 그것이다.

니체는 이 중에서 단 두 가지, 프로메테우스와 오이디푸스를 '너 자신을 알라!', 즉 지식과 지혜의 문제로 끌어들여 설명한다. 프로메테우스는 인간을 증오하는 제우스가 자기 자식에 의해 쫓겨날 것을 알고 있었다는 점에서, 제우스가 인간을 멸망시킬 것을 알고 있었다는 점에서 '자기과시'이자 '과도함'이다. 오이디푸스는 자신이 어떤 운명에 처할지도 모르면서 지식과 지혜를 자랑했다는 점에서 '과도함'이자 '자기과시'이다. 니체는 프로메테우스를 통해 다음과 같이 표현한다.

> 인간적 인식의 지나친 요구가 요청자와 요청 대상자 모두에게 파멸로 작동했다는 것은 프로메테우스를 통해 그리스 문화에서 예시되었다. 신 앞에서 자신의 지혜를 주장하려는 자는 헤시오도스처럼 지혜의 척도를 가져야 한다.[189]

오이디푸스와 프로메테우스는 왜 몰락했는가? 그들은 주제넘게 너무 많이 알고 있었기 때문이다. 오이디푸스와 프로메테우스를 아폴론과 소크라테스가 해석하는 방식이 이와 같았다. 하지만 니체의 해석 방식은 아폴론과 소크라테스와 전혀 다르다. 9장과 10장이 이에 대한 답을 준다.

6. 델포이 신전의 신인 아폴론은 그리스의 과거가 프로메테우스적 또는 오이디푸스적 자기과시와 과도함이 넘쳐났다고 판단했다. 약간의 보완 설명이 필요하다. 아폴론은 그리스가 자기과시와 과도함이 넘쳐난 국가이자 사회라는 것에 불만이 있었다. 아폴론은 이를 치유하기 위해 소크라테스라는 인물에게 그리스 치유의 역할을 주

었다.(신들은 인간사에 직접 개입할 수 없으므로 인간의 힘을 빌려야만 한다.) 소크라테스는 아폴론의 계시를 받아 '너 자신을 알라'를 가지고 그리스에 얼마나 많은 자기과시와 과도함이 넘쳐났는가를 지적하고 이를 치유했다.

일반적으로 말하면 인간은 자기과시와 과도함이 넘쳐나 커다란 문제를 일으키곤 한다. 아폴론은 이를 치유하기 위해서 '너 자신을 알라'를 좌우명으로 삼은 소크라테스를 보낸 것이다.

### 다시 보기

니체 철학을 이해하기 위해 가장(?) 중요한 용어 중에 하나는 Maß이다. Maß는 도度, 양量, 눈금, 도량度量, 척도, 자, 치수, 형型, 비율, 비유로 써서 정도, 한도, 절제, 표준 등의 의미로 사용된다. Maß의 어원은 '자로 재다'라는 뜻을 지닌 messen이다. Maß는 규칙, 기준, 정도 등을 의미하는 아폴론신의 속성을 용어화한 것이다.(거꾸로 말하면 인간은 규칙, 기준, 정도를 아폴론신에게 부여했다.) Maß가 표현된 예술은 도리아적 예술과 호메로스의 서사시이며, 도덕, 윤리와 국가 등의 형태로 나타난다.

Maß가 지나치게 확장되면 Übermaß, 과도함이고 이는 디오니소스적인 것이고, 이의 표현 행태는 도취라는 형태로 나타난다. 니체 이전의 대부분 철학은 Maß를 강조하고, 윤리적 형태로 완화, 제한, 경감, 절제, 억제, 극기 등을 뜻하는 Mäßigung을 실천 덕목으로 받아들이는 반면 이를 벗어나는 Übermaß를 부정한다. 니체는 더 정확하게 말하면 Maß(아폴론적인 것)와 Übermaß(디오니소스적인 것)의 적절한 균형을 요구한다. 하지만 소크라테스 이후 Maß가 지나치게 강화된 나머지 Übermaß가 소멸한 시대를 살고 있는 것이 우리의 현실이라고 니체는 생각한다.

니체는 Maß를 지나치게 받아들인 현대인을 비판하는 Vermittelmäßigung, 즉 평준화, 평균화, 범상화로 비판한다.(니체는 에우리피데스를 비판하는 11장에서 이를 다룬다.) 니체는 이 평준화된 인간을 사회의 질서와 규칙을 묵묵히 받아들이고 고통스러운 삶을 고통스러운 줄 모르고 성실하게 살아가는 낙타, 난쟁이 등이라고 조롱한다.

니체는 Maß가 지나치게 강력해져서 Mäßigung이 되는 것을 경계하고, Mäßigung이 일반화된 시민을, Vermittelmäßigung를 거부한다. 니체는 아폴론적 Maß가 디오니소스적 Übermaß를 막는 정도의 역할이 옳다고 보았다. 니체에게 그리스 비극이란 디오니소스적 Übermaß를 아폴론적 Maß로 적절하게 견제하는 것이다.

### 3. 디오니소스와 아폴론의 의기투합

아폴론적인 그리스인은 디오니소스적인 것이 야기했던 작용을 '티탄적이고' '야만적인' 것으로 여겼다. 그럼에도 아폴론적인 그리스인은 저 몰락한 티탄과 영웅들과 내적으로 친족 관계라는 것을 숨길 수 없었다. 아폴론적인 그리스인은 한층 더 다음과 같은 것을 느끼곤 했다. 즉, 모든 아름다움과 절제Mäßigung로 무장한 자신의 삶 전체가 은폐된 고통과 인식의 토대 위에 근거하고 있다는 점이다. 이는 저 디오니소스적인 것에 의해서 다시 그리스인 자신에게 폭로되었다. 그러니 보라! 아폴론은 디오니소스 없이 살 수 없지 않은가! 아폴론적인 것과 마찬가지로 마침내 '티탄

적인 것'이고 '야만적인 것' 역시 필연적인 것이 되었다.[1]

이제 우리는 다음과 같은 것을 생각해야 한다. 디오니소스적 축제의 황홀한 음조가 가상과 절제 위에서 확립되고 미학적인 것으로 포장된 세계 속에서 유혹적인 마법의 방식으로 어떻게 스며들어 울릴 수 있었는가! 쾌락, 고통 그리고 인식에 있어서 본능의 전체적인 과도함이 아폴론적 세계에서 날카로운 목소리를 어떻게 낼 수 있었는가! 우리는 공공연하게 다음과 같은 것을 생각하게 될 것이다. 이러한 마신적인 민중의 음악에 대해 무시무시한 하프소리의 반주에 맞춰 낭송을 하는 아폴론적 예술가란 도대체 무엇을 의미하는가![2]

'가상'의 예술의 뮤즈들은 도취 상태로 진리를 말하는 예술 앞에서 창백해졌으며, 실레노스의 지혜는 명랑한 올림포스 신들에 대해 슬프도다! 슬프도다!라고 외쳤다.[3] 개인은 여기에서 자신의 모든 한도와 척도를 가지고 있음에도 불구하고 디오니소스적인 상태의 자기망각에 들어갔으며, 아폴론적 법칙을 망각했다. 과도함이 진리로 모습을 드러냈으며, 고통에서 태어난 환희라는 모순이 본능의 심장에서 울려 퍼졌다. 그리고 디오니소스적인 것이 통과한 도처에서 아폴론적인 것이 지양되고 절멸되었다.[4]

하지만 또한 다음과 같은 것도 확실하다. 디오니소스적인 것의 최초 돌진을 견뎌 낸 곳에서 델포이 신의 명성과 존엄은 그전보다 강력해지고 위협적으로 나타났다는 점이다. 나는 특히 도리스 국가와 도리스 예술을 아폴론적인 것의 끊임없는 진지로 설명하고자 한다. 디오니소스적인 것의 티탄적이며—야만적인 본질에 대항한 끊임없는 저항 속에서 방벽들로 둘러싸인 그토록 거만하며 냉정한 예술, 그토록 전투 지향적이며 혹독한 교육, 저토록 잔인하며 배려심이 부족한 국가 제도가 오랫동안 존속해 왔다.[5]

1. 아폴론의 영향을 많이 받은 그리스인들, 그들은 척도의 화신인 아폴론의 후예들이다. 하지만 그들은 티탄적인 것, 아폴론이 탄생하기 이전 티탄 신의 후예임을 부정하지 못했다. 척도 밑에 있는 야만적이고 티탄적인 것이 꿈틀거리고 있었다. 그리스인들은 디오니소스가 불만 붙이면, 언제든지 타오를 준비가 되어 있었다.
2. 아폴론적인 것과 디오니소스적인 것이 예술에서 합쳐진 것을 묘사한 장엄한 2장을 여기에서 다시 요약한 것이다.
3. 두 가지 해석이 가능하다. 우선 2장에서 나오는 아폴론과 마르시우스의 음악 대결을 반대로 설명한 것이다. 그 당시 심판관들은 뮤즈의 여신들이었다. 뮤즈의 여신은 아폴론의 음악을 따르는 자들이므로, 디오니소스적인 음악의 대표적인 악기인 아울로스의 도취적인 음과 가락을 이해하지 못한다. 그 때문에 뮤즈들은 디오니소스적인 '도취 상태에서 진리를 말하는 예술 앞에서 창백해졌'다. 이 자리에 미다스도 심판관으로 있었다. '실레노스의 지혜'를 전수받은 자인 미다스는 아폴론이 부당한 방법으로 연주 시합을 벌이고 마르시우스를 살해한 것을 두고 '슬프도다! 슬프도다!'라고 외쳤다.

다른 하나는 디오니소스적 축제를 일반화하여 해석하는 것이다. 디오니소스 축제에는 아폴론과 아폴론의 추종자들인 뮤즈의 여신들이 서 있을 자리가 없다. 뮤즈들이 디오니소스 축제 자리에 서 있다면, 그들은 디오니소스적인 '도취 상태에서 진리를 말하는 예술 앞에서 창백해'질 수밖에 없다. '실레노스의 지혜'를 전수받은 미다스가 현명한 자라면, 그는 디오니소스 축제가 광란으로 치달리고 아폴론적인 것이 완전히 사라진 것을 보고 '슬프도다! 슬프도다!'라고 한탄한다.

내용상으로 본다면 두 번째 해석이 맞다. 하지만 이 역시 약점이 있다. '실레노스의 지혜'가 아폴론과 아폴론적인 것을 수용하고 있다는 신화나 전해진 이야기가 없다. 하지만 마지막에 '아폴론적인 것이 지양되고 절멸되었다'는 것을 실레노스가 한탄했다고 한다면, 두 번째 해석이 어느 정도 설득력이 있다.

4. 1장과 2장에서 디오니소스 축제가 성행한 곳에서 아폴론적인 예술이 존재할 수 없었음을 지적한 내용과 비슷하지만 다른 점이 있다. 앞에서는 예술의 관점에서 설명했다면, 여기서는 정치적, 윤리적, 철학적 내용으로 바꾸어 표현했다. 따라서 인간이 아폴론적 지식을 갖추고 있다 할지라도, 디오니소스적인 지혜가 몰려오면 아폴론적 지식과 지혜가 무력해진다고 니체는 말한다.

5. 티탄적이며 야만적인 예술에 대한 저항에서 아폴론적인 예술이 강화되었듯이, 디오니소스적인 지혜에 대한 아폴론적인 지혜가 억압적 형태의 교육과 국가를 강화시킨다. 아폴론적인 척도를 엄격하게 지킨 예술은 '거만'과 '냉정'으로 나타난다. 아폴론적 규칙을 엄격하게 지키는 교육은 혹독할 뿐만 아니라 승리 지향적이다. 아폴론적 척도를 강력하게 지키는 국가는 시민들에게 '잔인'하고 시민들을 '배려'하지 않는다. 반면 디오니소스적인 가치는 이완, 완화, 도취, 어우러짐, 더불어 같이 삶 등이다. 이 가치가 예술, 교육, 정치에서 어떻게 나타날지 상상해 보자.

이 부분은 니체가 설명하는 과정을 과감하게 생략하고, 사상을 비약적으로 전개시켰다. 여기서 단초를 보인 내용들은 후일 근현대 예술, 교육, 정치를 비판하는 핵심 가치로 나타난다.

다시 보기

이 단락은 전체적으로 2장을 요약한 동시에 새로운 인문사회과학으로 나아갈 수 있는 여지를 남겨 놓은 곳이다. 이 절은 11장부터 20장까지에서 할 이야기의 복선 구실을 한다. 니체는 음악의 관점에서 비극을 분석하는 것으로부터 인문사회과학적 분석으로 나아가기 위해서 이 단락을 기술한다. 니체는 특히 아폴론적인 것의 극단화로서 소크라테스와 비극의 관계를 설명하기 위해서 이 부분을 정교하게 배치했다. 이에 대한 자세한 설명은 11장 이후부터 다시 한다.

## 4. 아티카 비극의 탄생

지금까지 내가 이 논문의 앞머리에서 언급했던 것을 아래와 같이 다시 상술하겠다. 디오니소스적이며 아폴론적인 것이 어떻게 서로 연이어 탄생하고 서로 대립하고 상승하면서 그리스적인 본질을 지배했는가. 호메로스적인 세계가 어떻게 그들의 티탄과의 전투와 혹독한 민중철학과 결합되어 있는 '청동' 시대로부터 아폴론적인 미적 충동의 지배하로 발전했는가. 재차 침입한 디오니소스적인 사조가 어떻게 이러한 '소박한' 장려함을 다시 집어삼켰는가. 마지막으로 아폴론적인 것이 어떻게 이러한 디오니소스적 사조와 대립하여 도리아적 예술과 세계관의 강력한 장엄함으로 올라섰는가.

이러한 방법으로 고대 그리스의 역사가 저 두 적대적인 원리의 투쟁 속에서 네 가지 거대한 예술 단계로 구분된다고 가정해 보자. 그렇다면 최후의 단계<sup>1</sup>가 저 예술 충동의 정점이자 의도로서 간주한 도리아적 예술이 아니라고 한다면, 우리는 이제 이러한 진행과 움직임의 마지막 단계를 다시 묻지 않을 수 없다. 그리고 여기에서 숭고하고 칭송이 자자한 아티카 비극과 디티람보스 드라마 예술 작품이 양 충동의 공동 목적으로 우리의 눈앞에 나타난다.<sup>2</sup> 이전의 오랜 투쟁 뒤에 그 신비한 결합이 그 두 자식—동시에 안티고네이면서 카산드라인—으로 찬미되었다.<sup>3</sup>

1. 이 단락을 바탕으로 니체가 제시한 그리스 문화의 단계를 알아볼 수 있다. '네 가지 거대한 예술 단계'와 '최후의 단계'를 합하면 모두 다섯 단계가 된다.

1단계는 "그들의 티탄과의 전투와 혹독한 민중철학과 결합되어 있는 '청동' 시대"로 거인적인 문화의 단계이다. 모든 신의 아버지로서 아폴론이 나오기 이전 신화의 시대를 말한다. 주로 디오니소스적인 가치가 지배하는 시대이다.

2단계는 "호메로스적인 세계"로 "아폴론적인 미적 충동의 지배"를 받는 문화의 단계이다. 아폴론적 서사시인 호메로스의 『일리아스』와 『오디세이아』가 지배한 시대를 말한다.

3단계는 '소박한' 장려함을 다시 집어삼킨 "디오니소스적인 사조" 문화의 단계이다. 호메로스의 시 세계로 디오니소스적인 것이 쇄도해 들어간 것을 말한다.

4단계는 "아폴론적인 것이 디오니소스적 사조"를 극복하고 장엄한 "도리아적 예술과 세계관"을 정립한 문화의 단계이다. 디오니소스적인 것의 쇄도에 깜짝 놀란 아폴론이 메두사의 머리로 각인된 방패를 들고 막아선 것을 말한다.

5단계는 적대적인 '디오니소스적인 것'과 '아폴론적인 것'이 화해를 하고 만들어 낸 "아티카 비극과 디티람보스 드라마 예술"의 단계이다. 1단계 디오니소스적인 것, 2단계 아폴론적인 것, 3단계 디오니소스적인 것, 4단계 아폴론적인 것, 5단계 디오니소스적인 것과 아폴론적인 것의 결합으로서 문화이다.

니체는 이와 같은 과정을 통해 '예술의 발전이 아폴론적인 것과 디오니소스적인 것의 이중성에 달려 있다는 것'을 논증했다.

2. 아티카 비극과 디티람보스의 관계를 중심으로 고대 시대의 여러 극들을 알아보도록 하자. 플라톤은 비극의 전신인 디티람보스를 양식상의 측면에서 "시인 자신이 이야기하는 것"[190]이란 점에서 모방을 특징으로 하는 비극과 희극을 구분하였으며, 내용상의 측면에서 "디오니소스 탄생"[191]과 연관되었다고 말한다. 디티람보스는 아울로스의 악기에 맞춰 사티로스로 분장한 소년과 남성들이 원무를 추면서 노래한다. 디티람보스의 주 내용은 주로 디오니소스의 일생과 포도와 다산 등을 찬양한다.

아리스토텔레스는 "비극은 처음에 즉흥에서 발생했다. …… 비극은 디티람보스의 저자[192]들로부터 시작된다."[193]라고 말한다. 풀어 말하면, 비극은 과거 디티람보스를 쓰던 작가들이 비극을 처음으로 쓰기 시작하여 발전시켰으며, 즉흥극의 형태에서 출발했다는 뜻이다.

아리스토텔레스는 "비극은 짧은 이야기와 익살스러운 발성법을 버림으로써 사티로스극에서 벗어났고 …… 그 발전의 후기 단계에서 장엄한 분위기를 갖춘다."[194]라고 말한다. 그는 "비극은 진지하며 엄청나게 중요한 자기완결적인 행동을 모방하며 …… 서술적 형태가 아닌 극적 형태를 지니며 …… 동정과 공포를 불러일으키는 사건들을 다룸으로써 그러한 감정의 카타르시스를 성취한다."라고 정의했다. 플라톤은 이때 "박코스의 신도들의 춤들이나 이를 따르는 하고 많은 춤들로서 …… 요정들과 판들 그리고 실레노스들과 사티로스들이라고 하는 이름들로 부르는 술 취한 자들을 모방하는"[195] 춤을 추었다고 전한다. 이 춤을 엠멜레시아라고 한다.

"양 충동의 공동 목적으로 우리의 눈앞에 나타나"는 디티람보스와 아티카 비극을 살펴보자. 니체는 3장까지를 요약하면서 비극이 아폴론적인 것과 디오니소스적인 것의 변증법적 발전이라고 말했다는 점을 강조한다. 아폴론적인 것과 디오니소스적인 것의 결합인 비극이 주는 효과에 대한 긍정적 평가는 아폴론적인 절제를 강조하는 플라톤도 이미 인정했다.

원래 고달픈 종족으로 태어난 인간들을 신들이 불쌍히 여기고서, 이들에게 고난(노고)들에서 벗어나는 휴식들로서 신들을 위한 제전(축제)들의 갈마들임을 정해 주고서는, 무사 여신들과 이들의 선도자이신 아폴론 그리고 디오니소스를 제전의 동참자들로 내렸는데, 이는 신들과 함께하는 제전들을 통해서 (이것들이) 활력소로도 되어, 그것들이 (스스로) 가다듬어지도록 하기 위해서였습니다.[196]

고대 비극 시대에 다른 극들도 있었다. 가장 대표적인 것이 앞에서 아리스토텔레스가 언급한 사티로스극이다. 비극 경연대회 때에 3일 동안 하루 세 편의 비극을 경연하고 한 편의 사티로스극을 경연했다고 한다. 이 점에서 비극과 사티로스극은 동시에 존재했던 것으로 추론할 수 있다.

아리스토텔레스의 말을 역추적하면, 사티로스극은 짧은 스토리, 익살스러운 발성을 했다. 또한 이 극은 음란함을 기본으로 하며 광란의 시키니스 춤을 추었다고 한다. 비극 작가들은 비극과 동시에 사티로스극을 썼다고 한다. 현재 남아 있는 유일한 사티로스극은 에우리피데스의 『키클롭스』이다.

마지막으로 희극이다. 아리스토텔레스는 "희극은 남근찬가phallic song의 저자들로부터 시작한다"고 기술한다. 아리스토텔레스가 "우리들의 많은 도시에도 여전히 제도로 생존하고 있다."[197]고 말하는 것으로 미루어 보아 남근찬가가 꽤 유행했던 듯하다. 또한 그는 희극은 "평균보다 저질인 악인의 모방"이라 말한다. "'저질'은 모든 종류의 결점이 아니라 특정한 종류의 익살스러운 것, 일종의 추악을 뜻한다. 익살스러운 것은 타인에게 고통이나 해를 끼치는 것이 아니라 실수 또는 기형으로 정의될 수 있다."라고 아리스토텔레스는 정의한다.

실제로 아리스토파네스의 풍자 대상으로 등장하는 주인공들은 타인의 비웃음을 살 만한 평균적인 인간 이하의 짓을 한다. 아리스토파네스는 『구름』에서 악인의 대표자로 소크라테스를 지목한다. 희극은 디오니소스 축제 기간인 5일 동안 매일 하루 한 편씩 공연했다고 한다.

정리해 보자. 시간상으로 보면 먼저 디티람보스와 남근찬가가 있

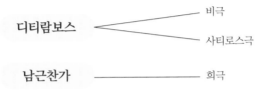

디티람보스 ——————— 비극
              \——— 사티로스극

남근찬가 ————————— 희극

었으며, 디티람보스 작가들이 비극과 사티로스극을 발전시켰으며, 남근찬가 작가들이 희곡을 발전시켰다. 디오니소스 축제 기간 중에는 비극, 사티로스극, 희극이 동시에 공연되었다. 니체는 이 중에서 디티람보스와 비극이 아폴론적인 것과 디오니소스적인 것을 종합시켜 발전시켰다고 평가한다. 간단하게 정리하면 위와 같다.

3. "동시에 안티고네이면서 카산드라인"은 논쟁의 여지가 많은 부분이다. 니체가 왜 안티고네와 카산드라를 결합시켰는지 이해할 수 없다고 말하는 학자들도 있다. 이 설명에 대해서 우리는 비판적으로 볼 필요가 있다. 니체가 「자기비판의 시도」에서 16년이 지난 뒤에도 안티고네이면서 카산드라의 결합을 잘못했다고 고백하지 않았다는 점이 그 근거이다.

니체가 이 양자의 결합을 잘못했다고 생각하지 않는 것이 좋다. 그렇다면 문제가 생긴다. 니체는 왜 이 두 사람을 결합시켜, 아폴론적인 것과 디오니소스적인 것의 결합의 마지막을 설명했는가?

고대 그리스 비극의 대표적 여주인공들을 한마디로 정리해 보자. 자신의 딸을 희생양으로 바친 남편 아가멤논을 살해한 클리타임네스트라는 팜므 파탈의 전형이다. 아버지 아가멤논에 의해 희생양이 된 이피게네이아는 순응주의자이다. 아버지 아가멤논을 살해한 어머니 클리타임네스트라를 살해한 엘렉트라는 저항주의자이다. 아

폴리네이케스를 매장하는 안티고네 (세바스티앙 노르뱅, 1825년, 에콜 데 보자르 소장)

가멤논의 살해를 예감하지만 막지 못한 카산드라는 숙명주의자이
다. 죽은 오빠의 무덤을 신의 법에 따라 묻어 준 안티고네는 이성적
원칙주의자이다. 상위법인 신의 법보다 현실의 법을 더 무서워한
안티고네의 동생 이스메네는 현실주의자이다. 메데이아는 남편의
외도에 질투로 눈이 먼 분노의 화신이다.

니체는 이런 여성 주인공들 중에 왜 안티고네와 카산드라를 골랐
는가? 니체는 아무런 이유를 말하지 않는다. 4장과 연관하여 우리
가 추론할 수밖에 없다. 그 근거는 앎, 너 자신을 알라, 지식과 지혜
의 관계이다.

안티고네는 '아는 자'이다. 안티고네는 오이디푸스의 딸이다. 오
이디푸스는 자신의 죄악을 깨닫고 테바이를 떠난 후 콜로노스에서

죽었다. 그 후 안티고네는 테바이에 돌아온다. 테바이는 아르고스의 일곱 장수들에 의해 침략을 받았다. 그의 남매 중 에테오클레스는 테바이의 편에 있었고, 폴리네이케스는 테바이를 공격하는 아르고스 편에 있었다. 둘 다 전쟁 중에 전사를 했다.

오이디푸스 이후 테바이의 통치자인 크레온은 자신의 편에 섰던 에테오클레스의 장례를 성대하게 치뤘지만, 적의 편에 섰던 폴리네이케스를 땅에 묻지 말라는 법을 공포한다. 안티고네는 왕의 법이자 현실의 법을 어기고 폴리네이케스를 묻어 준다. 안티고네는 크레온의 법에 맞서, 인간의 법보다 상위법인 신의 법을 알고 있었다. 안티고네는 그 법에 따르면 죽은 자를 묻어 주어야만 죽은 자가 저승에 갈 수 있다는 것 역시 알고 있었다.

안티고네는 신의 법을 알았고, 그 앎을 근거로 현실의 최고 권력자에게 저항했으며, 그 때문에 감옥에서 목을 맨다. 이 점에서 안티고네는 프로메테우스를 닮았다. 그는 평범한 인간이 지닌 평범한 지혜를 넘는 지혜를 알았고, 권력과 권위에 도전했으며, 그 때문에 죽음을 맞는다.

카산드라 역시 또 다른 의미에서 아는 자이다. 카산드라는 트로이 전쟁 당시 트로이 왕의 딸이다. 아폴론은 카산드라에게 반해 예언 능력을 주는 대신 몸을 요구한다. 카산드라는 아폴론의 예언 능력을 받았지만 몸을 허락하지 않는다. 아폴론은 화가 나서 카산드라에게 앞일을 알 수 있으나 아무도 믿지 않는 벌을 내린다.

패전 후, 카산드라는 정복자 아가멤논의 전리품이 되어 미케네에 간다. 그는 아가멤논과 자신이 부인 클리타임네스트라와 그의 정부 아이기스토스에 의해 살해당할 것을 알고 예언한다. 하지만 아무도

음료수 컵 안에 클리타임네스트라가 도끼를 휘둘러 카산드라를 죽이는 모습. 클리타임네스트라 왼편에 델포이의 아폴론 신전에 있는 삼각청동 제단이 있으며, 카산드라의 오른편에는 월계수 나무가 있는 아폴론 제단이 있다. 카산드라는 트로이에서 아폴론 신전의 여사제였다. (기원전 425~400년, 나폴리 국립 고고학 박물관 소장)

믿지 않는다. 카산드라는 아가멤논과 함께 살해당한다.

　카산드라는 미래를 알았고, 그 때문에 죽임을 당한다. 이 점에서 오이디푸스를 닮았다. 오이디푸스는 운명적으로 주어진 스핑크스의 비밀을 알았고, 그 때문에 고통을 당한다.

　이성적 원칙주의자이자 저항하는 안티고네는 프로메테우스의 여성형이고, 예지력을 가진 자이자 숙명주의자인 카산드라는 오이디푸스의 여성형이다. 안티고네는 인간의 법보다 더 높은 단계 위에 있는 신의 법을 아는 자이고, 카산드라는 운명적으로 다가올 죽음을 미리 아는 자이다. 안티고네와 카산드라는 오이디푸스와 프로메테우스와 같은 자기과시와 과도함 때문에 죽임을 당한 여성들이다.

니체는 3장에서 인간에게 주어진 대여섯 가지의 고통 중에서 프로메테우스와 오이디푸스를 골라 앎과 연결시켰다. 이제 니체는 비극의 여성 주인공들 중에서 앎과 관련된 카산드라와 안티고네를 아폴론적인 것과 디오니소스적인 결합의 산물인 비극의 전형적 인물로 격상시킨다.

니체가 왜 안티고네와 카산드라를 결합시켰는지에 대한 하나의 추론이다. 또 다른 추론을 해 보도록 하자. 더 풍부한 니체 읽기가 될 것이다.

### 다시 보기

앞에서 정리한 내용을 요약하기는 글의 첫머리를 쓰는 것만큼이나 쉽지 않다. 축약하기만 한 요약은 동어반복의 지루함을 준다. 독자는 이런 요약을 읽지 않고 넘겨 버리곤 한다. 무리한 결론 도출형 요약은 앞 내용과의 연관성 부재라는 빈 공간을 남겨 둔다. 독자는 논리적 개연성이 부족한 이런 요약에 머리를 갸우뚱한다. 새로운 방향 제시형 요약은 앞에서 다루지 않은 내용을 무리하게 집어넣는다. 독자는 저자만의 자기만족적 글쓰기를 따라갈 수 없다. 좋은 요약이란 앞의 것을 충실하게 정리하는 동시에 결론을 도출하면서 새로운 방향을 제시해야 한다. 4장은 이런 세 가지 조건을 완전하게 구현한 장이다.

4장은 1~3장을 요약한 장이다. 니체는 놀라운 요약 비결을 보여준다. 우선 니체는 앞에서 다룬 디오니소스적인 것과 아폴론적인 것의 투쟁과 화해를 일목요연하게 정리했다. 다음 니체는 4장에서 1~3장에서 설명한 내용을 가감 없이 정리하는 동시에 그리스 문화 발전 5단계로 요약했다. 니체는 앞에서 두서없이 정리한 듯이 보였던 것을 체계적으로 결론 내린다. 마지막으로 니체는 1~3장을 두 사조의 투쟁과 화해를 예술적인 측면에서 정리한 것을 정치적, 윤리적, 도덕적 측면으로 완전히 바꾸어 요약한다. 니체는 4장에서 앞으로 자신이 사상과 철학을 어떤 길로 발전시켜 나갈 것인가를 드문드문 배치하고 있다. 후일 자라투스트라로 대표될 수 있는 니체의 위대한 사상의 맹아는 여기에서 나타난다.

우리는 4장을 읽으면서 앞에서 쓴 내용을 다시 쓴 것이 아닌가 의심하는 경향이 있다. 첫 번째 요약의 특성에 주목하며 읽는 것이다. 하지만 더 나은 독서를 위해서라면 두 번째, 세 번째 요약 방법이 적용되고 있음에 주의를 기울여야 한다.

## 4장 다시 보기

소심하고 병약하며 무기력한 학문의 사제들은 시궁쥐이자 하이에나이며, 악어이자 노새이며, 좀비이다. 시궁쥐는 고양이와 인간의 눈을 피해 먹다 버린 것을 호시탐탐 노린다. 하이에나도 사자나 치타 등 힘센 동물이 먹고 난 뒤의 먹이를 노린다. 만성적 식량 부족에 허덕이는 학문의 잔챙이 사제들은 이전의 학자들이 대가들을 먹어 치운 뒤 남긴 것에 먹을 게 있는지 불안하게 눈을 굴린다.

시궁쥐와 하이에나는 먹이를 무는 순간 악어로 변한다. 한번 물면 그 억센 턱으로 노획물이 끊어질 때까지 끝까지 물고 늘어진다. 욕심 많은 학문의 사제들은 걸출한 학문의 대가들이 실수한 듯이 보이는 걸 무는 순간, 잔인하게 물고 또 물어 댄다.

악어는 입안에 먹이가 들어오면 노새로 변한다. 현실적인 암말과 진리탐구의 수탕나귀의 자손인 노새는 힘도 세고 지구력도 좋다. 노새는 그 어떤 고통도 마다 않고 묵묵히 자기 길을 간다. 성실함이 인생의 유일한 모토인 학문의 사제들은 한 가지 주제를 잡으면 씹고 또 씹고 질리지도 않는지 또 씹는다. 그들에게 유일한 미덕이자 칭찬은 성실함 그 자체이다.

노새는 생식 능력이 없다. 생식 능력이 없는 노새는 좀비다. 좀비는 번식을 위해 섹스가 아니라 물기만 할 뿐이다. 좀비는 자신과 같은 무리 짓는 학문의 사제들을 양산하기 위해 오늘도 여전히 물 것을 찾는다. 좀비는 시궁쥐와 하이에나가 되어 마스터베이션을 통한 자가생식을 통해 학문의 후손들을 양산한다.

학문의 잔챙이 사제들은 진지하고 참을성 있지만 대가 기질이 없다. 그들은 그 대신 걸출한 대가의 작품을 헐뜯는 시궁쥐, 하이에나, 악어, 노새, 좀비이다. 그들은 걸출한 대가의 잘못을 잡았다고 생각한 순간 눈이 반짝반짝거리며 야비해진다.

그들의 능력이 유감없이 발휘되는 곳이 바로 4장이다. 그들은 니체가 1에서 3장까지 한 이야기를 다시 중언부언하고 있다고 물어뜯는다. 그들은 "책은 조악하게 쓰였으며, 서투를 뿐만 아니라 지나치게 세세하며, 지나치게 강렬하고 난삽하며 감상적이며, 여러 군데서 여성적으로 비칠 만큼 달착지근하면서도 글의 완급도 제멋대로며, 논리적 정확성을 기할 의도도 없었을 뿐만 아니라 너무 확신에 가득 차 있어서 적절한 논증 자체를 하지도 않았다.”의 증거를 제대로 찾았다고 만용을 부린다.

무능한 학문의 사제들이여, 만용 부리지 마라! 위대한 대가들이 실수를 인정했다고 말하는 경우는 실수가 아니라 더 완벽하지 못했음에 부끄러워한 것임을……

4장은 반복이 아니라 거의 예술적 경지에 가까운 요약이자 도약이다. 앞의 것을 요약하는 동시에 새로운 방향으로 급진적으로 도약하는 장이다. 4장은 3장까지 설명한 예술 창작의 원리로서 아폴론적 원리를 이야기하는 것이 아니라 일반 시민이 겪는 현실 고통을 망각하는 것으로서 아폴론적 예술의 기능을 논한다. 4장은 꿈의 세계에서 작동하는 척도, 예술세계에서 작동하던 척도가 현실세계에서 어떻게 작동하는가를 논의한다. 4장은 이 척도가 도덕과 윤리의 척도로 어떻게 전환되는가를 밝히며, 이 척도가 근대 이후 우리가 금과옥조로 여기는 지식과 앎으로 변질되며, 그 변질이 결국 자기과시이자 과도함으로 치달린다는 것을 밝힌다. 니체는 척도가 현실의 교육과 국가에 어떻게 적용되는지를 추적한다. 마지막에 이르러 니체는 고대 그리스 문화 5단계를 간단하게 요약하는 동시에 어떻게 새로운 길로 나갈 것인가를 천명한다.

그대, 무능한 학문의 사제들이여! 시궁쥐 또는 하이에나여! 악어여! 노새여! 그리고 좀비여! 제대로 읽어라!

최악의 독자들은 약탈하는 군인처럼 행동하는 자들이다. 그들은 이용할 만한 몇 가지를 받아들이고, 나머지는 더럽히고 엉클어 버리고, 전체를 비난한다.[198]

독자 대신 학자와 연구자를 넣자. 니체는 나에게 이렇게 말했다. 오늘도 나는 부끄러워진다.

『비극의 탄생』에 대하여

## 1. 어떤 책인가?

겉으로 보면 『비극의 탄생』은 총 네 번의 '비극'의 탄생을 다룬다. 『비극의 탄생』은, 첫째, 고전적인 고대 아테네 비극의 탄생, 둘째, 에우리피데스와 소크라테스에 의한 '죽은' 비극의 탄생, 셋째, 오페라적인 '죽은' 비극의 탄생, 넷째, 바그너에 의해 다시 새롭게 태어난 고전적 비극의 탄생을 시대 순으로 다룬다. 아테네 비극은 비극의 모범적인 전형이며, 바그너적인 비극의 탄생은 아테네 비극의 정신과 음악을 재탄생시킨 것이다. 반면 에우리피데스와 소크라테스에 의해 탄생한 비극과 오페라적인 비극은 고전적인 비극의 정신과 음악을 훼손한 '죽은' 비극의 탄생이다.

속으로 보면 『비극의 탄생』은 아폴론과 아폴론적인 것 그리고 디오니소스와 디오니소스적인 것을 기본 축으로 음악과 예술, 철학, 형이상학, 심리학, 문명 비판, 반도덕과 반윤리, 반기독교 등의 내용을 다룬다.

니체에게 『비극의 탄생』은 자기 사상의 출발점이자 귀결점이다. 니체는 이 책을 집필하면서 모든 기존 사상을 재평가할 단초를 마련했으며, 이 책을 자신의 모든 사상의 발전 토대로 삼았다.

> 『비극의 탄생』은 모든 가치에 대한 나의 첫 번째 재평가였다. 이 책 덕분에 나는 나의 의지와 능력이 성장한 토대로 되돌아간다.'199

니체의 모든 사상은 『비극의 탄생』의 변주이거나 발전이다. 니체 사상을 몸과 맘으로 실천하는 자인 자라투스트라는 비극의 탄생의 한 축인 디오니소스의 또 다른 분신이다. 영원회귀, 교양과 학문에 대한 부정적 관점, 선과 악, 도덕, 우상 등 니체의 복잡하거나 어려운 사상이 이해되지 않으면, 이 책을 다시 읽어 보면 큰 도움이 될 것이다.

인류 정신사의 측면에서 본다면 『비극의 탄생』은 모든 비판사상과 해방사상의 선구자적 위치와 유일 독점적 지위를 차지한다. 유럽의 지성사와 철학사가 플라톤에 대한 재해석이라고 한다면, 『비극의 탄생』은 플라톤과 정반대에 위치해 있다. 한마디로 말하면 『비극의 탄생』은 플라톤과 맞짱을 뜬 책이자, 기존의 모든 사상의 전복을 최초로 시도한 책이다. 『비극의 탄생』은 기존의 모든 사유 체계와 정반대되는 방향을 제시한 혁명적인 책이다. 이 책 안에는 우리가 물과 공기처럼 당연히 여기고 있는 기존의 모든 사상과 사유 체계를 전복하는 맹아가 있다. 28살 청년이 혼신을 담아 달뜬 열정으로 집필한 『비극의 탄생』은 인류 정신사의 새로운 길을 알려 주는 혁명적인 책이다.

## 2. 어떻게 읽을 것인가?

『비극의 탄생』은 일종의 서문이 세 번이나 쓰였다는 점에서 상당히 독특하다. 니체는 1872년 『음악정신으로부터 비극의 탄생』이라는 제목으로 책을 출판한다. 1886년 니체는 동일한 내용에다 「자기비판의 시도」라는 글을 달면서 『비극의 탄생 또는 그리스 문명과 염세주의』라는 제목으로 책을 다시 출판한다. 그리고 또다시 1889년에 니체는 자신의 삶을 자전적으로 고찰한 『이 사람을 보라』라는 책을 출판하면서 이 책 안에 "비극의 탄생"에 대해서 집필한다. 세 번째 글 역시 『비극의 탄생』의 읽는 방향을 제시한다는 점에서 서문으로 봐도 무리가 없다.

위에서 열거한 세 개의 글은 강조점이 각각 다르다. 니체는 1872

왼쪽부터 『음악정신으로부터 비극의 탄생』 표지, 『비극의 탄생 또는 그리스 문명과 염세주의』 표지, 『이 사람을 보라』 표지(1889년)

년 『비극의 탄생』에서 '음악정신으로부터'에 강조점을 찍고, 1886년 『비극의 탄생』에서 '그리스 문명과 염세주의'에 방점을 찍고, 1889년 『이 사람을 보라』의 "비극의 탄생"에서 '삶에의 의지'를 부각한다. 니체는 저술 기준으로 초창기, 전성기, 말년 『비극의 탄생』을 읽는 세 가지 독해법을 제시한 셈이다. 이 책을 읽는 독자라면, 당연히 세 가지 서문마다 각기 다른 니체의 의도에 따라 책을 읽어보는 게 좋다.

첫 번째 독해 방식은 '음악정신으로부터' 『비극의 탄생』을 읽는 것이다. 이 방식은 일종의 발생론적 관점에서 출발하여 음악과 비극의 관계를 집중적으로 조명한다. 이 방식대로 읽는 독자라면 비극이 음악을 토대로 언제, 어디에서 발생하고 발전했는가를 추적하고 언제, 어디에서, 무엇 때문에 몰락하는가를 찾아야 한다.

이 방식에 따른다면, 음악정신이 무엇인가를 찾아내는 게 가장 중요하다. 이 음악정신을 바탕으로 어떻게 비극이 발생했는가를 찾고, 음악정신에 토대를 둔 비극이 시민들에게 어떤 긍정적 기여를 하는가를 살펴봐야 한다. 반대로 비극에서 음악정신이 몰락하면 어떤 일이 발생하는가, 즉 비극에서 음악정신이 몰락하면 비극은 비극인가 아닌가라는 문제를 사색해 봐야만 한다. 나아가 음악의 몰락에 따른 비극의 몰락 시대는 어떤 시대인지를 살펴보는 게 역시 중요하다.

두 번째 독해 방식은 '그리스 문명과 염세주의'와 연관하여 『비극의 탄생』을 읽는 것이다. 이 방식은 현실과의 대화에서 출발하여, 비극을 문명 진단적 방법으로 살펴보는 것이다. 이 방식에 따른다면, 염세주의가 무엇인가를 찾고 이를 문명의 흥망성쇠와 연결시켜 살펴보는 게 중요하다. 또한 염세주의와 비극의 관계를 살펴보고, 어떤 문명에서 비극이 탄생하고 몰락하는가를 찾는 게 중요하다.

　이 독해 방식은 기존 우리의 상식을 완전히 버리고 나서 읽어야 함을 강조한다. 우리 눈에 염세적인 것처럼 보이는 비극을 건강한 아테네 시민들은 청량음료처럼 필요로 했다는 것, 건강한 시민으로 구성된 국가 아테네, 페르시아 대제국을 몰락시킨 소규모 도시국가 아테네가 비극을 필요로 했다는 것, 염세적인 것처럼 보이는 비극이 시민들에게 건강한 정신을 제공했다는 것 등의 이유를 찾아봐야만 한다. 반대로 우리의 상식과 이론에 너무 익숙하고 건강한 것처럼 보이는 소크라테스와 그의 철학이 건강한 시민을 염세주의적으로 만드는 이유 역시 살펴봐야 한다. 니체의 가치 전복, 사유 전복의 시도는 우리가 상식적으로 알고 있는 염세주의의 전복과 비극에 대한 재평가에서 시작한다.

　제목에 있는 '그리스 문명'은 모든 문명에 적용되고 비교될 수 있다. 건강한 그리스 문명은 니체 당대의 보불 전쟁에서 승리한 독일 문명과 비교될 수 있다. 더 확장하면 염세주의와 문명은 모든 시대의 문명과 사조에 적용될 수 있는 이론 틀이자, 현재 현실과 대화할 수 있는 기본 도구이다.

　마지막 독해 방식은 '삶에의 의지'의 관점에서 『비극의 탄생』을 읽는 것이다. 이 방식은 기본적으로 염세주의적 독해 방식과 반대되는 것으로서 인간의 삶에의 의지를 강조한다. 이 방식은 인간에게 숙명처럼 주어진 고통과 그 고통을 이겨 내는 한 방법으로 비극을 고찰하는 것이다. 이 방식에 따른다면, 삶에 필연적으로 내재된 고통이 무엇인가 알아보고, 비극 속에서 '삶에 대한 긍정'을 찾아내는 게 가장 중요하다.

　이 독해 방식은 우리의 삶이 고통으로 가득 차 있음을 전제로 한다. 인간의 삶을 고통의 바다로 바라보는 불교나 원죄에 따른 고통으로 이해하는 기독교의 견해를 따르지 않더라도, 인간의 삶이 고통 그 자체라는 것은 사실이다. 니체는 고통으로서 인간의 삶을 실레노스의 지혜로 표현한다. 대다수의 종교나 철학은 인간에게 주어진 필수적인 고통을 극복하기 위해서 금욕적이고 윤리적인 삶을 주장하고, 착하게 살아서 사후의 행복을 추구해야 한다는 만병통치약을 판다. 니체는 이런 종교적이고 철학적인 태도를 비판하고 삶이 고통스러움에도 불구하고 살 만하다고 강조한다. 니체는 비극 속에서 '삶에의 의지'라는 소중한 가치를 끌어낸다. '삶에의 의지'는 한겨울을 이겨 내고 봄에 잎을 피우는 포도나무 넝쿨과 같다. 포도 넝쿨은 디오니소스의 또 다른 표현이고, 디오니소스는 삶에의 의지를 보여 준다.

　　가장 낯설고 가장 가혹한 삶의 문제에 있어서 삶 자체에 대한 긍정; 삶에의 의지 …… 나는 이것을 디오니소스적이라고 명명한다.[200]

　염세주의적 관점이 가장 짙게 녹아들어 간 것은 현재 우리가 너무나 당연하게 받아들이고 하루도 빠지지 않고 학습하는 도덕, 윤리, 종교이다. 염세주의적 관점은 고통스러운 현재 삶의 대가로 사후의 행복을 추구한다. '삶에의 의지'는 고통스럽기 때문에 삶을 포기하는 것이 아니라 삶이 고통스러움에도 불구하고 살 만한 것으로 받아들인다. '삶에의 의지'를 보여 주는 디오니소스적 가치가 꽃을 피운 것은 바로 비극이다. 비극은 염세주의적인 것이 아니라 '삶에의 의지'의 찬양이다.

'음악정신'은 니체 사상의 뿌리이자 토대이며, '염세주의'는 니체 사상의 전방위적인 비판적 태도를 구성하고, '삶에의 의지'는 니체 사상의 미래지향점이다. 이 세 가지 독해 방식은 서로 낱낱이 분리된 게 아니라 상호 연결되어 있다. 디오니소스적 가치인 '음악정신'은 염세주의적 세계관과 대립하고 삶에의 의지를 강조한다. 염세주의적 세계관을 이겨 내기 위해서는 '삶에의 의지'가 필요하고, 현재의 고통을 이겨 내기 위해서는 '음악'과 '음악정신'을 필요로 한다. '삶에의 의지'는 염세주의적 세계관과 대립되고 고통스러운 삶을 살만한 것으로 바꾸기 위해서 '음악'과 '음악정신'의 도움을 받는다.

세 개의 서문은 출발점과 강조점이 다르지만 종착점은 같다. 니체는 세 가지 독해 방식을 시간에 따라 다르게 제시했지만, 궁극적으로 '지독하게도 고통스럽지만 그래도 살 만한 삶'을 강조한다.

이 세 가지 독해 방식이 상호 연결되어 있다고 하더라고 각각의 강조점을 달리해서 읽는 게 중요하다. 출발점이 다르면 종착점에 도달하는 과정과 길이 각각 다르다. 길이 다르면 길에서 만나는 풍경도 다르듯이, 서로 다른 출발점은 서로 다른 사상, 사유, 논리, 강조점을 만나기 마련이다. 이 책을 읽을 때는 이 세 가지 서로 다른 관점을 유지하면서도 상호 연결하며 읽는 연습이 필요하다.

## 3. 어떻게 구성되어 있는가?

### 1) 읽기의 어려움

이 세 가지 독해 방식에 익숙해졌다면, 나만의 글 읽기가 필요하다. 문명사에는 두 개의 탑이 있다. 하나는 강력한 구심력을 발휘하는 소크라테스-플라톤적인 원탑이고, 다른 하나는 원심력을 발휘하는 니체적인 첨탑이다.

소크라테스-플라톤적인 원탑은 주변의 모든 것을 자기화시키는 강력한 '중력'을 발휘한다. 소크라테스-플라톤적인 원탑은 모든 것을 끌어들여 파멸시켜 버리는 블랙홀마냥 주변의 모든 것을 게걸스럽게 먹어 치우고 도덕, 윤리, 학문과 이론, 종교 등으로 무한정 게워 낸다.

니체적인 첨탑은 뾰쪽한 끝으로 원탑에 구멍을 내고 중력의 자장권에 있는 모든 것을 달아나도록 만든다. 소크라테스-플라톤적인 원탑은 복종을 요구하는 반면, 니체적인 첨탑은 탈주를 강조한다.

니체를 읽는다는 것은 '중력'을 벗어나 탈주를 시작한다는 뜻이다. 작지만 커져 나갈 탈주를 위해서 가장 먼저 해야 할 일은 『비극의 탄생』을 나만의 방식으로 읽는 것이다. 하지만 나만의 방식으로 읽기는 쉽지 않다.

이 책은 너무 어렵다. 처음부터 끝까지 인내심을 갖고 읽었다고 해도 남는 건 아폴론과 디오니소스뿐이다. 이 책은 너무 혼란스럽다. 읽다 보면 같은 이야기가 계속 반복되는 것 같다. 아폴론과 디오니소스에서 시작하여 이 두 이름으로 끝이 나는 것처럼 보인다. 이 책은 생경하다. 이전에 우리가 알고 있는 용어와 어휘, 인물을 아주 정반대의 내용과 모습으로 바꿔 버린다. 이 책은 너무 겁난다. 우리가 보편타당하고 올바른 것으로 받아들이던 모든 것을 전면 부정한다. 이 책은 너무 흔들어 댄다. 기존의 사유 체계를 다 뒤집어 엎고 완전히 새로운 사유 방식을 들이민다.

이런 곤란을 극복하기 위한 한 가지 방법이 있다. 제목이 없는

『비극의 탄생』의 각 장과 절에 제목을 달아 보는 것이다. 각 장과 절에 제목을 달면, 글 전체의 흐름을 완전하지는 않지만 비교적 정확하게 이해할 수 있다.

2) 책의 구성
『비극의 탄생』은 「자기비판의 시도」, 「바그너에게 바치는 서문」, 그리고 25개 장의 본문으로 이뤄져 있다. 「자기비판의 시도」와 25개 장의 본문에는 제목이 없다. 여러 책들의 목차는 대개 다음과 같다.

「자기비판의 시도」
「바그너에게 바치는 서문」
25개 장의 본문

「자기비판의 시도」와 본문의 내용은 일반 독자, 심지어 전공자도 다가가기 쉽지 않다. 각 장에 제목이 없어서 읽기의 어려움이 더 가중된다. 이해를 쉽게 하기 위해 각 장과 절에 임의로 제목을 달아 보자. 이 목차를 바탕으로 니체의 의도대로 독해하고, 더 나아가 나만의 방식으로 읽기 위해서 본문의 제목을 토대로 아래와 같이 재구성해 보자. 굵은 글씨는 이해를 돕기 위해 임의로 제목을 잡아 본 것이며, 각 장에다 단 제목 역시 이해를 돕기 위해 임의로 단 것이다.

「자기비판의 시도」
「바그너에게 바치는 서문」

## 1부_ [서론] 아폴론과 디오니소스 형제 결의로서 비극

## 2부_ 비극의 디오니소스적 요소

## 3부_ 고전적 비극의 죽음과 '죽은' 비극의 탄생

이런 구분 방법이 믿을 만한가는 4장, 10장, 15장, 20장, 24장의 마지막 절에서 찾을 수 있다. 열거한이 장들의 마지막 절은 다른 절과 문체를 완전히 달리한다. 4장의 마지막은 '지금까지 내가 이 논문의 앞머리에서 언급했던 것을 아래와 같이 다시 상술하겠다.'라고 말하면서 1~3장을 요약한다고 분명히 밝힌다. 10장, 15장, 20장, 24장의 마지막 절들은 기존의 설득력 있는 논증 문체와 완전히 다르게 웅변체로 서술한다. 그리고 5장, 11장, 21장은 앞 장들과 전혀 다른 이야기로 시작한다.

10장 마지막 절은 '신성모독자 에우리피데스여'로, 15장 마지막 절은 '이제 여기서 우리는 불안한 마음으로 현재와 미래의 문을 두드려 보자'로, 20장 마지막 절, 마지막 단락은 '자, 나의 친구들이여, 나와 함께 디오니소스적 삶과 비극의 재탄생을 믿자'로 시작한다. 24장은 '나의 친구들이여, 디오니소스적 음악을 믿는 그대들이여'로 시작한다.

이 책의 대부분 다른 절들이 논증과 추론을 바탕으로 집필되어 있다면, 위 다섯 개 장의 각 절들은 요약하거나 강력한 웅변과 호소 형식의 문체로 쓰여 있다. 니체는 문체를 달리함으로써 각각의 '비극'의 탄생을 다루고 있음을 암시한다.

3) 세 개의 서문에 근거한 구성의 기본적 이해

위의 구성을 바탕으로 세 개의 서문에 근거하여 이 책을 간략하게 요약해 보자. 이 요약은 말 그대로 간략한 요약이므로 깊은 이해를 보여 주지는 못하지만, 이 책이 어떤 주장을 말하는가를 간단하게 볼 수 있는 장점이 있다.

첫째, 위의 목차 구성을 바탕으로 1872년『음악정신으로부터 비극의 탄생』의 관점에서 내용을 분석해 보자. '음악정신'의 관점에서 『비극의 탄생』은 무엇을 이야기하는가를 살펴보자.

'음악정신'에 근거한 분석은 이 책의 형식적 구성 내용을 간명하게 보여 주는 동시에 가장 중요한 음악정신을 강조한다. 이에 따른다면 1부는 아폴론적인 것과 디오니소스적인 것의 결합을 설명한 서문에 해당한다. 2부는 음악에 근거하여 고전적인 고대 비극의 탄생과 그 구성 요소를 다루고, 3부는 고대 비극 작가인 에우리피데스와 소크라테스에 의한 음악의 죽음과 비극의 죽음을 다루고, 4부는 르네상스에서 시작된 오페라를 '죽은' 비극으로 고찰하고, 5부는 앞의 내용 전체를 요약하는 동시에 음악의 부활과 함께 고전적 비극의 독일적 재탄생을 다룬다.

2부가 서정시, 민요, 합창가무단 등의 음악과 주인공을 중심으로 비극의 구성 요소가 무엇인지를 다룬다면, 3부와 4부는 2부에서 다룬 음악적 요소가 에우리피데스와 소크라테스에 의해 소멸하면, 음악을 중심으로 만들어진 비극 역시 죽음을 맞게 됨을 다루고, 5부는 음악이 되살아나면 비극 역시 왜, 어떻게 되살아나는지를 다룬다.

둘째, 1886년『비극의 탄생 또는 그리스 문명과 염세주의』의 관점에서 내용을 분석해 보자. '그리스 문명과 염세주의'의 관점에서 『비극의 탄생』은 무엇을 이야기하는가를 살펴보자.

'염세주의'는 '그리스 문명'을 재단하는 도구이다. 염세주의가 지배하지 않는 문명은 '건강한' 그리스 문명이고 염세주의가 지배하는 문명은 '병든' 그리스 문명이다. 1부는 염세주의가 지배하지 않는 '건강한 그리스 문명'이다. 그리스 문명이 건강할 수 있었던 이유는 고전적인 아테네 비극이 건강하게 유지되고 있는 데에서 비롯한다. 고전적 아테네 문명은 아폴론적인 것과 디오니소스적인 것이 잘 결합된 비극이 지배하는 문명이다.

2부는 비극의 음악적 요소와 주인공을 주로 다룬다. 서정시와 민요, 합창가무단, 주인공의 고통스러운 삶으로 구성된 비극이 시민들을 건강하게 만들었다는 내용이 주를 이룬다.

3부와 4부는 염세주의가 지배하는 '병든 문명'을 다룬다. 에우리피데스와 소크라테스는 도덕을 강조하고 종교적 세계관을 열어 놓았고, 이론과 지식을 중심으로 교양이 인간을 지배하게 만들고, 인간을 계산하기 좋아하는 속물로 만든다. 그들은 시민들이 현재의 삶보다는 사후의 삶을 더 고귀한 것으로 여기게 만듦으로서 염세주의가 횡행하게 만든다. 이들의 영향을 받은 문명이 르네상스에 시작한 오페라에도 그대로 투영되었으며, 르네상스 이후 시대 역시 염세주의가 지배하는 시대가 된다.

5부는 니체 당대의 시대에 지배적인 염세주의의 조종이 울리고 있음을 다룬다. 칸트와 쇼펜하우어의 철학, 특히 베토벤과 바그너의 음악이 염세주의를 몰아낼 수 있는 가능성을 보여 준다.


마지막으로 1889년 '삶에의 의지'의 관점에서 『비극의 탄생』을 다뤄 보자. 니체가 1889년에 '삶에의 의지'를 서문으로 달아 책을 냈다고 가정해 보자. 아마도 책 제목은 『삶에의 의지의 관점에서 본 비극의 탄생』 또는 『비극의 탄생과 삶에의 의지』일 것이다.

'삶에의 의지'는 1872년 '음악정신'의 내용이자 1886년 '염세주의'의 대항마이다. 1부는 '삶에의 의지'를 북돋워 주는 요소를 다룬다. 아폴론적인 것과 디오니소스적인 것이 제대로 결합된 비극은 '삶에의 의지'를 강화시켜 준다. 특히 2부는 삶의 능동성을 다룬다. 디오니소스적 요소인 서정시, 민요는 시민들이 더불어 하나가 되게 만듦으로서 삶에 필연적으로 따르는 고통을 잊게 하고, 고통받는 주인공은 개별 시민들에게 삶의 고통을 이겨 내는 힘을 키워 준다.

3부와 4부는 '삶에의 의지'를 꺾게 만드는 내용을 다룬다. 에우리피데스와 소크라테스는 현재의 삶보다는 사후 삶을 소중하게 만들고, 도덕적이고 윤리적인 삶 또는 종교적인 금욕적인 삶을 살게 함으로써 현재의 삶을 생동감 있게 살도록 만들지 않는다. 그들은 인간들에게 현재의 삶보다는 죽음을 더 숭고하게 만드는 염세주의의 시조이다. 소크라테스의 영향을 받은 이론적 정신과 학자적 관심에서 출발한 오페라 역시 현재의 삶 속에서 형이상학적 존재자와 하나가 되지 못하게 만든다는 점에서 염세주의적이다.

5부는 삶에의 의지를 북돋워 주는 내용을 다룬다. 루터에서 시작한 새로운 찬송가는 민요적 요소를 보여 주고, 베토벤의 음악은 만인을 하나로 만들어 주고, 지크프리트의 삶은 신들의 황혼, 우상의 황혼을 가져온다.

앞에서 강조했던 것처럼, 이 책을 읽으면서 '음악정신', '염세주의', '삶에의 의지'를 상호 연결하는 동시에 분리하면서 읽는 것은 아주 중요하다.

## 4. 더 나은 글 읽기를 위해서

대다수의 사상이나 철학 책이나 글(우리가 아는 대부분의 글)들은 사전 준비 독서를 하면 좋다. 한 사상가의 글은 어느 날 하늘에서 뚝 떨어진 것이 아니다. 대개 사상은 현실에 닥친 문제를 해결하기 위해 출발한다. 니체는 「바그너에게 바치는 서문」에서 다음과 같이 말한다.

> 막 발발한 전쟁의 공포와 흥분 속에서 …… 우리가 독일적인 기대의 한가운데에서 소용돌이와 전환점으로서 적절하게 제기된 독일적인 문제를 얼마나 진지하게 다루고 있는지 ……

니체는 『비극의 탄생』이 현실과의 대화에서 비롯한다고 분명히 밝힌다. 하나의 글을 이해하기 위해서 그 글이 나온 당시의 정치적, 경제적, 역사적 상황 등을 살펴보면 더 좋다. 사전 정보가 많을수록 글 속에 담긴 숨은 뜻을 찾아내기도 쉽고, 그 정보를 현재에 맞춰 재해석하고 발전시킬 수 있는 가능성도 높아진다. 우리는 이 책을 읽기 위해서 니체가 다루고 있는 아테네 시대의 정치적, 사회적 배경을 미리 살펴보고, 니체가 접한 당면의 문제가 무엇인지를 살펴보기 위해서 니체가 살던 시대를 미리 알아볼 필요가 있다.

또한 우리는 이 글을 읽기 위해 많은 사전 독서를 필요로 한다. 대개의 글은 이전 사상과의 대화에서 출발한다. 『비극의 탄생』은 수많은 사상서나 철학서보다 짧은 글이지만 풍부한 사전 독서를 필요로 한다. 이 글은 비극의 내용적 독해가 아닌 음악적 이해를 시도하면서, 음악, 예술 일반, 문학, 철학, 종교 등의 영역을 전면에 다루고, 그 이면에 복잡한 정치적 상황을 깔고 있다. 이 글은 기존의 모든 사유 내용과 체계의 전복, 모든 지배 사상과 철학의 파괴를 시도하고, 소크라테스, 플라톤, 기존의 형이상학과 종교 등의 의심 불가의 성역을 하치장으로 보내야 할 쓰레기나 폐기물로 치부한다. 니체는 이러한 혁명적 전복을 시도하기 위해 기존의 모든 사상과 그 체계에 대한 철저한 이해를 바탕으로 대화를 하고 있다.

하지만 우리는 『비극의 탄생』의 현실적, 정치적, 문학적, 예술적, 철학적, 음악적 배경 등을 다 알 수 없고, 다 찾아볼 수도 없다. 이런 곤란함을 극복하기 위해서 해설 부분을 참조하면 좋다. 그래도 이해가 안 되거나 해설과 다르게 바라본다면, 아래 글들을 찾아 비교해 보는 것도 좋다.

고대 비극 작가 아이스킬로스, 소포클레스, 에우리피데스의 비극과 관련한 내용을 읽고 이해가 잘 안되면, 아이스킬로스의 『아가멤논』, 『제주를 바치는 여인들』, 『자비로운 여신들』을 최소한 읽어야 하고, 거기에 『결박된 프로메테우스』를 읽으면 도움이 된다. 소포클레스의 『오이디푸스왕』, 『콜로노스의 오이디푸스』, 『안티고네』 역시 도움이 된다. 에우리피데스의 『박코스의 여신도들』, 『키클롭스』, 『헤라클레스』, 『타우리케의 이피게네이아』, 『오레스테스』 등도 내용 파악에 도움이 된다. 특히 비극 축제의 상황과 관련해서는 『박코스의 여신도들』, 비극의 능동적 주인공과 관련해서는 『결박된 프로메테우스』, 수동적 영웅과 관련해서는 『오이디푸스왕』, 『콜로노스의 오이디푸스』를 참조하는 게 좋다.

다만 이 비극 작품을 읽으면서 주의할 게 있다. 이 비극 작품을, 우리에게 익숙한 책읽기 방식인 내용 중심으로 읽으면 안 된다. 이해하기 어렵고 실천하기 쉽지 않겠지만 니체의 조언대로라면 음악적으로 읽어야 한다. 번역어라는 한계가 있지만 합창가무단, 주인공, 등장인물의 대사를 마치 노래라고 생각하고 읊조리는 게 좋다.

고대 희극 작가 아리스토파네스의 다음 몇 가지 작품을 읽어 두면 큰 도움이 된다. 소크라테스의 기이한 행적을 그린 『구름』, 아이스킬로스와 에우리피데스가 저승에서 어떤 것이 진정한 비극인가를 두고 다툼을 벌이는 내용을 묘사한 『개구리』, 신 아티카 디티람보스 작가 키네시아스를 비판한 『새』, 유일하게 전승되는 사티로스극인 『키클롭스』 등이다.

또한 니체가 셰익스피어와 괴테를 논의한 글이 이해가 잘 안될 경우 『햄릿』과 괴테의 『파우스트』를 읽어 두면 좋고, 필요한 경우 부분 발췌 독서를 하면 도움이 된다. 이 두 저작은 이 책에서 자주 인용되고 있으며, 니체의 사상에서도 중요한 지위를 차지한다.

니체가 논쟁을 걸고 있는 철학 부분은 생각이 많이 다를 수 있다. 니체의 주장이 낯설거나 니체의 사상에 거부감이 느껴지면 다음 부분을 찾아 읽으면 도움이 된다. 우리가 가장 이해하기 힘든 부분은 헤라클레이토스의 사상을 다룬 글이다. 우리나라에는 소개된 적당한 글이 없다. 우리가 도움을 얻을 수 있는 것은 책세상출판사에서 나온 『니체전집』 1권 중 "플라톤 이전의 철학자들"과 3권 중 "그리스 비극 시대의 철학"에서 '헤라클레이토스' 부분이다.

소크라테스 4부작인 『에우티프론』, 『변론(변명)』, 『크리톤』, 『파이돈』을 읽는 것이 아주 중요하다. 니체의 평생 과업은 소크라테스의 철학적 시도의 전복이다. 『비극의 탄생』은 소크라테스의 인간학적인 철학적 시도를 예술론적인 심리학으로의 전환이라고 볼 수 있다. 니체는 소크라테스를 염세주의의 시초로 보았으며, 그 염세주의가 현재까지 강력한 권력을 행사하고 있다고 진단한다. 니체의 이런 주장은 우리에게 너무 낯설고 불편하다. 이런 생각이 들면 소크라테스 4부작을 읽어 보면 도움이 된다.

니체의 형이상학 관련 부분이 이해되지 않는다면 플라톤의 여러 저작 중에서 『국가』를 대칭적으로 읽으면 도움이 된다. 니체의 평생 과업은 한 측면에서 본다면 소크라테스에서 시작되고 플라톤에서 완성된 이데아적 형이상학을 예술적인 형이상학으로의 전환이자 플라톤적인 세계관의 전복이라고 볼 수 있다. 니체는 소크라테스 사상을 정교화한 플라톤을, 결국 종교를 포함한 수많은 우상들의 실질적 아버지로 간주하고 플라톤의 사상 제국 허물기를 시도한다. 그 때문에 플라톤의 사상이 집대성된 『국가』 중에서 형이상학 관련 부분을 찾아 읽는 게 중요하다. 또한 니체의 음악, 모방, 비극, 이데아 등의 용어가 잘 다가오지 않거나, 내가 알고 있던 내용과 다르다면, 『국가』의 2~7권과 10권이 도움이 된다. 또한 색인에서 모방, 비극, 음악, 이데아 등을 찾아서 읽어 보는 것도 큰 도움이 된다.

니체가 동정과 공포, 카타르시스 등을 논쟁적으로 제기한 부분이 낯설면, 아리스토텔레스의 『시학』이 도움이 된다. 『비극의 탄생』은 한 측면에서 본다면 아리스토텔레스가 한 비극의 문학적 이해를 음악적 이해로 전환시킨 것이다. 아리스토텔레스는 비극을 예술, 예술 중에서 문학, 문학 중에서 시에 국한하는 해석을 시도하고, 비극을 동정과 공포에 근거한 카타르시스로 해석한다. 니체는 이와 반대로 비극을 예술 중에서 음악의 관점에서 해석하고, 동정과 공포를 도덕과 종교의 맹아로 해석하는 철학적 도전을 시도한다. 니체의 근원적 힘은 비극을 문학적으로 이해하는 아리스토텔레스와 달리 음악에 토대를 두고 이해한 데서 비롯한다. 니체는 이 지점에서 지금까지 비극을 해석해 왔던 관점에서 완전히 벗어날 수 있는 길을 찾아낸다.

니체의 사상 중에서 너무 생소한 내용이 나오면 쇼펜하우어의 『의지와 표상으로서의 세계 I』 중에서 21장, 22장, 43장, 47장, 51장, 52장, 59장, 68장을 찾아 읽으면 좋다. 이 장들에는 『비극의 탄생』의 주요 토대가 되는 의지, 비극, 삶, 시, 예술 등에 관한 쇼펜하우어의 기본 사상이 담겨 있다. 『비극의 탄생』은 소크라테스와 플라톤이라는 주적을 사상과 철학에서 제거하기 위해 쇼펜하우어 사상에 의존하고 있다. 『비극의 탄생』에서 니체의 주요 철학적 주장은 쇼펜하우어의 변형이라고 봐도 무방할 정도이므로, 위의 글들은 읽어 보면 도움이 될 것이다.

마지막으로 니체의 음악관과 비극관이 이해되지 않으면 다양한 설명을 찾아 읽고, 여러 음악을 듣는 게 좋다. 우선 니체는 음악철학의 많은 부분, 특히 공통성으로서의 음악을 베토벤에게 의지하여 설명한다. 이 설명이 낯설다면 베토벤의 《전원》과 《합창》에 충분히 심취하는 것이 좋다. 또한 베토벤 7번 교향곡을 들어 보는 것도 좋다. 베토벤은 7번 교향곡 4악장을 평가하면서 "나는 인류를 위해 좋은 술을 빚은 바쿠스(디오니소스)이며, 그렇게 빚은 술로 세상의 풍파에 시달린 사람들을 취하게 하고 싶다."[201]라는 말을 하기도 했다.

음악에 근원을 두고 있는 『비극의 탄생』은 눈과 머리로 읽기보다는 몸과 마음으로 느끼는 게 훨씬 더 좋다. 쇼펜하우어가 모방음악의 전형으로 지적한 하이든의 〈사계〉를 듣는 것도 좋다.

니체가 바라보는 이상적 비극에 잘 접근할 수 없다면, 현재 니체가 말한 이상적 비극을 찾아보고 싶다면, 바그너의 〈로엔그린〉, 〈트리스탄과 이졸데〉, 니벨룽겐의 반지 4부작인 〈라인의 황금〉, 〈발퀴레〉, 〈지크프리트〉, 〈신들의 황혼〉이 도움이 된다. 『비극의 탄생』은 바그너에서 시작(헌정사를 표방한 서문)하여 바그너 작품의 예시를 통한 비극의 재탄생(4부)을 설명한 글이나 다름없다. 『비극의 탄생』을 집필할 무렵, 바그너는 니체의 학문의 스승이자 인생의 동반자이자 정신적인 아버지나 다름없었다. 헌정사에서 나온 '이 길 위에 서 있는 저의 숭고한 개척자'에서 보듯이 『비극의 탄생』은 바그너의 영향을 받아 바그너를 위해 집필한 책이라고 해도 과언이 아니다. 위에서 열거한 바그너의 작품들은 니체의 입장에서 고대 아테네 비극의 재탄생과 그 내용의 현대적인 재구현이다. 이 작품을 보는 데 아주 많은 시간이 걸리고, 바그너의 음악극이 맞지 않는다고 생각한다면, 대본을 찾아 읽어 보면 좋다. 이 음악극들은 니체가 이상적으로 바라본 비극이 무엇인지 알 수 있는 데 도움이 된다.

### 5. 무엇을 조심해야 하는가?

이 책을 읽으면서 주의할 점은 니체가 「자기비판의 시도」에서 스스로 인정한 자신의 한계를 중심에 두고 살펴봐야 한다는 점이다.

니체는 첫째, 「자기비판의 시도」 2장에서 청년 시절 집필한 『비극의 탄생』이 '청년기의 실수로 범벅', '지나치게 사족이 많고', '질풍노도로 가득 찬 책'이라고 스스로 비판하고 있다. 니체는 '이 책이 16년이 지난 요즈음 나에게 얼마나 혐오스럽게 보이며, 얼마나 이질적으로 보이는지'라며 스스로 비판한다.

우리는 이 글을 읽으면서 니체의 전복적인 문제 제기를 충분히 받아들이되, 아직 학문적으로 원숙하지 못한 글이라는 점을 염두에 두고 읽는 게 좋다. 우리는 이 책이 기존의 사상과 그 체계 전복의 시도로서 읽되, 그 시도가 완성되었다고 봐서는 안 된다. 그 완성은 읽는 독자인 우리에게 달려 있다. 어떤 용어나 문제의식이 나오면 이와 연관된 니체의 다른 글들을 찾아 읽어 보고, 이를 우리의 현실에 맞게 다시 생각해 보는 게 필요하다.

니체는 둘째, 「자기비판의 시도」 3장에서 이 책이 논리적 부정확성과 적절한 논증 부재의 오류를 범한다고 스스로 비판한다. 이 글을 읽으면서 우리는 눈을 부라리며 니체가 논리적으로 어떤 실수를 하는지 찾아야 한다. 이런 실수를 찾아 읽는 독자라면, 아마도 최고의 지적 능력을 갖춘 독자일 것이다. 니체가 논증하지 않고 넘어간 부분이 있다면, 그 부분을 채워 읽는 것도 필요하다. 채워 읽기를 위해서는 니체의 다른 저작을 두루 섭렵할 필요가 있다. 이런 노력을 하는 독자라면, 아마도 훌륭한 사유 능력을 갖춘 독자일 것이다. 우리는 이 책이 드문드문 비어 있고 헐겁게 짜 맞춰진 글이지 완성된 글이 아니라는 점을 반드시 기억하고, 비어 있는 부분을 채워 읽는 독서를 하자.

니체는 셋째, 「자기비판의 시도」 6장에서 이 책을 집필할 당시 나만의 언어세계와 사유 형식을 가지고 있지 못했다고 스스로 비판한다. 또한 그는 '나만의 **언어**를 사용하려는 용기(또는 대담함)를 가지고 있지 않았'으며, 칸트와 쇼펜하우어와 '정반대인 미지의 새로운 가치 평가를 칸트와 쇼펜하우어의 형식을 따라 표현'함을 부끄러워하고 스스로 비판한다. 또한 그는 바그너 중심의 독일 음악이 마치 그리스 음악과 정신의 계승자인 것처럼 오판했다고 고백한다.

우리는 칸트나 쇼펜하우어의 사상과 관련된 부분이 나오면, 긴장을 하고 읽어야 한다. 니체가 칸트와 쇼펜하우어의 용어와 사상을 어떻게 변화 발전시키고 있는지 꼼꼼히 추적해서 읽어야 한다. 니체는 후일 그토록 추종했던 바그너도 부정한다. 심지어 니체는 바그너를 전면 부정한다.

그 텍스트에서 바그너라는 말이 나오면, 주저하지 말고 나의 이름이나 '자라투스트라'라는 말로 대체해도 좋다.'[202]

이 글에서 바그너라는 이름이 나오면, 우리는 바그너가 가져온 혁명적 성격에 주의를 기울이는 동시에 어떤 한계가 있는지 미리 생각하면서 읽는 게 좋다.

우리는 이 책을 읽을 때 니체가 스스로 인정한 한계를 고려하자. 우리는 이 책을 니체의 모든 것이나 전부가 아니라 모든 것의 시작점으로 받아들이도록 하자. 우리는 니체가 어린 나이에도 '노숙한 문제'를 제기한 것에 주의를 기울이고, 니체의 근본 문제의식이 무엇인가를 집중적으로 살펴보도록 하자. 우리는 여기에 나오는 각종 용어와 문제의식을 니체 사상의 출발점으로 받아들이고, 현재 우리에게 필요한 것은 무엇이고 어떻게 발전시킬지를 생각하도록 하자. 이런 독해법이 충실히 달성되었다고 한다면 이제는 나의 길이다.

나만의 독해법으로 이 책을 읽어 보자.
자, 무엇을 얻을 것이고, 무엇을 버릴 것인가?
나에게 달려 있다.

# 주석

1. 레지날드 J. 홀링데일, 『니체—그의 삶과 철학』, 김기복 · 이원진 옮김, 142~145쪽.
2. NW-loskommen-1 — Nietzsche contra Wagner: Wie ich von Wagner loskam, § 1. Gedruckt 02/01/1889.
3. 「자기비판의 시도」는 7장으로 구성되어 있다. 각 장은 단락 구분 없이 한 개의 절로 되어 있다. 이 글에서는 독자의 이해를 돕기 위해 각 장을 여러 절로 나누었다.
4. EH-GT-1 — Ecce homo: Die Geburt der Tragödie, § 1. Druckfertig 02/01/1889.
5. EH-GT-1 — Ecce homo: Die Geburt der Tragödie, § 1. Druckfertig 02/01/1889.
6. 플라톤, 『변론』, 28e.
7. AC-30 — Der Antichrist: § 30. Druckfertig 20/11/1888.
8. 오비디우스, 『변신 이야기』, 4권, 19~20행.
9. Euripides, Bacchae, 618~620.
10. NF-1884,25[203] — Nachgelassene Fragmente Frühjahr 1884.
11. Euripides, Bacchae, 100~101.
12. Euripides, Bacchae, 920~924.
13. EH-Schicksal-6 — Ecce homo: Warum ich ein Schicksal bin, § 6.
14. EH-GT-3 — Ecce homo: Die Geburt der Tragödie, § 3. Druckfertig 02/01/1889.
15. GD-Verbesserer-5 — Götzen-Dämmerung: Die „Verbesserer" der Menschheit, § 5. Erste Veröff. 24/11/1888.
16. GD-Verbesserer-5 — Götzen-Dämmerung: Die „Verbesserer" der Menschheit, § 5. Erste Veröff. 24/11/1888.
17. GD-Verbesserer-6 — Götzen-Dämmerung: Die „Verbesserer" der Menschheit, § 56. Erste Veröff. 24/11/1888.
18. GD-Verbesserer-7 — Götzen-Dämmerung: Die „Verbesserer" der Menschheit, § 7. Erste Veröff. 24/11/1888.
19. GD-Streifzuege-17 — Götzen-Dämmerung: Streifzüge eines Unzeitgemässen, § 17. Zur Psychologie des Künstlers. Erste Veröff. 24/11/1888.
20. GD-Streifzuege § 7 — Götzen-Dämmerung: Streifzüge eines Unzeitgemässen, § 7. Zur Psychologie des Künstlers. Erste Veröff. 24/11/1888.
21. EH-GT-1 — Ecce homo: Die Geburt der Tragödie, § 1. Druckfertig 02/01/1889.
22. 김애령, 「철학자의 우정 4. 자기 극복: 니체와 바그너」, 『이대학보』, 2013. 5. 28.
23. NW-loskommen-1 — Nietzsche contra Wagner: Wie ich von Wagner loskam, § 1.
24. MA-I-Vorrede-1 — Menschliches Allzumenschliches I: Vorrede, § 1. Erste Veröff. 31/10/1886.
25. WA-5 — Der Fall Wagner: Turiner Brief vom Mai 1888, § 5. Erste Veröff. 22/09/1888.
26. NW-Einwaende — Nietzsche contra Wagner: Wo ich Einwände mache. Gedruckt 02/01/1889.

27. NW-Keuschheit-3 — Nietzsche contra Wagner: Wagner als Apostel der Keuschheit, § 3.
28. GM-III-20 — Zur Genealogie der Moral: § III — 20. Erste Veröff. 16/11/1887.
29. 플라톤, 『국가』, 393d~394a.
30. 플라톤, 『메넥세노스』, 이정호 옮김, 133쪽.
31. NF-1872,23[35] — Nachgelassene Fragmente Winter 1872~1873.
32. EH-M-1 — Ecce homo: Morgenröthe, § 1. Druckfertig 02/01/1889.
33. M-Vorrede-3 — Morgenröthe: Vorrede, § 3. Erste Veröff. 24/06/1887.
34. NF-1870,7[156] — Nachgelassene Fragmente Ende 1870 — April 1871.
35. 이 내용은 니체의 『플라톤 이전의 철학자들』 "헤라클레이토스" 편과 『그리스 비극 시대의 철학자들』의 6장, 7장, 8장에 주로 나온다.
36. GM-III-4 — Zur Genealogie der Moral: § III — 4. Erste Veröff. 16/11/1887.
37. NF-1887,11[300] — Nachgelassene Fragmente November 1887 — März 1888.
38. NF-1888,14[111] — Nachgelassene Fragmente Frühjahr 1888.
39. NF-1880,4[135] — Nachgelassene Fragmente Sommer 1880.
40. M-Vorrede-3 — Morgenröthe: Vorrede, § 3. Erste Veröff. 24/06/1887.
41. NF-1885,2[13] — Nachgelassene Fragmente Herbst 1885.
42. NF-1886,5[50] — Nachgelassene Fragmente Sommer 1886.
43. JGB-203 — Jenseits von Gut und Böse: § 203. Erste Veröff. 04/08/1886.
44. Za-I-Verwandlungen — Also sprach Zarathustra I: Von den drei Verwandlungen. Erste Veröff. 20/08/1883.
45. NF-1886,7[7] — Nachgelassene Fragmente Ende 1886 — Frühjahr 1887.
46. NF-1888,15[14] — Nachgelassene Fragmente Frühjahr 1888.
47. Za-IV-Menschen-17 — Also sprach Zarathustra IV: Vom höheren Menschen, § 17-18.
48. Za-IV-Menschen-20 — Also sprach Zarathustra IV: Vom höheren Menschen, § 20.
49. Za-IV-Erweckung-1 — Also sprach Zarathustra IV: Die Erweckung, § 1.
50. Za-IV-Menschen-16 — Also sprach Zarathustra IV: Vom höheren Menschen, § 16.
51. JGB-208 — Jenseits von Gut und Böse: § 208. Erste Veröff. 04/08/1886.
52. EH-Schicksal-1 — Ecce homo: Warum ich ein Schicksal bin, § 1. Druckfertig 02/01/1889.
53. GD-Vorwort — Götzen-Dämmerung: Vorwort. Erste Veröff. 24/11/1888.
54. Za-II-Inseln — Also sprach Zarathustra II: Auf den glückseligen Inseln. Erste Veröff. 31/12/1883.
55. 플라톤, 『국가』, 328c~329d.
56. 플라톤, 『국가』, 329e~331b.
57. 플라톤은 『국가』 612b에서 '기게스의 조상'이라는 표현 대신 '기게스의 반지'라고 언급하고 있다. 플라톤은 이런 언급을 통해 기게스의 조상이 아닌 기게스가 직접 반지를 가졌다고 보았다.
58. 거미발은 '반지나 장신구 따위에 보석이나 진주알을 박을 때 빠지지 않도록 감싸서 오그린 부분'을 말한다.
59. 플라톤, 『국가』, 359d~360b.
60. 플라톤, 『국가』, 612b.
61. GT-Vorwort — Die Geburt der Tragödie: Vorwort an Richard Wagner. Erste Veröff. 02/01/1872.

62. 「바그너에게 바치는 서문」은 단락 구분 없이 한 개의 절로 구성되어 있다. 이 글에서는 서문을 여러 단락으로 나누었는데, 독자의 이해를 돕기 위해 임의로 구분했다.

63. GD-Streifzuege-10 — Götzen-Dämmerung: Streifzüge eines Unzeitgemässen, § 10. Erste Veröff. 24/11/1888.

64. DW-2 — Die dionysische Weltanschauung: § 2. Abgeschlossen ca. 11/08/1870.

65. DW-2 — Die dionysische Weltanschauung: § 2. Abgeschlossen ca. 11/08/1870.

66. DW-1 — Die dionysische Weltanschauung: § 1. Abgeschlossen ca. 11/08/1870.

67. GD-Streifzuege-10 — Götzen-Dämmerung: Streifzüge eines Unzeitgemässen, § 10. Erste Veröff. 24/11/1888.

68. DW-1 — Die dionysische Weltanschauung: § 1. Abgeschlossen ca. 11/08/1870.

69. GD-Streifzuege-10 — Götzen-Dämmerung: Streifzüge eines Unzeitgemässen, § 10. Erste Veröff. 24/11/1888.

70. GD-Streifzuege-11 — Götzen-Dämmerung: Streifzüge eines Unzeitgemässen, § 11. Erste Veröff. 24/11/1888.

71. GD-Alten-5 — Götzen-Dämmerung: Was ich den Alten verdanke, § 5. Erste Veröff. 24/11/1888.

72. 플라톤, 『법률』, 653c.

73. Lucretes, ON THE NATURE OF THINGS, Tr. by Cyril Bailey, p. 225. Oxford University Press, 1948. http://files.libertyfund.org/files/2242/Lucretius_1496_Bk.pdf

74. 소포클레스, 『아이아스』, 125~126행.

75. 셰익스피어, 『템페스트』, 4막 1장.

76. Schopenhauer, The World As Will And Idea 1, p. 20.

77. Schopenhauer, The World As Will And Idea 1, p. 22.

78. 플라톤, 『국가』, 5권, 476c.

79. Schopenhauer, The World As Will And Idea 1, p. 21.

80. 오비디우스, 『변신 이야기』, 11권, 623~625.

81. Za-I-Lehrstuehle — Also sprach Zarathustra I: Von den Lehrstühlen der Tugend. Erste Veröff. 20/08/1883.

82. Za-I-Lehrstuehle — Also sprach Zarathustra I: Von den Lehrstühlen der Tugend. Erste Veröff. 20/08/1883.

83. 플라톤, 『국가』, 9권, 574.

84. 플라톤, 『국가』, 9권, 571c~d.

85. 프로이트, 『꿈의 해석』, 99~102.

86. Schopenhauer, The World As Will And Idea 1, p. 21.

87. Schopenhauer, The World As Will And Idea 1, p. 9.

88. 사물에 적용될 때에는 '개체화의 원리'라는 용어가 적당하고, 인간에 적용될 때에는 '개별화의 원리'라는 용어가 타당하다.

89. Schopenhauer, The World As Will And Idea 1, p. 146.

90. NF-1871,9[38] — Nachgelassene Fragmente 1871.

91. 오비디우스, 『변신 이야기』, 9권, 634~643.

92. GG-1 — Die Geburt des tragischen Gedankens: § [1] Abgeschlossen ca. 24/12/1870.

93. Schopenhauer, *The World As Will And Idea*, p. 456.

94. 바그너, 〈뉘른베르크의 명가수〉, 1막 3장, http://www.goclassic.co.kr/club/board/members_files/meister.PDF

95. NF-1869,1[34] — Nachgelassene Fragmente Herbst 1869.

96. DW-1 — Die dionysische Weltanschauung: § 1. Abgeschlossen ca. 11/08/1870.

97. DW-1 — Die dionysische Weltanschauung: § 1. Abgeschlossen ca. 11/08/1870.

98. NF-1869,1[34] — Nachgelassene Fragmente Herbst 1869.

99. GM-III-21 — Zur Genealogie der Moral: § III — 21. Erste Veröff. 16/11/1887.

100. GD-Alten-4 — Götzen-Dämmerung: Was ich den Alten verdanke, § 4. Erste Veröff. 24/11/1888.

101. JGB-295 — Jenseits von Gut und Böse: § 295. Erste Veröff. 04/08/1886.

102. 아폴로도로스, 『원전으로 읽는 그리스 신화』, 3권 5장.

103. 오비디우스, 『변신 이야기』, 3권, 514~733.

104. 니체, 『플라톤 이전의 철학자들』(강의록), 302~334쪽.

105. NF-1870,7[126] — Nachgelassene Fragmente Ende 1870 — April 1871.

106. NF-1870,7[129] — Nachgelassene Fragmente Ende 1870 — April 1871.

107. Euripides, *Bacchae*, 690~711.

108. GG-1 — Die Geburt des tragischen Gedankens: § [1] Abgeschlossen ca. 24/12/1870.

109. 키케로, 『법률론』, 2권 14, 34~35.

110. 키케로, 『법률론』, 2권 14, 34~35. 주192 참조.

111. NF-1884,25[101] — Nachgelassene Fragmente Frühjahr 1884.

112. 괴테, 『파우스트』, 2603~2604행.

113. NF-1887,9[102] — Nachgelassene Fragmente Herbst 1887.

114. Homer, *Iliad*, XV, 285~286.

115. Homer, *Iliad*, XXIV, 23~26.

116. NF-1875,3[14] — Nachgelassene Fragmente März 1875. 『니체전집』 6권, 121쪽.

117. NF-1885,35[25] — Nachgelassene Fragmente Mai~Juli 1885.

118. JGB-61 — Jenseits von Gut und Böse: § 61. Erste Veröff. 04/08/1886. 『니체전집』 14권, 100쪽.

119. AC-18 — Der Antichrist: § 18. Druckfertig 20/11/1888.

120. Euripides, *Bacchae*, 277~286.

121. Euripides, *Bacchae*, 314~318.

122. 아폴로도로스, 『원전으로 읽는 그리스 신화』, 1권 4장 2.

123. 플라톤, 『국가』, 399d~e.

124. 플라톤, 『국가』, 399a~e.

125. 플라톤, 『법률』, 700b.

126. 플라톤, 『국가』, 399d~e.

127. 플라톤, 『국가』, 607d.

128. 플라톤, 『국가』, 424d.

129. 아리스토텔레스, 『시학』, 4장, 10.

130. 플라톤, 『법률』, 700d~e.

131. 플라톤, 『법률』, 701a~c.

132. Homer, *Iliad*, Ⅲ, 156~159.

133. 크세노폰, 『향연』, 5.5~5.7.

134. 크세노폰, 『향연』, 2. 19.

135. 플라톤, 『테아이테토스』, 143e.

136. 플라톤, 『향연』, 215a.

137. 플라톤, 『향연』, 215b.

138. Sophocles, Oedipus at Colonus, 1211~1239.

139. 니체가 이 글을 아리스토텔레스에게서 인용했다는 고백은 다음과 같다. "실레노스가 처음에는 전혀 말하고 싶어 하지 않았다고 아리스토텔레스는 전한다."라고 쓴 후, 이 글에서 보는 것과 같은 인용문을 넣는다. GG-2 — Die Geburt des tragischen Gedankens: § [2] Abgeschlossen ca. 24/12/1870.

140. Malcolm Davis, "Aristotle Fr. 44 Rose: Midas and Silenus", in Mnemosyne, Fourth Series, Vol. 57, Fasc. 6 (2004), pp. 682~683.

141. Aristotle, The Complete Works of Aristotle, ed by Jonathan Barnes, F44R(Plutarch, Consolatio ad Apollonium 115 BE).

142. 소포클레스, 『콜로노스의 오이디푸스』, 608~609.

143. 아르킬로코스 외, 『고대 그리스 서정시』, 김남우 옮김, 133W, 14쪽.

144. Aristotle, *Poetics*, 1452b 32~1453a 7, 1453b 1~13 등.

145. Aristotle, *Rhetiric* Ⅱ, 1381a 21~1383a 13, 1385b 11~1386b 11.

146. NF-1880,3[63] — Nachgelassene Fragmente Frühjahr 1880.

147. EH-Schicksal-8 — Ecce homo: Warum ich ein Schicksal bin, § 8. Druckfertig 02/01/1889.

148. 마키아벨리, 『군주론—시민을 위한 정치를 말하다』, 이남석 해제, 265쪽.

149. 헤시오도스, 『신들의 계보』, 217~219.

150. 헤시오도스, 『신들의 계보』, 901~906.

151. 호메로스, 『일리아스』, 16권, 433~468.

152. 이에 대한 자세한 내용은 헤시오도스의 『신들의 계보』(564~570), 『일과 날』(50~55), 아이스킬로스의 『결박된 프로메테우스』(109~113), 아폴로도로스의 『원전으로 읽는 그리스 신화』(1, 7) 등에 나온다.

153. Aeschylus, Prometheus Bound, 235.

154. Aeschylus, Prometheus Bound, 248.

155. Aeschylus, Prometheus Bound, 440~471.

156. Aeschylus, Prometheus Bound, 476~503.

157. Aeschylus, Prometheus Bound, 505~506.

158. 헤시오도스, 『신들의 계보』, 580~613.

159. 헤시오도스, 『일과 날』, 79~105.

160. 소포클레스, 『오이디푸스왕』, 316~503.

161. *Gedanken über die Nachahmung der griechischen Werke in der Malerei und Bildhauerkunst*(Thoughts on Imitation of Greek Works in Painting and in the Sculpture).

162. http://letteraturaartistica.blogspot.com/2018/03/winckelmann-etruscan-art.html

163. NF-1888,14[35] — Nachgelassene Fragmente Frühjahr 1888.

164. NF-1870,8[23] — Nachgelassene Fragmente Winter 1870-71 — Herbst 1872.

165. Schopenhauer, *The World As Will And Idea*, p. 326.

166. NF-1869,3[62] — Nachgelassene Fragmente Winter 1869~1870 — Frühjahr 1870.

167. GG-2 — Die Geburt des tragischen Gedankens: § [2] Abgeschlossen ca. 24/12/1870.

168. Homer, *Iliad*, 441~442.

169. Homer, *Iliad*, 510~513.

170. 헤시오도스, 『일과 날』, 159.

171. 헤시오도스, 『일과 날』, 161~164.

172. Homer, *Odyssey*, ⅩⅠ, 593~598.

173. 아르킬로코스 외, 『고대 그리스 서정시』, 김남우 옮김, 133W, 14쪽.

174. http://www.pressian.com/news/article.html?no=68194

175. NF-1884,26[354] — Nachgelassene Fragmente Sommer~Herbst 1884.

176. NF-1885,40[24] — Nachgelassene Fragmente August~September 1885.

177. JGB-34 — Jenseits von Gut und Böse: § 34. Erste Veröff. 04/08/1886.

178. NF-1888,16[40] — Nachgelassene Fragmente Frühjahr~Sommer 1888.

179. GD-Moral-6 — Götzen-Dämmerung: Moral als Widernatur, § 6. Erste Veröff. 24/11/1888.

180. NF-1880,7[268] — Nachgelassene Fragmente Ende 1880.

181. NF-1880,9[1] — Nachgelassene Fragmente Winter 1880~1881.

182. GM-Vorrede-8 — Zur Genealogie der Moral: Vorrede, § 8. Erste Veröff. 16/11/1887.

183. GM-Vorrede-8 — Zur Genealogie der Moral: Vorrede, § 8. Erste Veröff. 16/11/1887.

184. M-Vorrede-5 — Morgenröthe: Vorrede, § 5. Erste Veröff. 24/06/1887.

185. M-Vorrede-5 — Morgenröthe: Vorrede, § 5. Erste Veröff. 24/06/1887.

186. M-6 — Morgenröthe: § 6. Erste Veröff. 31/07/1881.

187. EH-Klug-9 — Ecce homo: Warum ich so klug bin, § 9. Druckfertig 02/01/1889.

188. EH-Klug-9 — Ecce homo: Warum ich so klug bin, § 9. Druckfertig 02/01/1889.

189. DW-2 — Die dionysische Weltanschauung: § 2. Abgeschlossen ca. 11/08/1870.

190. 플라톤, 『국가』, 394c.

191. 플라톤, 『법률』, 700b.

192. 저자들 대신 '선창자'로 번역하기도 한다.

193. Aristotle, *Poetics*, 1449a. 10~12.

194. Aristotle, *Poetics*, 1449a 19~20.

195. 플라톤, 『법률』, 815c.

196. 플라톤, 『법률』, 653c~d.

197. Aristotle, *Poetics*, 1449a 19~20.

198. VM-137 — Menschliches Allzumenschliches II: § VM — 137. Erste Veröff. 20/03/1879.

199. GD-Alten-5 — Götzen-Dämmerung: Was ich den Alten verdanke, § 5. Erste Veröff. 24/11/1888.

200. EH-GT-3 — Ecce homo: Die Geburt der Tragödie, § 3. Druckfertig 02/01/1889, GD-Alten-5 — Götzen-Dämmerung: Was ich den Alten verdanke, § 5. Erste Veröff. 24/11/1888.

201. www.doctorstimes.com/news/articleView.html?idxno=11899

202. EH-GT-4 — Ecce homo: Die Geburt der Tragödie, § 4. Druckfertig 02/01/1889.

# 찾아보기

## 참고문헌

### 니체 저서 약어

NW, Nietzsche contra Wagner, 『니체 대 바그너』

EH, Ecce homo 『이 사람을 보라』

AC, Der Antichrist, 『안티크리스트』

NF, Nachgelassene Schriften, 『유고』

GD, Götzen-Dämmerung, 『우상의 황혼』

GM, Zur Genealogie der Moral, 『도덕의 계보학』

M, Morgenröte. 『아침놀』

JGB, Jenseits von Gut und Böse, 『선악의 저편』

ZA, Also sprach Zarathustra, 『자라투스트라는 이렇게 말했다』

GT, Die Geburt der Tragödie aus dem Geiste der Musik, 『비극의 탄생』

DW, Die dionysische Weltanschauung, "디오니소스적 세계관" - 『유고』(1870-1873년)

GG, Geburt des tragischen Gedankens, "비극적 사유의 탄생" - 『유고』(1870-1873년)

VM, Vermischte Meinungen und Sprüche, "혼합된 의견과 잠언들" - 『인간적인 너무나 인간적인 II』

GMD, Das griechische Musikdrama, "그리스 음악 드라마" - 『유고』(1870-1873년)

ST, Das griechische Musikdrama, "소크라테스와 비극" - 『유고』(1870-1873년)

MA, Menschliches, Allzumenschliches, 『인간적인 너무나 인간적인』

CV, Fünf Vorreden zu fünf ungeschriebenen Büchern, "쓰여지지 않은 다섯 권의 책의 다섯 가지 서문" - 『유고』(1870-1873년)

WS, Der Wanderer und sein Schatten, "방랑자와 그림자" - 『인간적인 너무나 인간적인 II』

PHG, Die Philosophie im tragischen Zeitalter der Griechen, "그리스 비극 시대의 철학" - 『유고』(1870-1873년)

WB, Richard Wagner in Bayreuth, 『바이로이트의 리하르트 바그너』

HL, Vom Nutzen und Nachteil der Historie für das Leben, "삶에 대한 역사의 공과" - 『반시대적 고찰 II』

BA, Gedanken über die Zukunft unserer Bildungsanstalten, "우리 교양기관의 미래에 관하여" - 『유고』(1870-1873년)

FW, Die fröhliche Wissenschaft, 『즐거운 학문』

WA, Der Fall Wagner, 『바그너의 경우』

SE, Schopenhauer als Erzieher, "교육자로서의 쇼펜하우어" - 『반시대적 고찰 III』

### 니체 저서 출처 표기방식

NW-loskommen-1 — Nietzsche contra Wagner: Wie ich von Wagner loskam, § 1. Gedruckt 02/01/1889를 가지고 알아보도록 한다. NW는 니체의 독일어 원문 Nietzsche contra Wagner, 우리 번역문으로는 『니체 대 바그너』를 뜻한다. Wie ich von Wagner loskam, § 1.은

Nietzsche contra Wagner(『니체 대 바그너』) 안에 있는 1절로 '나는 바그너에게서 어떻게 벗어났는가' 장의 1절을 뜻한다. 이를 바탕으로 국내 번역본을 찾아볼 경우에는 『니체 대 바그너』의 "나는 바그너에게서 어떻게 벗어났는가"의 1절을 찾아보면 된다. 원문과 대조하고 싶을 경우에는 http://www.nietzschesource.org에 들어가서 해당 부분을 찾아보면 된다. 이 책에 사용된 인용문은 국내 역자들과 용어와 번역을 달리하고 있으므로, 다른 점을 염두에 두고 읽어야 한다.

NF-1884,25[203] — Nachgelassene Fragmente Frühjahr 1884는 조금 다른 예이다. NF는 니체가 죽은 뒤 출판된 글을 말한다. 위 예시는 니체가 1884년에 생각을 정리한 25번째 203번이란 글이다. 국내 번역본에서는 『유고』 중 1884년이란 연도가 적힌 글 중에서 25번째 203번 글을 찾아보면 된다. 원문과 대조하고 싶은 경우에는 http://www.nietzschesource.org에 들어가 확인해보면 된다.

## 니체 원전 자료

http://www.nietzschesource.org/

## 니체 한글 번역

니체전집 1 ~ 21권, 2013년, 책세상.
니체전집 1 ~ 10권, 1993년, 청하.

## 국내

니코스 카잔차키스, 이윤기 옮김, 『그리스인 조르바』, 열린책들, 2017.
레지날드 J. 홀링데일, 김기복·이원진 옮김, 『니체-그의 삶과 철학』, 북캠퍼스, 2017.
마키아벨리, 이남석 해제, 『군주론-시민을 위한 정치를 말하다』, 평사리, 2017.
베르길리우스, 천병희 옮김, 『아이네이스』, 숲, 2011.
셰익스피어, 박종철 옮김, 『햄릿』, 민음사, 2009.
소포클레스, 천병희 옮김, 『소포클레스 비극 전집』, 숲, 2008.
아르킬로코스, 사포 외, 『고대 그리스 서정시』, 민음사, 2018.
아르투어 쇼펜하우어, 홍성광 옮김, 『의지와 표상으로서의 세계』, 을유문화사, 2018.
아이스킬로스, 천병희 옮김, 『아이스킬로스 비극 전집』, 숲, 2011.
아리스토텔레스, 김재홍 옮김, 『정치학』, 길, 2017.
아리스토텔레스, 천병희 옮김, 『시학』, 숲, 2011.
아리스토텔레스, 이종오, 김용석 옮김, 『수사학 Ⅰ, Ⅱ, Ⅲ』, 리젬, 2008.
아리스토파네스, 천병희 옮김, 『아리스토파네스 희극 전집 1』, 숲, 2010.
아리스토파네스, 천병희 옮김, 『아리스토파네스 희극 전집 2』, 숲, 2010.
아폴로도로스, 『원전으로 읽는 그리스 신화』, 숲, 2011.
에우리피데스, 천병희 옮김, 『에우리피데스 비극 전집 1』, 숲, 2009.
에우리피데스, 천병희 옮김, 『에우리피데스 비극 전집 1』, 숲, 2011.
오비디우스, 천병희 옮김, 『변신이야기』, 숲, 2011.
요한 볼프강 폰 괴테, 김인순 옮김, 『파우스트』, 열린책들, 2017.
크세노폰, 최혁순 옮김, 『소크라테스 회상』, 범우, 2015.
크세노폰, 오유석 옮김, 『경영론·향연』, 부북스, 2015.

크세노폰, 이은종 옮김, 『크세노폰 소작품집』, 주영사, 2016.
키케로, 김창성 옮김, 『국가론』, 한길사, 2009.
키케로, 성 염 옮김, 『법률론』, 한길사, 2007.
투퀴디데스, 『펠로폰네소스전쟁사』, 숲, 2011.
프로이트, 김인순 옮김, 『꿈의 해석』, 열린책들, 2010.
프로이트, 박성수, 한승완 옮김, 『정신분석학 개요』, 열린책들, 2009.
프로이트, 김명희 옮김, 『늑대인간』, 열린책들, 2009.
프리드리히 실러, 이재진 옮김, 『메시나의 신부』, 지식을 만드는 지식, 2011.
플라톤, 박종현 역주, 『에우티프론, 소크라테스의 변론, 크리톤, 파이돈』, 박종현 역주, 서광
    사, 2008.
플라톤, 박종현 역주, 『국가(정체)』, 한길사, 2007.
플라톤, 박종현 역주, 『법률』, 한길사, 2009.
플라톤, 김태경 옮김, 『정치가』, 한길사, 2009.
플라톤, 박종현 역주, 『필레보스』, 서광사, 2009.
플라톤, 박종현 김영균 공동 역주, 『티마이오스』, 서광사, 2000.
플라톤, 김주일 옮김, 『파이드로스』, 이제이북스, 2012.
플라톤, 강철웅 옮김, 『향연』, 이제이북스, 2011.
플라톤, 이정호 옮김, 『메넥세노스』, 이제이북스, 2008.
플라톤, 김인곤 옮김, 『고르기아스』, 이제이북스, 2011.
플라톤, 강성훈 옮김, 『프로타고라스』, 이제이북스, 2011.
플라톤, 강철웅, 김주일, 이정호 옮김, 『편지들』, 이제이북스, 2009.
플라톤, 김인곤, 이기백 옮김, 『크라튈로스』, 이제이북스, 2007.
플라톤, 김주일, 정준영 옮김, 『알키비아데스 I, II』, 이제이북스, 2010.
플라톤, 이상인 옮김, 『메논』, 이제이북스, 2010.
플라톤, 정준영 옮김, 『테아이테토스』, 이제이북스, 2013.
플라톤, 김주일 옮김, 『에우튀데모스』, 이제이북스, 2008.
플라톤, 이창우 옮김, 『소피스트』, 이제이북스, 2011.
플라톤, 이정호 옮김, 『크리티아스』, 이제이북스, 2007.
헤로도토스, 천병희 옮김, 『역사』, 숲, 2012.
헤시오도스, 천병희 옮김, 『신들의 계보』, 2009.
호메로스, 천병희 옮김, 『일리아스』, 숲, 2011.
호메로스, 천병희 옮김, 『오뒷세이아』, 숲, 2011.

## 국외

Aeschylus, tr. by Theodore Alois Buckley, *Prometheus Bound and The Seven Against Thebes*,
    DAVID McKAY, Philadelphia, 1987.
Aristophanes, tr. by Ian Johnston, *Clouds: A Dual Language Edition*, Faenum Publishing,
    Oxford, 2017.
Aristophanes, tr. by Ian Johnston, *Frogs: A Dual Language Edition*, Faenum Publishing, Oxford,
    2015.
Aristophanes, *Archarnes*.

Aristophanes, tr. by Ian Johnston, *Birds: A Dual Language Edition*, Faenum Publishing, Oxford, 2017.

Aristotle, ed. by Jonathan Barnes, *The Complete Works of Aristotle*, Princeton Univ., New Jersey, 1995.

Athenaeus, tr. by C. D. Yonge, *The Deipnosophists, or Banquet of the Learned of Athenæus, Book I*, London, 2011. https://www.gutenberg.org/files/36921/36921-h/36921-h.htm

Babich, Babette, "NIETZSCHE'S ARCHILOCHUS", *New Nietzsche Studies*, Vol. 10, Nos. 1 and 2 (Spring/Summer 2016), pp. 85~122.

Carey, C., "Archilochus and Lycambes", *The Classical Quarterly*, Vol. 36, No. 1 (1986), pp. 60~67. https://www.jstor.org/stable/638943

Davis, Malcolm., "Aristotle Fr. 44 Rose: Midas and Silenus", in *Mnemosyne*, Fourth Series, Vol. 57, Fasc. 6 (2004), pp. 682~683.

DiLeo, Daniel, "Tragedy against Tyranny", *The Journal of Politics*, Vol. 75, No. 1 (Jan. 2, 2013), pp. 254~265. https://www.jstor.org/stable/10.1017/s0022381612001004

Diogenes Laertius, tr. by C. D. Yonge, *The Lives and Opinions of Eminent Philosophers*, London, 2018. https://www.gutenberg.org/files/57342/57342-h/57342-h.htm

Euripides, tr. by Ian Johnston, *BACCHAE*, Vancouver Island University, 2003. http://johnstoniatexts.x10host.com/euripides/bacchaepdf.pdf

Euripides, tr. by Ian Johnston, *Orestes*, Vancouver Island University, 2010. http://johnstoniatexts.x10host.com/euripides/oresteshtml.html

Forley, Helene., "Choral Identity In Greek Tragedy", *Classical Philology*, Vol. 98, No. 1 (January 2003), pp. 1~30, The University of Chicago Press.

Henrichs, Albert., "The Last of Detractors: Friedrich Nietsche's Condemnation of Euripides" in *Greek, Roman and Byzantine Studies*, Cambridge, Mass., etc. Vol. 27, Iss. 4, (Winter 1986): 369. https://grbs.library.duke.edu/article/viewFile/4871/5431

Homer, tr. by William Cowper, *Iliad*, New York, 2005. https://www.gutenberg.org/files/16452/16452-h/16452-h.htm

Homer, tr. by William Cowper, *The Odyssey*, New York, 2008.

Horace, tr. by C. Smart, *THE WORKS OF HORACE*, Pembroke College, Cambridge, 2004. https://www.gutenberg.org/files/14020/14020-h/14020-h.htm.

Lucretes, tr. by Cyril Bailey, *Lucretes ON THE NATURE OF THINGS*, Oxford University Press, 1948.
http://files.libertyfund.org/files/2242/Lucretius_1496_Bk.pdf
https://www.gutenberg.org/files/24269/24269-h/24269-h.htm

Davies, Malcolm., "Aristotle Fr. 44 Rose: Midas and Silenus", *Mnemosyne*, Fourth Series, Vol. 57, Fasc. 6 (2004), pp. 682~697. https://www.jstor.org/stable/4433603

Plato, ed. by John M. Cooper, *The Complete Works of Aristotle*, Hackett Publishing Company, Indiana, 1997.

Plutarch, tr. by Aubrey Stewart and George Long, *PLUTARCH'S LIVES. VOL. III. LIFE OF ALEXANDER*, London, 2004. https://www.gutenberg.org/files/14140/14140-h/14140-h.htm

Podlecki, A. J., "Archilochus and Apollo", in *Phoenix*, Vol. 28, No. 1, Studies Presented to Mary E. White on the Occasion of Her Sixty Fifth Birthday (Spring, 1974). https://www.jstor.org/stable/1087227

Schiller, Produced by Tapio Riikonen and David Widger, "Of The Cause Of The Pleasure W Derive From Tragic Objects" in *The Aesthetical Essays*. 2008. https://www.gutenberg.org/files/6798/6798-h/6798-h.htm#link2H_4_0047

Schlegel, A. W. 1846. *Vorlesungen über dramatische Kunst und Literatur I*. Vol. 5 of Sämtliche Werke, ed. E. Böcking. Leipzig. Trans. John Black under the title *Course of Lectures on Dramatic Art and Literature*(London, 1846; reprint, New York, 1973).

Schopenhauer, tr. by R. B. Haldane and J. Kemp, *The World As Will And Idea I*, Kegan Paul, Trench, Trübner & Co. London, 2011. https://www.gutenberg.org/files/38427/38427-h/38427-h.html

Schopenhauer, tr. by E. F. J. Payne, *Parerga And Paralipomena VOLUME TWO*, CLARENDON PRESS·OXFORD UNIVERSITY PRESS, 2000.
https://archive.org/stream/23341891SchopenhauerParergaAndParalipomenaV2/23341891-Schopenhauer-Parerga-and-Paralipomena-V-2_djvu.txt

Sophocles, ed. by Lewis Campbell, *The Seven Plays in English Verse*, Oxford Univ. Press, 2004. https://www.gutenberg.org/files/14484/14484-h/14484-h.htm

Sophocles, tr. by Gilbert Murray, *King Oedipus*, Oxford Univ. London, 2008. https://www.gutenberg.org/files/27673/27673-h/27673-h.htm

Wagner, R., tr. by William Ashton Ellis, *Beethoven*, 1896. http://users.belgacom.net/wagnerlibrary/prose/wlpr0133.htm

Weiner, Albert, "The Function of the Tragic Greek Chorus", *Theatre Journal*, Vol. 32, No. 2(May, 1980), pp. 205~212. http://www.jstor.org/stable/3207113.

**기타 자료**

김애령, 이대학보, "철학자의 우정 4. 자기 극복: 니체와 바그너", 2013. 5. 27.

이상일, "루터의 음악 신학과 예배에서의 음악 사용", *Korea Presbyterian Journal of Theology*, Vol. 48, No. 4, 2016. 12.

이효상, "개혁자 마르틴 루터와 두 가지 개혁운동" https://www.christiantoday.co.kr/news/294373.

오페라와 바그너 음악극 대본 및 번역자료 http://www.goclassic.co.kr

http://letteraturaartistica.blogspot.com/2018/03/winckelmann-etruscan-art.html

http://www.pressian.com/news/article.html?no=68194

https://www.literarymatters.org/11-1-archilochus-122/

http://www.doctorstimes.com/news/articleView.html?idxno=142155

https://penelope.uchicago.edu/Thayer/E/Roman/Texts/Plutarch/Moralia/De_defectu_oraculorum*.html

**도판 출처**

214쪽 wikimedia Commons

『비극의 탄생-시민을 위한 예술을 말하다』의 출판을 후원한 사람들

강재구, 극단 몸짓굿, 김민석, 김원도, 김한균, 김현도, 리수빈, 박경득, 박대권, 박영근, 박옥균, 박종연, 보더콜리 누베, 손원준, 슬기로운, 신상기, 아샬, 오정민, 유아람, 윤현석, 이다원, 이동훈, 이들희, 이보라, 이상, 이상희, 이승제, 이심환, 전은주, 정승화, 정유진, 정의삼, 조우진, 진모란, 차승현, 최지혜, 홍승권, 홍승욱, 홍영의, 홍종규